Astrid Schönweger | Ulrich Gutweniger

Die Vintschger Typenlehre

Widmung

Dieses Buch ist meiner Oma
und meinen Ahninnen gewidmet,
denen wir die Weitergabe
dieser Typenlehre verdanken.

---

*„Du kannst nicht die Welt verändern,
aber du kannst dich verändern.
Wenn du aber dich veränderst,
veränderst du die Welt!"*

*„Wir alle sind Teil eines Puzzles.
Als Puzzlestück bist du links und
rechts bei deinen Lieben eingehängt.
Alle stehen wir in einer Richtung.
Wenn du nun die Richtung wechselst
und dich zu drehen beginnst, passiert
Folgendes: Wer dich liebt und merkt,
dass das für dich gut ist, dreht sich mit.
Du kannst nicht mehr, aber auch
nicht weniger tun: dich drehen.
Den Rest macht die Liebe!"*

Franziska Alber in Schwemm (1902–1990)

Astrid Schönweger
Ulrich Gutweniger

Die Vintschger Typenlehre

Sich selbst und andere besser verstehen

Michael Wagner Verlag

Inhalt

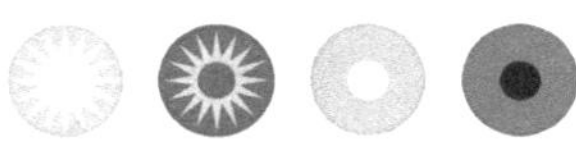

Vorwort von Dr. Ulrich Gutweniger

KAPITEL 1

Astrid Schönweger lernte ich als Klientin im Jahr 2002 kennen. Sie kam zu mir, um mich nach einer Hilfestellung im Umgang mit ihrem damals pubertären Sohn zu fragen. Hierbei war für mich als Psychologe schon äußerst auffällig, mit welcher Klarheit sie von ihren Themen sprach, wie genau sie wusste, was sie wollte und was sie *nicht* wollte. Sie ließ sich im Gespräch nicht wirklich führen, sondern gab das Zepter nie aus der Hand. Sie wusste genau, auf welche Fragestellungen sie eine Antwort von mir wollte und was für sie momentan nicht von Bedeutung war. Deutungen meinerseits, welche über diese Fragen hinausgingen, blockte sie elegant ab. Nachdem sie sich geholt hatte, was sie brauchte, stand sie auf und ging. Für eine Klientin benahm sie sich „untypisch". Aus ihren Äußerungen konnte ich herauslesen, dass sie ein sehr großes Hintergrundwissen im zwischenmenschlichen Bereich besaß, sehr strukturiert war und dies, obwohl sie damals „nur" den Beruf der Museumsdirektorin ausübte.

Obwohl Astrid eine offenkundige Feministin war, ließ sie sich keineswegs irgendeinem feministischen Klischee zuordnen. Trotz schlechter Erfahrungen mit Männern hatte sie keine ablehnende Haltung gegenüber ihnen, sondern entgegnete – von mir darauf angesprochen –, dass auch Frauen Gewalt ausüben könnten und Gut und Böse keine Frage des Geschlechts sei. Mit ihren Äußerungen ließ sie für mich immer wieder eine tiefer liegende Weisheit aufblitzen, welche mich sehr faszinierte, obwohl ich es noch nicht greifen konnte.

Es war für mich spürbar, dass sie ganz gezielt gekommen war, um sich zu nehmen, was sie brauchte. Auch diese selbstverständliche Eigenmacht war eine ihrer herausragenden Eigenschaften, die ich später noch besser kennen lernen sollte. Und weg war sie. Monate später tauchte sie wieder einmal auf, hatte den Rat nicht nur beherzigt, sondern voll in die Tat umgesetzt und erwartete nun Tipps für die nächsten Schritte mit ihrem Sohn. Damit war das Therapeut-Klientin-Verhältnis mit ihr auch schon beendet.

Überraschend meldete sie sich bald darauf bei mir, um mich zu einer persönlichen Führung bei einer Ausstellung im Frauenmuseum Meran einzuladen. Es war ihr persönliches Dankeschön für die „gute Zusammenarbeit". Das war ein treffender Ausdruck für diese zwei Treffen und entsprach ganz und gar nicht einem typischen TherapeutInnen-KlientInnen-Verhältnis. Ich nahm das Angebot freudig und neugierig an, denn es passierte mir nicht alle Tage so ein Dankeschön! Da es sich bei der Ausstellung um Kunstwerke mit schamanischem Inhalt handelte und ich in diesem Gebiet meine Erfahrungen hatte, kamen wir bald in ein vertiefendes Gespräch zum Thema Heilen auf verschiedenen Ebenen. Hierbei offenbarte sie mir – für sie sehr untypisch, wie sich später herausstellen sollte – ihr anderes Gesicht. Das war der Beginn eines Austausches von verschiedensten Erfahrungen im rituellen und spirituellen Bereich. Zunehmend holte ich immer mehr die Schätze eines bis dahin geheim gehaltenen alten Wissens ans Tageslicht. Günstige Umstände unterstützten mich darin, dass sie sich mit mir als ersten Menschen – nach ihrer Großmutter – darüber austauschte. Darunter befand sich auch die Vintschger Typenlehre.

Da ich ihre Person und auch ihre Persönlichkeit schon sehr schätzen gelernt hatte, war ich brennend daran interessiert, auch diese Typenlehre kennen zu lernen. Vor allem deshalb, weil die klassische Persönlichkeitspsychologie eher davon ausgeht, dass der Mensch bei der Geburt ein unbeschriebenes Blatt ist. Die einzige Frage, die sich die PsychologInnen immer wieder stellen, ist die, ob die genetischen oder die lernbedingten Einflüsse eine größere Rolle spielen. Es gibt

zwar in der Psychologie auch umstrittene Typologien, wie z.B. die nach der griechischen Säftelehre (Choleriker, Phlegmatiker, Sanguiniker und Melancholiker), aber auch hierbei geht es darum, welche Ausprägungen Menschen in späteren Jahren aufweisen.

Eine Grundidee der Typenlehre, nämlich dass es von Anfang an – schon im Mutterbauch – vier grundlegend verschiedene Typen gibt, welche somit auf die Außenreize – entsprechend ihrer „angeborenen" Eigenheiten – verschieden reagieren, war für mich bahnbrechend neu.

Mit dem besseren Kennenlernen der einzelnen Typen, aber insbesondere der speziellen Beschreibung meines Typs – nämlich der Sonne –, war ich verblüfft, wie viele Eigenheiten genau auf mich zutrafen, die diese Frau von mir gar nicht wissen konnte. Noch verblüffender war jedoch der Umstand, wie genau die menschlichen Eigenheiten beobachtet und ergründet wurden. ❧ Im gesamten Psychologiestudium und in meiner doch langjährigen Praxis hatte ich noch nie ein System kennen gelernt, das so viele spezifische Eigenheiten der Persönlichkeit berücksichtigt. Das ist ein Raster, bei dem wir auf so vielen unterschiedlichen Ebenen Menschen anschauen, bedenken, erfühlen, erspüren, wahrnehmen können! ❧ Auch ich selbst hatte mich noch nie auf diese Weise unter die Lupe genommen.

Für mich begann dank Astrid und ihren Ahninnen eine spannende Selbsterfahrungsreise. Dieses Wissen unterschiedlicher Erlebenswelten ermöglichte mir meine Mutter, meinen Vater und meinen Bruder als von mir grundsätzlich verschiedene Menschen zu erkennen und ihre Fühl-, Denk- und Handlungsmuster erstmals nachvollziehen zu können, denn es ist normalerweise üblich, von der eigenen Nase auszugehen und von sich auf andere zu schließen. Diese Vorgehensweise hat sich nun jedoch für mich als falsch herausgestellt. Ich kann mir selbst und den anderen Menschen nur gerecht werden, wenn ich sie als den Typ erkenne, der sie sind. ❧ Natürlich ist es ratsam, sich in den anderen einzufühlen und auf diese Weise zu versuchen, seine Bedürfnisse zu erkennen. Das gelingt jedoch erst richtig gut, wenn ich diese Typenlehre berücksichtige.

Damit fiel eine große Last von meinen Schultern, weil die nicht erfüllten Ansprüche meiner Kindheit oder auch in gegenwärtigen Beziehungen zum größten Teil hinfällig wurden. Gewisse Erwartungen waren somit gar nicht berechtigt.

Und auch ich konnte die Erwartungen an mich selbst an die sich mir nun neu erschließende Wirklichkeit anpassen, wodurch ich nicht dauernd versuchen musste, etwas anderes zu sein, als ich war. Mit den einfachen und wirkungsvollen Weisheiten ihrer Oma fiel es bedeutend einfacher, diese Erkenntnisse auch in die Tat umzusetzen.

Ich hatte ein Werkzeug in die Hände bekommen, das mir entsprach! Als wissenschaftlich orientierter Psychologe war ich zwar nicht auf der Suche danach gewesen, aber diese Typenlehre faszinierte mich. Anfänglich hätte ich nie gedacht, wie sehr sie mich beeinflussen und bereichern würde, schon gar nicht, dass ich sie eines Tages auch in den therapeutischen Bereich hereinholen könnte. Da sie jedoch Beziehungsmuster so klar zuordnen ließ und viele Dynamiken im zwischenmenschlichen Umgang zusätzlich mit anderem Wissen, das von Astrids Oma herkam, erklären konnte, wurde sie sehr schnell ein wichtiges Zusatzinstrument in meiner Praxis.

Anfänglich benutzte ich die Typenlehre, indem ich Astrid zu einigen KlientInnen außerhalb der Sitzung befragt bzw. in Gruppenseminaren sie ihre Sicht abgeben ließ. Erst nach einiger Zeit der Selbsterfahrung und des Zuschauens begann ich langsam, eigene Schlüsse zu ziehen. Auch wenn die Typenlehre sehr einfach erscheint, ist sie dennoch äußerst komplex und sollte daher vorsichtig angewandt werden. Sie unterscheidet zwar vier Typen, was jedoch keinem Schubladendenken entspricht, denn innerhalb der Typen gibt es so viele Unterschiede und so feine Abstimmungen, dass sowieso bei jedem Mensch die verschiedenen Bereiche abgeklärt werden müssen.

Das Faszinierende an der Typenlehre war für mich der Zugang: Der Mensch wird nicht nur vom Denken und Analysieren heraus betrachtet, sondern wahrlich auf allen Wahrnehmungsebenen. Das Gegenüber kann gespürt, gefühlt, angeschaut, beobachtet *und* analysiert werden. Der Körperbau, die Stimmlage, der Blick, die Ausstrahlung und all die Eigenheiten des Gegenübers, die er im Umgang mit der Welt offenbart, werden berücksichtigt. Damit ist sie nicht nur so genannten „gebildeten" oder „studierten" Menschen zugänglich, sondern allen. Da sie zudem aus unserem Alpengebiet zu kommen scheint, ist sie sicherlich für uns alle gemacht, von der Bäuerin bis zum Maurer, vom Briefträger bis zur Ärztin. Jeder, die/der sich angesprochen fühlt, kann diese Typenlehre erlernen und bekommt damit ein brauchbares Werkzeug der Selbstfindung und der Verbesserung des Umgangs mit sich selbst und mit anderen in die Hände.

Das gemeinsame Arbeiten in Gruppenseminaren ermöglichte es mir, unzählige Erfahrungswerte zu sammeln und die Anwendbarkeit dieser Typenlehre zu evaluieren. Die Sichtweise von Astrid unterschied sich grundlegend von meiner. Gerade in mehrtägigen Seminaren erwies sie sich als zuverlässig. Manchmal waren wir damit sogar imstande, sich abzeichnende Dynamiken frühzeitig zu erkennen und den KlientInnen zu ermöglichen, kreativer damit umzugehen.

Die Typenlehre und das, was Astrid sonst noch von ihrer Oma gelernt hat, gehören heute zu meinen Instrumenten in der Therapiearbeit und ist da nicht mehr wegzudenken. Die Vintschger Typenlehre bereichert das psychologische Wissen ungemein und macht mir verständlich, was zwischen Menschen abläuft. Für mich würde ich sogar behaupten, dass dadurch das Mysterium der zwischenmenschlichen Beziehungen zugänglicher wurde. Viele Fragen, die ich seit Jahren in mir trug, konnten damit schlüssig und nachvollziehbar beantwortet werden. Mehr noch: Sie geben mir Werkzeuge in die Hand, das eigene Leben selbstverantwortlich – Astrid würde sagen: „eigenmächtig" – zu gestalten.

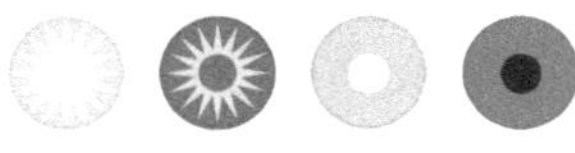

Die Überlieferung der Vintschger Typenlehre

KAPITEL 2

„Die Vintschger Typenlehre, interessant! Was ist das?" „Noch nie davon gehört: Sonne, Vollmond, Sonnenfinsternis, Neumond?" „Was bedeutet das? Was nützt mir diese Typenlehre?" Das waren die anfänglichen Fragen von vielen, die zum ersten Mal in den Seminaren von Uli und mir davon hörten. So manche TeilnehmerInnen wünschten sich alsbald diese Beschreibungen schriftlich und meinten: „Schreib doch ein Buch darüber. Ich würde es sofort kaufen!"

So bin ich jetzt da und schreibe es. Das ging jedoch bei weitem nicht so schnell. Eine große Hemmschwelle war die, dass ich nicht darum herumkomme, meine Geschichte bzw. die meiner Ahninnen zu erzählen, um eine weitere Frage zu beantworten: „Wieso *jetzt* diese Typenlehre?" Die Vintschger Typenlehre ist eng mit meiner Lebensgeschichte verwoben und dass ich sie gerade *jetzt* öffentlich mache, ist auch kein Zufall, aber alles schön von Anfang an ...

Ich habe die Vintschger Typenlehre sozusagen „geerbt", und zwar von meiner Großmutter, die ich im Folgenden in unserem Dialekt „Oma" nennen werde. Sie nannte „unseresgleichen" – wie sie es ausdrückte – „Hirtinnen", im Sinne von „Hüterinnen des alten Wissens". Oma fügte hinzu, dass die „anderen" (gleichbedeutend mit: die Leute, die Menschen) „unseresgleichen" früher als Salige bezeichneten. Die Saligen sind heute nur mehr als Sagengestalten bekannt, entweder als mythologische Figuren, die nie existiert haben, oder als inzwischen ausgestorbene „seltsame Frauen", die abseits von allen lebten. Was Oma bestätigte war letzteres: Unsere Ahninnen waren anscheinend wirklich „seltsame Frauen", die abseits von allen lebten, doch zumindest eine von ihnen hatte ihre Lebensweise verändert, und zwar unsere Ahnin. Sie scheint wohl entschieden zu haben, sich unter die „anderen", unter die Leute zu mischen.

Fernab der „anderen"

Ich weiß nicht, von welcher Ahnin in welchem Zeitraum ich da spreche, auch wenn ich neugierig eine Stammbaumforschung in Auftrag gegeben habe, doch diese Ahnin ist natürlich nicht auffindbar. Ich kann somit nur das erzählen, was ich von meiner Oma erfahren habe, mit so genannten „harten Fakten" kann ich nicht aufwarten.

Auch die Bezeichnung „Vintschger Typenlehre" stammt von mir. Oma hat mit mir zwar immer über „die Typen" gesprochen, aber mir fiel erst kürzlich im Gespräch mit einer meiner Tanten auf, dass es eigentlich ein ungewöhnliches Wort für sie war, denn ansonsten war sie in Fremdwörtern nicht bewandert. Ob ich die Typen selbst als Kind irgendwann so benannt habe und Oma zum leichteren Verständnis darauf eingegangen ist oder ob dieser Ausdruck wirklich von ihr stammt, das kann ich heute in meinen Erinnerungen nicht mehr nachvollziehen. Mit mir hat sie jedenfalls stets von „den Typen" gesprochen und als solche habe ich sie in meinem Inneren aufbewahrt. Erst als ich mich mit den Typen intensiver beschäftigte, und das geschah erst dann, als ich Uli Gutweniger kennen lernte, habe ich dieses Wissen um die Typen „Vintschger Typenlehre“ getauft. Es war mir wichtig, das Tal, aus dem ich dieses Wissen vermittelt bekommen habe, zu benennen, und für mich war es im wahrsten Sinne des Wortes eine Lehre. Darum „Vintschger Typenlehre“.

Es war mir wichtig, das Tal, aus dem ich dieses Wissen vermittelt bekommen habe, zu benennen und für mich war es im wahrsten Sinne des Wortes eine Lehre. Darum „Vintschger Typenlehre“.

Das Wissen meiner Oma, das über Generationen mündlich weitergegeben wurde, wird hiermit erstmals niedergeschrieben. Meine Oma war eine einfache Bäuerin. Sie konnte zwar altgotisch schreiben, aber das Schreiben lag ihr nicht wirklich. So hatte sie auch nie die Notwendigkeit gesehen, die neue Schrift zu erlernen, wenn sie sie auch lesen konnte. Unter ihren – sprich unseren – Vorfahrinnen finden wir wohl eher mehr Analphabetinnen. Außerdem, so Oma, sei es Frauenwissen: „Und Frauenwissen ist von jeher mündlich weitergegeben worden. Das ‚Geschreibe‘ ist die Sache der Männer, da wären wir auch aufgefallen. Eine Frau, die schreibt, und das noch an eine andere Frau weiterreicht, das wäre sogar noch in meiner Jugend verdächtig gewesen! Beim Reden fallen wir nicht weiter auf, für Männer reden wir sowieso nur Belangloses.“ Bei diesem Zitat muss ich wohl noch etwas hinzufügen: Es handelt sich um Geheimwissen. Warum öffne ich also meinen Mund? Hierzu jedoch später …

Wie kam es dazu, dass dieses Wissen so geheim gehalten wurde? Das Warum erzählte mir meine Oma immer und immer wieder: „Unsere Ahnin sah unseren Glauben gefährdet.“ Wer oder was genau diesen „Glauben“, den ich heute eher als „altes Wissen“ oder eine „Weltanschauung“ bezeichnen würde, gefährdete, das konnte mir Oma nicht mehr sagen. Und um welche Ahnin es sich da handelt, auch nicht. Ist es die, die beschlossen hatte, sich unter die Leute zu mischen, oder war es eine der Ahninnen danach, keine Ahnung.

Oma scheint diese Geschichte immer so hingenommen zu haben, seit sie sie von ihrer Großmutter erfahren hatte, denn ich habe nie erlebt, dass sie sich diesbezüglich Fragen gestellt oder gar irgendetwas an diesen Überlieferungen hinterfragt hätte. Meine Zweifel, mein Wissensdurst haben sie zwar amüsiert, aber sie waren ihr auch fremd. Das könnte ich zwar damit erklären, dass sie Vollmond ist und ich Neumond bin, aber das wäre zu einfach.

Blick zurück in Althergekommenes

Oma hatte ein Selbstverständnis und auch eine Selbstverständlichkeit, Hirtin zu sein, die mir von Anfang an fehlte und zu der ich vielleicht heute langsam hinkomme. Natürlich war sie schon älter, als ich sie kennen gelernt habe, ich weiß natürlich nicht, wie sie in ihrer Jugend oder als junge Frau und Mutter damit umging, ich erlebte sie nur als jemand, der die Rolle der Hirtin *und* das Tabu problemlos annahm.

Widersprüche kannte Oma auch nicht. In unseren Breitengraden ist das nichts Ungewöhnliches. Seit jeher wurden in der Volksfrömmigkeit auch vorchristliche Glaubensvorstellungen integriert. Oma sprach von *der Quelle* oder *dem Brunnen*, wenn es um die althergebrachte Weltanschauung ging. In ihren Erklärungen über das alte Wissen war ihre Gottheit zwar sehr weiblich und sehr auf diese Erde bezogen, aber sie sprach nie von einer Göttin.

Obwohl sie diese Weltanschauung vertrat, ging sie gleichzeitig auch regelmäßig zur Kirche und fühlte sich als eine gute Christin. Sie betete viel, bot ihrer Familie immer wieder an, für sie zu beten, liebte das Beten des Rosenkranzes und war wirklich eine gläubige Katholikin, auch wenn sie mir davon wenig übermittelte. Im Gegenteil, mir ist die katholische Religion eher fremd geblieben, auch wenn sie und auch meine Eltern – wenn auch viel weniger, da sie in der Stadt und nicht mehr auf dem Dorf lebten – sie praktizierten.

Oma war keine Persönlichkeit, die im Dorfgeschehen irgendwie als exzentrisch oder sonst wie aufgefallen wäre, zumindest nicht mehr zu meiner Zeit.

Urquell

Dass Oma eine recht eigenmächtige – und ich würde heute sagen für einen Vollmond auch ungewöhnlich willensstarke – Frau war, das können wir an ihrer Lebensgeschichte ablesen.

Omas Leben

Oma ist am 12.12.1902 in Kortsch geboren und war die älteste von neun Kindern, wobei drei davon schon im ersten Lebensjahr verstorben sind. Sie wurde in einem herrschaftlichen Bauernhaus geboren, das heute bei der Widumgasse (eigentlich Herrengasse) am Hügel oben majestätisch thront, es wird im ganzen Dorf als „Thürnhammerhof" bezeichnet.

Sie wurde von Seiten ihrer Eltern dazu vorbestimmt – wie in dieser Zeit so üblich –, eine gute Partie zu heiraten, und es war die Aufgabe ihrer Mutter, die Tochter dazu zu erziehen. Oma hat mir nämlich nie von ihrem Vater, sondern nur von ihrer Mutter erzählt. *Sie* sei diejenige gewesen, die ihr den richtigen Mann – einen reichen Bauern – ausgesucht hätte, alle Kämpfe diesbezüglich hatte sie nur mit ihrer Mutter ausgefochten.

Jedenfalls hatte sich meine Großmutter in den Kopf gesetzt, meinen Großvater zu heiraten. Der ist – so hat sie es mir immer erzählt – ihre große Liebe gewesen. Mein Opa, den ich leider gar nicht mehr kennen gelernt habe, weil er knapp zwei Jahre vor meiner Geburt an einer Rippenfellentzündung gestorben ist, die die Lungen angegriffen hatte, war jedoch kein reicher Bauer, im Gegenteil. Er war wohl nicht reich genug, die genauen Gründe, wieso meine Urgroßeltern ihn nicht akzeptierten, sind nicht mehr herauszufinden.

Meine Oma blieb – wie es sich für einen guten Vollmond gehört – ihren Gefühlen treu und ließ sich von ihrer Liebe zu meinem Großvater durch nichts abbringen. Das allein hätte ihr jedoch nicht viel geholfen, denn ihre Mutter bestand weiterhin darauf, dass sie eine der Familie angemessene Ehe einging. Daraufhin ließ meine Oma „es passieren": Sie ließ sich von meinem Opa mit 21 Jahren schwängern. Mir hat sie verraten, dass sie das ganz bewusst tat, obwohl eine ledige Mutter damals komplett diskreditiert wurde. Damit war jedoch jegliche Hoffnung, eine gute Partie für so ein Mädchen zu beschaffen, hinfällig.

Wer die Gesellschaftsverhältnisse in Südtirol dieser Zeit nach dem Ersten Weltkrieg kennt, weiß, wie mutig mit diesem Schritt meine Oma ihrer Liebe folgte. In dieser Zeit war eine Frau, die unverheiratet ein Kind bekam, von der Kirche als schlimme Sünderin gebrandmarkt und im Dorf als Hure verschrien. Das kam fast einer Ächtung gleich. Das Risiko, dass sie bis an ihr Lebensende verachtet an ihr Elternhaus gekettet mehr als Magd denn als Tochter ihr Leben fristen musste, war groß – gar nicht zu reden von ihrer Tochter, die als lediges Kind natürlich überhaupt keinen Wert besaß.

Meine Oma blieb – wie es sich für einen guten Vollmond gehört – ihren Gefühlen treu und ließ sich von ihrer Liebe zu meinem Großvater durch nichts abbringen.

Laut meiner Oma gab es täglich wilde Auseinandersetzungen mit ihrer Mutter. Sie selbst blieb stur und ging nicht davon ab, dass sie meinen Opa heiraten wollte. Inwieweit sie diese Stärke von ihrer Großmutter erhalten hatte, kann ich im Nachhinein nicht nachvollziehen. Es spricht ebenfalls für die ungewöhnliche Eigenmacht der Hirtin in ihr, dass sie nie davon sprach, was ihre große Liebe tat, um für sie zu kämpfen, sondern sie erzählte nur davon, was *sie* dafür tat.

Sie sagte zu ihrer Mutter: „Ich werde diesen Mann heiraten, ob du das willst oder nicht. Wenn du mir nicht deinen Segen gibst, dann werde ich warten, bis du stirbst und ihn dann heiraten. Aber derweilen werde ich weiter Kinder mit ihm machen und du wirst damit leben müssen und sie erhalten! Meine Kinder und ich werden dich tagtäglich an diese Schande erinnern!" Soweit kam es trotz allem nicht, Oma hatte sich durchgesetzt und konnte ihren Mann, als ihr erstes Kind fünf Jahre alt war, heiraten, ihre zweite Tochter kam erst nach der Heirat auf die Welt.

Das Verhältnis zu ihrer Mutter scheint danach ein Auf und Ab gewesen zu sein. Mir gegenüber meinte sie mehrfach, dass sie eine „böse Frau" gewesen sei. Auch meine Mutter erinnert sich noch, wie manchmal diese Oma sie angefahren habe, nur weil sie und ihre Geschwister auf der Straße spielten, wo sie sie sehen konnte. Meine Tante jedoch erinnert sich auch daran, wie diese Frau ihnen während der Option Lebensmittel und Sonstiges nach Österreich geschickt hatte.

Astrid und Uli hoch über dem Dorf Kortsch mit Sicht auch auf Schlanders

Diese willensstarke Seite von Oma kenne ich fast nur von ihren Erzählungen, denn ich habe sie als eine sehr sanfte, auch fügsame Frau kennen gelernt, die sich sehr selten erzürnte und in Konflikten eher ohnmächtig erschien. Nur einmal kam ihre unbeirrbare Entschlossenheit wieder zum Vorschein: Ich selbst wurde mit 21 Jahren schwanger, natürlich unehelich, wie es in unserer Familie scheinbar schon Tradition ist (zwei meiner Tanten haben ebenso uneheliche Kinder auf die Welt gebracht), und zwar von einem Mann, den meine Eltern nicht billigten – womit sie jedoch im Gegensatz zur Situation meiner Oma mehr als Recht hatten.

Diese willensstarke Seite von Oma kenne ich fast nur von ihren Erzählungen, denn ich habe sie als eine sehr sanfte, auch fügsame Frau kennen gelernt.

Ich flüchtete eines Tages schwanger zu ihr nach Kortsch, weil ich es nicht mehr aushielt, mit meiner Mutter darüber zu streiten. Bei meiner Oma fand ich Verständnis, aber sie verblüffte mich komplett, als meine Mutter bald darauf auftauchte und Oma ein Machtwort sprach. Meine Mutter scheint dermaßen geschockt davon gewesen zu sein, dass sie sich heute nicht einmal mehr an diese Szene erinnern kann. Ich kann sie verstehen, denn eine derart heftige Reaktion von einer ansonsten so sanftmütigen Frau hat mich damals genauso erstaunt.

So oder so, ab da hörten die Diskussionen mit meiner Mutter auf und fortan unterstützte sie mich zusammen mit Vater sehr stark in dieser schwierigen Zeit. Beide haben mir sehr geholfen, meinen ersten Sohn aufzuziehen.

Interessantes Detail am Rande ist, dass mir meine Mutter immer erzählt hat, dass ihre Mutter ihr gegenüber bislang nur einmal im Leben ein Machtwort gesprochen hat, und zwar, als sie neugierig in jungen Jahren fragte, ob ihre ältere, unverheiratete, damals 18-jährige Schwester ein Kind erwarte. Oma habe vollkommen unerklärlich heftig für sie reagiert. „So was fragt man nicht!" Dieses Thema schien bei meiner Oma immer die kämpferische Seite aktiviert zu haben.

Heute würde ich sagen, dass sie sich mit diesen Geschichten als Hirtin verraten hat, während sie ansonsten ganz brav in den Rollen als einfache Bäuerin, die geheiratet und zwölf Kinder auf die Welt gebracht hatte, als brave Großmutter und gläubige, treue Kirchengängerin sowie als unscheinbare, angepasste Dorfbewohnerin aufging. Da passte viel eher ins Bild, dass Oma gegen ihren Willen so viele Kinder bekommen hat.

Sie hat mir immer gesagt, ich solle mir mit dem Kinderkriegen Zeit lassen und ja nicht zu viele, denn das sei nicht gut. Als ich sie fragte, warum sie denn dann so viele auf die Welt gebracht hatte, meinte sie, dass „sei halt so gewesen" und schließlich einmal, dass der Opa das unbedingt gebraucht hätte. Erst viel später, als ich im Frauenmuseum und in meinem Studium immer mehr die Umstände vergangener Zeiten erfuhr, verstand ich, was sie damit meinte.

Damals stellte ein Mann seine Ehre unter Beweis, indem er viele Kinder zeugte. Damit zeigte er der dörflichen Gesellschaft, dass er „Manns genug" war. Das war sicherlich für meinen Großvater, der der Familie seiner Frau nicht gut genug war, besonders wichtig.

Heute würde ich sagen, dass sie sich mit diesen Geschichten als Hirtin verraten hat.

Da hat meine Oma bestimmt nicht in Selbstliebe gehandelt und es widerspricht der jugendlichen Oma, die ihren Willen gegen ihre Familie durchgesetzt hat. Möglicherweise hat sie in Hingabe zu ihrem Mann gehandelt und wenn das auch im ersten Moment im Widerspruch zum Bild der Hirtinnen zu sein scheint, so passt es zum einen zum Wesen des Vollmondes, aber auch in bestimmter Hinsicht wieder zu einem Aspekt der Bestimmung der Hirtin: Sie hütet ja nicht nur das Wissen, sondern hat es im Blut, auf eine Herde zu schauen.

Mein Opa hat es auf seine Weise auch immer getan. So erzählt mir meine Mutter seit Jahren immer die gleiche Geschichte von ihrem Vater: Als sie nämlich zur Zeit der Option nach Vorarlberg ausgewandert waren, mussten sie alle Hunger leiden. Die tägliche Brotration reichte bei weitem nicht, um alle Mäuler zu stopfen, und obwohl der Vater arbeitete und seine Ration auch dringend gebraucht hätte, teilte er mit dem Kind, das ihm seinen eigenen Brotanteil brachte, stets seine Ration, weil er es nicht ertragen konnte, dass sie so Hunger erleiden mussten. Sie hat ihren Vater auch immer als sehr liebevoll und sanft in Erinnerung, wobei sie zugab, dass er schon sehr streng war und Folgsamkeit von seinen Kindern erwartete. Wer dem nicht Folge leistete, konnte auch schon einmal den Gürtel spüren. Dennoch ist so ein Mann unter den Südtirolern von gestern eine Besonderheit, denn die Gesellschaftsverhältnisse dieser Zeit brachten ganz oft harte Männer hervor. Meine Oma wird nicht umsonst diesen Mann so geliebt haben.

Interessant ist, dass sie mir eigentlich gar nie gesagt hat, was für ein Typ der Opa war. Sie redete überhaupt nicht gerne von ihrem verstorbenen Mann, sondern konzentrierte sich zumeist darauf, mir etwas vom alten

Wissen beizubringen. Den Erzählungen meiner Mutter nach tippe ich jedoch darauf, dass er eine Sonnenfinsternis war. Er war laut ihr eher ein stiller und ernster Mann.

Die mündliche Überlieferung der Vintschger Typenlehre

Um diesen „Glauben" in die Zukunft zu retten, beschloss eine unserer Ahninnen, ihn nur mehr von Frau zu Frau in der Familie weiterzugeben. Die genaueren Umstände dieser Entscheidung kannte meine Oma aber nicht. Ihr machte es nichts aus, dass sie viele meiner Fragen nicht beantworten konnte. Für sie waren die nicht so wichtig, ich sei einfach zu „kopfet". „Du willst immer alles wissen, als ob es mehr wahr würde, wenn du nur alles weißt. Das sind die ‚Stadtler'! Derweilen ist auf dem Feld schon alles gewachsen, bevor die wussten, warum und wie genau es gedeiht. Und auch die Kinder sind schon gekommen, bevor man wusste, wie sie zustande kamen."

Das Wissen sei nur von Großmutter zu Enkelin weiterzugeben, die es wiederum als Großmutter ihrer Enkelin weiter überliefert usw.

Das hatte auch eine Logik und so akzeptierte ich als Kind immer wieder, dass es auf bestimmte Fragen keine Antwort gab.

Heute sehe ich es so, dass sich die Antworten von alleine im Laufe der Zeit einstellen, zum Teil können sie nachgefragt werden, zum Teil beantwortet sie das Leben – zumindest die relevanten Fragen. Aus meiner Sicht ging bei der Weitererzählung dieser Geschichte möglicherweise einiges verloren. Ganz sicher verloren ging der Kontakt zu anderen „Hirtinnen". Denn Oma wusste nicht, ob es „unseresgleichen" noch außerhalb unserer Familie gibt und ich demnach auch nicht.

Wie geheim diese Geschichte war, zeigt auch die Regelung dieser Ahnin, die wir bis jetzt befolgten: Es war sogar innerhalb der Familie tabu, darüber zu sprechen, es war nicht einmal ein Familiengeheimnis, sondern noch enger gestrickt. Unsere Ahnin hatte sich dafür ein ausgeklügeltes System ausgedacht, wenn wir einmal davon ausgehen wollen, dass sie es erstens ausgedacht und zweitens alleine erdacht hat, „wissen" tun wir auch das nicht (mehr). Was wir genau wissen, ist das System der Weitergabe: Das Wissen sei nur von Großmutter zu Enkelin weiterzugeben, die es wiederum als Großmutter ihrer Enkelin weiter überliefert usw. So hatte sie bestimmt, dass nur Frauen und bei den Frauen nur Neumonde und Vollmonde eingeweiht werden durften, und zwar weihte der Neumond den Vollmond ein, der wiederum den Neumond einweihte usw. Ich kann das so weit zurückverfolgen, weil ich weiß, dass meine Oma 1902 geboren wurde und es laut ihren Erzählungen von ihrer Großmutter geerbt hatte, die ihr wiederum berichtet hat, es von ihrer Großmutter vererbt bekommen zu haben – und zwar mit dieser überlieferten Geschichte, die sie mir erzählt hat und den Regeln der Weitergabe von Vollmond zu Neumond, Neumond zu Vollmond, Vollmond zu Neumond etc. Damit bin ich mit meiner mündlichen Überlieferung schon bis ins 18. Jahrhundert gekommen und laut den ersten Ergebnissen der Stammbaumforschung scheint das alles in Kortsch vonstattengegangen zu sein.

Damit bin ich mit meiner mündlichen Überlieferung schon bis ins 18. Jahrhundert gekommen und laut den ersten Ergebnissen der Stammbaumforschung scheint das alles in Kortsch vonstattengegangen zu sein.

Von meiner Oma selbst weiß ich nicht einmal, ob es sich um ihre Oma mütterlicher- oder väterlicherseits gehandelt hat, ich war zu klein, um so etwas nachzufragen und später habe ich mich zu wenig damit beschäftigt. Ich weiß nur, dass sie ein Neumond war und meiner Oma das Wissen als Hirtin weitergab. Oma zitierte sie, wie ich sie heute oft zitiere, daran kann ich mich noch erinnern. Genauso wie daran, dass sie oft schmunzelnd meinte, dass ich sie an ihre Oma erinnere und genauso wie sie ein absolut typischer Neumond wäre.

Was meine Stammbaumforschung erschwert, ist, dass im Grunde nicht ausdrücklich festgelegt wurde, ob das Wissen nur an Enkelinnen, die von Töchtern gezeugt wurden, weitergegeben werden kann oder nicht. Oma hat davon nie gesprochen und somit muss das auch nicht sein, d.h. jedoch, dass ich die Linie der Weitergabe nur ganz schwer zurückverfolgen kann.

Womit die Zweiflerin in mir auch wieder lange zu kämpfen hatte, denn im Alter fragte ich mich natürlich, ob diese Regelung denn immer eingehalten wurde bzw. überhaupt eingehalten werden konnte. Und ob es nicht wichtig gewesen wäre mir das mitzuteilen, damit auch ich mich korrekt an diese Weitergabe halte …

Lebten die Großmütter immer so lange? Waren immer die richtigen Enkelinnen da zum Weitergeben? Gab es immer die glückliche Fügung, dass da ein Vollmond an einen Neumond weitergeben konnte?

Sicherlich haben die kinderreichen Familien solche Problematiken vielleicht gar nicht aufgeworfen und ich sehe im Geiste schon wieder meine Oma, wie sie amüsiert den Kopf über die „Stadtlerin" in mir schüttelt, doch heutzutage wäre die Befolgung der Regelung meiner Ahnin schon eher ein Problem. Zwar werden wir ziemlich alt – im Gegensatz zu früher –, aber die Kinder- und somit Enkelinnenanzahl ist schon sehr begrenzt. Ich selbst hätte gleich mehrere Probleme: Ich habe nur Söhne, wenn es also darum gehen sollte, dass nur die Enkelinnen meiner Töchter in Frage kommen, wäre es schon unmöglich. Aber wenn dies auch nicht so wichtig ist, dann aber umso mehr, dass ich nur zwei Söhne habe. Und einer von den beiden müsste gefälligst zu meinen Lebzeiten eine Vollmondenkelin produzieren, und zwar nicht irgendeine, sondern eine, der es in die Wiege gelegt ist, eine Hirtin zu werden.

Denn ich war weder unter den ersten der EnkelInnen noch die erste Enkelin, nicht einmal die erste Neumond-Enkelin, doch ihre Wahl fiel auf mich. „Eine Hirtin erkennt eine andere Hirtin schon in der Wiege", war ihre Antwort, als ich sie fragte, wie sie darauf kam, gerade mich unter ihre Fittiche zu nehmen. Ich hingegen werde wohl nicht so viel Auswahl haben, was die Weitergabe des Wissens an eine Enkelin betrifft …

Zweifel hin oder her, bis zu mir ist dieses Wissen auf alle Fälle durchgedrungen (da höre ich in meinem Geiste auch schon Oma applaudieren für diese Haltung meinerseits). Und in den letzten Übergaben hat es scheinbar tadellos geklappt: Meine Oma hatte es von ihrer Neumond-Oma erhalten, die versichert hatte, es ihrerseits von einer Vollmond-Oma bekommen zu haben, sie selbst war ein Vollmond und wählte mich als Neumond aus. Dieses System wurde also rigoros eingehalten.

Interessant ist, dass die erste Neumondenkelin – die sie nicht als Hirtin ausgewählt hatte – von einem ihrer Söhne gezeugt wurde. Das war kein Argument für sie, als ich sie danach fragte, warum sie mich auswählte, doch das heißt gar nichts, denn Oma verließ sich auf ihre Intuition viel mehr als auf ihr Denken, wie es typisch für einen Vollmond ist. Es kann also durchaus sein, dass das sehr wohl ein Argument war, weiter auf die richtige Enkelin zu warten, aber dass sie das nicht parat hatte, als ich ihr diese Frage stellte. Ein weiteres Indiz dafür wäre, was ich dank der Stammbaumforschung kürzlich herausfinden konnte: Meine Großmutter väterlicherseits ist 1884 gestorben, also neun Jahre vor der Geburt meiner Oma, also kann es nur die Großmutter mütterlicherseits gewesen sein …

Tja, als „Stadtlerin", „Kopfete" und „G'studierte" diese mündliche Überlieferung zu erhalten, war und ist oft recht schwierig, wie Sie jetzt leicht in meinen Erzählungen mit verfolgen können, nicht wahr? Da ist

Tja, als „Stadtlerin", „Kopfete" und „G'studierte" diese mündliche Überlieferung zu erhalten, war und ist oft recht schwierig, …

eine Geisteshaltung dahinter, die dem Zeitgeist, mit dem ich aufgewachsen bin, so gut wie gar nicht mehr entspricht.

Oma hat darin aber eine Herausforderung gesehen: für sich, mir das trotzdem zu vermitteln, für mich, es gerade als Kind dieser Zeit anzunehmen. Für sie war es bedeutsam, dass gerade ich die Hirtin war, die Enkelin, die in der Stadt lebte und dort zur Schule ging. „Mit dir kommt der Glaube zu den ‚Kopfeten', wie zu meiner Zeit der von den ‚Kopfeten' zu uns kam. Das ist gut so!" Für sie war damit der Wille der Ahnin, dass das Wissen überlebt, gewährleistet.

Die dunklen Schleier lichten sich

Ob ich zweifelte oder nicht, an das Tabu habe ich mich bis vor ein paar Jahren genauso rigoros gehalten wie sie. Die restlichen Familienmitglieder waren alle nicht informiert, sind es größtenteils bis heute noch nicht, da ich die erste bin, die das Tabu bricht.

Seit ein paar Jahren erwähne ich meiner Mutter gegenüber diesbezüglich manchmal etwas, aber sie weiß nicht so recht, was sie damit anfangen soll. Sie und ihre Schwestern, allesamt Töchter meiner Großmutter, mit denen sie schließlich darüber geredet hat, stehen dem einerseits staunend, andererseits skeptisch gegenüber. Sie haben ihr Bild von ihrer Mutter, das so gar nicht mit meinem zusammenpasst, und mir scheint, es fällt ihnen schwer, mir überhaupt zu glauben. Auch deswegen, weil Oma *sie* dazu erzogen hat, dass man über das Vergangene nicht reden soll. In diesem Punkt ein absoluter Widerspruch zu dem, wie ich Oma erlebt habe! Abgesehen von dem habe ich natürlich genauso das Bild von Oma vor mir, wie sie sich gegeben hat und wie sie es haben: ziemlich konservativ, einfach und darauf bedacht, kein unnötiges Aufsehen zu erregen.

Meine Mutter lässt meine Geschichte einfach stehen, gleich neben ihrer Wahrheit, nimmt die Widersprüche zwischen ihrem Bild und meinem Bild von ein und derselben Frau mehr oder weniger hin. Sie versucht einfach, meine Wahrheit stehen zu lassen. Spätestens daran ist zu erkennen, dass sie eine wahre Tochter ihrer Mutter, meiner Oma, ist – und ein Vollmond!

Aus den Erzählungen meiner Mutter und natürlich Omas ist auch klar, dass meine Urgroßmutter, die meine Oma zur Heirat zwingen wollte, ein Neumond war. Dass die Großmutter meiner Oma ebenfalls einer war, liegt auf der Hand, denn schließlich musste es ja immer von Neumond zu Vollmond und wieder zu Neumond weitergegeben werden.

Mit den anderen Verwandten habe ich sehr wenig Kontakt – mit Ausnahme meiner Patentochter – und auch darum so gut wie gar nichts darüber gesagt. Es tut mir zwar leid, dass sie nun am ehesten etwas darüber erfahren, indem sie von diesem Buch hören, aber ich habe es mir genauso wenig oder genauso viel ausgesucht wie sie, den Platz in der Familie eingenommen zu haben, auf dem frau das Wissen von Oma auf diese „geheimniskrämerische Art" erhält.

Aus heutiger Sicht kann ich sagen, dass diese Familienregelung der ganzen Familie an sich nicht sehr gut getan hat. Dieses geheime Wissen hat sich sicherlich nicht harmonieschaffend auf das Familienleben ausgewirkt, weder in meiner Herkunftsfamilie noch in der, die ich selbst geschaffen habe. So war auch mein älterer Sohn, dem ich 15 Jahre nichts davon gesagt habe, nicht sehr glücklich darüber. Das hat er mir sehr deutlich bestätigt. So manches Mal hörte ich schon die trotzige Antwort von ihm: „Ich weiß davon nichts, Mama. Bin ja nicht so erzogen worden wie du, noch dazu als Sohn!" Der Wink mit dem Zaunpfahl ist angekommen ...

Noch dazu muss ich mir von ihm den berechtigten Vorwurf gefallen lassen, dass ich zum Beispiel mein Wissen über die Typenlehre in meiner Erziehung ihm gegenüber so gut wie nicht angewandt habe. Als Neumond habe ich die Sonne in ihm bei weitem nicht gehegt und gepflegt, ihn in seinem Wesen nicht gefördert und ihn auch nicht so genommen, wie er ist. Tja, das kommt davon, wenn frau zwar ihr Wissen anwenden, aber nicht verraten soll. *Ich* konnte damit nicht besonders gut umgehen ... Und so ließ ich es jahrelang eher brach liegen, zu meinem Nachteil und dem meines Sohnes. Doch mein zweiter Sohn, meine Enkelin und meine Ziehsöhne profitieren heute sehr wohl davon.

Viele Konflikte mit meiner Mutter deute ich auch heute so, dass ich wahrscheinlich mehr Aufmerksamkeit von Oma bekommen habe als sie und ihre Geschwister gemeinsam von ihrer Mutter. Bei zwölf Kindern ist die Aufmerksamkeit natürlich begrenzt und meine Mutter war mittendrin. Außerdem hatte Oma als Großmutter erstmals ein wenig mehr Zeit, sich mit einem Kind abzugeben.

Ich habe es mir genauso wenig oder genauso viel ausgesucht wie sie, den Platz in der Familie eingenommen zu haben, auf dem frau das Wissen von Oma auf diese „geheimniskrämerische Art" erhält.

Ich denke mir, dass meine Mutter zum einen stolz darauf war, dass ihre Tochter eine Lieblingsenkelin war – denn das konnte Oma nicht verbergen –, zum anderen hätte sie diesen Lieblingsstatus wahrscheinlich auch gerne selbst eingenommen. Das kann ich heute sehr gut verstehen. Und wer weiß wie viel die Konflikte zwischen Oma und ihrer Mutter auch mit dieser Geschichte zusammenhängen, noch dazu hatte Oma schließlich auch einen besonderen Draht zu ihrer Großmutter.

Die Frauen der zweiten – „ausgelassenen" – Generation sind schließlich ebenfalls Nachkommen unserer Ahninnen und die Mütter von Hirtinnen und ich bin fest davon überzeugt, dass sie sehr wohl – wenn auch nicht bewusst – spürten, dass da etwas an ihnen vorbeigeschmuggelt und vorenthalten wurde. Wer weiß, welche Fähigkeiten in ihnen schlummern, die jedoch nicht gefördert wurden? Wenn also die zweite Generation das unbewusst übel nahm, so ist das eigentlich verständlich – ganz zu schweigen von den anderen Familienmitgliedern, die so gar nicht involviert wurden.

Harmonie zu schaffen war jedoch nicht Sinn der Regelung meiner Ahnin, sondern dieses alte Wissen zu schützen und in die Zukunft hinüberzuretten. Eventuelle brodelnde Konflikte in der Familie schien sie entweder nicht vorherzusehen oder auch als notwendiges Übel in Kauf genommen zu haben.

Was mich angeht, so habe ich von den praktischen Fähigkeiten meiner Oma sehr wenig aufnehmen können. Vielmehr scheinen meine eher geistiger Natur zu sein.

Wie schon oben einmal angedeutet, bin ich überzeugt davon, nur Bruchteile dieses Wissens „in der Hand" zu haben, denn mit diesem System ging von Mal zu Mal wahrscheinlich etwas verloren, wurde individuell gedeutet und interpretiert. Wie viel von diesem „ursprünglichen" Wissen tatsächlich bei mir angekommen ist, ist ungewiss, und eine Volkskundlerin würde die Hände ringen mit mir! Aber es ist auch im Laufe der Zeit von jeder einzelnen Hirtin etwas dazugekommen, etwas Eigenes, wie heute auch von mir (und Uli). Im Grunde ist das mit der mündlichen Weitergabe doch immer so, oder nicht? Selbst die Schrift ist – von Abschreiben zu Abschreiben – nicht davon gefeit, sogar die Bibel nicht.

Was mich angeht, so habe ich von den praktischen Fähigkeiten meiner Oma sehr wenig aufnehmen können. Vielmehr scheinen meine eher geistiger Natur zu sein. So bin ich weder in Kräutern bewandert, noch weiß ich von alten Heilrezepten, von alten geistigen Heilverfahren hingegen schon viel mehr. Wenn ich mir so die Geschichten der Saligen in den Sagen ansehe, so muss ich ebenfalls passen. Ich kann keine glücksbringende Butter machen, weiß nicht, wann die Zeit der Ernte ist, etc.

Sie selbst übte ebenfalls nichts dergleichen aus. In ihrem Garten wuchsen Karotten und Salat, keine Kräuter, sie teilte den Bauern sicherlich nicht mit, wann die Zeit der Ernte war. Sie selbst war schon jahrzehntelang keine Bäuerin mehr, da sie die Felder verkauft hatten, somit konnte sie dieses Wissen auch über den Garten hinaus sicherlich nicht einmal für sich selbst anwenden.

Während die Thürnhammer-Bäuerin (die Frau des Bruders meiner Oma) noch Kortscherinnen in meinem Alter ein Begriff ist, heißt es, wenn ich von meiner Oma spreche: „Ach, an die kann ich mich gar nicht erinnern …" Oma hat niemandem mit ihrem Wissen mit Rat und Tat zur Seite gestanden, während sie mir davon erzählte, dass ihre Großmutter sehr wohl – ohne mitzuteilen, dass sie eine Hirtin war – manchmal Leuten geholfen hat. Das ist wieder ein kleines Puzzlestück, das ich dem spärlichen Wissen über die Neumond-Großmutter meiner Oma hinzufügen kann.

Dass sie so eisern darüber schwieg, hat zum einen mit ihrem Wesen zu tun – ein Vollmond ist bei weitem nicht so couragiert wie ein Neumond, hat auch nicht die gleiche Sturheit und Eigenmacht –, aber es hängt sicherlich auch mit der Zeit zusammen, in der Oma lebte. Sie hat schließlich beide Weltkriege miterlebt und der Alltag und die vielen Kinder ließen ihr nicht viel Zeit, um ihrer Bestimmung einen großen Platz in ihrem Leben einzuräumen. Hinzu kam, dass im 20. Jahrhundert bis in die 70er Jahre bei uns das Wissen, das meine Großmutter hütete, von der Gesellschaft nicht gefragt war; vielmehr musste sie erleben, wie rund um sie herum altherkömmliches Wissen durch Rationalität ersetzt wurde, wie die Volksmedizin an Wertschätzung verlor uvm. Ihrer Meinung nach hatten „die Stadtler", „die G'studierten" und „die Kopfeten" zusammen die Überhand übernommen. „Es ist nicht alles gut, was vom Kopf kommt, so wie nicht alles gut ist, was von der Stadt kommt", hat sie mir so manches Mal gesagt. So kommt mir vor, sie hat mir auf ihre Art und Weise die Geschichte von „Momo" von Michael Ende erzählt, nur dass für sie nicht der Stress die Zeitfresser oder grauen Herren waren, sondern, dass der Kopf zu viel regiert – was wohl im Grunde auf das Gleiche hinauskommt, denn im Kopf läuft alles schnell ab, hingegen im Gefühl und im Leib mit einem ganz anderen, langsameren Rhythmus.

Oma hat also in einer Zeit gelebt, in der sich in ihren Augen die Voraussagen der Ahnin bewahrheitet haben: Das Wissen wäre spätestens in dieser Zeit klang- und sanglos untergegangen. Wenn sie sehr darauf bedacht war, dieses Tabu nicht zu brechen, war das also nicht nur, weil sie ein vorsichtiger Vollmond war! Hinzu kam, dass wohl auch keine große Gefahr bestand, es zu brechen, weil sie dementsprechend unauffällig damit lebte und der Zeitgeist keine große Nachfrage nach diesem Wissen zuließ. Somit beschränkte sich ihr „Hirtinnen"-Dasein, so gab sie selbst zu, zum Großteil darauf, auf mich zu warten und mir das Wissen weiterzugeben.

Von klein auf wurde ich von ihr eingeweiht, auch wenn ich nicht bei ihr lebte, nicht in ihrem Haus, nicht in ihrem Dorf, sondern in der Stadt. Ich bin in Bozen aufgewachsen, habe dort die Schulen besucht, war also keine Kortscherin. So viel wie ich heute feststellen kann, ist damit seit Jahrhunderten dieses Wissen und somit die Typenlehre das erste Mal aus Kortsch hinaus gekommen. Vielleicht war das schon ein erster Hinweis darauf, dass sich eine Änderung anbahnt, aber das ist nur meine eigene Interpretation.

Altes Wissen bricht durch

Ich war bei ihr jedoch oft zu Besuch. Meine Eltern waren nach Bozen gezogen, weil mein Vater eine Stelle im öffentlichen Dienst angenommen hatte. Für meine Mutter, die stark an ihrer Familie hing und gerne Zeit mit ihr verbrachte, war das weit von Zuhause weg. Sie wäre lieber in Meran geblieben, wo ich geboren wurde und die ersten drei Monate lebte. Diese Stadt war Kortsch sehr viel näher. Außerdem hatten wir lange kein Auto und mussten immer mit dem Zug nach Schlanders und danach nach

Kortsch zu Fuß gehen und das war in meinen Augen als Kind eine lange Reise, aber auch für meine Mutter war es zu weit entfernt.

So nutzte sie jede Gelegenheit, um mit oder ohne Vater mit mir nach Kortsch zu fahren. Später hatten wir dann ein Auto und Vater fuhr uns oft hinauf, wenn er auch nicht immer bleiben konnte. Heute kommt es mir so vor, dass wir viele schulfreie Tage in Kortsch verbracht haben, wahrscheinlich kommt mir jedoch die Zeit aufgrund ihrer Intensität auch mehr vor, als sie oft tatsächlich war. Jedenfalls verbrachten wir im Sommer unseren Urlaub in Kortsch.

Für meine Erziehung zur Hirtin wurde jede günstige und weniger günstige Gelegenheit bei Tag und bei Nacht, im Haus und in der Natur genutzt.

Für meine Erziehung zur Hirtin wurde jede günstige und weniger günstige Gelegenheit bei Tag und bei Nacht, im Haus und in der Natur genutzt. Und das im Geheimen hinter dem Rücken meiner Eltern, meines Cousins, mit dem ich dauernd spielte, meiner Tante und meinen Onkeln, die im gleichen Haus lebten.

Ein Kunststück für sich, denn das traute ihr niemand zu (was übrigens typisch für weibliche Vollmonde ist …). Einiges zeigte sie mir praktisch, vieles erzählte sie mir – aber das immer und immer wieder.

Wie das vonstattenging, muss ich mich heute selbst oft fragen, denn rein praktisch gab es nicht so viele Gelegenheiten, in denen Oma und ich alleine waren. Meine Mutter und meine Tanten waren viel mit meiner Oma zusammen, ich spielte wirklich fast den ganzen Tag intensiv mit meinem Cousin und dennoch hat es immer wieder Momente gegeben, in denen mir Oma wieder etwas zusteckte.

Zum einen kann ich mich gut daran erinnern, dass mir Oma, seit ich mich zurückerinnern kann, immer wieder etwas beigebracht hat, zum anderen frage ich mich, wie sie damit angefangen hat, mich dazu zu bringen, dass ich davon nichts und niemandem verrate. Daran kann ich mich ehrlich gesagt nicht erinnern. Ich weiß nur, dass ich von jeher wusste, dass es ein Geheimnis zwischen ihr und mir war und nicht einmal Mama etwas davon wissen durfte!

Natürlich war ich stolz, so ein großes Geheimnis mit meiner Oma zu haben, das sooooo wichtig war, dass ich es ja niemanden verraten durfte. Außerdem verstand ich bald sehr wohl, dass sie mir damit etwas Besonderes schenkte und nur mir – welchem Kind würde das nicht gefallen? Denn: Die alltägliche Oma kannte mein Cousin am besten, der Sohn der jüngsten Tochter meiner Oma, da er im selben Haus mit ihr lebte, diese geheimnisvolle Seite der Oma hingegen kannte nur ich!

Oma wartete immer gemütlich und gelassen einen Moment ab, in dem sie mich allein erwischte. Das geschah manchmal untertags, wenn der Zufall, wobei sie den wohl oft herbeigeführt hatte, uns ein paar Minuten allein schenkte, oder sie zog mich in die Speisekammer, manchmal – wenn sich solche Momente nicht ergeben hatten, weckte sie mich nachts dafür, wobei sie das in erster Linie tat, um mich nach meinen Träumen zu fragen und mir ihre zu erzählen.

Phänomene in der Natur, auch ganz simple wie ein einziger grüner Tannenzapfen auf dem Baum, nutzte sie, um den roten Faden ihres Unterrichts aufzunehmen und weiterzuführen. Anhand dieses anschaulichen Bildes schenkte sie mir wieder Einsichten für mein eigenes Leben. Beim Tannenzapfen war es ganz banal: So grün wie der Tannenzapfen sei ich und mein Weg sei zum Teil vorbestimmt. Ich würde ein brauner Tannenzapfen wie alle anderen werden, zum anderen aber auch einzigartig, denn momentan sei ich doch wohl weit und breit auf diesem Baum der einzige Tannenzapfen, oder?

Ich habe nie erlebt, dass sie Angst hatte, erwischt zu werden, oder dass sie befürchtete, mir nicht alles beibringen zu können, weil wir nicht genug Momente allein hatten. Sie vertraute darauf, dass es klappte. Als ich sie danach fragte, meinte sie, es habe so zwischen ihr und ihrer Oma funktioniert, da sei es auch nicht immer leicht gewesen, warum solle es also zwischen uns nicht klappen?

Für mich, das kleine Mädchen mit den vielen Fragen, war das oft beschwerlich. Manchmal musste ich Tage warten, um einen Moment zu haben, an dem ich ihr Fragen zu dem stellen konnte, was sie mir erzählt oder gerade beigebracht hatte.

So stellte sie mir immer wieder die Aufgabe, in allem und jedem den Typ zu sehen. Wie konnte ich sicher sein, dass ich einen Menschen, einen Ort, eine Pflanze, ein Tier richtig einschätzte? Ich musste mich doch mit ihr auseinandersetzen, um es richtig zu lernen. „Schau einfach mit dem Herzen!" war jedes Mal auf meine Fragen ihr Schlusssatz. Wenn das nur so einfach wäre!

Ich habe nie erlebt, dass sie Angst hatte, erwischt zu werden, oder dass sie befürchtete, mir nicht alles beibringen zu können, weil wir nicht genug Momente allein hatten. Sie vertraute darauf, dass es klappte.

Dabei machte es mir nicht einmal immer Spaß, mir fehlte sogar oft der Ehrgeiz – es gab Zeiten, in denen ich viel lieber mit meinem Cousin spielte, als die „Hausaufgaben für die Hirtin" zu machen. Das war manchmal viel langweiliger, denn ich durfte ja mit niemandem darüber reden, musste vieles alleine machen und konnte nie impulsiv zu meiner Oma rennen und mich mit ihr darüber austauschen, auf der Zunge brennende Fragen stellen oder einfach mit ihr zusammen einen längeren Zeitraum etwas diesbezüglich gemeinsam machen, was vielleicht Spaß fördernder gewesen wäre. Manchmal verstand ich sie lange auch gar nicht, wusste nicht, was sie mir da überhaupt beibringen wollte. So kann ich mich erinnern, dass sie mich in meinen Augen wirklich damit genervt hat, diese Erziehung zur Hirtin wirklich ernst zu nehmen, was mir natürlich nicht immer leichtfiel. Dabei hatte sie keine aufdringliche Art, sie ermahnte mich nur mit ihren ernst blickenden Augen, dass es sehr wichtig sei, dass ich meine

Aufgabe als Hirtin wahrnehme, denn ich sei die Einzige, die dieses Wissen ins Morgen retten würde.

Wenn ich auch nur Bruchstücke davon erhielt, so war es doch eine Menge: Da waren die Typenlehre, ihre Weisheiten, die Gesetze laut ihrer Weltanschauung, ihre Träume, die sie mir erzählte und meine Träume, die ich für mich zu „übersetzen" hatte. Wenn ich schon ihre Träume trotz ihrer Interpretation nicht immer verstand, so stand ich meinen wirklich oft ratlos gegenüber. Zum einen war Oma schließlich nicht immer leicht erreichbar, weil ich ja in Bozen und sie in Kortsch lebte, zum anderen war sie selbst in Kortsch nicht einfach anzusprechen, was mir das Lernen oft mühsam und langwierig erscheinen ließ.

Als ich die Typenlehre verdrängte

Als Jugendliche waren mir dieses Wissen und auch die Erzählungen meiner Oma alles andere als angenehm, ich ging auch immer weniger oft zu ihr.

So habe ich das Wissen in mir für lange Zeit „in die Ecke geschoben", mehr als sie und auch ich damals gedacht haben. Als Jugendliche waren mir dieses Wissen und auch die Erzählungen meiner Oma alles andere als angenehm, ich ging auch immer weniger oft zu ihr. Wer will denn schon als Jugendliche anders sein? Und dann noch so „altmodisch" anders? Abgesehen davon, dass ich es nicht mitteilungswert fand, durfte ich es ja nicht mitteilen. Mich interessierte also vielmehr zu sein wie meine Freundinnen, zu ihnen „dazuzugehören" (was mir meines eigenen Erachtens eigentlich nie so recht gelang).

Ich interessierte mich zuerst mehr für die katholische Religion, was aber über die engagierte Jungscharführerin nicht hinausging. Darum erklärte ich mich danach als Atheistin und das für einige Jahre. Ich bekam früh mein erstes Kind und hatte in meinem Leben andere Sorgen. Meine Fähigkeit seit jeher, die Seelenfarbe zu sehen – heute wohl besser als Aura bekannt –, war für mich lästig. Mit einem gewissen Stolz hatte ich in den Oberschuljahren diese Fähigkeit „ausgeschaltet". Ich hatte eine Art „Schalter" dafür gefunden, denn diese Sicht war mir lästig.

Wenn ich mich an damals erinnere, so waren die Farben zwar immer noch da, aber ich schaffte es, sie *nicht* wahrzunehmen. Heute kann ich nur – ähnlich meiner Oma – den Kopf darüber schütteln. Damit habe ich mir meine „Fühler", die Welt zu erkennen, freiwillig selbst genommen, so, als ob ich aus freien Stücken vorgezogen hätte, lieber blind zu sein. Gerade in dieser Zeit habe ich – auch weil ich das, was mich Oma gelehrt hatte und vor allem meine Gaben verleugnete – viele falsche Lebensentscheidungen getroffen und mich auch auf so manche Menschen eingelassen, die mir nicht gut getan haben.

Und dennoch: Oma hat mich am nachhaltigsten beeinflusst und mich mehr als jeder andere Mensch gelehrt, wie ich mich in der Welt zu bewegen habe und wie ich dieser Welt begegnen kann. Ihre Weltanschauungen saßen tief in mir, die Lebensweisheiten und Regeln, die sie mir beibrachte, formten mich unbewusst und wenn ich ehrlich bin, so betrachtete ich die Welt nach wie vor durch die „Brille" der Typenlehre, auch wenn ich es zeitweise nicht zugab. So hatte mich ihr Spruch: „Jede Erfahrung, ob gut oder schlecht, wenn du etwas aus ihr gelernt hast, war sie gut!" durch das Leben geleitet.

Ich habe selbstverständlich alles in meinem Leben wie eine Lektion betrachtet und somit unbewusst den Lehren meiner Oma Folge geleistet, indem ich mich auch mit den „falschen" Lebensentscheidungen auseinandergesetzt und meine Lektionen daraus gelernt habe. Heute erkenne ich diese Lebensweisheit als eine absolut lebensbejahende Grundhaltung, die dir in jedem Moment den Handlungsspielraum lässt, dein Leben immer wieder selbst in die Hand zu nehmen bzw. davon auszugehen, dass du deines Glückes SchmiedIn bist, egal, was dir in deinem Leben „passiert".

So hatte mich ihr Spruch: „Jede Erfahrung, ob gut oder schlecht, wenn du etwas aus ihr gelernt hast, war sie gut!" durch das Leben geleitet.

Außerdem hat auch sie mir schon von klein auf beigebracht, dass es keine Zufälle gibt, sondern einer Hirtin alles zufällt. Somit konnte ich alles, was mir passierte, immer auch zugleich von dieser Warte aus betrachten und das Leben auch in den dunkelsten Momenten als etwas Spannendes erleben, aus dem ich immer wieder viel lernen kann. Ohne mir bewusst zu sein, dass ich da den Spuren meiner Oma folgte, war mir diese Art, das Leben so und nicht anders zu nehmen, in Fleisch und Blut übergegangen.

Oma war beispielhaft, wie sie mit meiner Verleugnungsphase umging. Sie meinte: „Geh du nur deinen Weg, mach deine Erfahrungen, mir zuliebe musst du gar nichts tun oder sein, denn deiner Bestimmung entgehst du nicht. Und die ist, dass du bist, was du bist." Das einzige, was ich damals heraushörte oder heraushören wollte, war, dass ich ihr zuliebe nicht „Hirtin" sein musste. Ich wollte ihre Liebe nicht verlieren und dadurch hatte ich die Versicherung, dass sie mir diese nicht entzog. Sie war eben eine weise Frau und sie vertraute geduldig der Bestimmung. Geduld war damals ein Fremdwort für mich – ist es bis heute noch oft – und darum nahm ich das auch nicht weiter ernst.

Ich hatte wohl da schon einiges zu viel in die Ecke gestellt, denn was sie mir ebenfalls durch ständige Wiederholungen eingetrichtert hatte, war, dass mich spätestens mit 30 Jahren diese Bestimmung einholte. Sie sagte es oft im Scherz: „Mit 30 werden die Hexen reif!" Scherz insofern, weil wir uns nun wirklich nicht als Hexen bezeichnen, die „anderen" aber wohl ziemlich schnell diesen Begriff für uns gefunden hätten. Laut Oma dürfen „unseresgleichen" sich nur ab 30 als „Hirtinnen" bezeichnen, egal ob wir von klein auf dazu erzogen und rituell darauf vorbereitet worden waren oder nicht.

Die Zeit der Verdrängung war wie ein Gang durch die Wüste

Für mich war das ein Grund mehr, mich nicht für diese „Hirtinnen-Sache" als Jugendliche zu interessieren. Mit 30 Jahren, das war ja noch soooo weit entfernt! Also war ich eh noch keine Hirtin, warum sollte ich mich also damit auseinandersetzen?

Dieses Hirtinnen-Dasein heute ist eine Sache für sich. Jedenfalls bei mir. Einiges von dem alten Wissen wurde ja schon nicht mehr von Oma praktiziert, sondern „nur" mitgeteilt – und diese Mitteilungen sind eben nicht so, wie wir das von der Schule kennen. Es handelt sich vielmehr um Geschichten, die versteckt ihre Weisheiten enthalten, Vergleiche, Handlungen mit tieferer Bedeutung. So hat sie z.B. beim Schälen der Zwiebeln erklärt, dass auch der Mensch verschiedene Schichten hat und es darum geht, sich Schicht um Schicht vorzuarbeiten, um sich den tiefer liegenden Wahrheiten bewusst zu werden, um somit seinem Wesen und seiner Bestimmung immer näher zu kommen. Oder sie kam mir mit Weisheiten wie: „Du kannst nicht die Welt verändern, aber du kannst dich verändern. Wenn du aber dich veränderst, veränderst du die Welt!"

Auch wenn Sprüche wie diese heute längst zu meinem Lebensmotto geworden sind, ich sie für äußerst wertvoll und lebensbejahend halte, sie eine Eigenmacht vermitteln, die einen nie aufgeben lassen, waren sie damals für mich nur Worte. Ich spürte zwar die Kraft dahinter, aber sie bedeuteten mir so wenig damals, sie waren wie leere Behälter, die sich erst im Laufe der Jahre mit Erfahrungen füllen mussten, damit sie an Bedeutung gewannen.

Wenn ich mir weh tat oder etwas Ungerechtes passierte, was mich oft sehr verstörte, lehrte sie mich, den Sinn dahinter zu suchen. Ihre Frage: „Was hat das mit dir zu tun?" begleitet mich bis heute noch ein Leben lang und ließ mich seit jeher auch aus den schlimmsten Erfahrungen Wissen und Kraft schöpfen, genauso wie der andere schon erwähnte Satz, der zu meinem Lebensmotto geworden ist: „Jede Erfahrung, ob gut oder schlecht, wenn du etwas aus ihr gelernt hast, war sie gut!"

Auch ihre ständige Aufmunterung, dass ich nur den Mut aufbringen sollte, immer zu meiner Wahrheit zu stehen, hat mich sehr geprägt. Sie meinte stets, dass nach der eigenen Wahrheit zu leben auf Dauer das gesündeste sei, und erklärte immer: „Und den Rest macht die Liebe!" Erst jetzt dämmert mir so langsam, was dieser kleine Satz für einen explosiven Gehalt in sich trägt. Er birgt Hoffnung, er gibt Hilfestellung und Zuversicht. Den Rest macht die Liebe – das ist die Verheißung eines ständigen Happy-Ends, wenn wir es nur zulassen! Traurig macht mich nur, dass mir heute mehr denn je klar wird, dass sie selbst – aus welchen Gründen auch immer – all diese Weisheiten, die mir heute so helfen in meinem Leben, nicht vollständig umsetzen konnte ...

Ganz weggesteckt habe ich Omas Wissen nie, aber ich hätte das ja nie zugegeben, oft nicht einmal vor mir selbst. Ich habe es von klein auf geliebt zu schreiben und ging in den ersten Jahren in meinem Arbeitsleben in dem Beruf als Publizistin auf, begegnete jedoch in den ersten Lebensmonaten meines Sohnes der Gründerin des Frauenmuseums Meran Evelyn Ortner. Zum Thema „Zufälle fallen einem zu": Die junge verlorene Hirtin wird aufgelesen von einer Frau, die es sich zur Lebensaufgabe gemacht hat, die Geschichte der Frauen plastisch in einem Museum zu erzählen. Dieses Frauenmuseum wurde zu meiner Leidenschaft; dass dies sehr gut zu meiner Bestimmung als Hirtin passte, da dieses Museum schließlich Frauenwissen hütet, wurde mir erst richtig in den letzten Jahren klar.

Sie meinte stets, dass nach der eigenen Wahrheit zu leben auf Dauer das gesündeste sei, und erklärte immer: „Und den Rest macht die Liebe!"

Ich begann zu studieren, schrieb mich an der Universität Innsbruck für Politikwissenschaften ein und wählte als zweites Fach das damals noch existierende „interdisziplinäre Fächerbündel", damit ich auf allen Instituten die Kurse zu Frauenthemen besuchen konnte. Ich konnte mein Studium nicht beenden. Kurz vor meinem Abschluss erkrankte 1996 Evelyn schwer und verstarb ein Jahr darauf. Ich hatte ihr versprochen, das Museum zu übernehmen und dafür zu sorgen, dass es sie überlebte und zu einer nicht mehr wegzudenkenden Institution des Landes wurde. Zusammen mit Sissi Prader, die heute das Museum leitet, und manchen anderen Frauen mehr, habe ich dieses Versprechen auch erfüllen können.

Ich selbst konzentrierte mich vielmehr auf die Inhalte des Museums und die Ausstellungen. Meine Sicht auf die Dinge war lange Zeit rational und ich bemühte mich stets um wissenschaftliche Korrektheit. Da hatte die Hirtin in mir sehr wenig Platz. Sie wurde mit allem, was dazugehört, noch mehr in die Ecke geschoben.

Spätestens jetzt sehe ich die Philosophie meiner Oma und meine „Gaben", die natürlich oft auch als Fluch erlebt werden können, als Werkzeuge an, die ich von Geburt an mitbekommen habe, um sie zu benützen. Je mehr ich sie annehme, umso weniger sind sie ein Fluch, umso besser kann ich mit ihnen umgehen und umso mehr werden sie wirklich zu einer Gabe – für mich und andere.

Was ich am allermeisten heute als einen Segen erachte, ist, dass ich von meiner Oma eine Selbstverständlichkeit und einen richtigen Umgang mit diesen „Sinnen" erlernt habe, die über die fünf gesellschaftlich akzeptierten hinausgehen, und mir somit auf Dauer viele Ängste, Sorgen und Unsicherheiten erspart geblieben sind, die mir heute tagtäglich bei Menschen begegnen, die ebenfalls mehr als ihre fünf Sinne entdecken und weder damit umzugehen wissen, noch eine Hilfe dafür bekommen haben, sie aber vor allem nicht als etwas Natürliches begreifen und sich eher noch als „verrückt" betrachten.

Es kommt überhaupt nicht darauf an, welche Gaben du hast, wie gut entwickelt, wie groß sie sind, es kommt nur darauf an, wie du mit ihnen umgehst!

Oma sorgte auch dafür, dass ich mit meinen „Gaben" auf dem Boden blieb. Nur weil ich etwas mehr konnte als mein Cousin oder meine gleichaltrigen FreundInnen, berechtigte mich das nicht, mich als etwas Besonderes oder Besseres zu fühlen. Mit ihren Worten: „Du kannst vielleicht etwas mehr, was sie nicht können. Glaube mir, auf dieser Welt gibt es noch viel mehr Menschen, die weitaus mehr können als du, die mehrere und größere Gaben haben als du! Es kommt überhaupt nicht darauf an, welche Gaben du hast, wie gut entwickelt, wie groß sie sind, es kommt nur darauf an, wie du mit ihnen umgehst! Die Gabe allein macht dich nicht zu etwas Besserem."

Manches Mal bekam ich Angst, das, was mir Oma beibrachte, zu vergessen, sodass ich sie fragte: „Oma, wie soll ich mir das alles denn nur merken?" Da antwortete sie: „Was du jetzt nicht brauchst, wirst du in dir in die Ecke schieben und es scheint, als hättest du es vergessen. Aber eines Tages, wenn du es brauchst, wirst du dich daran erinnern." Was soll ich sagen? Das, was ich in diesem Buch noch öfters wiederholen werde: Sie hatte, wie in so vielem, Recht.

Ich beherberge das Wissen in mir nämlich nicht wie ein Computer, der seine geordneten Dateien einfach nur abrufbar hat. Außerdem würde das auch nicht funktionieren, denn das Wissen muss immer in Zusammenhang mit der jeweils einzigartigen Lebensgeschichte angewandt werden. Ich trage zwar eine Schatztruhe in mir und bin mir dessen bewusst, aber der ganze Inhalt dieser Truhe ist mir schon nicht mehr so klar bewusst.

Denn es ist keine einfache Truhe mit Deckel, der einfach aufzumachen ist und die Schätze liegen offen da, sondern vielmehr eine Truhe mit einer

Reihe weiterer Geheimfächer, für deren Öffnung ich wiederum weitere Schlüssel brauche.

Solche „Schlüssel-Reize" sind Begebenheiten, Stichwörter, die das Leben zur Verfügung stellt, wenn sie nur bewusst wahrgenommen werden. Dann kann ich wieder ein Fach mehr öffnen. Mit den Worten von Oma: „Was du jetzt nicht brauchst, wirst du in dir in die Ecke schieben und es scheint, als hättest du es vergessen. Aber eines Tages, wenn du es brauchst, wirst du dich daran erinnern."

Und so läuft es auch – zumindest bei mir. Ich kann es nicht beim Ärmel herausschütteln oder mir mit dem Kopf vornehmen. Ich muss mich erinnern, es in „mein System" integrieren und für mich aufarbeiten. Dann kann ich es, um wieder das Computerbeispiel zu bemühen, zumindest auf meinem Computer in einer geordneten Datei anlegen. Es ist gelebtes und somit lebendiges Wissen, wobei, wie schon anfangs erwähnt, einiges verloren geht, aber auch vieles immer wieder dazu gewonnen wird, da die einzelne „Hirtin" diesem Wissen eigene und neue Erkenntnisse, Zusammenhänge, Geschichten, Erfahrungen, etc. hinzufügt.

Das Geheimnis der Vintschger Typenlehre lüften

Aber das hätte ich wohl auch in meinem stillen Kämmerlein tun können – was zugegebenermaßen die Stichwort- bzw. Schlüsselsuche einigermaßen begrenzt hätte –, oder wie Oma darauf warten, bis meine Enkelin kommt, im Vertrauen, dass meine Söhne mir eine vor meinem Ableben bescheren. Oma musste schließlich 66 Jahre alt werden, bevor ich kam. Doch es sollte anders kommen ...

Oma hatte mir noch etwas weiteres Wichtiges gesagt: Sie hatte sehr klare Vorstellungen von der Zukunft und bereitete mich schon von klein auf darauf vor, dass die Zeit kommen wird, in der unser Wissen wieder offenzulegen ist. Mit ihren Worten: „Die Zeiten ändern sich. Ich habe es geträumt und ich spüre, dass *du* nicht mehr auf deine Enkelin warten musst, um das Wissen weiterzugeben. Du wirst es selbst merken, wann, wie und was du den ‚anderen' von unserem Wissen mitteilen wirst."

Ich bekomme mit, dass unabhängig von ihr – und sie selbst wusste sicherlich nichts davon – so manches Geheimwissen der Öffentlichkeit zugänglich gemacht wurde in den letzten Jahren. Meine Oma lag und liegt also mit ihrem Gespür sozusagen „im Trend des Zeit-Geistes". Ich selbst hingegen musste zuerst wieder zu meiner Bestimmung finden.

Mündliche Weitergabe

Als ich auf die dreißig zuging, fing es an, in mir zu rumoren. Ich bin jedoch ein sturer Kopf und ich hatte jahrelang mehr oder weniger erfolgreich verleugnet, in erster Linie vor mir selbst, dass ich eben eine „Hirtin" bin. Und ich unterlag dem Tabu, das ich nie einfach so gebrochen hätte, egal ob ich nun erklärte Atheistin war oder nicht, schon gar nicht, als ich den Atheismus stillschweigend so langsam wieder ablegte. Ich konnte und wollte also mit niemandem darüber reden – meine Oma war zu diesem Zeitpunkt leider schon verstorben.

Sie verstarb am 11. Jänner 1990, kurz vor dem ersten Geburtstag meines ersten Sohnes mit 87 Jahren. Oma hatte sich auf ungewöhnliche, für „unseresgleichen" jedoch laut ihr auf normale Weise von mir verabschiedet und mir damit ein großes Geschenk gemacht. Zuerst einmal hatte sie mich von vorneherein darauf vorbereitet, dass ihre Zeit gekommen sei, und sie sagte mir voraus, dass sie geträumt, habe, sie werde drei Mal noch meinen Sohn sehen und danach von uns gehen.

So war es dann auch. Als sie in dieser Nacht starb, „mahrte" sie sich bei mir. „Mahren" ist der bei uns geläufige Ausdruck dafür, dass sich die Menschen zum Zeitpunkt des Todes bei den noch Lebenden melden. Ich war auf dem Weg von Bozen nach Meran, weil ich dort eine Zeitlang nach der Geburt meines Sohnes lebte. Es war spät nachts, weit nach Mitternacht, und ich hatte solange in der Zeitungsredaktion gearbeitet und befand mich mit meinem schlafenden Sohn hinten auf dem Kindersitz auf dem Nachhauseweg. Ich war sehr müde, aber auf einmal erschien mir das Bild von Oma im Krankenbett. Die ganze Windschutzscheibe des Autos war nur mehr dieses Bild und ich musste bremsen und rechts ran fahren, wobei ich nicht einmal wusste, ob ich genügend auf die Seite gefahren war, dermaßen stark war das Bild.

Oma lächelte mich vom Bett aus an und winkte mich zu sich. Sie erklärte mir, dass es für sie Zeit sei zu gehen und sie jetzt gekommen sei, um sich von mir zu verabschieden. Innerlich ging ich zu ihr hin und nahm ihre Hand, wie so oft schon zuvor, und legte ihren Handrücken an meine Wange. Diese Stelle ihrer Hand war stets so unheimlich weich gewesen, im Gegensatz zur Vorderseite der Hand, bei der die viele Arbeit in ihrem Leben sehr wohl Spuren hinterlassen hatte. Ich schloss in diesem Bild die Augen und genoss ihre Hand. „Und wenn ich dich noch brauche?", fragte ich sie. Sie lächelte. „Du brauchst mich nicht mehr! Ich habe dir alles beigebracht, was du brauchst, meine Zeit ist gekommen."

Dann erklärte sie mir, wie ich mit ihrem Tod umzugehen und wie ich die Trauer bewältigen konnte. Sie nahm mir die Angst vor dem Sterben und dem Tod, und damit auch die Angst vor dem Leben. Sie lehrte mich zudem das Trauern, sodass ich sie heute zufrieden in meinem Herzen trage, ohne dass ich ständig ein Loch in mir spüre.

Wenn ich all das niederschreibe, ist bei vielen FreundInnen und KollegInnen vor allem für die Vergangenheit eine Entschuldigung angebracht. In den Jahren, bevor ich dreißig Jahre alt wurde, war ich nicht fähig, mir und anderen gegenüber in diesem Punkt ehrlich zu sein, obwohl ich allseits dafür bekannt bin, immer für die Wahrheit zu plädieren. Das Tabu meiner Oma war mir – wenn auch nicht bewusst – heilig.

„Und wenn ich dich noch brauche?", fragte ich sie. Sie lächelte. „Du brauchst mich nicht mehr! Ich habe dir alles beigebracht, was du brauchst, meine Zeit ist gekommen."

Als es dann in mir und um mich herum „rumorte", stellte ich mich – teils aus Selbstbetrug, teils aus Unfähigkeit, mein eigenes Wissen wieder anzuwenden – schlicht und einfach dumm. Damit wollte ich niemanden an der Nase herumführen – außer vielleicht mich selbst.

Das Entsetzen, die Ohnmacht und die Hilflosigkeit waren echte Gefühle. Die „Kopfete" in mir hatte anderes mit mir vorgehabt und dies löste erst recht Lawinen von Problemen aus. Mit den Worten von Oma: „Wer der eigenen Bestimmung nicht folgt und die Sprache des Herzens nicht versteht, wird blind, taub, stumm und dumm." Klar und deutlich formuliert, aber vor allem wahr gesprochen!

Um es kurz zu machen: Ich musste schon älter als dreißig werden, um zu verstehen, dass ich zur Hirtin geworden war, ohne großes Zutun, da meine Weichen schon in der Wiege und in meiner Kindheit gestellt wurden, die Versprechen sich zur rechten Zeit von selbst einlösten. Ich näherte mich dem umständlich, oft auf Umwegen, aber unbedingt – meinem ständig nach Eigenmacht und Selbständigkeit schreienden Wesen des Neumondes nach – mit *eigenen* Schritten, Erkenntnissen und Erfahrungen.

Erst langsam beugte ich den Kopf, verstand, dass schon beschrittene Wege und schon erklärte Wegweisungen nicht nur eine Einengung, sondern ein Wohl sein können. Die Hirtin wurde von ihrer Bestimmung gezähmt ... Diese kampflustige und unnötig leidensvolle Übernahme des Hirtinnen-Daseins ist – um wieder einen kleinen Vorgeschmack zu geben – typisch für einen jungen, unreifen Neumond.

Jetzt sollte ich auch noch irgendwann den Mund öffnen, nachdem ich lange Jahre so und nicht anders gelebt hatte!

Das allein hat sehr viel Kraft und vor allem Umstellung gekostet und das hätte im stillen Kämmerlein für mich schon gereicht. Jetzt sollte ich auch noch irgendwann den Mund öffnen, nachdem ich lange Jahre so und nicht anders gelebt hatte! Vielleicht kann ich meine Hemmschwelle ein wenig verständlich machen: Nicht einmal den engsten FreundInnen und KollegInnen, weder meinen Kindern, meinen Eltern noch dem Vater meines zweiten Kindes gegenüber hatte ich bisher nur die kleinste Andeutung darüber gemacht. Wer sollte mir das schon glauben?

Hinzu kam generationenlanges Schweigen und damit – meine Ahninnen stets im Rücken –, die Verantwortung, die Hüterin eines *Geheim*wissens zu sein, sowie das bisherige Redetabu sogar in der eigenen Familie. Ich nehme an, es gibt wenige Kinder, die vor ihrer eigenen Mutter so viele und große Geheimnisse mit sich herumtragen.

Meine Gedanken waren: Da soll jetzt „nur" das Gespür deiner so genannten „Vorgängerin" reichen, dass die Zeit irgendwann einmal kommen wird, den Mund zu öffnen und diesen Weg zu beschreiten? Leichter gesagt als getan ... Wer kann es mir verübeln, dass ich Zweifel über Zweifel hatte, diesen für mich gewagten Schritt zu tun?

Wie gesagt, für mich hatte die gute Frau meistens Recht. Wenn ich ehrlich bin, hatte ich seit einigen Jahren das gleiche Gespür, zumindest einen Teil unseres Wissens, nämlich die Typenlehre, aber auch unsere Geschichte der Allgemeinheit wieder zugänglich zu machen. Denn es ist ja nicht nur meine Geschichte, es ist ein Teil der Wurzeln der Menschen im Alpenraum. Genauso wie die Typenlehre Teil des geistigen Allgemeingutes dieser Kultur sein sollte, wenn es nicht vor Jahrhunderten untergegangen wäre.

So brach ich schließlich das Tabu vor ca. neun Jahren, als ich meinen spirituellen Weggefährten Ulrich Gutweniger kennen gelernt hatte. Mit ihm, oder besser gesagt – durch ihn – erkannte ich, wie die Typenlehre den Menschen nutzen kann. Er ermunterte mich, wie damals Oma, meiner Bestimmung nachzukommen: „Zu sein, was ich bin". Mit ihm begann ich wieder Rituale in der Natur zu vollziehen, nicht die alten wie mit Oma, aber mit Einbeziehung unseres Wissens. Er hatte damals schon jahrelange Erfahrung mit den Naturkräften und Elementen der Natur gesammelt. Als Psychologe hielt er schon lange Seminare zur Persönlichkeitsfindung und -entwicklung ab und führte mich als Co-Referentin in seine Kurse ein. Zusammen haben wir die Typenlehre so aufbereitet, dass wir sie den Menschen nahebringen können.

An einzelnen Personen, die zu mir oder zu ihm gekommen sind, aber auch bei den Seminaren, die ich schon zusammen mit ihm gemacht habe, wird ganz klar: Die Vintschger Typenlehre ist eine starke Hilfe für die Persönlichkeitsfindung der Menschen, aber auch für ihre Beziehungen untereinander. Wir haben die Typenlehre zu einem „praktischen Lebenswerkzeug" ausgearbeitet und darum habe ich ihn gebeten, mit mir zusammen dieses Buch zu schreiben. In den folgenden Seiten verwenden wir zum Großteil die Wir-Form, da es sich um unser gemeinsam Erarbeitetes handelt, manchmal jedoch die Ich-Form, und zwar wenn ich von meiner Kindheit und den Lehren von Oma erzähle, die sie mir beigebracht hat.

Denn es ist ja nicht nur meine Geschichte, es ist ein Teil der Wurzeln der Menschen im Alpenraum.

Hiermit haben wir unser Buch vorgelegt. Und wie meinte Oma? „Du wirst es selbst merken, wann, wie und was du den ‚anderen' von unserem Wissen mitteilen wirst." Und schon wieder hatte sie recht: Ja, Oma, ich merke es!

Einführung in die Vintschger Typenlehre

KAPITEL 3

Typologien gibt es viele, da werden Sie sich sicherlich fragen, was unterscheidet diese von anderen? Das ist eine Frage, der wir öfters begegnen. Für uns geht es nicht darum, ob sie besser oder schlechter ist als andere, vielmehr ist das Besondere dieser Typenlehre für uns, dass sie nicht aufgrund von Geburtsdaten und sonstigen mathematischen Kalkulationen berechnet wird. Sie ist unmittelbar auf allen Wahrnehmungsebenen erfahrbar und bietet einen tiefen Einblick in die eigenen Wesenszüge.

Dieses einfache, relativ schnell erlernbare System ermöglicht es Ihnen, das eigene Wesen zu verstehen und anzunehmen – mit den Stärken und Schwächen, die jeder Typ hat. Zudem kann die Vintschger Typenlehre Ihre zwischenmenschliche Kommunikation grundlegend verbessern, da Sie andere Menschen nicht mehr nach der eigenen Nase beurteilen, sondern Handlungsweisen der anderen – durch die „Brille" der Vintschger Typenlehre betrachtet – verständlich werden.

Eine Typenlehre aus unseren Breitengraden

Ein weiterer Vorteil dieser Typologie ist es, dass sie aus unseren Breitengraden kommt und von unseren Ahninnen, also Menschen von hier, höchstwahrscheinlich benutzt und verwendet wurde, wie vielleicht viele von uns heute die Sternzeichen und die Astrologie als Allgemeingut verwenden.

Das „hier" können wir großräumig beschreiben: Damit ist zumindest der Alpenraum gemeint. In unseren Breitengraden besteht in dieser Hinsicht sehr wenig Wissen über unsere eigenen Wurzeln und viele suchen sich deswegen sehr häufig Hilfen für Persönlichkeitsfindung, Spiritualität etc. anderswo und vorwiegend im Orient. Diese Typenlehre hingegen ist hier gewachsen und scheint hier angewandt worden zu sein, bevor sie dem Vergessen anheimgefallen ist.

Warum diese vier Typen?

So manche fragten uns, warum in unserer Gesellschaft lange vor unserer Zeit gerade die vier Typen „Sonne", „Sonnenfinsternis", „Vollmond" und „Neumond" ausgesucht und verwendet wurden. Dafür müssten wir wissenschaftliche, geschichtliche Quellen untersuchen und das ist nicht unser Gebiet.

Da es sich um eine mündliche Überlieferung handelt, lassen wir in unserem Fall das wissenschaftliche Warum und Wieso aus und begnügen uns mit dem, was Oma erklärt hat: Die Menschen hatten sich ganz einfach nach den sichtbarsten Gestirnen von Tag und Nacht gerichtet, der Sonne und dem Mond.

Da sie sich früher eher am Mondzyklus orientierten, waren die Typen Vollmond und Neumond sehr naheliegend. Aber die anderen zwei hätten auch der zunehmende und der abnehmende Mond sein können, nicht wahr?

Auch dafür hatte Oma eine Erklärung: Diese Welt hier ist in Gegensätzen aufgebaut, von Tag und Nacht, von Mann und Frau, von Sonne und Mond. Ein Hinweis darauf, dass diese Typenlehre älter ist, besteht darin, dass die Hauptorientierung auf den Mond und die Nacht gelegt wurde. Dies verweist auf vorchristliche Weltanschauungen, die wachstums- und erdorientiert waren. Das Mondgeschehen und sein wechselnder Einfluss sind leichter zu beobachten als die täglich scheinende Sonne, so gibt es den Lunarkalender schon länger als den Solarkalender.

Somit ist es auch nicht verwunderlich, dass die Sonne auf die gleiche Art und Weise wie der Mond betrachtet wird, und zwar aufgrund ihrer An- und Abwesenheit. Diese Abwesenheit findet – wenn wir die Nacht aussparen, in der sowieso der Mond regiert – bei Tage nur während einer Sonnenfinsternis statt. Das war die Erklärung meiner Oma, wieso eine so seltene Naturerscheinung wie die Sonnenfinsternis in die Typenlehre aufgenommen wurde.

Oma war – wie schon in der Einleitung erklärt – eine Bäuerin, die nicht so „kopfet" geworden ist wie ihre Enkelin und ständig nach „logischen Erklärungen" oder wissenschaftlichen Bestätigungen suchte. So meinte sie in ihrer einfachen, aber deswegen nicht weniger aussagekräftigen Sprache: „Was brauchst du noch für Erklärungen? Wisse um sie und schaue mit dem Herzen! Das sind die vier Typen, sie stimmen mit dem, was du siehst, überein. Sie machen es dir leichter, die Welt, dich und andere zu verstehen!"

„Was brauchst du noch für Erklärungen? Wisse um sie und schaue mit dem Herzen! Das sind die vier Typen, sie stimmen mit dem, was du siehst, überein. Sie machen es dir leichter, die Welt, dich und andere zu verstehen!"

Und ihre Enkelin tat es, von klein auf. Sie ging durch die Straßen und „schaute mit dem Herzen". Oma hatte wieder einmal recht: Die Typen waren mit der Zeit relativ leicht zu erkennen und das Ganze hatte auch eine Logik. Die „Eigenschaften" der Typen waren stets sehr treffend und meist aussagekräftig. Warum gerade diese Gestirne so und nicht anders für die vier Typen angewandt wurden, wurde mir mit der Zeit ebenso gleichgültig, ich machte es Oma nach, nahm es an und verbeugte mich davor.

Der Aufbau des Buches

Wir werden bei der Beschreibung der Typen die „Seelensprache" verwenden, wie auch Oma es nannte. Die Beschreibung der Typen erfolgt mit anschaulichen Bildern und Beispielen. Sie sind es, die nicht nur den Geist, sondern auch die Seele ansprechen und damit tiefer wirken.

Darum haben wir vorgezogen, in diesem Buch keine Menschen oder Gesichter abzubilden, sondern ausschließlich Stimmungsbilder der Natur zu verwenden. Wir wollen auch hier die Seelensprache der Oma weiterführen.

Die Typen werden so ausführlich wie möglich beschrieben, wobei wir für die Ausprägung im jeweiligen Geschlecht immer ein eigenes Kapitel vorgesehen haben. Wir haben bei jedem Typ noch einen eigenen Platz dem Kind gewidmet, um den Eltern Tipps zu geben, wie sie ihr Kind „in die Kraft bringen" können.

Der größte Teil des Kapitels ist schließlich genau dem gewidmet: Wie der jeweilige Typ in „seine Kraft kommen" kann, wie Oma das so schön nannte. Denn das Um und Auf bei dieser Typenlehre ist, das eigene Wesen zu erkennen, die Stärken zu fördern und an den Schwächen zu arbeiten, dass sie ebenfalls zu Stärken werden. Ziel ist es – so wie es mir Oma beigebracht hat –, den eigenen Typ anzunehmen und als solcher die anderen Typen in ihrer Eigenart zu respektieren.

Wir haben es in den letzten Jahren oft erlebt: Wer einmal seinen Typ erkennt, der findet Ruhe und eine neue Sicherheit. Für die meisten wurde es als entspannend erlebt, nicht mehr dauernd anders sein zu wollen, als er/sie ist, sondern sich auf die eigenen Stärken zu konzentrieren. Das Schönste bei alldem war für diese Menschen, dass sie ein Verständnis dafür entwickelten, oft nicht aus ihrer „Haut" heraus zu können. Gleichzeitig stieg das Verständnis für andere, denn oft wurde unbewusst genau das von den anderen verlangt: Dass *sie* aus *ihrer* Haut rausgehen und sich so verhalten wie man/frau selbst es gerne hätte.

Wenn Sie sich mit der Vintschger Typenlehre befassen, hören Sie damit auf, von der eigenen Nase auszugehen und von anderen Menschen die gleichen Denkweisen, Fühl- und Handlungsweisen zu erwarten. Vielmehr beginnt ein Verständnis des „Anderssein" des Mitmenschen, das Aufeinander-Zugehen mit Berücksichtigung der jeweiligen Verschiedenheit.

Viele berichteten uns, dass sie es nicht mehr so persönlich nahmen, wenn andere Menschen sich unerwartet anders verhielten, was das Konfliktpotential in den Beziehungen sehr verringerte.

Wer dieses Ziel, sich selbst und andere in jedem Moment seines Lebens anzunehmen, erreicht, ist vollkommen in die „Kraft gekommen". Und das Erreichen dieses Ziels ist eine Lebensaufgabe ...

Die Typen und das Geschlecht

In den folgenden Kapiteln werden wir auf jeden einzelnen Typ eingehen, haben uns aber entschlossen, ihn in einer zweiten Unterscheidung noch einmal nach Geschlecht zu gliedern.

Die Sozialisierung in unserer Gesellschaft hat mit ihren Anforderungen große Unterschiede zwischen Mann und Frau mit sich gebracht und bei den Typen lassen sich die Geschlechter nicht so einfach in einen Topf werfen.

Den Wertungen unserer heutigen Gesellschaft entspricht folgende Reihenfolge: In unseren Breitengraden kommt zu allererst die Sonne, und zwar der Sonne-Mann, an zweiter Stelle der Sonnenfinsternis-Mann (im Sinne unserer Gesellschaft, in der der Mann nach wie vor eine bessere

Stellung als die Frau innehat), anschließend die Vollmond-Frau, da sie dem Bild der Idealfrau in der Gesellschaft am ehesten entspricht, und am Ende die Neumond-Frau, die am meisten verunglimpft wurde und vielleicht auch am wenigsten verstanden wird, da sie den gesellschaftlichen Klischees am wenigsten entspricht.

Die Regel lautet: Auf der einen Seite steht bei Sonne und Sonnenfinsternis das männliche Prinzip, der Tag, Yang, auf der anderen Seite steht bei Vollmond und Neumond das weibliche Prinzip, die Nacht, das Yin.

Dennoch kommen beide Geschlechter in allen vier Typen vor, kein Mann ist automatisch ein Sonne- und keine Frau von vornherein ein Mondtyp. Wir erklären in den jeweiligen Kapiteln bei den Typen in diesem Buch zuerst das Geschlecht, das den Gesellschaftsklischees eher entspricht: bei der Sonne und den Sonnenfinsternissen zuerst den Mann und danach die Frau, bei den Vollmonden und Neumonden zuerst die Frau und dann den Mann.

Damit deuten wir schon an, warum Sonne- und Sonnenfinsternis-Frauen sowie Vollmond- und Neumond-Männer so ihre Schwierigkeiten haben mit ihrem Geschlecht auf dieser Welt. So wird eine Vollmond-Frau in unserer Gesellschaft besser angenommen als ein Vollmond-Mann, ein Sonne-Mann aus den gleichen Gründen eher als eine Sonne-Frau, usw.

Die zwei Seiten der Medaille

Das hat natürlich dementsprechend Einfluss auf die weitere Entwicklung der einzelnen Person. Um dieses Beispiel weiterzuführen: Ein männlicher Vollmond wird in seiner Kindheit selten in seinen Stärken gefördert und wird vielmehr probieren, seine Schwächen auszugleichen, die männliche Sonne hingegen entspricht mehr den gesellschaftlichen Anforderungen und wird in seinen Stärken eher gefördert, vielleicht aber nicht genügend in seinen Schwächen aufgefangen. Schon daran können Sie erkennen, dass das alles wiederum seine Vor- und Nachteile hat. Oma hat mich gelehrt, dass alles zwei Seiten hat – wie eine Medaille.

Die Förderung der Stärken heißt nicht automatisch, dass an den Schwächen gearbeitet wird, sodass der sogenannte „Bevorteilte" in seinem späteren Lebensverlauf gerade über diese stolpern kann. Die fehlende Förderung der eigenen Stärken kann dazu führen, dass Sie unwillkürlich an Ihren Schwächen arbeiten, sodass Sie es im späteren Leben einfacher haben werden, „nur" an Ihren Stärken zu feilen. Das ist eindeutig der leichtere Part als im fortgeschrittenen Alter aus dem Stolpern über die eigenen Schwächen zu lernen. Somit kann ein Nachteil zu einem Vorteil werden und umgekehrt. Diese Sicht auf das Leben erweitert den Handlungsspielraum und lässt vieles möglich werden, und nicht nur bezüglich der Geschlechter!

Die Förderung der Stärken heißt nicht automatisch, dass an den Schwächen gearbeitet wird, sodass der sogenannte „Bevorteilte" in seinem späteren Lebensverlauf gerade über diese stolpern kann.

Achtung vor den Schubladen!

Es geht bei dieser Typenlehre nicht darum, die Menschen in vier Schubladen einzuteilen und den jeweiligen Typ in einen Topf zu werfen! Jeder Mensch ist einzigartig, hat einen eigenen Charakter und auch eine einzigartige Geschichte, die ihn prägt.

Jeder Mensch ist einzigartig, hat einen eigenen Charakter und auch eine einzigartige Geschichte, die ihn prägt.

Hierbei sind viele Umstände daran beteiligt ihn zu formen. Hier ein Beispiel: Eine Sonne-Frau, die von einem strengen Neumond-Vater erzogen wird, hat andere Züge als ein Sonne-Frau, die einen gefühlvollen Vollmond-Vater hatte; eine Neumond-Frau mit einer Vollmond-Mutter hat andere Ausprägungen als die mit einer Sonnenfinsternis-Mutter. Es kommt auch darauf an, wie stark die jeweiligen Typen, mit denen das Kind zu tun hatte, in „ihrer Kraft" waren.

Außerdem gibt es noch seit jeher zwei Mischtypen: Vollmond/Neumond und Sonne/Sonnenfinsternis, also Mond gemischt und Sonne gemischt. Früher hat es viel mehr Mischtypen gegeben, währenddem heute sehr viele Menschen eindeutig einem Typ zuordenbar sind. Das „Früher" ist noch nicht so lange her. Oma hat mir von vielen Mischtypen erzählt, als Kind kann ich mich auch daran erinnern, noch viele erkannt zu haben. Wieso diese Mischtypen jetzt zurückgehen, wissen wir nicht.

Mischtypen sind eindeutig in der Minderheit. Vielmehr begegnen uns oft Typen, die gerne ein anderer wären, z.B. Sonnenfinsternisse, die gerne Sonnen, Neumonde, die lieber Vollmonde wären, etc. Das ist natürlich leichter zu erklären: Das hat gesellschaftliche und familiäre Hintergründe. Zum einen entsprechen Sonne-Männer und Vollmond-Frauen am ehesten den gesellschaftlichen Klischees, zum anderen kommt es auf die familiäre Konstellation an. Beispiel: Ein extrovertierter Sonne-Vater erwartet sich kein zurückgezogenes Neumond-Kind, eine gefühlvolle Vollmond-Mutter tut sich schwer mit einem intellektuellen Sonnenfinsternis-Kind.

Diese Verfeinerungen ließen sich unendlich fortsetzen. Die Vintschger Typenlehre erscheint auf den ersten Blick vereinfachend, weil sie „nur" aus vier Typen besteht, doch je eingehender wir den Mensch und seine Umgebung betrachten, umso mehr lassen die Typen so viel tiefe Einsicht zu, wie wir nur wollen.

Wenn Sie die Lektüre beginnen, werden Sie sich natürlich nicht haargenau beim einen oder anderen Typ beschrieben finden, im Gegenteil, Sie werden sogar fast von jedem Typ etwas in sich erkennen können. Jeder Typ hat jedoch eine für ihn typische Ausprägung der einzelnen Merkmale und Eigenschaften. Was heißt das?

Natürlich kann *jeder* Mensch z.B. Wut empfinden, ein Neumond jedoch spürt in der Regel die Wut viel früher und intensiver als die anderen Typen, und zwar weil er eine viel tiefere Wahrnehmungsschwelle für diese Emotion bzw. diesen Impuls hat.

Ein Vollmond hingegen wird – auch wenn er wütend ist – nie diese Intensität beim Ausleben der Wut erreichen wie ein Neumond. Auch die zum Jähzorn tendierende Sonne erreicht im Zorn nicht die Bedrohlichkeit eines wütenden Neumondes und so manche Sonnenfinsternis lebt ihre Wut verhalten aus – meist in Form von wütenden Gedanken und stellt sich vor, was sie alles tun würde.

Worum es bei dieser Typenlehre geht …

Diese Typenlehre ist nicht leicht vergleichbar, so manche fragten nach einem Zusammenhang mit der Astrologie. Es geht hierbei nicht um eine Sternendeutung, die Einfluss auf den Menschen haben soll, sondern um die Beschaffenheit von Energiekörpern der Menschen (und nicht nur der Menschen), die sozusagen schon im Bauch der Mutter so angelegt sind.

Bei der Vintschger Typenlehre geht es vordergründig um die optimale Entfaltung des Menschen.

Bei der Vintschger Typenlehre geht es vordergründig um die optimale Entfaltung des Menschen. Zuallererst braucht es dafür die Grundkenntnisse, was es denn nun überhaupt bedeutet ein Sonne-Mann oder eine Neumond-Frau zu sein, denn von dieser Typenlehre scheint niemand mehr etwas zu wissen, zumindest ist sie kein Allgemeingut mehr, obwohl sie ein nützliches „Lebenswerkzeug“ darstellt.

Bevor wir jedoch auf die einzelnen Typen eingehen, sei noch etwas vorausgesetzt: Die Reihenfolge in diesem Buch ist keine Wertung. Es gibt keinen besseren und keinen schlechteren Typ, richtig oder falsch ist niemand, es geht vielmehr darum, wie wir in der Gesellschaft eingestuft werden und damit umgehen. Oder anders gesagt, mit den treffenden Worten von Oma: „Es ist nicht wichtig, ob du Sonne, Sonnenfinsternis, Vollmond oder Neumond bist, es ist wichtig, wie stark du als Sonne, Sonnenfinsternis, Vollmond oder Neumond in deiner Kraft bist!“

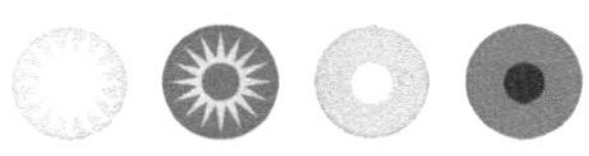

Die Typen im Vergleich oder was bin ich?

KAPITEL 4

Die Gestirne Sonne, Vollmond, Neumond, Sonnenfinsternis

Um die Schatztruhe der Vintschger Typenlehre zu öffnen, braucht es natürlich eine genaue und detaillierte Beschreibung der Typen, was wir auch in diesem Buch machen werden. Wir gehen jedoch davon aus, dass Sie dieses Buch wie ein Nachschlagewerk anschauen, bei dem zuerst entweder der eigene Typ oder der des geliebten Menschen nachgeschlagen wird. Wie soll das aber gehen, wenn Sie dieses Buch in die Hand bekommen und von dieser Typenlehre so gut wie nichts gehört haben, geschweige denn wissen, was für ein Typ Sie sind? Das Interessante bei dieser Typenlehre ist sicherlich zu wissen, was Sie selbst nun für ein Typ sind, aber noch viel mehr, sie selbst anwenden zu können und zu erkennen, mit wem Sie es gerade in der Liebe, in der Freundschaft, in der Arbeit zu tun haben oder was für ein Typ Ihr Kind ist, etc.

Bevor wir also mit der detaillierten Beschreibung des jeweiligen Typs anfangen, möchten wir hier in diesem Kapitel die Typen miteinander vergleichen, um das Erkennen des eigenen Wesens zu erleichtern. Danach kann die weitere Lektüre des Buches nach den eigenen Interessen erfolgen.

Noch ein Tipp zu Anfang: Wer *zu* typisch ist, sozusagen die Karikatur des Typs, ist noch auf dem Weg der Entfaltung, wer hingegen dabei ist, von den anderen Typen Eigenschaften zu integrieren und damit die eigenen Schwächen umwandelt, ist auf dem sicheren Weg in die eigene Kraft. Es gibt hier aber einen entscheidenden Unterschied: Der Typ, der in die eigene Kraft kommt, integriert zwar die Stärken anderer Typen, aber bleibt seinem Wesen *zugleich* auch treu und ist daran wiederum leicht zu erkennen. Wenn es auch am Anfang schwer ist: Vertiefen Sie sich einfach in die Lektüre des einen oder anderen Typs und Sie werden sicherlich fündig werden!

Der Zusammenhang zwischen den Gestirnen und den Typen

Um die Typen schnell und auf einen Blick zu charakterisieren, ist es hilfreich, sich die entsprechenden realen Gestirne mit all ihren Eigenheiten vorzustellen.

Ein Sonne-Typ ist zudem leicht erkennbar durch die Hitze, die er ausstrahlt, und die strahlenden Augen. Seine erhöhte Aus-Strahlung wird bei anderen oft als Charisma wahrgenommen.

Die *Sonne* ist das Zentrum unseres Planetensystems, um sie kreist alles. Genauso oft ist der Sonne-Typ der Mittelpunkt seiner Umgebung. Die Sonne braucht nur in einen Raum zu treten und hat meist schon die Aufmerksamkeit aller auf sich gezogen.

Dieses Gestirn ist ein Energieball und sorgt für die Wärme in der Umgebung. Von seiner Anziehungskraft (Gravitation), seinen Strahlen und seinem Licht hängen alle Planeten ab. So wie die Planeten um die Sonne kreisen, orientieren sich viele Menschen am Sonnen-Typ wegen seiner natürlich angeborenen Führungsqualitäten.

Ein Sonne-Typ ist zudem leicht erkennbar durch die Hitze, die er ausstrahlt, und die strahlenden Augen. Seine erhöhte Aus-Strahlung wird bei anderen oft als Charisma wahrgenommen.

Die Sonne steht für das Leben und das Wachstum auf Erden. So fühlt sich der Sonne-Typ oft für die gute Laune in seiner Umgebung verantwortlich, für das Wohlergehen der Menschen rund um ihn herum; er verbreitet Euphorie und Freude unter den anderen Menschen. Er geht gerne und schnell in Beziehung zu allen anderen, fühlt sich somit oft auch als Nabel der Welt, als „Glückskind" und als Geschenk für die Menschheit. Die Sonne erlebt sich als absolut einzigartig, obwohl es Milliarden anderer Sonnen im Weltall gibt – aber das sind doch nur Sterne und weit weg, oder?

Der Typ der *Sonnenfinsternis* ist genauso wie die Naturerscheinung: Er ist eigentlich was Besonderes, zeigt sich aber fast nie, sondern ist oft sehr zurückgezogen, wie die Sonne, die sich hinter dem Mond versteckt. Er beinhaltet im Grunde von allen Typen etwas, wie auch an der

Naturerscheinung „Sonnenfinsternis" die Sonne, der Vollmond und der Neumond beteiligt sind – der Mond wird von hinten von der Sonne angestrahlt und erscheint somit vorne schwarz. Die ausgeprägte Kombinationsgabe, die dem Sonnenfinsternis-Typ eigen ist, dürfe aufgrund dieser Konstellation niemanden mehr verwundern.
Genauso wie dieses komplexe Zusammenspiel in der Natur schafft es die Sonnenfinsternis, mit seinem Verstand das Leben in all seinen Seiten zu ergründen. Der Sonnenfinsternis-Typ ist oft wie ein wandelndes Lexikon, das jedoch nicht selbstverständlich einfach aufgeschlagen werden kann. Und: So wie diese Konstellation komplex ist, bezieht auch der Sonnenfinsternis-Typ sehr schwer Position.

Seine Vielfalt und Brillanz zeigt der Typ Sonnenfinsternis genauso wenig, wie die Sonne sich offenbart, wenn der Mond sich davor stellt. Er zieht es vor, im Hintergrund zu stehen, ist gerne die „graue Eminenz", wenn er nicht gerade etwas Anderes sein will, als er ist. Das hängt damit zusammen, dass in dieser Welt Sonnenfinsternisse nicht unbedingt die Lieblingstypen sind, aber auch damit, dass eine Sonnenfinsternis gerade durch ihre Vielfalt sich schwer tut zu akzeptieren, wie sie ist.

Dieses Naturphänomen ist faszinierend, aber oft auch unergründlich und somit beängstigend – Gefühle, die oft auch die Sonnenfinsternis bei anderen auslöst.

Den *Vollmond* zu beschreiben ist nicht schwer, er wurde als Gestirn schon so viel besungen und beschrieben. Oder ist es deswegen erst recht schwer?

Er ist das Gestirn der Gefühle, der Liebe, aber auch der Melancholie. Der Mond und vor allem der Vollmond stehen in unserer heutigen Gesellschaft für das weibliche Prinzip. Er hat auch die Eigenschaften, die als „weiblich" bezeichnet werden: sanft, weich, lieblich, romantisch, harmonisch, etc.

Der Vollmond ist ein Gestirn der Nacht; auch der Vollmond-Typ lässt sich von seinen Träumen und Visionen leiten. Seine Antriebsenergie ist das Fühlen. Diese Menschen entscheiden „aus dem Bauch" heraus, aber langsam.

Das allein macht jedoch den Vollmond nicht aus. Er steht auf dem Höhepunkt eines Zyklus', und zwar, wenn er im höchstmöglichen Ausmaß von der Sonne angestrahlt wird. Genau so sind Vollmonde darauf angewiesen, von anderen bemerkt zu werden. Sie brauchen mehr als jeder andere Typ die Gemeinschaft und Anerkennung.

Genau so sind Vollmonde darauf angewiesen, von anderen bemerkt zu werden. Sie brauchen mehr als jeder andere Typ die Gemeinschaft und Anerkennung.

Seine Antriebsenergie erhält der Vollmond oft von seinen Mitmenschen, dafür schafft er es am besten, Menschen von der Rastlosigkeit weg in ihre Gefühle zu bringen.

In unserer westlichen Welt werden wichtige Gefühle wie Trauer, Einsamkeit, Leiden und Ohnmacht kollektiv verdrängt und von einem ungesunden Streben nach Spaß und Freude ersetzt. Der Vollmond bringt nun diese ausgegrenzten Gefühle wieder ins Spiel und trägt damit deutlich zu einer Gesundung des Systems bei, wenn er angenommen wird. Gefühle brauchen aber Zeit und der eigene Rhythmus verlangsamt sich daher automatisch. Dafür wird ihm nicht immer gedankt, sondern er wird oft als langsamer, träger Quengler empfunden.

Dementsprechend kann der Neumond-Typ wie kein anderer das beenden, was zu Ende ist, wenn das auch schmerzhaft Illusionen bricht.

Der *Neumond* repräsentiert den Mond in seinem Tiefpunkt des Zyklus' bzw. seinem Ende oder Anfang. Dementsprechend kann der Neumond-Typ wie kein anderer das beenden, was zu Ende ist, wenn das auch schmerzhaft Illusionen bricht. Er verhilft sich und anderen zu Neuanfängen, wenn die Zeit dafür gekommen ist. Das macht ihn manchmal nicht sehr beliebt, denn für viele ist aller Anfang schwer und ein Neuanfang erst recht.

Den Neumond-Typ beeindruckt das nicht, denn: Im Gegensatz zum Vollmond braucht die Konstellation in der Natur die Sonne nicht. Somit braucht auch der Neumond-Typ von allen am wenigsten die Bestätigung der anderen Menschen. Er schöpft die Kraft aus seiner eigenen Tiefe, ist seiner Wahrheit verpflichtet und erscheint vielen unheimlich, weil er seine durchaus tiefen Gefühle den anderen gar nicht zeigt und somit sehr kühl nach außen wirkt. Er stellt meist vor sich eine dunkle Mauer auf und schützt sich damit vor allen anderen.

Der Neumond, der für sich selbst am Himmel steht, zeigt den Menschen seine kühle Vorderseite, grenzt damit stark ab und aus, ist jedoch am Rücken warm. Das prädestiniert den Neumond-Typ als Beschützer und das ist auch seine natürliche Aufgabe in seinem familiären und freundschaftlichen Umfeld. Wen er besser kennt und mag (wohl bemerkt: wenn *er* besser kennt und mag, umgekehrt ist für ihn nicht gleich wichtig), den überhäuft er mit Liebe und Loyalität.

Wenn er zum Thema wird, so steht er für die gefährliche Seite der Weiblichkeit. In den Nächten des Neumondes ist es am dunkelsten und die Ängste steigen hoch. Es ist auch die Zeit, in der auch alles Mögliche und Unmögliche passieren kann. Der Neumond ist schwarz auf schwarz schwer auszumachen. Doch das Schwarze steht zugleich auch für die wärmende Erdhöhle, in die sich die Tiere zurückziehen, um Geborgenheit und Sicherheit zu finden und diese Qualität ist beim Neumond durchaus zu finden. Wahr ist jedoch auch, dass sich der Neumond-Typ nicht gerne in die Karten schauen lässt und unbeirrbar seinen Weg geht.

Die Typen und die Elemente

Oft werden wir gefragt, ob die Typen auch Bezüge zur Astrologie haben. Wir sind beide zu wenig darin bewandert, um wirklich eine Antwort darauf geben zu können. Das Einzige, was uns auffällt, ist, dass wir auch die vier Typen den Elementen zuordnen können.

Die Elemente Luft, Wasser, Erde und Feuer

Die Sonne ist dem Element *Luft* zuzuordnen, hat die Kontaktfreudigkeit, Schnelligkeit und auch Oberflächlichkeit desselben, während der Vollmond mit seiner stark ausgeprägten Gefühlswelt bis hin zur Schwermut dem Element *Wasser* angehört. Das *Feuer,* das Wut und Lust beinhaltet, ist das Element des Neumondes und die *Erde* das der Sonnenfinsternis, die im wahrsten Sinne des Wortes mit ihrer Logik und ihrer konkreten Art, Entscheidungen abzuwägen, mit beiden Füßen auf dem Boden steht.

Bei den Mischtypen sind eben zwei Elemente zugleich maßgebend. Wie bei der Seelenfarbe gilt es auch hier, dass wahrscheinlich das Element des prozentuell stärker vertretenen Typs vorherrschen wird. Dennoch ist das Element des schwächeren Anteils nicht außer Acht zu lassen.

Der Frühling, der Sommer, der Herbst, der Winter

Die Typen und die Jahres- und Tageszeiten

Der sanfte, sprossende *Frühling* ist mit der Zeit des Vollmondes vergleichbar. Das Erwachen der Natur, die ersten lieblichen Farben nach einer farblich eintönigen Zeit, die vielen Blumen, die sich in die ersten wärmeren Sonnenstrahlen strecken. Dementsprechend kann der Vollmond mit seiner Art Freude bereiten, weil er einfach ein angenehmes Wesen hat.

Das Frühjahr steht aber auch für das kontinuierliche, beharrliche Wachsen, das Durchbrechen durch Schneedecken und auch dies erzählt von der Energie des Vollmondtyps. Der Vollmond hat zwar eine liebliche Art, womit er oft unterschätzt wird, aber er ist sehr beharrlich in dem, was er sich vorgenommen hat. Er rennt nicht mit dem Kopf durch die Wand, vielmehr setzt er einen stetigen Druck an, um auch gegen die widrigsten Umstände sein Ziel zu erreichen. Seine langsame Art steht in keinem Widerspruch zum Erreichen seiner Ziele.

Der *Sommer* symbolisiert die Sonne mit der Explosion an kräftigen Farben und an Wärme, aber auch mit seiner Hitze und der Einladung, so viel wie möglich Zeit außerhalb der vier Wände zu verbringen.

Der Sommer steht für große Helligkeit, Lebensfreude, für Unternehmungs- sowie Reiselust und für einen lockereren Alltag – alles Qualitäten, die auch auf den Sonnentyp zutreffen. Gerade der Typ der Sonne hat ein schillerndes, warmes Wesen, das vor Lebensfreude und Tatendrang nur so vibriert. Die Sonne übernimmt zumeist auch die Initiative für die Unternehmungen, lockert den Alltag auf mit oft nicht alltäglichen Ideen und versteht es, den Zauber des Moments für sich und andere einzufangen.

Die ganzen Schattierungen des fallenden Laubs im *Herbst* hingegen stehen für die Farben der Sonnenfinsternis. Der Einzug der kühleren Zeit, aber auch die klaren, letzten warmen Herbsttage, spiegeln sehr deutlich die Energie der Sonnenfinsternis, die das eine wie das andere in sich trägt.

Der Einzug der kühleren Zeit, aber auch die klaren, letzten warmen Herbsttage, spiegeln sehr deutlich die Energie der Sonnenfinsternis, die das eine wie das andere in sich trägt.

Der Herbst ist eine Zeit, in der vieles, was im Sommer möglich war, immer noch getan werden kann – manches sogar noch viel besser, weil es nicht mehr so heiß ist, wie z.B. auf den Berg zu gehen. So kann eine Sonnenfinsternis sportlich – obwohl der Leib eher das Element der Sonne ist – Höchstleistungen erbringen, da sie mit ihrer angeborenen Disziplin und ihrer Art, sich mit etwas ausführlich zu beschäftigen, alles zur Meisterschaft bringen kann.

Im Herbst kündigt sich aber auch schon die Zeit des Rückzugs am so genannten Herdfeuer an und die Zeit, in der die Lockerheit des Sommers nicht mehr so angebracht ist. Dementsprechend hat der Typ der Sonnenfinsternis auch eine gewisse Ernsthaftigkeit und vor allem besteht er auf einen gewissen Freiraum, um immer wieder für sich alleine sein zu können.

Bleibt nur noch der *Winter* und der steht für den Neumond. Es ist die Zeit, in der es beißend kalt sein kann, lange dunkel und die Wetterumstände oft dazu veranlassen, innerhalb der vier Wände zu bleiben. Dementsprechend „unwirtlich" erscheint der Neumond den Menschen, die ihn nicht näher kennen.

Der Winter ist die Zeit des Genießens von Wärme und des Dachs über dem Kopf, aber auch der inneren Einkehr. Diese Zeit lädt dazu sein, sich auf sich selbst zu besinnen. Damit wird auch der Typ des Neumonds gut charakterisiert, der sich stets seiner bewusst sein und zuallererst mit sich selbst ins Reine kommen möchte, bevor er sich um die Außenwelt kümmert.

Gleichzeitig erleben wir gerade im Winter diese wunderschönen, oft wie verzauberten Schneelandschaften, bei denen man aus dem Staunen nicht mehr herauskommt. All dies spiegelt auch die verborgenen Schönheiten des Typs des Neumondes wieder.

Genauso wie die Jahreszeiten können auch die *Tageszeiten* etwas über die verschiedenen Typen aussagen.

Der *Morgengrauen bis zum frühen Vormittag* ist die Energie des Vollmondes. Die ersten, sanften Strahlen der Sonne, der Morgentau, die Ruhe, die langsam in Geschäftigkeit über geht, das ist Vollmondenergie.

Hingegen ist die Betriebsamkeit des *späten Vormittags, die Mittagszeit* des Essens und Genusses bezeichnend für den Typ der Sonne. Die Sonne steht zu dieser Tageszeit am Zenit des Himmels, es ist die heißeste und intensivste Zeit des Tages und noch der halbe Tag vor der Tür, der noch gelebt werden möchte. Da jedoch Hitze und Essen ihren Tribut fordern, ist es oft auch die Zeit der Siesta, der Erholung vom Alltag.

Der *späte Nachmittag und Abend* hingegen steht für die Sonnenfinsternis. Man denkt darüber nach, was alles passiert ist, erledigt noch, was an diesem Tage ansteht und beginnt schon den nächsten Tag zu planen. Es ist aber auch die Zeit, in der der Tag mit dem Sonnenuntergang zu Ende geht und der Feierabend genossen werden kann.

Der *späte Abend, die Mitternachtszeit und die ersten Stunden danach* sind eindeutig Neumondenergie. Es ist die Zeit, vor der die Menschen am meisten Angst haben, da es eine Zeit ist, in der die Grenzen unserer fest umrissenen, von allen akzeptierten Realität verschwimmen. Vor allem die Mitternachtszeit ist verbunden mit vielen Geistergeschichten. Es ist eine verteufelte Zeit, was sehr stark mit unserer Kultur zu tun hat (siehe Kapitel Neumond), aber auch eine interessante und spannende Zeit, in der die Tür zur „unsichtbaren" Welt mehr geöffnet ist. Zugleich ist es aber auch die Zeit des Schlafs und der Träume oder die Zeit des ausgelassenen Feierns. So oder so spiegelt auch diese Tageszeit die verschiedensten Aspekte des Neumondtyps sehr klar wieder.

Die Merkmale der Typen

Die Augen

Am einfachsten sind die Typen an den Augen zu unterscheiden, denn nicht umsonst gelten sie als das Fenster der Seele.

Am einfachsten sind die Typen an den Augen zu unterscheiden, denn nicht umsonst gelten sie als das Fenster der Seele.

Strahlen sie und haben sie etwas Einladendes, haben wir es mit einer Sonne zu tun, sind sie weich und sanft, steht ein Vollmond vor uns. Außerdem wird der Blick eines Vollmondes sicherlich bald weiterschweifen, damit es Ihnen nicht unangenehm wird. Analytisch, ausdrucksstark und intelligent ist hingegen der Blick der Sonnenfinsternis, obwohl ihre Augen nichts preisgeben, vielmehr nach innen gerichtet sind. Fühlen Sie sich jedoch einem Prüferblick ausgesetzt, handelt es sich um einen Neumond. Wenn Sie kühl angeschaut und geröntgt bis fixiert werden, dann hat Sie gerade dieser Typ im wahrsten Sinne des Wortes unter die Lupe genommen.

Die Ausstrahlung

Würden wir die Typen auf einer Temperaturskala verteilen, so wäre auf der Seite der *Kälte* der Neumond. Er ist in seiner Ausstrahlung kühl, hält alle auf Distanz. In Richtung Wärme, aber immer noch *auf der kühlen Seite*, ist die Sonnenfinsternis zu finden: Sie zeigt so gut wie nichts von sich, wie eine Schnecke kommt sie erst langsam aus ihrem Haus, um sich zu zeigen und bis dahin kommt kein Funken Wärme herüber.

Auf der Seite der *Wärme* würde dann der Vollmond zuerst auftauchen, der durch seine Ausstrahlung der Sanftheit vermittelt, dass er zu großer Wärme fähig ist. In der größten *Hitze* wäre schließlich die Sonne zu finden, die stets jede und jeden anstrahlt und mit Freude und Euphorie große Wärme erzeugt.

An der Temperaturskala ist auch gut abzulesen, welche Prozente der Mischtyp von wem hat. Ist die Ausstrahlung eher kalt, so ist die Sonne/Sonnenfinsternis mehr Sonnenfinsternis als Sonne bzw. der Neumond/Vollmond eher Neumond denn Vollmond.

Kälte — Wärme

Neumond	*Sonnenfinsternis*	*Vollmond*	*Sonne*

Die Ausstrahlungs-Skala

Die Energie

Würden wir die vier Typen nach ihrer Energie aufteilen, so wären Sonne und Neumond auf einer Seite mit der großen Energiemasse, während Sonnenfinsternis und Vollmond eher weniger Energie haben, die jedoch tiefer geht. Mit anderen Worten: Sonne und Neumond haben stets laufende Motoren, denen nie der Saft auszugehen scheint (zwischen Schein und Sein ist da ein großer Unterschied), beide sind *aktive Energie*, die sich nach außen wendet, ins Tun.

Sonnenfinsternis und Vollmond haben hingegen einen kleinen Tank für ihren Motor, müssen also des Öfteren nachtanken (wobei sie auch in der Norm weniger Probleme damit haben, das zuzugeben) und haben *passive Energie*, das heißt, dass sie sich eher nach innen richtet und wenig nach außen manifestiert.

So scheinen die Sonne und der Neumond in unserer Welt oft als *die* MacherInnen auf, während Vollmond und Sonnenfinsternis die Ausführenden im Hintergrund sind, mit klar geregelten Arbeitsmethoden, -ausführungen und -zeiten.

Farbenspektrum wie in einem Regenbogen

Die Aura/Seelenfarbe

Auch wenn die meisten von Ihnen die Seelenfarbe nicht sehen können, ist es dennoch hilfreich für die Beschreibung des Typs. Leicht erkennbar sind sie für die oder den, der die Aurafarbe, mit den Worten von Oma die „Seelenfarbe", sieht.

Eine Sonne ist *gelb bis weiß*. Heutzutage werden diese Farben automatisch mit Reinheit und Spiritualität gleichgesetzt, aber das muss nicht immer so sein. Wie weit eine Sonne in ihre Kraft gekommen ist, kann daran erkannt werden, wie wenig grell ihre Farbe scheint und nicht wie hell sie ist.

Eine Sonnenfinsternis ist in der Palette zwischen *ockergelb und braun* zu finden. Bei ihr ist zu beachten, dass sie die Fähigkeit hat, ihre Seelenfarbe einzurollen und erst langsam preiszugeben. Dies ist ihre Eigenart und sagt nichts über ihren Gesundheitszustand und ihre positive oder negative Energie aus, was oft, wenn die Seelenfarbe nicht zu sehen ist, die nahe liegende Vermutung ist. In der Kraft ist die Sonnenfinsternis, wenn sie ihre Farbe meist „ausgerollt" hat und „stolz" ihre ockergelben bis braunen Töne zeigt.

Der Vollmond hat eine *blaue* Seelenfarbe, in seiner Kraft hat er das intensivste Blau, wie wir es an kühlen Sommertagen am Himmel sehen. Das Blau steht auch für das Ausleben und Zugeben der eigenen Gefühle, was in den letzten Jahrhunderten in Zeiten der Aufklärung und Rationalisierung sehr stark in den Hintergrund getreten ist. Es scheint aber wieder im Kommen zu sein: Die Indigo-Kinder, gepriesen als die neue spirituelle Generation, haben schließlich eine Blaufärbung, die Richtung violett geht.

Der Neumond kann *schwarz bis rot* sein. Er ist das beste Beispiel dafür, dass schwarz nicht immer mit negativer Energie gleichzusetzen ist, wie heute von den allermeisten angenommen wird. Die Abwertung der schwarzen Farbe hat die Vorurteile gegenüber den Neumonden natürlich äußerst verschärft. Der Unterschied zwischen negativem und positivem Schwarz ist die Wärme, die das jeweilige Schwarz ausstrahlt. Wer einmal ein schwarzes Energieloch gespürt hat, empfindet das Schwarz eines Neumondes richtiggehend gemütlich warm.

Mischtypen haben oft auch die Farben der betreffenden Typen gemischt. Da sie jedoch selten zu gleichen Teilen gemischt sind, ist oft die Seelenfarbe von dem prozentuell stärker vorhandenen Typ vorherrschend.

Die Verhaltensweisen

Die Verhaltensweisen sind im Folgenden mit einer Parabel erklärt und karikieren die vier Typen. Stellen wir uns vor, da ist mitten auf dem Weg ein großer Stein, der das Weiterkommen blockiert.

Da kommt der erste daher, lässt sich davon nicht aufhalten, klettert und springt über den Stein hinüber, ohne auch nur einen Moment darüber nachzudenken, was sich dahinter verbirgt oder wieso der Stein gerade da ist. Es kann durchaus sein, dass dieser Stein als willkommenes Abenteuer auf diesem Weg betrachtet wird. Dieses Temperament entspricht der Sonne.

Ein anderer bekommt Angst, wenn er sich auf seinem Weg durch einen Stein blockiert sieht. Er setzt sich davor nieder und lässt seiner Trauer darüber, dass er den Weg nicht weiter beschreiten kann, freien Lauf. Dann wartet er eventuell auch darauf, dass ihn jemand tröstet. Und wenn jemand wirklich jemanden findet, der ihm hilft und ihn vielleicht sogar hinüberträgt, dann ist das der Vollmond.

Der dritte bekommt einen Wutanfall, sobald er erkennt, dass da ein Stein auf seinem Weg liegt. Wer wagt es? Und wie kann der Stein selbst es wagen, sich ihm in den Weg zu stellen? Mit der Kraft seiner Wut sprengt er entweder den Stein, schiebt ihn beiseite oder hüpft darüber, je nach Größe des Steines. Neumond pur – er ist ab da in Kampfstimmung, ein achtsamer Krieger, der nach diesem Stein misstrauisch geworden ist, die Augen offen haltend, um zu erkennen, was ihm auf seinem Wege sonst noch blühen könnte ...

Stößt hingegen der vierte auf den Stein auf seinem Weg, setzt er sich zuerst einmal davor nieder. Er beginnt nachzudenken. Wie ist der Stein beschaffen? Um welche Steinart handelt es sich? Gehörte der Stein schon immer zu diesem Weg oder ist er als Prüfung für ihn gedacht? Will ihm jemand den Stein in den Weg legen? etc. Alle möglichen und unmöglichen Fragen rund um den Stein auf dem Weg wird er finden. Bevor er sie nicht für sich beantwortet hat, kommt er gar nicht zu anderem. Die letzte aller Entscheidungen, ob er den Stein überwinden oder einen anderen Weg suchen soll, wird sicherlich erst nach Betrachtung der gefundenen Antworten aller anderen Fragen gefällt. Die Sonnenfinsternis lässt grüßen.

Stößt hingegen der vierte auf den Stein auf seinem Weg, setzt er sich zuerst einmal davor nieder.

Woran die vier Typen ebenfalls erkennbar sind, ist ihr Verhalten in Gesellschaft:

Die *Sonne* wird stets im Mittelpunkt sein, ob sie das nun möchte oder nicht. Ihre strahlende Offenheit führt sie automatisch ins Zentrum des Geschehens. Sie geht schnell in Beziehung und ist neugierig auf alles.

Ohne es immer darauf anzulegen, steht auch der *Neumond* oft im Mittelpunkt, jedoch auf eine ganz andere Art und Weise. Er hält gern die Fäden in der Hand, gibt den Unternehmungen Struktur und Ordnung. Während die Sonne mit Begeisterung und viel Elan die anderen mitreißt, tendiert der Neumond eher die Regeln vorzugeben.

Wie er bewusst sich dazu entscheidet, die Führungsrolle anzunehmen, kann es aber auch passieren, dass er sich genauso bewusst im Hintergrund hält, von wo aus er jedoch wiederum gerne die graue Eminenz spielt. Doch im Gegensatz zur Sonne hat er eine Wahl.

Graue Eminenz spielt im gesellschaftlichen Zusammensein auch gerne die *Sonnenfinsternis*. Sie möchte in ihrer Umsicht und ihrer Brillanz gesehen und geschätzt werden, bringt sich meist bedächtig ein und sorgt dafür, dass alle Unternehmungen auch langfristig gut geplant sind. Sie könnte sehr wohl auch die Führung übernehmen, überlässt jedoch gerne anderen aufgrund einer angeborenen Zurückhaltung das Feld dafür. Aufgrund von Schüchternheit gilt dasselbe auch für den Vollmond.

Der *Vollmond* zeichnet sich dadurch aus, dass er eine schöne Atmosphäre in die Gruppe bringt, er sorgt für das Wohlbefinden aller und ist in erster Linie der oder die TeamworkerIn. Im gesellschaftlichen Zusammensein braucht der Vollmond das Zwischenmenschliche und fordert es in allen Bereichen, ob nun in der Arbeit oder in der Freizeit, ein. Obwohl er gerne Beachtung und Lob empfängt, lässt er sich normalerweise nicht sehr gerne darauf ein, die Führung zu übernehmen. Er geht lieber nach als vor.

Die Gemütsverfassung

Mit dem Sprichwort ces halb leeren bzw. halb vollen Glases können wir dieselbe Geschichte erzählen:

Der Vollmond tendiert ebenfalls dazu, das Glas als halb leer zu betrachten und das tut ihm von Herzen leid.

Der *Neumond* sieht es halb leer und macht sich sofort auf die Suche, das Glas ganz aufzufüllen. Nur wenn er keine Möglichkeit findet, richtet er sich so gut wie möglich danach ein.

Der *Vollmond* tendiert ebenfalls dazu, das Glas als halb leer zu betrachten und das tut ihm von Herzen leid.

Die *Sonne* hingegen sieht das Glas stets halb voll, Optimismus ist das Wort, das auch extra für die Sonne hätte erfunden werden können. Noch dazu erzählt sie allen, dass dieses halb volle Glas das Bestmögliche ist, was ihr hat passieren können!

Am ehesten kommt die *Sonnenfinsternis* darauf, dass das Glas zugleich halb leer *und* halb voll ist, weil sie eben alle Möglichkeiten in Betracht zieht, ist doch logisch, oder? Optimismus aus dieser Erkenntnis zieht aber nur die Sonnenfinsternis in der Kraft, ansonsten ist für sie dieser Zustand lähmend.

Die Körperhaltung

Die Sonne ist stets auf dem Sprung, auch wenn sie sitzt. Sie ist durch einen hohen Muskeltonus erkennbar und die *Bewegungsfreude* fällt einem schnell ins Auge. Sie verraten sich ganz oft durch ihre Spontaneität und *Impulsivität*. Sonnen haben normalerweise kein großes Sitzleder und sind oft im Sportbereich zu finden, vor allem natürlich bei den Extremsportarten, wo Heldentaten gezeigt werden können. Sie tendieren zum Körperkult.

Die Sonne ist durch einen hohen Muskeltonus erkennbar und die Bewegungsfreude fällt einem schnell ins Auge.

Auf eine andere Art körperaktiv ist der Neumond. Auch er ist immer auf dem Sprung, aber er schaut aus, als ob er ein Raubtier wäre und macht mit seiner Körperhaltung oft den Eindruck, als ob er *stets auf der Lauer* liegen und angriffsbereit wäre.

Oft erscheint sein Körper, egal wie trainiert er ist, gefährlich, stark und manchmal sogar wuchtig. Er vermittelt stets das Gefühl, dass man sich mit ihm nicht anlegen möchte. In seiner Körperspannung beim Sitzen fällt die Präsenz und *Achtsamkeit* auf, die nicht nur in seinen Augen und seinem Gesichtsausdruck, sondern auch in seiner Körperhaltung zu lesen ist.

Der Vollmond dagegen zeichnet sich durch seine *weiche, aufnehmende Körperhaltung* und Hautbeschaffenheit aus. Im Gegensatz zu den vorher beschriebenen Typen sind auch seine Körperformen eher rundlich und weich. Sie demonstrieren Geborgenheit, Sanftheit, aber lösen auch *Beschützerinstinkte* aus. Der Vollmond lehnt sich gerne an beim Sitzen bzw. lässt sich oft auch zusammenfallen.

Achtung: Vor allem männliche Vollmonde tendieren dazu, diese Körperhaltung durch intensives Körpertraining auszugleichen. Auch die Vollmonde tendieren oft zum Körperkult, da es ihnen wichtig ist, angesehen zu werden und aufzufallen.

Weniger träge erscheint da schon die Sonnenfinsternis, die auch in der Körperhaltung zumeist die ausgewogene Mitte darstellt. Sie sind nicht so weich wie der Vollmond, aber auch nicht so sprungbereit wie die Sonne oder energisch wie der Neumond. Es ist ihnen am Körper abzulesen, dass sie *sehr zäh und ausdauernd* sind, denn der *Wille* ist bei ihnen die treibende Kraft. Doch zumeist erkennt man beim Hinsehen, dass sie dem Kopf mehr Bedeutung zumessen als dem Körper und sie fangen einen mehr mit ihren intelligenten, forschenden Augen als mit ihrer Körperlichkeit.

Die Bewegungen

Kraftvolle Bewegungen sind eher bei der Sonne zu finden, beim Neumond könnten wir sie eher energisch, definiert und würdevoll nennen, Vollmonde sind meist langsam und weich in ihren Bewegungen, Sonnenfinsternisse erscheinen gelassen und bedächtig.

Abschließend …

Es gibt keine besseren und keine schlechteren unter den Typen!

Haben Sie schon Anhaltspunkte gefunden? Diese kurz umrissenen Vergleiche bezüglich Körperhaltung, Verhaltensweisen, Augenausdruck uvm. können Ihnen einen ersten Hinweis geben, was für ein Typ Sie oder jemand aus Ihrer Umgebung sein könnte. Weitere Vergleiche zwischen den Typen können Sie auch im zwölften Kapitel „Übungen zur Vintschger Typenlehre" (siehe S. 330) erfahren, doch in den folgenden Kapiteln werden wir nun die jeweiligen Typen einzeln vertiefen.

Zum Abschluss möchten wir noch einmal betonen, auch wenn wir uns wiederholen, denn das kann nicht oft genug wiederholt werden: Es gibt keine besseren und keine schlechteren unter den Typen!

Natürlich ist der eigene Typ am verständlichsten, genauso wie wir aufgrund unserer familiären Situation einen guten Draht zu dem einen Typ und einen schlechten zu einem anderen haben können. Um diese Vorurteile aus dem Weg zu räumen, können wir nur empfehlen, einen Blick in die Vergangenheit zu werfen und mit dem Auge des Erwachsenen diese Familienmitglieder betrachten: Ob sie nämlich in ihrer Kraft waren oder nicht ist ausschlaggebend, nicht welcher Typ sie sind!

Jede Medaille hat zwei Seiten, wie wir schon im vorigen Kapitel erklärt haben. Jede Stärke kann auch zu einer Schwäche werden, jede Schwäche in eine Stärke umgewandelt werden. So bereichernd das Ausleben der Gefühle eines Vollmondes sein kann, so ausufernd und damit belastend für die Umgebung kann es werden, wenn er es übertreibt. Das Strahlen der Sonne wirkt zumeist beglückend für andere, im übertriebenen Maße kann es jedoch auch oberflächlich und egozentrisch erscheinen. Die Bedächtigkeit der Sonnenfinsternis kann wohltuend für seine Umgebung sein, wenn dieser Typ jedoch die meiste Zeit in seinem Kopf ist, kann er lähmend und seine Brillanz zynisch wirken. Die gesunde Abgrenzung des Neumondes kann ein Geschenk für alle sein, aber wenn er sie zu stark anwendet, in Unnahbarkeit und Kälte enden. Es liegt immer am einzelnen Menschen, was er aus sich macht.

Wir gehen – wie anfangs in diesem Kapitel schon erwähnt – mit dieser Typenlehre nicht davon aus, dass alle Menschen gleich sind. Dementsprechend müssen sich auch nicht alle Menschen angleichen oder etwa die gleiche Entwicklung vor sich haben. Ein Neumond wird nie wie eine Sonne strahlen, aber er kann mit seinem Lächeln eine tiefe Freude ausdrücken, wie es die Sonne nie vermag. Für den Vollmond mag die Kombinationsgabe einer Sonnenfinsternis unerreichbar sein, doch die Entscheidungsfindung mittels Intuition eines Vollmondes wird der Sonnenfinsternis in diesem Ausmaß wohl nie gelingen.

Jeder Typ ist anders und es kommt darauf an, ob er annimmt, was er für ein Typ ist, sich der damit verbundenen Stärken bewusst wird und sie fördert, sowie die damit verbundenen Schwächen ehrlich anschaut und angeht. Gerade die Schwächen dienen der eigenen Weiterentwicklung und die dort bestehenden Hindernisse führen zur Reife der Persönlichkeit.

Jeder einzelne Typ hat seine Qualitäten, auf die die Welt nicht verzichten kann. Zum Glück gibt es die Vollmonde, die wie kein anderer Typ sich nach ihren Gefühlen ausrichten und nachahmenswert ihre Trauer, Ohnmacht und Verbundenheit leben können, oder die Sonnen, die unabhängig vom Wetter 365 Tage im Jahr strahlen und Wärme ins Leben bringen, sich beispielhaft an der Freude orientieren; zum Glück gibt es die Sonnenfinsternisse, die mit ihrer brillanten Logik die Welt erklären, mit ihrer Art, die Welt anzuschauen, bedächtig ihre Schritte setzen und schließlich mit ihrer Sensibilität Steine erweichen können, oder die Neumonde, die der Welt die Abgrenzung und die Eigenmacht lehren, beispielhaft die Wut und die Lust ausleben und mit ihrem „weichen Kern hinter der harten Schale" die Kostbarkeit der Menschlichkeit erahnen lassen.

Wir können alle voneinander lernen und uns ergänzen. Dem Vollmond tut gerade die Abgrenzung des Neumondes gut, dem Neumond, dass Gefühle nach außen gezeigt auch eine Stärke sein können. Der Sonnenfinsternis kann die Sonne zeigen, dass Lob und Anerkennung durchaus angenommen und genossen werden können, während die Sonnenfinsternis der Sonne auch die Welten hinter dem Strahlen und damit eine ungeahnte Bandbreite von Möglichkeiten zeigen kann. Das ließe sich jetzt unendlich weit fortsetzen. Jeder Typ hat gerade da Stärken, wo der andere Schwächen hat und umgekehrt. Somit kann das „Andere" als Reichtum aufgefasst werden und die Typen können im gegenseitigen Respekt aufeinander zugehen.

Jeder einzelne Typ hat seine Qualitäten, auf die die Welt nicht verzichten kann.

Wir leben in einer Zeit, in der es uns besonders wichtig erscheint, dass die Typen sich „befrieden" und bewusst gemeinsam den weiteren Weg auf dieser Welt beschreiten. Mit den Worten von Oma: „Du kannst die Welt nicht verändern, aber du kannst dich verändern. Du bist jedoch ein Teil der Welt und damit veränderst du die Welt!"

Die vier Typen auf einen Blick

KAPITEL 5

VINTSCHGER TYPENLEHRE	SONNE
Die Seelenfarbe / *Aura*	**Gelb**
Wo liegt meine Stärke?	im *Spüren* (Körper)
Was sehe ich, woran orientiere ich mich?	die Sonnenseite des Lebens
Wie sehe ich das?	kontaktfreudig,
	sieht Potential der Menschen
Griechische Typologie	*Sanguiniker*
Bevorzugte Gefühle	Freude, Euphorie, Spaß, Impulsivität
Element	*Luft*
Antriebsenergie	Es zieht mich zu ...
Entscheidungsfindung	Automatisches Ja

	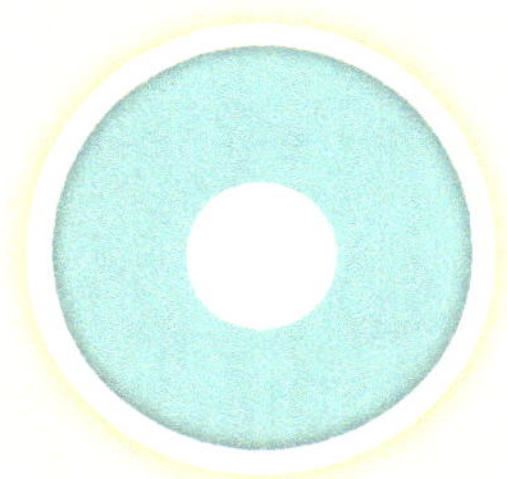	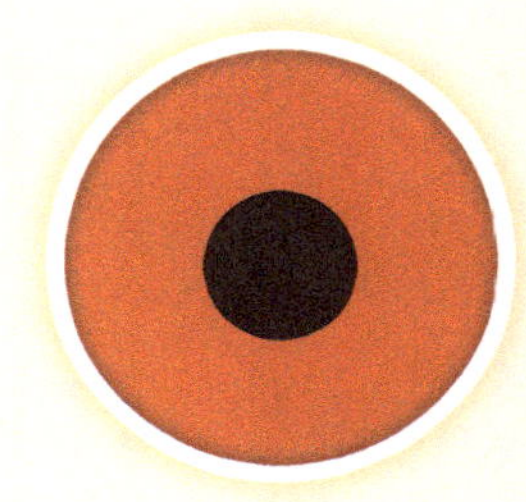
SONNENFINSTERNIS	**VOLLMOND**	**NEUMOND**
Ocker – Braun	**Blau**	**Schwarz – Rot**
im *Denken* (Verstand)	im *Fühlen* (Herz)	im *Sehen* und *Erkennen* (3. Auge)
die Rundumsicht	die „weichen Gefühle"	die Schattenseiten des Lebens
beleuchtet von allen Seiten	nimmt Gefühle ab	unabhängig, sieht
		Schwarzanteile der Menschen
Phlegmatiker	*Melancholiker*	*Choleriker*
denkorientiert, sinnierend	Trauer, Sanftheit, Verbundenheit	Lust, Wut, Abgrenzung
Erde	*Wasser*	*Feuer*
Ich denke, also bin ich …	Das Gefühl treibt mich zu …	Ich habe Lust auf …
Mal schauen …	Zuerst nachfühlen …	Automatisches Nein

Die Sonne

KAPITEL 6

Eine einladende Sommerwiese

Die Qualitäten der Sonne

Der erste Eindruck

Wenn die Sonne einen Raum betritt, wird es wahrlich ein wenig heller! Sie hat eine gewinnende, vereinnahmende Art und für jeden ein strahlendes Lächeln übrig. Ihre bloße Erscheinung hebt automatisch die Stimmung im Raum.

Strahlendes Lächeln und strahlende Augen sind die Markenzeichen der Sonne.

Strahlendes Lächeln und strahlende Augen sind die Markenzeichen der Sonne. In dem Gesicht und in den Augen dieses Typs geht wirklich die Sonne auf, wenn er etwas Neues entdeckt, ihm etwas gefällt oder er sich gar für etwas oder jemanden begeistert. Daran können Sie ihn auch am leichtesten erkennen!

Eine Sonne kann Leichtigkeit und Schönheit vermitteln wie kein anderer Typ und damit das Wohlbefinden aller steigern. Sie hat den Optimismus für sich gepachtet, strahlt die Lebensfreude aus allen Poren aus. Mit ihrem Glauben an das Happyend kann sie mit ihrer großen Begeisterungsfähigkeit auch andere mit ihrer Lebensfreude anstecken. Bei gemeinsamen Unternehmungen wird sie viel Energie zum guten Gelingen beisteuern, egal, ob sie es anführt oder nur daran teilnimmt.

Die Sonne sieht das Positive, das Potential in allem und jedem/r. Unter anderem macht sie auch das beliebt. Die positive Energie, die sie ausstrahlt, wird ihr mit der Freude, ihr zu begegnen, sogleich wieder zurückgezahlt.

Die Stärke

Gespür für den eigenen Leib

Neben ihrem angeborenen Strahlen ist die Stärke der Sonne schlechthin das *Spüren*, insbesondere ihr unnachahmliches Gespür für den eigenen Körper. Als extrovertiertes Wesen ist ihr das Äußere sehr wichtig, darum ist ihre erhöhte Aufmerksamkeit gegenüber dem eigenen Leib nur eine logische Schlussfolgerung.

Bewusst im eigenen Leib

Der Begriff „Leib" ist, was den Typ Sonne betrifft, angebrachter als der Begriff „Körper". Leib hat den gleichen Wortstamm wie Licht und Liebe. Der Sonne ist der Leib denn auch gleich wichtig wie Licht und Liebe.

Kaum ein Typ wie dieser hat eine so starke körperliche Wahrnehmungsfähigkeit und kann jede Unregelmäßigkeit im eigenen Leib so gut spüren. Jede Verspannung, jedes Ungleichgewicht wird von der Sonne wahrgenommen und kann oft schnell nur mit gesundem Hausverstand behoben werden – und auf den Leib bezogen hat die Sonne wirklich einen großen Hausverstand!

Der Typ Sonne könnte unseres Erachtens das Stretchen erfunden haben! Wie oft erleben wir Menschen, die sich am Flughafen, nach einer Bus- oder Autofahrt strecken und dehnen, den Hals einrenken oder sich ganz bewusst wieder bewegen, um die Starre abzuschütteln. Das sind oft die Sonnen oder solche, die mit ihnen zusammenleben und es von ihnen gelernt haben.

Starke Körperpräsenz

Die Sonne hat auch die Fähigkeit, ihren eigenen Leib in Szene zu setzen und damit eine starke Wirkung im Raum hervorzurufen, den sie betritt. Das kann sie mit ihrem Leib genauso gut wie mit ihrem Strahlen.

Diese Körperpräsenz, die oft auch Sinnlichkeit beinhaltet, verhilft ihr zu einem Auftreten, das so manches Mal Bewunderung hervorruft. Das sind die Männer und Frauen, bei denen zu spüren ist, wie stark sie sich ihres Leibes bewusst sind, meist strahlen sie auch aus, wie wohl sie sich in ihrem Leib fühlen – etwas, wofür sie von den anderen Typen oft stark beneidet werden! Die Sonne ist auch daran zu erkennen, dass sie ständig eine sprungbereite Körperhaltung hat. Dieser Typ zeichnet sich durch eine unverkrampfte Körperspannung und fließende Körperbewegungen aus.

Die Sonnen haben dadurch aber auch eine starke Spannung in sich, die sie entladen müssen. Fällt ihnen Sport und Tanz zumeist recht leicht, ist für sie Bewegung gleich welcher Art auch ein Muss! Eine Sonne braucht das Ausagieren, wie sie auch dazu neigt, in den jeweiligen Lebenssituationen zu allererst zu agieren.

Zur starken Körperpräsenz gehört dazu, dass die Sonne zumeist auch eine große körperliche Kraft hat. Das kann sie weit über ihre Grenzen bringen und ihre Leistungsfähigkeit enorm verlängern. Kraft und Elan geben ihr dermaßen viel, dass sie auch vieles ertragen kann, wo andere schon früher schlapp machen beziehungsweise die Lust verlieren. Gleichzeitig liegt der Sonne jedoch auch im Körperlichen die Spontaneität. Abends nach einem langen Arbeitstag kurzerhand zu beschließen, einmal kurz einen Berglauf zu machen, das fällt meistens einem sonnigen Gemüt ein. Neue Bewegungen zu probieren, sich auf das Erlernen eines neuen Tanzes einzulassen, da ist der Typ der Sonne am schnellsten zu haben!

Wahrnehmung über den Leib

Erfahrungen werden von einer Sonne vorzugsweise über den Leib wahrgenommen. Die Gefühle sind zugleich auch Körper- bzw. Leib-Erlebnisse. Ihr Leib ist für sie *das* Wahrnehmungsinstrument.

Erfahrungen werden von einer Sonne vorzugsweise über den Leib wahrgenommen.

Da sich die seelischen Empfindungen sehr stark über den Leib manifestieren, kann die Sonne, wenn sie auf die körperlichen Zeichen bei sich und anderen achtet, ein hohes Feingespür dafür entwickeln.

Es ist so, dass sie die Erfahrungen am eigenen Leib *spüren* müssen, um daraus zu lernen. Dabei ist es von Vorteil, dass sie auch zumeist für diese Erfahrungen sehr offen sind, bereitwillig und mutig in diese hineingehen.

Ein Beispiel aus unserer Praxis: Dank einer Sonne haben wir im Laufe der Zeit erkennen können, dass wenn z.B. Schmerzen am linken Knie auftreten, das häufig damit zu tun hat, dass die Person in der Vergangenheit noch etwas nicht bewältigt hat. Das hindert sie daran, in ihrem Leben weiter zu *gehen*. Diese Aufmerksamkeit gegenüber dem Leib von Seiten der Sonnen hat uns auch den Hinweis gegeben, dass bei Verlustängsten oft gehustet oder gehüstelt wird. Dabei können es durchaus auch Ängste gegenüber Verlusten sein, die längst schon passiert, aber noch nicht verdaut worden sind. Für therapeutische Prozesse sind solche Beobachtungen immens wichtig.

Hege und Pflege des Leibs

Kein anderer Typ wie die Sonne hat so gut verstanden, dass der Leib unser „göttliches Gefährt" ist, das wir auf dieser Erde für unseren Lebensweg erhalten haben und das mit Achtsamkeit sowie Respekt zu hegen und zu pflegen ist. In diesem Bereich können die meisten Typen von den Sonnen etwas lernen!

Sie haben auch hier ein natürliches Gespür dafür, was ihrem Leib in jedem Moment gut tut und räumen diesem Wohlbefinden stets eine Priorität ein. Eine Sonne in ihrer Kraft wird kaum mehrere Stunden am Stück am Computer sitzen oder nur herumliegen. Das darf nicht nur mit innerer Unruhe verwechselt werden – die ihr manchmal zu Unrecht vorgeworfen wird –, sondern vielmehr damit, dass sie zu Recht spürt, dass das dem Leib nicht gut tut. Ihr Bewegungsdrang ist in diesem Moment natürlich und gesund.

Die Sonne hat auch die Fähigkeit, sich und andere leiblich zu verwöhnen. Sie versteht es, das Leben in vollen Zügen zu genießen und die Gunst der Stunde zu nützen. Vorausgesetzt, dass die Sonne in der Kraft ist, ist das die optimale Grundlage für das Wohlfühlen im eigenen Leib. Gerade dieser Typ versteht es herauszufinden, was der Leib am meisten braucht und welche Pflege für ihn geeignet ist.

Die Orientierung

Auf der Sonnenseite des Lebens ...

Es liegt auf der Hand, an was sich die Sonne orientiert, oder? Natürlich an der Sonnenseite des Lebens. Sie betrachtet und erlebt die täglichen Erfahrungen stets von der angenehmen Seite aus. Die Sonne hat die Fähigkeit, in jeglichem Geschehen zuerst einmal die Vorteile zu erkennen, welche ihr daraus erstehen.

Die Sonne hat die Fähigkeit, in jeglichem Geschehen zuerst einmal die Vorteile zu erkennen, welche ihr daraus erstehen.

Hier ein Beispiel: Geht eine Sonne zum ersten Mal Äpfel „klauben" (=pflücken) und alle klagen darüber, dass es eine anstrengende Arbeit sei, so wird die Sonne entgegnen, dass sie es genieße, in freier Natur zu sein, sich von der Sonne gratis bräunen zu lassen und jederzeit einen Apfel frisch vom Baum essen zu können, während andere sich in einem stickigen Büro abrackern müssen! Zudem sei diese Anstrengung ein kostenloses Fitnesstraining ...

Diese Art und Weise des (Er-)Lebens ist beneidenswert und wird auch oft von den anderen Typen beneidet. Dabei fällt uns immer die berühmte Geschichte von Tom Sawyer ein, der von seiner Tante dazu verdonnert wird, den Zaun zu streichen. Er verkauft es schlussendlich als die spannendste Tätigkeit schlechthin, sodass er sich vor Helfern nicht retten kann, die auch einmal streichen wollen.

Im Roman von Mark Twain hat Tom überhaupt keine Lust diesen Zaun zu streichen und er ersinnt sich diese List. Eine wahre Sonne hingegen bräuchte diese List gar nicht, denn sie würde das Zaunstreichen wirklich als lustvolle, tolle Tätigkeit betreiben und darum von sich aus alle mit dieser Begeisterung anstecken. Spannend und toll nur aufgrund der Tatsache, dass sie, die Sonne selbst, es momentan tut. Wahr ist: Die Magie des Zaunstreichens verkommt, sobald sie in den Händen anderer anlangt, und zwar wieder zum normalen Streichen eines Zaunes.

Die Sonne hat das Glück, mit dieser Eigenart alles im besten Licht zu betrachten. Mit den Augen einer Sonne ist der Sonnenuntergang so schön wie noch nie, aus ihrer Warte betrachtet ist die heutige Wolkenformation ein Wunder, das es vorher noch nie gegeben hat und das Wetter phantastisch! Die Welt ist wunderbar und voll von Schönheiten, die es zu entdecken gilt. So gesehen wird die Sonne stets ein wenig mit Kinderaugen die Welt bestaunen und das ist das Liebenswerte an ihr.

Diese Art, Unangenehmes beiseite zu schieben und sich auf die sonnige Seite des Lebens zu konzentrieren, hat in schwierigen Situationen nicht nur für Sonnen positive Auswirkungen. Bliebe die Sonne mit anderen in einem Aufzug stecken, wäre sie sicherlich *der* Aufbau für die Psyche aller Beteiligten schlechthin. Sie würde die Vorteile finden, welch ein solch unerwarteter Aufenthalt in einem Aufzug mit sich bringt: die Zeit zu meditieren, einen guten Grund zu haben, nicht arbeiten gehen zu müssen und darauf zu vertrauen, dass irgendjemand kommen wird und sie rausholt. Wie heißt es so schön? „Die Hoffnung stirbt zuletzt." Dieser Spruch könnte von einer Sonne stammen. Genauso wie die folgenden Sätze: „Ach, das geht schon!" Oder: „Das wird schon werden!"

Das Schöne im Leben erkennen

Die Sonne kann Situationen des Lebens verschönern und auch die alltäglichsten Momente verzaubern! Die banalsten Situationen können mit der Brille einer Sonne zu unvergesslichen Augenblicken werden, nur weil sie imstande ist, sie als solche zu stilisieren.

Weg ins Glück

Sonnen haben die Fähigkeit, in jedem Moment des Alltags das Besondere herauszuholen. Da wird der Sonnenuntergang an einem Montagabend auf einmal zum schönsten Erlebnis, die Bekanntschaft eines neuen, sympathischen Menschen zum Höhepunkt des Tages erklärt, eine gut gemachte Arbeit als Anlass zum Feiern hergenommen.

Dieser unerschütterliche Optimismus treibt dazu an, die schwersten Anforderungen anzugehen und den Mut als Letztes aufzugeben. Damit motiviert und erhöht sie die Ausdauer, bei sich selbst und bei anderen auf die bestmögliche Art und Weise und erntet zumeist im Nachhinein auch Dank dafür.

Sie können von Glück sprechen, wenn Sie beim Erlernen einer neuen Sportart eine Lehrkraft des Typs der Sonne zugeteilt bekommen haben! Eine Sonne motiviert wie kein anderer Typ, sieht die kleinsten Fortschritte und applaudiert dazu, freut sich darüber, als ob es die eigenen wären. Sie motiviert Sie und lässt Sie spüren, wie begabt Sie sind und wie toll Sie das können!

Auszeiten und abschalten

Der Sonne in der Kraft ist es fremd, sich von Ängsten leiten zu lassen, Sorgen zu wälzen oder nicht mehr aus immer wiederkehrenden Problemen herauszukommen. Dementsprechend heilsam ist ihre Anwesenheit genau für solche Menschen, die damit zu kämpfen haben. Kein Wunder, dass sie sich selbst und auch die anderen oft wie ein Engel erleben! Eine Sonne kann abschalten wie kein anderer Typ! Ihre Fähigkeit, sich mit der Arbeit oder einem Problem eine gewisse Zeit lang zu beschäftigen, aber sich auch immer wieder Auszeiten zu geben, um sozusagen die Energie wieder aufzutanken, macht sie im Arbeitsleben oft sehr beliebt. Auch sonst kann sie sich normalerweise rasch aus einem problematischen Alltag ausklinken, den Spaß im Jetzt voll genießen und andere damit anstecken.

So spontan die Sonne bei neuen Aktionen ist, so schnell kann sie einen Entschluss fassen. Sie denkt oft nicht lange nach, sondern beschließt einfach, wenn es ihr zu viel wird, etwas Tolles zu machen. Beispiel: Eine Sonne ist auf Weiterbildung. Während die anderen KursteilnehmerInnen brav zum Mittagessen gehen, zieht die Sonne sich ihre Turnschuhe an und joggt in den nahe liegenden Wald, wo sie dann ihr mitgenommenes Brötchen in aufladender Umgebung verspeist und sich danach auf einer Waldlichtung in die Sonne legt. Wieder zurück im Kurs jammern die anderen, dass sie immer nur sitzen müssen und eigentlich müde sind vom Essen, während die Sonne braun gebrannt und fit von vielem Sauerstoff, aber auch von ihrem Nickerchen in der Sonne, lächelnd in die Runde strahlt.

Die bevorzugten Gefühle

Lebensfreude

Die Sonne muntert auf, heizt ein, spornt an.

Würden wir die Gefühle der Sonne mit einem Wort zusammenfassen müssen, so wäre es: „lebensbejahend". Kein anderer Typ empfindet und vermittelt so sehr die Freude am Leben wie die Sonne. Das zeigt sie durch ihr Strahlen, aber auch mit einer enormen Ausschüttung von Lebensenergie.

Dieser lebensfrohe Wesenszug macht die Sonne sehr beliebt, aber er hat auch noch andere Vorteile: Bevor eine Sonne demotiviert ist, braucht es viel. Sie hat einen langen Atem, der durch ihre Begeisterung genährt wird. Die Sonne muntert auf, heizt ein, spornt an. Eine Sonne-Bekannte muss immer wieder langwierige Sitzungen in ihrem Beruf in Kauf nehmen. Dabei ist sie diejenige, welche immer die Atmosphäre mit einem Witz erhellt oder auf ihre lockere Art auch heftige Themen erträglich bis hin zu spaßig machen kann. Mit ihrer zum Teil selbstironischen Art schaffte sie es immer wieder, Pluspunkte bei ihren ArbeitskollegInnen zu sammeln und die Schwere der Marathonsitzungen zu verringern.

Voll Freude ins Leben gehen

Alles wird möglich in den Augen und vor den Augen einer Sonne. Sie leben bevorzugt die angenehmsten Gefühle aus, wie Freude, Spaß, Glück, Verständnis, Liebe, etc.

Glück und Spaß

Sonnen empfinden sich oft als die geborenen „Glückskinder". Sie stehen für sich sowieso immer auf der Sonnenseite des Lebens, haben einen unerschütterlichen Optimismus und erinnern sich gerne daran, was bei ihnen alles glatt gelaufen und erfolgreich zu Ende gebracht worden ist. Die Summe ihrer Erfahrungen ist bei ihnen auf dem ersten Blick immer eine Erfolgsgeschichte.

Das hat Vorteile, denn man traut sich vieles zu und hat eine grundsätzlich positive Lebensstimmung, die dann in die Beziehung, in die Familie, in die Arbeit, in die Freizeit, einfach überall hineingebracht wird. So nach dem Motto: „Wenn ich dabei bin, geht alles gut, weil bei mir geht immer alles gut!" Das sind die Tellerwäscher, die zu Millionären werden.

Desgleichen gilt für den Spaßfaktor, den die Sonne stets in ihrem Leben mit sich bringt. Ihre Fähigkeit, in allem etwas zu lachen zu finden, allem etwas Positives abzugewinnen, lässt die Schönheit des Lebens hier auf Erden ins Auge stechen. Eine Sonne braucht „fun", wie es heute so schön heißt, wobei für jede individuell dieses Wörtchen wohl was Anderes bedeuten kann. Eine Sportart mit Adrenalinschub wie z.B. das Surfen oder die heute angebotenen Abenteuerurlaube, sind auf alle Fälle sonniger Natur.

Impulsivität gepaart mit Begeisterung

Die Sonne zeichnet sich durch eine erhöhte Impulsivität und Spontaneität aus. Gepaart mit einer Neugierde auf das Neue erweitern sie damit immer wieder schon abgesteckte Grenzen und sorgen für fortwährende Weiterentwicklung, von sich selbst, aber auch ihrer Umgebung. Die Begeisterung verleiht ihr Flügel. Das ist eine Eigenschaft, von denen auch die anderen Typen nur profitieren können!

Es drängt sie mutig zu neuen Schritten nach vorne, wobei sie mit ihrer Begeisterungsgabe häufig nicht nur sich selbst, sondern auch viele andere mitreißt. Durch ihre hohe Energiekapazität kann sie viele Barrieren durchbrechen, Neues erfinden und sich auf bisher unbekannte Wege begeben. Die Sonne bleibt selten stehen und akzeptiert nicht von vorne herein die leiblichen, die gesellschaftlichen oder sonstige Grenzen. Sie wird stets über den Zaun schauen und versuchen, darüber zu springen. Somit steckt in jeder Sonne eine potentielle Erfinderin oder Entdeckerin!

Diese Eigenschaft ermöglicht immer wieder kleine und große Abenteuer, sie belebt unter anderem mit spontanen Aktionen auch den langweiligsten Alltag. Kein anderer Typ wie die Sonne kann dermaßen ein pulsierendes Lebensgefühl bzw. das Gefühl erzeugen, mitten im Leben zu stehen!

Die Sonne hat „Power"! Dieser Begriff könnte dafür erfunden worden sein, um Sonnen zu beschreiben! Er spielt zum einen auf diese Lebenshaltung an, aber auch auf ihre schon erwähnte große körperliche Kraft.

Die Antriebsenergie

Überschäumende Lebensfreude

Die Sonne erlebt die Antriebsenergie so: „Es zieht mich zu ...!" Meist „spürt" sie, wie ein Impuls aus dem Leib heraus sie zu diesem oder jenem hinschiebt. Eine innere Unruhe mobilisiert die Kräfte und will ausgelebt werden. Begleitet von den bevorzugten Gefühlen von Freude und Begeisterung wird dieser Impuls meist sofort in die Tat umgesetzt. Dieses „... zieht mich zu ...!" setzt Kreativität, Schöpferkraft und Tatendrang frei.

Eine Sonne fühlt sich in ihrem Leib nicht wohl, wenn sie nicht ab und zu ein Abenteuer erlebt. Die Sonne liebt es, spontane Aktionen zu starten, z.B. früh morgens aufzuwachen und Lust aufs Tanzen zu haben. Sie steht auf, auch wenn es drei Uhr morgens ist, setzt sich die Kopfhörer auf und tanzt bei lautester Musik allein für sich aus Spaß an der Freud'.

Ein anderes Beispiel: Ein Sonne-Mann ist auf Biketour mit seinen Freunden und als sie an einem glasklaren Bergsee vorbeikommen, sagt er: „Habt ihr auch so heiß wie ich?" Er zieht sich zugleich nackt aus und schneller als sie schauen können, schwimmt er schon wirklich im kühlen Nass.

Eine Sonne, die wir kennen, lässt sich bei der Auswahl von Seminaren für ihre berufliche Weiterbildung in erster Linie von diesem inneren Gespür leiten. Den Rahmen dafür hat sie vorher abgesteckt: Alle zwei Jahre sich eine Weiterbildung angedeihen zu lassen und die Brieftasche darf dafür nicht überstrapaziert werden. Der Rest ist Angelegenheit des „Ziehens zu …" und das hat sie für sich selbst zu den besten, für sie geeigneten Weiterbildungen geführt …

Da die Sonne sehr neugierig ist und intensive Reize sucht, liebt sie es, sich in neue, aufregende Situationen zu begeben. Hierbei kommt ihr zugute, dass sie eine schnelle Auffassungsgabe und einen hohen Kurzzeitgedächtnisspeicher hat und sich dadurch schnell ein erstes Bild machen kann.

Sie kann daher in unvorhersehbaren Situationen außergewöhnlich schnell reagieren und ist sehr entscheidungsfreudig, auch deshalb, weil sie nicht immer alle Konsequenzen bedenkt, sondern ihr in erster Linie die positiven Wirkungen ins Auge stechen.

Die Entscheidungsfindung

Bei der Sonne läuft die Entscheidungsfindung folgendermaßen ab: Impulsiv drängt es sie, das oder jenes zu tun. Oft begeistern sie die Vorteile einer Entscheidung sofort und sie mobilisiert gleich ihre Energien dafür.

Impulsiv drängt es sie, das oder jenes zu tun. Oft begeistern sie die Vorteile einer Entscheidung sofort.

Wieder ein Beispiel aus der Praxis: Eine Sonne-Mann ist daran interessiert ein Auto zu kaufen. Er schaut im Internet nach, was so das richtige Gefährt wäre. Da entdeckt er ein Auto, das der Freundin wirklich gut gefällt. Er gibt seinem inneren Drang nach, sofort den Besitzer des Autos anzurufen und ihn weiter auszufragen über dieses Auto. Dabei fragt er auch nach Informationen, die im Internet stehen, denn die Sonne nimmt am meisten in der zwischenmenschlichen Kommunikation auf.

Nach einer Viertelstunde hat er ein „gutes Gefühl". Während andere Typen auf alle Fälle noch eine Nacht darüber schlafen müssen, muss sich der Sonne-Mann schon einbremsen, dass er nicht gleich das Auto kauft. In diesem Falle hat er es nicht getan. Als er den Hörer aufgelegt hatte, musste er seiner schockierten Freundin erklären, dass dieses Auto einfach für sie beide geschaffen sei und er nicht die Gefahr eingehen konnte, dass es ihnen jemand anders wegschnappt …

In erster Linie wird die Sonne Ja sagen. Ein Lächeln und ein Kopfnicken sind das, was der Sonne am spontansten kommt. Wie sie das Leben bejaht, tendiert sie auch sonst zur Bejahung von allem. Das tut sie um der Harmonie willen, die sich dadurch leichter herstellen lässt, für das gute Gefühl, das dadurch bei ihr selbst und bei anderen entsteht, für den schönen Moment im Jetzt in der Beziehung zum Menschen. Es ist auf alle Fälle in erster Linie ein Ja zum Leben, zu einem schönen Leben für sich und für andere.

Die Sonne nimmt es, wie es kommt

Die Sonne ist eindeutig der Typ, der am leichtesten Entscheidungen trifft, egal, in welcher Größenordnung sie anstehen – ob das nun Lebensentscheidungen sind, wo sie leben, mit wem sie eine Beziehung eingehen, ob sie diese Arbeit annehmen oder nicht, aber auch kleinere, nämlich was sie heute unternehmen, welche Kaffeekanne ihnen beim Einkauf besser gefällt. Alles wird mutig und relativ schnell entschieden, wobei sich die Sonne hierbei mit ihrem optimistischen Gemüt auch mit den negativen Konsequenzen gut einzurichten vermag.

Der menschliche Umgang

Der kontaktfreudigste Typ

Die Sonne ist sicherlich mit Abstand derjenige von den vier Typen, der andere Menschen am schnellsten für sich gewinnt. Wie sie auch sonst immer das Positive in allem, den Vorteil in jeder Situation erkennen kann, vermag sie auch in jedem Menschen das Potential zu sehen und sich an dem auszurichten. Das sind die LehrerInnen, die die Kinder mit unendlicher Geduld fördern, weil sie spüren, was in ihnen steckt; das sind die ChefInnen, die ihre ArbeitnehmerInnen zu Höchstleistungen anspornen können, weil sie dermaßen von ihnen überzeugt sind, das sind die FreundInnen, die stets mit großer Begeisterung über die Freundschaft sprechen und den eigenen Lebenspartner in höchsten Tönen loben.

Wir erklären uns diese Sichtweise auf die Menschen zum einen damit, dass dieser Typ mit seinen Strahlen das Gegenüber in Licht taucht und darum auch gar nicht so seine Schattenseiten wahrnehmen kann, zum anderen damit, dass sie selbst mit ihren sonnigen Seiten auf die Menschen zugehen und auch in ihnen diese aktivieren. Somit wird der Sonne viel Freundlichkeit, Wärme und sogar Liebe entgegengebracht. Und das täte jedem und jeder gut, nicht wahr? Das steigert den Selbstwert ungemein.

Diese positive Haltung gegenüber den Menschen macht die Sonne oft zu einem offenen, kommunikativen, beliebten Mitmenschen.

Die Sonne tritt sehr schnell in Beziehung – mit jedem Menschen. Die Sprungfeder dazu ist ihre Fusionstendenz, d.h. ihre Vorliebe zu verschmelzen. Auch das ist wieder mit dem Gestirn Sonne zu erklären, bei dem das (Ver-)Schmelzen ganz natürlich ist. Dieses Verschmelzen deutet auch darauf hin, dass es sie schnell zu intensiven Beziehungen zu anderen zieht.

Die meisten Mitmenschen spüren, dass von den Sonnen viel Energie und Aufmerksamkeit zu bekommen ist und lassen sich darum auch gerne und bereitwillig auf eine Bekanntschaft ein. So kann es einer Sonne durchaus passieren, dass sie z.B. während des Tankens mit dem ihr ansonsten unbekannten Tankwart in ein Gespräch kommt und über das Für und Wider des Lebens philosophiert.

Wenn alle vier Typen erstmals eine Bar betreten, dann wird die Sonne der erste Typ sein, der schon nach kurzer Zeit Gesellschaft gefunden hat – ohne Anstrengung oder innere Vorbereitung.

Der natürliche Leader

Die Sonne ist oft in einer Gruppe die Anführerin und/oder die Antriebsfeder. Dies kommt daher, dass sie einen hohen Antrieb hat und ihre Wahrnehmungsschwelle für freudvolle Erkundungsenergie sehr niedrig ist und sie daher als erstes die von allen gespürte Bereitschaft zu einer Aktion aufgreift und vor Tatendrang nur so sprüht. In ihrer Nähe ist immer etwas los.

Die Sonne tritt sehr schnell in Beziehung – mit jedem Menschen.

Eine Sonne, die wir kennen, hat sich in ihrer Freizeit zum Ziel erklärt, eine Gruppe von Personen um sich zu scharen, für die sie das Abend- und Wochenendprogramm organisiert. Entweder sie sucht in Programmen und Führern mit ihren geübten Augen, was Spaß machen könnte, oder es wird ihr zugetragen und sie entscheidet, was für „ihre" Gruppe interessant ist und was sie ihnen anbietet, ob Theater, Kino oder Ausflüge. Sobald sie etwas gefunden hat, was sie überzeugt, lädt sie mit Begeisterung die „Leutchen" ein und ist zugleich selbst Garant für den Spaß bei dem Unternehmen ...

Mit ihrer Art kann die Sonne durchaus als offensiv bezeichnet werden. Das macht sie oft auch einfach so zum Mittelpunkt der Gesellschaft.

„Let's do it!", „Das machen wir jetzt!" sind die typischen Sprüche von Sonnen. „Yes, we can!" ist es ebenso, auch wenn Barack Obama eine brillante Sonnenfinsternis ist, der sich diesen Spruch wohl von einer Sonne kreieren hat lassen. Der Spruch war denn auch so wirksam, weil die Vereinigten Staaten als Gesamtenergie einer Sonne entsprechen.

„Let's do it!", „Das machen wir jetzt!" sind die typischen Sprüche von Sonnen.

Durch ihre Impulsivität und ihren Mut einfach Neues zu probieren, entstehen oft Situationen, in denen Sonnen vorausgehen und andere ihnen nachfolgen. Beispiel: Wir waren erst vor kurzem zu fünft beim Schneeschuhwandern. Wir einigten uns auf ein Ziel und marschierten zwei Stunden bei gemächlicher Steigung durch die wunderschöne Schneelandschaft zu einer Hütte. Abgesehen von Uli, dem Sonne-Mann, war noch eine Sonne-Frau mit dabei. Während die anderen, unter anderem meine Wenigkeit, stolz darauf waren, die Hütte erreicht zu haben, auf der wir uns ein wenig stärkten, waren die beiden schon dabei auszukundschaften, wie der Rückweg aussehen sollte. Natürlich war es für sie viel spannender, einen ganz anderen Weg zu erkunden, am besten einen, den sie noch nie gegangen waren.

Resultat: Wir stampften wieder aufwärts und es war kein Abwärts in Sicht. Der Neumond in mir rebellierte und drohte mit Boykott, falls es nicht bald abwärts gehen würde. Da kam den Sonnen eine bergab weisende Spur zugute. Sie redeten der Gruppe ein, dieser „Weg" führe sicher auch ins Tal. Uli voraus, kämpften wir uns durch den zugegebenermaßen wunderschönen Wald. Der „Weg" entpuppte sich als eine Snowboardspur, das Runtergehen durch den Wald als ein hartes Stück Arbeit für die Nicht-Sonnen, das uns mehr Zeit und Kraft kostete als der mühsame Anstieg. Doch die zwei waren stets guter Dinge und sorgten für einen Lacher nach dem anderen. Die Laune nach diesem unerwarteten Abenteuer war grandios, am meisten natürlich bei den beiden.

Wichtige Attribute im Umgang mit anderen

Ihre schnelle und unkomplizierte Art im menschlichen Umgang zeigt ein großes Potential der Sonne auf: Sie hat mit ihrer hohen Schwingungsfähigkeit eigentlich für die Gefühle anderer ein großes „Einfühlungsvermögen". Eigentlich müsste es „Einschwingungsvermögen" heißen. Sie tastet mit ihren Strahlen den anderen ab, erkennt das Potential und hat die Fähigkeit, durch Lob und Anerkennung den anderen auf angenehme Art und Weise zu fördern. Ist eine Sonne-Frau z.B. Skilehrerin, so schafft sie es hervorragend, die eigene Bewegungsfreude auf die KursteilnehmerInnen überspringen zu lassen und gleichzeitig SchülerInnen da abzuholen, wo sie in ihrem Können gerade sind. Zudem erkennen sie instinktiv bei allen ihre schlummernden Fähigkeiten und holen diese mit ihrer freudigen Art ganz locker an die Oberfläche. Da ihnen Lob leicht von den Lippen geht, stärken sie die Gruppe in diesen neu erworbenen Fähigkeiten.

Sie hat mit ihrer hohen Schwingungsfähigkeit eigentlich für die Gefühle anderer ein großes „Einfühlungsvermögen"

Hinzu kommt, dass die Sonne es am liebsten hätte, dass es allen rundherum gut geht. Sie gönnt es vom Wesen her jedem Menschen, auch ein sonniges Leben zu haben, denn sie tut sich sehr schwer, wenn in ihrer Nähe unangenehme Situationen und Gefühle vorherrschen. Ihr Rezept ist Lebensfreude, wenn das auch nicht immer bei jedem und jeder wirkt. Wenn z.B. in der Klasse miese Stimmung herrscht, weil alle so viel lernen müssen, stellt sich die Sonne in den Mittelpunkt, spielt den Clown und schenkt den MitschülerInnen ein paar lustige und entspannende Minuten. Sie hat damit die Stimmung wieder aus dem Keller geholt und neue Perspektiven geschaffen, indem sie noch sagte, wie sehr sie sich auf das gemeinsame Fußballspielen in der Pause freue! Das ändert zwar nichts daran, *jetzt* noch viel lernen zu müssen, aber die Übermacht des Unangenehmen ist gebrochen, da eine freudvolle Zukunft in das Jetzt hereingeholt worden ist.

Der beziehungsfreudige Typ

Sonnen gehen nicht nur gerne Beziehung ein, sie brauchen sie auch. Wie schon öfters erwähnt, strahlt die Sonne gerne andere an und schüttet ihre Lebensenergie aus. Sie ist eher der gebende Typ.

Der Typ Sonne strahlt andere an

Das ist wiederum leicht mit dem Gestirn zu erklären: Eine Sonne braucht das Strahlen und damit auch etwas zum Bestrahlen. Die Planeten sind von ihr abhängig und dementsprechend braucht sie Menschen um sich, die sie leiten kann, von denen sie auch Achtung und Anerkennung erhält.

Weil ihr die Beziehungsebene so wichtig ist, hat sie hierbei eine dementsprechend hohe Frustrationstoleranz. Dieser sind wir bei ihr schon beim Leib begegnet, sie hat sie auch in Beziehungen. Bei Verletzungen innerhalb von Beziehungen reagiert die Sonne ganz oft mit: „Schwamm drüber!"

Da sie selbst meist nicht gut mit negativen Empfindungen umgehen kann und sich von ihrem Wesen her lieber mit den positiven auseinandersetzt, ist die Streitkultur bei der Sonne nicht sehr ausgeprägt. Sonnen bestehen weder lange auf ihrer Position, noch fordern sie stark ein, was ihnen zusteht. Da sie einen großen Energiekörper haben, verlieren sich die Verletzungen auch darin und so werden sie von der Sonne gar nicht so stark wahrgenommen. Daher nehmen sie einzelne Verletzungen meistens auch nicht sehr ernst. „Ach, das macht doch nichts!", „Ach, das ist nicht so schlimm!" Oder: „Ach, das meint der doch nicht so!" Bis da das Fass voll ist, kann viel passieren, denn Sonnen sind äußerst gutmütig und in keiner Weise nachtragend.

Lange Zeit werden Sonnen nicht thematisieren, was sie in einer Beziehung stört, vielmehr das hervorheben, was ihnen daran gefällt. Wenn jedoch das Fass zum Überlaufen kommt, kann eine Sonne auch schon einmal radikal einen Schlussstrich ziehen.

Wunsch nach Körperkontakt

Da sie sehr körperorientiert sind, brauchen die Sonnen im menschlichen Umgang natürlich auch sehr viel Körperkontakt. Sie sind auch die, die gleich einmal Küsse auf die Wangen austauschen, sich gegenseitig auf die Schulter klopfen und durch die Berührung des Armes des anderen die gemeinsame einvernehmliche Ebene betonen. Sonnen „spüren" ja die anderen Menschen, nicht nur mit ihren Strahlen, sondern auch in der Berührung. Wenn sie sich einem Menschen nahe fühlen, dann brauchen sie auch im wahrsten Sinne des Wortes die körperliche Nähe.

Sie sind aber keine Kuscheltiere, sondern eher diejenigen, die die Streicheleinheiten austeilen. Zudem ziehen sie eher stärkere Reize diesbezüglich vor, deshalb gefallen vielen von ihnen auch Sportarten, in denen es auch einmal rauer zugehen kann.

Umgekehrt lieben sie es, massiert zu werden und könnten davon nicht genug bekommen, denn natürlich nehmen sie solche Praktiken an ihrem Leib stärker wahr.

Das Element

Das „Luftige" ist freiheitsliebend und braucht den Reiz des Neuen.

Das Element der Sonne ist die Luft und die sagt auch sehr viel über diesen Typ aus: Es gibt den Begriff „luftig" und er ist gleichbedeutend mit leicht und unbeschwert. Mit dieser Sorglosigkeit geht die Sonne in den Tag, auf die Reise, in eine Erfahrung, etc. hinein. Die Sonne lässt sich wie ein Schmetterling im Wind treiben und nimmt die Erfahrungen, die das Leben ihr bietet einfach an. Zum „Luftigen" gehört auch die neugierige Suche nach Unternehmungen, Projekten, Ideen etc. Eine Sonne ist sehr kreativ und braucht das Neue. Sie kann wie ein Wirbelwind sein und „frische Luft" in alte Strukturen „hineinbringen". Dabei ist ihr Angst vor Veränderung fremd, wenn schon hat sie Angst im ewig Gleichen zu versauern, denn das „Luftige" ist freiheitsliebend und braucht den Reiz des Neuen. Das Element Luft steht auch für die Vielseitigkeit. Sonnen haben denn auch viele Interessen und sprühen vor Ideen über.

Natürlich ist die Luft auch das beweglichste Element und da passt perfekt zu den Sonnen, die die bewegungsfreudigsten aller Typen und zudem gerne einmal da und einmal dort sind. Sie tanzen gerne auf mehreren Hochzeiten und möchten kein Fest auslassen.

Zum Luftigen gehört dazu, dass der Typ Sonne leicht Beziehungen eingeht und viele Freunde hat, die ihn vor allem wegen seiner lockeren, spaßigen und unkomplizierten Art schätzen. Er kommt problemlos und leicht ins Gespräch mit allen und freut sich auf jede neue Bekanntschaft.

Das Element Luft steht auch für Offenheit und vor allem auch für die Anpassungsfähigkeit. Kaum ein anderer Typ kann sich so schnell und gut auf wechselnde Situationen einlassen. Das sind die Sonnenkinder, die die Schule wechseln und innerhalb einer Woche schon einen kleinen Freundeskreis aufgebaut haben; das sind die Sonnen-Männer, die zum ersten Mal eine Bar betreten und nach einer halben Stunde schon das halbe Lokal unterhalten und eine Handvoll anderer Personen besser kennen gelernt haben; das sind die Sonne-Frauen, die nach kürzester Zeit sich in einer neuen Gruppe zum Kaffee mit der einen Person und zum Abendessen mit der anderen verabredet haben. Zu ihrer Anpassungsfähigkeit gehört auch dazu, dass sie aus allen Lebenssituationen etwas lernen wollen, so nach dem Motto: „Jede Erfahrung macht mich reicher!".

Die Seelenfarbe

Von gelb bis weiß

Die Sonne in der Kraft hat meistens ein warm strahlendes Sonnengelb. Oma hat die Seelenfarben immer mit den Gestirnen in Zusammenhang gebracht. Bei der Sonne und der Farbe Gelb ist dieser Zusammenhang leicht herzustellen.

In der von Oma vermittelten Farbenlehre gibt es keine Vorliebe für Schwarz oder Weiß, keine Zuteilung von Gut und Böse zu den jeweiligen Farben. Es gibt in diesem Sinne keine guten oder schlechten Farben. Wahr ist, dass wir eine Unterscheidung in den Farbqualitäten machen: warmes oder grelles Gelb, leuchtendes oder gleißendes Weiß und dazwischen mindestens noch zwanzig weitere Abstufungen, um die Bandbreite zu erklären.

Von Gelb bis Weiß

Das Gelb des Sonnentyps, das durchaus auch schon fast weiß leuchten kann, ist für uns somit nicht automatisch der Ausdruck für höchste spirituelle Weiterentwicklung, wie das heute allgemein angenommen wird. Es kann eine Weiterentwicklung des Typs Sonne sein und damit hat es sich auch schon.

Das Charisma der Sonne

Seine Farbe und sein strahlendes Wesen erklären das unbestrittene Charisma der meisten Sonnen. Sie erhalten auch deswegen oft ein Vorschussvertrauen von Seiten ihrer Mitmenschen. Dieses Charisma führt auch dazu, dass diesem Typ schnell verziehen wird. Er nimmt nicht alles so ernst und auch umgekehrt wird bei ihm nicht alles so ernst genommen. Sonnen können sich vorteilhaft herausreden, aber noch viel mehr wirkt ihre Seelenfarbe und die angenehme Wärme, die sie ausstrahlen.

Das sind die Kinder, die zwar gerade etwas angestellt haben, aber dich so liebreizend anlächeln oder so schuldbewusst komisch dreinschauen, dass dir eher ein Lachen als ein Schimpfen kommt. Das sind die Männer, die ihre Frauen verletzen und danach mit einem so großen Blumenstrauß auftauchen, dass sie eher als „liebevolle Schurken" als irgendwas anderes bezeichnet werden. Das sind die Angestellten, die mit so großer Begeisterung an die Sache herangehen, dass ihnen die Durchhänger, die sie inzwischen einmal haben, oft leicht verziehen werden.

Die Sonne bekommt also auch aufgrund ihrer Seelenfarbe – ob diese nun von den Menschen „gesehen" wird oder nicht – sehr viel Bestätigung von außen, aber diese braucht sie auch und ist von ihr abhängig.

Unbestritten ist auch, dass der Typ Sonne und seine Seelenfarbe „in" sind. In unserer Gesellschaft sind die Farben Weiß und gelb äußerst positiv besetzt. Und diese Farben leuchten weit. Das erklärt auch nochmals, warum es der Sonne leicht fällt, die Sonnenseite des Lebens zu betrachten und das Beste im Menschen zu erkennen.

Der Sonne-Mann

Die Wirkung

Wahr ist, der Sonne-Mann hat wirklich eine sehr gewinnende Art und kann mit seiner Leichtigkeit pure Lebensfreude versprühen.

Wir können Ihnen versichern, der Sonne-Mann ist am leichtesten zu erkennen! Die meisten Helden des Hollywood-Kinos stellen den Prototyp des Sonne-Mannes dar: mutig, sportlich, spontan, instinktiv, leidenschaftlich, Männlichkeit ausstrahlend, beschützerisch etc.

Ein Sonne-Mann fühlt sich immer als der Gute, ist für sich selbst stets auf der richtigen Seite. In den Hollywood-Filmen ist das auch leicht abzulesen: Da gibt es einen Bösen, der etwas Ungerechtes anstellt, und der Held tritt ihm heroisch gegenüber, zumeist allein, auch wenn der Böse eine halbe Armee auf seiner Seite hat. Der Held gibt nie auf, keine Situation ist zu ausweglos, mit unerschöpflicher Energie zieht er von einem Kampf in den nächsten und geht aus jedem davon siegreich hervor. Dabei kommt es durchaus vor, dass der Held genauso zerstört und tötet wie der Böse, aber für ihn gilt: der Zweck heiligt die Mittel. Das ist ein Sprichwort, das wahrscheinlich von einem Sonne-Mann in Umlauf gebracht worden ist. Am Ende küsst er seine Holde, die er oft ebenfalls noch gerettet hat, und die Welt ist wieder in Ordnung. Happy-End. Dieser klassische Filmaufbau des Hollywood-Kinos ist die Verherrlichung des Sonne-Mannes (und der Vollmond-Frau, aber darauf kommen wir später zurück). Das zum Klischee.

Wahr ist, der Sonne-Mann hat wirklich eine sehr gewinnende Art und kann mit seiner Leichtigkeit pure Lebensfreude versprühen. Es schaut so aus, als ob ihm alles leicht fiele, was er unternimmt, er ist der „winner", der oft noch die Trends vorgibt.

Mit seinem strahlenden Lächeln und seinem jugendlichen Charme, den er sich zumeist bis ins hohe Alter bewahren kann, fliegen ihm schnell die Herzen zu und er tut sich selten schwer, im Mittelpunkt des Geschehens und der Liebling aller zu sein. In ihm kann noch im Alter der verspielte Junge gesehen werden, dem niemand lange etwas übel nehmen kann.

Der Sonne-Mann hat meist eine körperliche Durchschlagskraft und eine sinnliche Ausstrahlung, wenn er nicht zum anderen Extrem, und zwar der Üppigkeit neigt, weil er das Leben dann doch ein wenig zu sehr genossen hat.

Falls der Sonne-Mann nicht in seiner Kraft ist, kann er Ihnen durchaus auch als flach und oberflächlich erscheinen. Dann fällt er vielmehr auf, weil er nicht versteht, wenn die Zeit der Späße auch einmal vorbei ist. Wenn er nämlich seinen inneren Ruhepol nicht gefunden hat, erscheint er nicht mehr jugendlich, sondern unreif, ist kein Alleinunterhalter mehr, sondern eine Quasselstrippe, die nicht leicht abzuschalten geht.

Die Liebe

Sonne-Männer sind romantisch veranlagt und sehen sich gerne als Beschützer ihrer PartnerInnen, die sie mit Bewunderung und dem Gefühl der Exklusivität verwöhnen. Gerade in der Anfangsphase der Beziehung wird die Frau als Göttin auf Erden betrachtet und ihr der Himmel auf Erden versprochen. Der Sonne-Mann legt der Liebsten in seiner anfänglichen Euphorie die Welt zu Füßen. Er lebt auch in der Beziehung für das Jetzt und sorgt dafür, dass die Magie in den Alltag einzieht.

Der Sonne-Mann legt der Liebsten in seiner anfänglichen Euphorie die Welt zu Füßen

In der verliebten Phase ist der Sonne-Mann zu jeder Verrücktheit fähig, er tapeziert den Boden seiner Liebsten im wahrsten Sinne des Wortes mit Rosenblüten, er überrascht sie mit einem Wochenendtrip nach Paris uvm. Ein Sonne-Mann in diesem Stadium ist der Traummann aus den Romanen und Filmen!

Wichtig in der Beziehung ist dem Sonne-Mann natürlich die Körperlichkeit. Da ihm sein eigener Leib sehr wichtig ist, braucht er es mehr als jeder andere Typ auch, dass die Frau ihm körperlich gefällt. Körperliche Anziehungskraft und intensive Sexualität sind daher für eine dauerhafte Beziehung für ihn maßgeblich. Genauso wichtig ist ihm gelebte körperliche Nähe. Er braucht Streicheleinheiten und häufigen Körperkontakt.

Wenn der Sonne-Mann in der Beziehung den Freiraum erhält, sich immer wieder etwas Neues auszudenken, um sie zu erfrischen und die Partnerin genauso darum bemüht ist, mit ihm zusammen das Magische an ihrer Beziehung immer wieder neu zu entdecken, kann sie lang andauern und wunderschön werden. Eintönigkeit, Routine und Alltag töten jede Beziehung, am schnellsten jedoch die Gefühle einer Sonne.

Zwar lernt der Sonne-Mann rasch viele Menschen kennen, geht auch gleich mutig und entscheidungsfreudig eine Liebesbeziehung ein, doch braucht er seine Zeit, bis er die Partnerin wirklich in die Tiefen seiner Gefühle vordringen lässt. So offen Sonne-Männer erscheinen, so verschlossen sind sie in Wirklichkeit. Vor allem ihre verletzlichen Seiten tragen sie nicht gern zur Schau und brauchen ein langsam wachsendes Vertrauen, um sie jemandem zu zeigen.

So offen Sonne-Männer erscheinen, so verschlossen sind sie in Wirklichkeit

Für die Qualität und die Dauer der Beziehung ist es jedoch für den Sonne-Mann wichtig, dass er lernt, seine unangenehmen Gefühle dorthin zu leben, wo sie hingehören. Da er ziemlich lange braucht, um seine Schattenseiten preiszugeben, tendiert er dazu, sie nur den wenigsten zu zeigen, nur dem engsten Familienkreis und manchmal sogar ausschließlich der Partnerin. Das kann dazu führen, dass seine Frustrationen, seine Erschöpfung und seine negativen Gefühle nur in Gegenwart und bei seiner Partnerin gelebt werden. Im schlimmsten aller Fälle bekommt sie im Laufe der Zeit vordergründig nur diese Seite von ihm ab und der Preis für diesen Vertrauensbeweis könnte zu hoch sein.

Es passiert durchaus, dass bei ihm Versprechungen uneingelöst bleiben, da es dem Sonne-Mann nicht um die wörtliche Einhaltung geht, sondern um das schöne Gefühl miteinander in diesem einen Moment. Daher gilt es für den Sonne-Mann, sein automatisches Ja einzubremsen und die Beziehung nicht mit Versprechen zu belasten, die er dann nicht erfüllen kann. Das ist eine Sache des Übens, vor allem jedoch des Vertrauens, das sich langsam in einer Beziehung entwickelt, nämlich das Vertrauen darin, dass er sich ein Nein erlauben kann, ohne gleich dafür verlassen zu werden.

Denn: Der Sonne-Mann hat Verlustängste, denen er sich oft auch erst selbst bewusst werden muss. Er braucht Gesellschaft und er braucht Beziehung. Zu diesen Bedürfnissen muss er stehen lernen, denn Sonnen-Männer tendieren dazu, mit allen Menschen Liebkind zu sein, um die für sie notwendige Bewunderung bzw. Wärme zurückzuerhalten. Das wird ihm zudem oft auch leicht gemacht, denn durch sein Strahlen zieht er viele BewundererInnen an.

Ein Beispiel: Wenn der Sonne-Mann mit einer flüchtigen Bekannten gleich offen, herzlich und nett ist wie mit der eigenen Partnerin und dieser ebenso viel Zeit widmet, ist diese Gleichstellung für sie sehr verletzend. Es gilt für ihn, ganz klar vor Augen zu haben, wen er liebt und es diesen Menschen immer wieder auch zu zeigen.

Der Beruf

Der Sonne-Mann betrachtet den Beruf oft als Möglichkeit der Selbstdarstellung. Ihm ist seine Arbeit als Berufung zu wünschen, damit er ein

Terrain hat, auf dem er sich voll und ganz entfalten kann. Falls er sich dort – aus welchen Gründen auch immer – nicht austoben kann, braucht er eine Sportart oder sonst ein Hobby, in dem er sein Bedürfnis nach einer Bühne und nach Bewegung auslebt.

Sein Mut, seine Neugierde, sein Entdeckungs- und Tatendrang kommen ihm im Arbeitsleben sehr zugute, genauso wie sein unerschütterlicher Optimismus und der Glaube an sich selbst.

Der Sonne-Mann ist jedoch auch ein optimaler Teamworker. Es freut ihn, in Beziehung zu arbeiten und gemeinsam etwas zu kreieren. Seine Begeisterungsfähigkeit und Harmonietendenzen tun der Gruppe insgesamt gut. Er selbst braucht Anerkennung und Wertschätzung in der Arbeit und die Möglichkeit, auch immer wieder etwas Neues ausprobieren zu können.

Aufgrund seines Wesens hat er natürliche Führungsqualitäten. Ob er nun selbst ein Unternehmen oder ein Projekt beginnt oder es leitet, er versteht es, Menschen zu führen. Sonne-Männer sind freundliche Chefs, die auf einen eingehen und jeden motivieren, auch wenn so manche unter ihnen auch jähzornig sein können. Sie haben den Mut, etwas Neues zu beginnen und sie verstehen es, sich selbst und ihre Produkte gut zu verkaufen.

Falls der Sonne-Mann nicht seinen Bewegungsdrang und sein Bedürfnis nach Aufmerksamkeit in Beruf und Freizeit ausleben kann, flüchtet er manchmal in eine mentale Welt, in der er der Held ist, so nach dem Motto: „In meiner Haut bin ich der Schönste und der Beste." Diese Sonne-Männer sind im Grunde ihres Herzens nicht zufrieden mit ihren Lebensentscheidungen und konnten sie bislang – aus welchen Gründen auch immer – nicht rechtzeitig wieder verändern.

In der Zusammenarbeit ist der Sonne-Mann zumeist konfliktscheu, denn er hält schwer das Gefühl aus, dass „man sich nicht gut verträgt". Bei Auseinandersetzungen kann diese Seite von ihm vermittelnd wirken, weil er nach wie vor in jeder Person das Beste sieht und bei allen Meinungen das Gemeinsame heraussucht, doch ist es wichtig, dass der Sonne-Mann sich eine für ihn angemessene „Streitkultur" aneignet, damit nicht zu vieles unter der Oberfläche schwelt und auch berufliche Projekte oder Wege beendet werden können, wenn es an der Zeit dafür ist.

Es ist wichtig, dass der Sonne-Mann sich eine für ihn angemessene „Streitkultur" aneignet.

Zur Streitkultur gehört auch ein gesundes Gleichgewicht zu finden zwischen den Harmonietendenzen und der Notwendigkeit, eine eigene Position zu beziehen. Das schafft ein wahrhaft gutes Beziehungsklima, auch über den Moment hinaus. Genauso wichtig ist das Finden des Gleichgewichtes zwischen der schöpferischen, aber auch chaotischen Kreativität und dem strukturierenden Denken. Ist ein Sonne-Mann in Führungsposition, braucht er dies, um klare und deutliche Entscheidungen zu treffen

Die Sonne-Frau

Die Wirkung

Die Sonne-Frau vermittelt durch ihre Stärke, den eigenen Leib wahrzunehmen, eine natürliche Sinnlichkeit.

Die Sonne-Frau kann mit ihrem strahlenden Wesen ihre Umgebung vereinnahmen. Sie lacht gerne und versprüht Leichtigkeit und Lebensfreude. Sie kann bis ins hohe Alter eine Unbekümmertheit und Sorglosigkeit ausstrahlen und bewahrt sich meist lange ein jugendliches Aussehen.

Denn die weibliche Sonne ist zumeist eine Frau, die sich wohl in ihrem Körper fühlt und Wert auf ihr Äußeres legt. Sie kann ihre Schönheit unterstreichen und vermittelt durch ihre Stärke, den eigenen Leib wahrzunehmen, eine natürliche Sinnlichkeit.

Bewegung, zumeist Sport und Tanz, fällt ihr leicht. Genauso natürlich bewegt sie sich im Rampenlicht, gewohnt im Mittelpunkt der Aufmerksamkeit zu stehen und leicht mit Bewunderung umzugehen.

Sonne-Frauen strahlen viel Energie und Dynamik aus und können genauso wie ihre männlichen Geschlechtsgenossen eine Gruppe führen und locker unterhalten.

Es kommt auf die Familienverhältnisse und die Erfahrungen an, wie die Sonne-Frau mit ihrem Wesen und ihrer Wirkung umgehen lernt, denn sie braucht auf alle Fälle die Unterstützung von außen für ihren Selbstwert. Gerade bei der Sonne ist die Sozialisierung von Mann und Frau gut abzulesen. Sonne-Frauen haben es mit ihrem Typ schwerer als Sonne-Männer.

Das fängt schon bei der Wirkung an: Wenn Sonne-Frauen strahlen, begegnen sie meist ganz anderen Problemen als ihr männlicher Gegenpart. Ihr freundliches Wesen, ihre Beziehungsoffenheit und ihre Körperlichkeit machen sie zwar zum einen beliebter in der Gesellschaft, aber zum anderen werden diese Eigenschaften auch oft missverstanden. Da sie – ihrem Wesen gemäß – gerne Ja sagen, haben sie so manches Mal mehr hartnäckige Bewunderer um sich, als ihnen lieb ist.

Manche Sonne-Frauen gehen damit so um, dass sie ganz oft in die vorgesehenen Rollen der Weiblichkeit einsteigen: schön, glamourös, bewundernswert, liebreizend, freundlich. So sind im Mode-, Film- und Musikgeschäft viele Sonne-Frauen zu finden. Es sind die Stars und Starlets, die Models und Moderatorinnen, die sich in den vorhergesehenen Bahnen ihre Bühne schaffen. Nur die wenigsten können damit einen eigenmächtigen Lebensweg einschlagen. Wichtig ist hier für die Sonne-Frau, dass sie für sich klar bekommt, was ihr an ihr selbst gefällt und nicht, was die anderen an ihr finden, und dass sie nicht aus den Augen verliert, was sie persönlich erreichen möchte.

Bis auf das Äußere werden Sonne-Frauen in ihrem Selbstwert nicht so gefördert wie ihre männlichen Geschlechtsgenossen. Während der

Sonne-Mann viele Möglichkeiten hat, seinen Selbstwert im Arbeitsleben und in der Freizeit aufzupolieren, hat sie aus gesellschaftlichen Gründen nicht so eine große Palette. Als Frau hat sie von klein auf gelernt sich zu hinterfragen. Das hat Vor- und Nachteile, doch von Bedeutung ist für uns momentan, dass Sonne-Frauen nicht immer an einem großen Selbstbewusstsein zu erkennen sind.

Sonne-Frauen brauchen genauso die Bewegung wie ihr männlicher Part, doch ist der Sport noch lange nicht so ein Vehikel für sie wie für die Sonne-Männer. All dies kann dazu führen, dass eine Sonne-Frau nicht so leicht zu erkennen ist wie ein Sonne-Mann.

Bei manchen Sonne-Frauen blitzt gerade noch das Strahlen in den Augen auf, wenn sie lacht, ansonsten versteckt sie ihr Wesen hinter einem Vorhang. Das hängt oft auch damit zusammen, dass Sonne-Frauen schneller „ausgepowert" sind. Sonne-Frauen müssen darauf achten, dass ihre natürliche Art, Energie zu verschenken, in der geschlechtlichen Sozialisierung nicht dazu führt, dass sie sich in der Familie und im Freundeskreis verausgaben. Sie geben und geben, achten jedoch nicht darauf auch zu nehmen.

Gerade Sonne-Frauen müssen lernen, nicht nur auf ihren Leib, sondern auch auf ihre Bedürfnisse zu achten. Es gilt für sie besonders, das Nehmen zu lernen und auch einmal ein Nein zu sagen. Sonne-Frauen können sich durchaus auch einen „Kummerspeck" anessen, um sich vor den Verletzungen im Leben zu schützen. Es gilt, sich dieser Verletzungen bewusst zu werden und sie von da an zu verhindern.

Die Liebe

Die Sonne-Frau passt gleich nach der Vollmond-Frau sehr gut ins Klischee der Weiblichkeit. Sie wirkt sehr sinnlich, stark körperlich, wird also meist umworben und ist begehrt, hat ein freundliches und offenes Wesen. Da sie kontaktfreudig ist, fällt ihr das Kennenlernen leicht und ihre erfrischende, lebenssprühende, natürliche Art bringt ihr viele Bewunderer ein.

Sie wirkt sehr sinnlich, stark körperlich, wird also meist umworben und ist begehrt.

Sonne-Frauen leben zumeist offener ihren Beziehungswunsch als Sonne-Männer. Das wird normalerweise auch noch dadurch gefördert, dass es dem weiblichen Eigenschaftskatalog entspricht. Eine Sonne-Frau verliebt sich gerne und gibt der/dem Auserwählten das Gefühl, ein Traummann zu sein. Sie strahlt ihren Partner an, bewundert und fördert ihn, wo sie kann, verwöhnt ihn auch gerne. Wie der Sonne-Mann braucht sie jedoch auch Anerkennung, Wertschätzung und Bewunderung. Sie sucht genauso die Intensität in der Beziehung und braucht die Magie im Alltag, die ständige Erneuerung der Liebe. Wer diese Bedürfnisse bei einer Sonne-Frau erkennt, wird lange glücklich mit ihr werden.

Sonne-Frauen fordern noch mehr als ihre männlichen Geschlechtsgenossen den Körperkontakt und die Streicheleinheiten ein. Sie haben eine starke Sinnlichkeit und brauchen eine intensive Sexualität. Aufgrund ihrer Sozialisierung haben es aber so manche Sonne-Frauen verlernt, dazu zu stehen. Dann leben sie es meist damit aus, dass sie sich darauf konzentrieren, mit dem Zeigen des Leibs Begehren hervorzurufen, aber eine mögliche Umsetzung des Begehrens gar nicht mehr wahrzunehmen. Diese Haltung hat leider in unserer Gesellschaft überhandgenommen und tut weder denen, die das Begehren hervorrufen, noch denen, die das Begehren spüren und nicht loswerden, gut. Für Sonne-Frauen gilt, sich ihres eigenen Begehrens bewusst zu werden, und zwar durch die Rückbesinnung auf ihre Stärke: die Leibeswahrnehmung.

Wenn schon der Sonne-Mann Harmonisierungstendenzen hat, so ist leicht vorstellbar, wie stark gesellschaftlich unterstützt sie bei der Sonne-Frau sind. Dies kann dazu führen, dass sie sehr lange in einer Beziehungssituation ausharrt, in der sie durch ihr automatisches Ja zu viel Toleranz aufbringt. Auf der anderen Seite fällt es damit auch dem Partner schwer, auf sie einzugehen, weil er ihre eigentliche Meinung und Position gar nicht kennt.

Sonne-Frauen haben mit den gleichen Beziehungsängsten zu kämpfen wie Sonne-Männer. Für sie ist es noch einmal wichtiger als für einen Sonne-Mann, auch einmal ohne Beziehung eine Weile allein zu bleiben, um zu erkennen, was ihres ist und was nicht. Gerade für die Sonne-Frau ist das wichtig, um ihre Eigenmacht und ihren Selbstwert aufzubauen. Das macht es ihr auch leichter, langsam das Vertrauen zu finden, ihr eigenes Wesen dem anderen zu offenbaren. Für sie gilt es, den Mut zu haben, in einer dauerhaften Beziehung dem Partner auch die eigenen Schattenseiten zuzumuten.

Der Beruf

Während Sonne-Männer zu Verantwortungsbewusstsein erzogen werden, was ihre Führungsqualitäten von klein auf fördert, werden bei der Sonne-Frau oft diese gleichen Qualitäten eingebremst bzw. auf die Familie zugeschnitten, weil in unserer Gesellschaft den Frauen selten Machtpositionen zugestanden werden. Dementsprechend tritt sie nicht mit der gleichen Selbstverständlichkeit des „winners" auf wie der Sonne-Mann. Das heißt nicht, dass sie nicht auch davon überzeugt ist, dass sie auf der Sonnenseite geboren ist, aber es wirkt nicht so ungebremst wie beim Mann.

Sie haben die Fähigkeit, noch einmal ausgeprägter als die Sonne-Männer, aus jedem Beruf das Beste herauszuholen.

Sonne-Frauen brauchen in ihrem Beruf Anerkennung. Sie haben die Fähigkeit, noch einmal ausgeprägter als die Sonne-Männer, aus jedem Beruf das Beste herauszuholen. Sie stecken ihre ganze Energie und ihr

Engagement hinein, bewirken viel, sind sich aber ihres Wert nicht immer bewusst. Für eine Sonne-Frau ist es wichtig, dass sie lernt, sich nicht unter Preis zu verkaufen!

Ihre Stärke liegt in der Netzwerkarbeit. Hier kommen einerseits ihre Beziehungsoffenheit und andererseits ihre angeborenen Harmonisierungstendenzen zur Geltung. Sonne-Frauen kennen oft sehr viele Menschen und bringen sie auch zueinander.

Für sie ist es noch einmal wichtiger als für den Sonne-Mann, dass sie auch im Berufsleben lernt, ein Nein von sich zu geben, und dass die Harmonie in den beruflichen Beziehungen nicht auf Kosten ihrer Bedürfnisse gelebt wird. Auch für sie gilt es, eine für sie angemessene Streitkultur zu entwickeln und zu lernen, sich einzubringen und auch einmal zu sagen, was nicht so passt. Um des lieben Friedens willen tendiert die Sonne-Frau dazu, die unangenehmen Gefühle zu schlucken und daher Situationen nicht zu klären, die eigentlich bereinigt werden sollten.

Für sie ist es wichtig, ein Nein von sich zu geben.

Genauso wichtig ist es für die Sonne-Frau, dass sie lernt, in ihrer Arbeit die Prioritäten zu setzen und sich nicht zu verausgaben. Ihr Spaß am Job und ihre Begeisterungsfähigkeit können nur so auf Dauer überleben.

Das Sonne-Kind

Das Strahlerchen …

Der Ausdruck Sonnenkind wird tatsächlich gebraucht und beschreibt ein offenes, meist alle gleich nett anstrahlendes Kind. Wer kennt sie nicht, die kleinen Kinder, die bei allen Menschen, die in den Kinderwagen schauen, in ihrem Gesicht den Lichtschalter anknipsen, so als ginge die Sonne gerade auf?

Natürlich sind in den ersten Monaten viele Kinder sonnig veranlagt, aber die Sonne-Kinder haben die strahlendsten und wärmsten Augen und bei ihnen bleibt diese Eigenschaft auch *nach* den ersten Lebensmonaten bestehen. Bitte, unterstützen Sie dieses Strahlen des Kindes! Sonnen-Kinder brauchen viele Lebenssituationen, in denen sie dieses Strahlen anknipsen können: Freundlichkeit, Anerkennung, Begeisterung, Wärme, Kuscheln, Lustigkeit.

Körperkontakt und die Möglichkeit zwischenmenschlicher Beziehungen sind zwei weitere wichtige Faktoren, die ein Sonne-Kind zum Ausleben seines Strahle-Wesens braucht.

Sonne-Kinder gehen sehr schnell, aber auch wahllos, in Beziehung zu anderen Menschen. Das sind die Kinder, die jedem gleich die Hand geben und bereit wären mitzugehen, unabhängig davon, wie gut sie den Erwachsenen kennen. Sie reden auch jeden Menschen an und haben gleich mit vielen eine Beziehung. Auf viele Erwachsenen wirken diese Dreikäsehochs unterhaltsam und sie hören ihnen mit einem Schmunzeln zu. Unterstützen Sie diese Kontaktfreudigkeit, denn sie erleichtert Ihrem Sonne-Kind enorm das Leben, aber bringen Sie ihm bei, dass es Unterschiede gibt, zwischen den Menschen, die es neu kennen lernt, und den Familienangehörigen sowie den FreundInnen, die es schon länger hat. Das kann auch spielerisch vonstattengehen, indem Sie im Schmusekurs immer wieder fragen, wen es denn am liebsten hat und wer danach gleich kommt, wer an dritter Stelle der Herzens-Hitliste rangiert usw. Wenn Sie an die Reihe kommen in der Hitliste, dann fordern Sie doch Ihr Sonne-Kind auf, Ihnen das zu zeigen. Lassen Sie sich umarmen, abküssen, etc. Somit lehren Sie Ihrem Sonne-Kind, dass es wichtig ist, dass die Liebsten in seinem Herzen auch bevorzugter behandelt werden als die, die es gerade kennen lernt, auch wenn es noch so begeistert von der neuen Bekanntschaft ist.

Das Sonne-Kind in der Familie

Darum empfiehlt es sich, einem Sonne-Kind die Momente zu bieten, in denen es auf die Bühne steigen kann.

Innerhalb der Familie und vor allem bei den Geschwistern kann ein Sonne-Kind den anderen durchaus auch zu viel werden, denn Sonne-Kinder können sich darin verlieben, sich stets in den Mittelpunkt zu stellen, die Aufmerksamkeit auf sich zu ziehen und sich selbst reden zu hören. Wenn sie dauernd Publikum und Erfolg haben, haben sie für sich den Weg gefunden, das Gefallen von außen damit einzuholen und verstehen dann nicht, wenn die eigene Familie damit nicht mehr so gut kann, weil die Quasselstrippe sich dauernd in den Mittelpunkt stellt, die Geschwister zu kurz kommen und die Erwachsenen kein einziges Gespräch mehr in Ruhe führen können, ohne ihren Kommentar abzubekommen bzw. es mit eigenen Themen zu beherrschen.

Darum empfiehlt es sich, einem Sonne-Kind die Momente zu bieten, in denen es auf die Bühne steigen kann. Es ist sein Wesen, im Mittelpunkt zu stehen und sollte ihm nicht dauerhaft abgesprochen, sondern in einem gesunden Rahmen ermöglicht werden. Diese Momente können am besten gemeinsam abgesteckt in der Familie stattfinden, z.B. bei Gesellschaftsspielen sie etwas vorführen zu lassen, zu Weihnachten allen etwas vorzutragen oder alle gemeinsam zu einer Aufführung des Sonne-Kindes zu gehen und danach darüber zu reden.

Hier ein Bild eines achtjährigen Sonne-Kindes, das eine eigene Maltechnik „erfunden" hat: „Ich mache zuerst ‚kritzikratzi' und male es dann aus!"

Die Freizeitgestaltung eines Sonne-Kindes

Auch das Freizeitangebot der Sonne-Kinder sollte sorgfältig ausgewählt werden: Sie brauchen Aktivitäten in Gesellschaft, aber auch solche, in denen sie ihr Heldentum und ihr Bedürfnis nach Hauptdarstellung ausleben können. Den Sonne-Kindern sind unbedingt auch immer wieder Momente des Rampenlichts und des Ruhms zu geben, doch sollte ihnen auch gezeigt werden, dass das zu ihren Gunsten nicht ein Dauerzustand sein darf. Denn ihnen ist gleichzeitig vorzuführen, dass auch andere gute Ideen haben, an denen sie sich beteiligen und bei denen sie sich mit Ihrem einfach nur einbringen können, ohne das ganze Geschehen an sich zu reißen.

Sonne-Kinder sind meist sehr kreativ und sie brauchen auch dafür ein Ventil, z.B. können sie sich in der freien Malerei künstlerisch ausdrücken.

Das Leibgespür der Sonne-Kinder

Ein Sonne-Kind ist *nie* müde, auch wenn es sich noch so die Augen reibt – zumindest wird es das nie zugeben! Wir haben einen Sonne-Sohn, der sogar einmal dabei eingeschlafen ist, während er den Löffel Suppe in den Mund schieben wollte – er ist tatsächlich mit dem Kopf in den Teller Suppe gefallen, weil er seine Müdigkeit nicht gespürt und sie ihn beim Essen (!) eingeholt hat. Somit brauchen diese Kinder auf alle Fälle eine Struktur und das Augenmerk sollte auf die Körpersignale gerichtet werden, wann es genug ist, denn der Antrieb muss bei ihnen wahrlich nicht gefördert werden!

Das Leib-Gespür der Sonne-Kinder kann geschult werden, da es ja phänomenal ist. Sonne-Kinder, die lernen, auf ihren Leib zu achten, wissen, wann sie müde oder lustlos sind, wann sie Bewegung und Gesellschaft brauchen uvm. Dieser besagte Sohn war schlussendlich soweit, dass er oft zwei Tage vorher angerannt kam und meinte: „Mama, ich spüre, etwas mit meinem Hals ist nicht in Ordnung. Hilfst du mir bitte?“ Da konnte natürlich noch homöopathisch eingegriffen werden, damit so manches nur leicht ausbrach bzw. sogar verhindert wurde.

Alle Kinder brauchen Bewegung, doch die Sonne-Kinder am allermeisten! Wenn sie bewegungsfeindlich erzogen werden, ihre Erfahrungen körperfremd bleiben, so ist das gleichzusetzen mit Blindheit. Unterstützen Sie Ihr Sonne-Kind in der Stärke, die es hat, in seiner Körperlichkeit. Wie schon im allgemeinen Teil über die Sonne erwähnt, nimmt die Sonne Erfahrungen über den Leib wahr. Es ist somit wichtig, dass Sonne-Kinder viele Erfahrungen über den Leib machen können, ob das nun im Tanz, Theater oder im Sport ist, da können Sie die Neigungen des Kindes erforschen. Vielleicht möchte es vieles ausprobieren, bevor es das Seine findet, vielleicht hat es bald eine Leidenschaft für eine Sportart gefunden, in der es sich ausleben kann. Wichtig ist, dass es viel Platz in seinem Leben für die leiblichen Erfahrungen erhält.

Die Lust auf Gesellschaft

Sonne-Kinder brauchen Gesellschaft, und zwar mehr als alle anderen.

Sonne-Kinder brauchen Gesellschaft, und zwar mehr als alle anderen. Sie haben es durchaus gerne zu zweit, aber noch viel lieber in größeren Gruppen. Somit lieben sie es meist, in die Schule zu gehen, denn die Klassengröße ist für sie wunderbar. Wichtig ist jedoch, dabei zu verhindern, dass sie nicht in Versuchung kommen zu glauben, der Lehrer oder die Lehrerin zu sein. Ihnen eine „wichtige“ Aufgabe zu vermitteln, die sie von anderen unterscheidet, tut ihnen sicherlich gut. Wenn sie dann von allen noch als KlassensprecherIn gewählt werden, womit noch einmal die Beliebtheit unterstrichen wird, dann ist das optimal. Da es jedoch meist mehrere Sonnen in einer größeren Gruppe gibt, muss das „Platzhirschverhalten“ mit achtsamen Augen verfolgt und für jedes Sonne-Kind ein Platz gefunden werden, an dem es brillieren kann.

Ist der Selbstwert im Keller, kann es durchaus vorkommen, dass Sonne-Kinder äußerst angeberisch werden. Schlimmstenfalls biegen sie die Realität, wie sie sie gerade brauchen. Dieses Verhalten sollte auf alle Fälle ernst genommen werden, denn es schafft schlechte Voraussetzungen für den künftigen Lebensweg. Dem Sonne-Kind ist immer ganz klar und deutlich die Wahrheit beizubringen, vor allem jedoch, dass diese auf die Dauer der heilsamste, der beste und, was für die Sonne am wichtigsten ist, der einzige Weg zum dauerhaften Glück darstellt. Sie sind nett, ihre Offenheit bewundernswert und wenn sie klein sind so drollig. Sie sind pflegeleicht, weil sie meist in jede Gruppe gesteckt werden können.

Sie können aber auch ganz schön anstrengend sein, unsere Sonne-Kinder, reden wir gar nicht davon, wenn sie Einzelkinder sind! Wie schon oben erwähnt, hat der Familienclown auch oft lautere Absichten: die Stimmung zu heben und die Probleme der Familie wegzureden und zu lachen. Das ist die Methode, die das Sonne-Kind anwendet und anzubieten hat.

Da meinen sie es gut, aber nicht immer haben sie nur diese lauteren Absichten. Es geht ganz oft auch um Machtspiele, denn aus den spielerischen Kämpfen, die die Sonne so sehr liebt, denn sie kann sich darin messen, wird manchmal auch Ernst.

Machtspiele bedeuten aber zumeist, dass das Kind sich ohnmächtig fühlt und durch das Ergreifen der Macht über andere versucht, sich aus der inneren Ohnmacht-Situation zu befreien. Nun gilt es, dem Sonne-Kind beizubringen, dass die Macht über andere an seiner Ohnmacht nichts ändert ...

Ein Sonne-Kind ist dem Gefühl der Ohnmacht nämlich sehr schnell ausgeliefert, und zwar weil es für eine gute Beziehung zu jedweden Menschen gleich zu allem Ja sagt und sich anpasst. Diese (zu hohe) Flexibilität bringt es in Situationen, in denen es sich nicht wohl fühlt, aber damit nicht umgehen kann, denn es möchte die Beziehungsebene nicht zerstören. Das gefährdet vor allem Sonne-Kinder in der Pubertät, da sie, um sich zu beweisen oder um zur Gruppe zu gehören, sich zu mancher Tat bzw. Mutprobe verleiten lassen, die noch dazu gesundheitsschädigend sein kann.

Nachhaken ist wichtig

Beim Sonne-Kind ist es äußerst wichtig, es immer wieder zu fragen, wie es ihm eigentlich geht und sich nicht mit einem Lächeln und einem „Gut!" zufriedenzugeben. Das werden sie immer sagen, doch bei genauerem Hinschauen fehlt es ihnen an der üblichen Begeisterung, kommen sie oft schwer aus dem Bett oder haben sie einfach traurige Augen.

Aufgabe der Eltern und Bezugspersonen ist es, ihnen beizubringen, wie sie ihre eigenen Gefühle, auch die unangenehmen, spüren können.

Sonne-Kinder wollen nicht ihren Zustand verbergen, sie sind sich ihrer unangenehmen Gefühle meist nicht bewusst und betrügen, wenn schon, eher sich selbst. Somit ist es die Aufgabe der Eltern und Bezugspersonen, ihnen beizubringen, wie sie ihre eigenen Gefühle, auch die unangenehmen, spüren können und auch lernen, auszudrücken, was sie nicht so mögen und was ihnen wirklich gefällt.

Dafür brauchen sie viele Erfahrungsmomente, die ihnen zeigen, dass das der Beziehung guttut und ihr nicht schadet, sie selbst damit ernster genommen werden und so sein dürfen, wie sie sind. Liebevolle Aufforderungen von klein auf, dass sie zu ihren Bedürfnissen stehen können und dabei nichts Schlimmes passiert, sind für sie sehr wichtig, damit sie lernen, nicht zugunsten sozialer Erwünschtheit die eigenen Bedürfnisse zurückzustellen.

Dazu gehört auch, das Sonne-Kind zu lehren, Kritik nicht einfach wegzustecken oder zu verdrängen. Auch ihr oft diplomatisches „Ja, du hast recht!", das danach nicht gelebt wird, hat auf die Dauer keinen Vorteil. Vielmehr müssen sie bewusst wahrnehmen, dass sie eine Kritik entweder zu größeren Leistungen anspornen kann oder dass sie zur Beziehungsverbesserung dienen, weil das Kind *selbst* dafür etwas tun kann, z.B. nicht immer überall dreinzureden. Weil dann alle lieb und nett miteinander und auch mit ihm sind. Wie es das am liebsten hat.

Lesen Sie bitte das Kapitel „Wie die Sonne in die Kraft kommt" aufmerksam durch. So können Sie schon vorzeitig beim Sonne-Kind dafür sorgen, dass die Stärken gefördert und die Schwächen angegangen und ausgeglichen werden!

Wie eine Sonne in ihre Kraft kommt

Oma ging davon aus, dass je mehr der jeweilige Typ in seine Kraft kommt, umso mehr schlägt sich das in seinem Wesen nieder. Beim Typ der Sonne geht es also darum, „dass er die Sonne im Herzen trägt", wie Oma es so schön formuliert hat. Wir empfehlen Ihnen daher, sich mit dem Gestirn auseinanderzusetzen, das Ihrem Typ nicht umsonst den Namen gegeben hat.

Im Folgenden konzentrieren wir uns darauf, wie die Sonne in ihre Kraft kommen kann. Es gilt, die Stärken zu fördern und die Schwächen in Stärken umzuwandeln (eine zusammenfassende Lösungsorientierung gibt es für alle vier Typen auf einen Blick in Kapitel 11, siehe S. 328–329):

Erkennen Sie sich als Sonne wieder, aber gewisse Bereiche treffen nicht auf Sie zu? Hier in diesem Kapitel erhalten Sie Tipps und Übungen, wie Sie sich diese Fähigkeiten holen können …

Das Strahlen

Sich des eigenen Strahlens bewusst werden

Gerade das Strahlen ist eine Fähigkeit Ihres Typs. Unabhängig davon, ob Sie in Ihrem Leben in Ihrem Strahlen unterstützt worden sind oder nicht,

Die Sonne in der Kraft behält Energie auch für sich zurück

jetzt wissen Sie, dass es eine Ihrer herausragendsten und schönsten Wesenszüge ist. Es ist eine Gabe von Mutter Natur, die es gilt, gut zu nutzen!

Ihr Strahlen öffnet Ihnen normalerweise Herzen und Türen, das sollte Ihnen bewusst sein und das sollten Sie sich auch nicht nehmen lassen! Falls Sie zu den Sonnen gehören sollten, die sich fast schon schämen, diesen Wesenszug zu haben, dann hat das oft damit zu tun, dass in Ihrer Vergangenheit Ihre Umwelt Ihnen das Gefühl vermittelte, mit dem Strahlen ungebührlich Aufmerksamkeit auf sich gezogen zu haben. Aber seien wir uns ehrlich: Sie werden oft von anderen Typen gerade dafür beneidet!

Stellen Sie sich selbst vor den Spiegel und lächeln Sie sich einmal ganz offenherzig an, damit Sie die Wirkung, die Sie bei anderen hervorrufen, selbst sehen können. Beobachten Sie auch einmal bewusst andere Typen beim Lachen und Sie werden den Unterschied bemerken. Das Strahlen ist Ihr Kapital und Ihre persönliche Eintrittskarte in die Gesellschaft, um Ihren Platz zu finden, also seien Sie sich dieser Fähigkeit bewusst!

Aber aufgepasst: Das Strahlen ist nicht unendlich! Auch die stärkste Wärmequelle versiegt eines Tages, wenn sie nicht Nachschub erhält. Gehören Sie zu den Sonnen, bei denen das Strahlen natürlicher Bestandteil Ihres Lebens ist? Dann beachten Sie bitte, dass das Feuer auch immer wieder geschürt werden will. Wenn Sie dieses Strahlen von klein auf immer ausgesendet haben, dann verschenken Sie sehr viel Energie nach außen, und zwar sehr beliebig nach allen Richtungen. Das geht ganz automatisch. Wenn Sie jemanden kennen lernen, in Ihrem Privatleben oder in Ihrer Arbeit, strahlen Sie den Menschen an, und wenn Sie auf der Straße bekannten Personen begegnen, ebenfalls. Davon kommt sehr wenig bis gar nichts zurück, auch weil Sie selbst das oft nicht zulassen.

Haben Sie nämlich schon einmal gemerkt, dass Sie gerne geben, aber nicht so leicht annehmen können? Darauf kommen wir später nochmals zurück, auf das Strahlen bezogen heißt das: Diese Verhaltensweise führt früher oder später zu einer Endlichkeit Ihrer Lebensenergie!

Sie tendieren dazu, sich selbst mit dem Strahlen zu verausgaben, im Körperlichen und Sozialen noch dazu, und am Ende mit leeren Händen da zustehen. Wir können das mit einem Beispiel erläutern:

Eine Sonne geht früh morgens aus dem Haus und begegnet beruflich sehr vielen Leuten. Sie strahlt sie undifferenziert alle an, verschenkt sozusagen ihre Energie. Abends trifft sie sich noch mit Freunden und füllt die Rolle des Leaders aus. Wenn sie nachts heimkommt, ist sie leer. Bis zum nächsten Morgen ist zwar eine Sonne wieder regeneriert, aber im Laufe der Jahre braucht sie dafür länger und länger.

Sich des eigenen Strahlens bewusst werden

Achten Sie einmal darauf, wie viel Energie Sie jeden Tag abstrahlen und noch viel wichtiger wie viel Sie bekommen. Wie das geht? Indem Sie sich folgende Fragen stellen: Wie wachen Sie morgens auf? Wie reagieren Sie, wenn Sie das erste Mal am Morgen Gesellschaft haben? Gehen Sie oder gehen andere auf Sie zu? Hören Sie mehr den anderen zu oder umgekehrt? Haben Sie in Ihrem Tagesablauf eine Zeit für sich? Was haben Sie an diesem Test-Tag anderen zuliebe getan und was aus Ihren eigenen Bedürfnissen heraus? Das sind die Fragen, die Ihnen helfen, einmal einen Tag lang Ihren eigenen Energiehaushalt und Ihren Umgang damit zu beobachten. Sie können das durchaus auch länger als einen Tag machen, eventuell auch schriftlich festhalten oder – wie es normalerweise Ihrem Typ mehr entspricht – abends einem anderen Menschen davon erzählen.

Der zweite Schritt ist es, an einem nächsten Tag im Tagesablauf zwischendrin immer wieder eine Energie-Bilanz zu machen. Das sieht so aus: Kurz bevor Sie in die Arbeit gehen, vergegenwärtigen Sie sich bewusst Ihre momentane Befindlichkeit und bestimmen auf einer Skala von 0–100 Ihren Energiezustand. Nehmen wir einmal an, Sie sind ausgeruht, Sie fühlen sich wohl und Sie freuen sich auf den Tag. Sie würden Ihren Energiezustand mit 100 angeben.

In der ersten Arbeitspause können Sie dann erneut diesen „Energiecheck" durchführen. Was für einen Energielevel haben Sie jetzt? Geht es Ihnen noch genauso gut wie am Morgen? Oder fehlt irgendwo eine Ecke? Als Sonne fühlen Sie bitte genau hin, nehmen Sie jeden Energieabfall ernst und seien Sie ganz ehrlich mit sich.

Falls Sie jetzt nur mehr z.B. 90 haben, empfehlen wir, die letzten Stunden noch einmal Revue passieren zu lassen und darauf zu achten, wann und mit wem oder was die Energie verloren gegangen sein könnte. Wieso haben Sie nicht mehr dieselbe Energie wie am Morgen? In der Mittagspause kann der nächste „Check" erfolgen, nachmittags bei der nächsten

Pause wieder und nach der Arbeit auf dem Heimweg ebenfalls bis hin abends vor dem Einschlafen.

Falls Ihnen untertags die Zeit zum Nachdenken fehlt, sollten Sie aber auf alle Fälle abends – ob nun schriftlich oder mit einer anderen Person – diese Checks nochmals durchgehen, diesen Tag Revue passieren lassen und versuchen zu erkennen, was Energie gebracht und was Energie gekostet hat. Dieser Energiehaushalt sollte von Ihnen immer öfter im Auge behalten werden, um ein Ausbrennen zu vermeiden bzw. um Ihre Energie von Tag zu Tag zu steigern.

Wenn Sie Ihren Energiehaushalt ernst nehmen, werden Sie langsam auch anfangen, in Ihrem Tag Prioritäten zu setzen. In unserem vorangegangenen Beispiel würde das heißen, dass diese Sonne sich dafür entscheidet, heute im Beruf alles zu geben und danach sich zurückzuziehen *oder* während der Arbeit einmal zurückgezogen zu sein und am Abend mit den Freunden ihr sonniges Wesen herauszulassen. Jedenfalls werden Sie dafür vorsorgen, dass Sie abends nicht mit leeren Batterien ins Bett gehen.

Wir möchten Eines klar stellen: Es geht nicht darum, dass Sie mit dem Strahlen sparen, das gehört zu Ihnen und tut Ihnen auch gut. Außerdem erhalten Sie durch das Strahlen auch Energie zurück, weil die Angestrahlten Ihnen Ihr Herz öffnen und die schönen Seiten ihres Wesens zeigen. Vielmehr geht es um ein differenzierteres und nicht andauerndes Strahlen, z.B. nicht Leute anzustrahlen, die Ihnen mit Sarkasmus, Ironie begegnen oder andere emotionale Verletzungen zurückwerfen.

Das Außen im Gleichgewicht mit dem Innen

Falls Sie zum Typ Sonne gehören, der sich auf sein Strahlen und seine Wirkung verlässt, um damit Aufmerksamkeit und Anerkennung zu ernten, dann empfehlen wir Ihnen, sich ganz bewusst jeden Tag auf die Kraftquelle in Ihrem Inneren zu konzentrieren: Ihre Lebensfreude, Ihre Zuversicht und Ihr Vertrauen in die Welt.

Ihr Strahlen sollte darum nicht nur nach außen, sondern auch ins Innere gerichtet werden.

Wie gerade erklärt, ist das nichts Schlechtes, wenn Sie mit dem Strahlen Aufmerksamkeit erhalten, aber wenn Sie sich zu sehr darauf verlassen, wird es wichtiger, was andere von Ihnen denken als das, was Sie selbst von sich denken. Und das ist ein riskantes Geschäft – in erster Linie für Sie. Dann werden Sie von der Meinung anderer über Sie abhängig, was Ihnen sehr viel Natürlichkeit nimmt.

Viele Sonnen passiert genau das und sie richten ihren Lebensablauf danach aus, wo sie am meisten Aufmerksamkeit erhalten und nicht danach, was ihren eigenen Vorlieben und ihrem Wesen am meisten entsprechen würde. Dabei schauen sie zu viel darauf, was sie anderen zuliebe tun können, als auf sich selbst.

Ihr Strahlen sollte darum nicht nur nach außen, sondern auch ins Innere gerichtet werden. Fragen Sie sich ruhig einmal täglich: Wie geht es mir? Mit welchen Tätigkeiten, mit welchen Menschen geht es mir gut? Was bereitet mir mehr Freude, was weniger? Und fangen Sie an, Ihr Leben danach mehr und mehr auszurichten.

Für die Sonne ist es zumeist ein Lernprozess, die eigenen Prioritäten zu erkennen und sie wichtiger zu nehmen als die von anderen. Dennoch ist das der Weg, damit Sie als Sonne in Ihre Eigenmacht kommen können. Konkret bedeutet das, sich zu hinterfragen: Was ist mir das Wichtigste? Was das Zweitwichtigste? Was das Drittwichtigste? usw. Dabei können Sie natürlich alles durcheinander würfeln und im Laufe der Zeit wieder ändern. Momentan kann Ihre Partnerschaft Ihnen das Wichtigste sein, das Zweitwichtigste Ihre Arbeit. Das Drittwichtigste könnte Ihr Hobby sein ...

Schreiben Sie sich das ruhig groß auf und kleben Sie sich diese Prioritätenliste gut sichtbar in einem privaten Teil Ihrer Wohnung auf. Damit fällt es Ihnen auch leichter, sich immer wieder zu fragen, ob Sie auch den wichtigsten Angelegenheiten die entsprechend hohe Aufmerksamkeit und Zeit widmen. Das wäre angemessen.

Die Prioritätenliste kann natürlich immer wieder geändert werden, durch das Aufhängen dieser „Hitliste" ist die Beschäftigung damit garantiert und Veränderungen werden bewusst wahrgenommen.

Die Stärke

Das eigene Wahrnehmungsinstrument schulen

Die Wahrnehmung über den Leib ist der Weg der Sonne zu einem feineren Empfinden, das ihr ansonsten durch ihr Strahlen verwehrt ist. Durch das Spüren über den Leib können Sie auch den tieferen Kontakt zu Ihren Bedürfnissen und Gefühlen finden. Darum betonen wir so stark Ihre Fähigkeit, den Leib wahrzunehmen als *die* Stärke der Sonne. Überprüfen Sie für sich, ob das auch für Sie zutrifft! Nutzen Sie dieses Wahrnehmungsinstrument, das Ihrem Typ innewohnt, genauso wie das Strahlen? Kennen Sie dieses Wohlgefühl im eigenen Leib, das den Sonnen eigen ist?

Grenzen erkennen

Die Signale des Leibes werden Ihnen genau sagen, was Ihnen guttut, aber auch, was Ihnen schadet. Nehmen Sie sich die Zeit, darauf zu achten und Sie werden erkennen, dass Ihr Leib Ihr zuverlässiger Ratgeber werden kann: Wenn Sie z.B. im Gespräch mit einer Person einen unangenehmen Druck in der Magengegend, dem Solarplexus, verspüren, dann ist das ein Hinweis, dass Ihnen die Energie dieser Person nicht gut tut oder die Art dieser Kommunikation Ihnen schadet.

So können Sie die verschiedenen Lebenssituationen und Begegnungen am eigenen Leib erfahren. Wenn Sie sich die Zeit nehmen, die jeweilige Wirkung zu spüren, können Sie im Laufe der Zeit die verschiedenen

Empfindungen den entsprechenden Erfahrungen zuordnen. Der Leib mit seinen Signalen wird für Sie zunehmend ein feines Instrument werden, um die Welt genauer wahrzunehmen.

Es ist für Sie als Sonne wichtig, über die Leibesempfindungen zu den tieferen Schichten Ihrer Gefühle vorzustoßen, damit Sie Ihrem Lebensweg folgen können. Das festigt zugleich auch Ihren Selbstwert.

Grenzen erkennen

Zur Pflege dieses Wahrnehmungsinstrumentes gehört es auch, die der Sonne unangenehmen Leibsignale wahrzunehmen. Denn obwohl Sie ein schier unerschöpfliches Energiepotential in sich tragen, haben auch Sie im Körperlichen Ihre Grenzen! Die Kunst ist hierbei zu erkennen, ob Sie wirklich in diesem Bereich noch Ihre Grenzen erweitern können oder ob Sie sie gerade überschreiten! Die Belastung des eigenen Leibes wird bei einer begeisterten Sonne nicht immer realistisch wahrgenommen. Oft nehmen Sie ein Potential an, das Sie momentan gar nicht haben! Bedenken Sie bitte, dass es Ihrem Typ liegt, sich zu überfordern. Die Leistungsgesellschaft ist sicherlich auf den Maximen der Sonnen, nämlich des Wettkampfes und der Höchstleistungen aufgebaut!

Obwohl Sie ein schier unerschöpfliches Energiepotential in sich tragen, haben auch Sie im Körperlichen Ihre Grenzen!

Es gilt für Sie, die Müdigkeit wahrzunehmen, Lustlosigkeit und Erholungsbedürftigkeit zu erkennen, Verletzungen ihre notwendige Heilungszeit einzuräumen.

Achten Sie bewusst einmal darauf, wann sich Ihr Leib müde anfühlt, denn das kann schon sein, bevor Sie die Lust verlieren! Eine Sonne hat nämlich fast immer Lust auf neue, tolle Erfahrungen, auch wenn sie schon müde und überreizt ist.

Der Vorteil bei der Beachtung der Leibbefindlichkeit ist, dass Sie mit der Zeit die bei Sonnen zu hohe Frustrationstoleranz abbauen können. Dazu gehört auch, dass körperliche Schmerzen zumeist in hohem Maße ausgehalten werden. Verstärkt wird dieser Effekt noch dadurch, dass Sie aufgrund Ihres Typs sehr gut negative Empfindungen ausblenden können. Der Vorteil liegt auf der Hand: Sie halten länger durch als andere, der Nachteil lässt jedoch nicht lange auf sich warten: Sie übermüden und überreizen sich oft über alle Maßen.

Darum ist es wichtig, dass Sie sich diesbezüglich selbst beobachten: Fühlen Sie sich manchmal belastbarer als Sie wirklich sind? Können Sie sich daran erinnern, dass Sie in Vergangenheit im Nachhinein erkannt haben, dass Sie zu weit gegangen sind? Beobachten Sie ruhig bei sich selbst, wie lange Sie brauchen, bis Sie bei sich selbst Müdigkeit oder gar Erschöpfung erkennen! „Ach, das geht schon noch!" ist eine typische Aussage einer Sonne. Haben Sie sich dabei auch schon ertappt?

Dasselbe gilt bei körperlicher Betätigung. Die meisten Sonnen haben – wie oben schon erwähnt – ein großes Bedürfnis, sich zu bewegen, sei es nun im Sport, im Tanz oder in anderen Freizeitaktivitäten. Risiko- und Extremsportarten sind vor allem bei den männlichen Sonnen ihrem Naturell entsprechend sehr beliebt. Wenn Sie zu dieser Sorte gehören, dann achten Sie darauf, dass Sie sich nicht verausgaben. Für Sie gilt das Motto „Weniger ist mehr!"

Diese Bewusstseinsschulung hat einen positiven Nebeneffekt: Da Sie selbst eher zur Verausgabung neigen, tendieren Sie auch dazu, die Grenzen der anderen nicht mehr klar wahrzunehmen, Gefahren zu unterschätzen und an Ihrem Unternehmen beteiligte Personen zu überschätzen und sie damit zu überfordern. Als natürliche Führungspersönlichkeit haben Sie zwar die Kraft, andere zu begeistern und zu mobilisieren, aber dabei sollte nicht die jeweilig unterschiedlichen, meist niedrigeren Grenzen überschritten werden. So kann bei Risikosportarten wie z.B. Paragleiten oder Freeclimben das leichtfertige „Das schaffst du schon!" einer Sonne schon gewisse Gefahren mit sich bringen.

Somit können Sie zwei Fliegen mit einer Klappe schlagen: Sie kümmern sich mehr um sich selbst und tun dabei auch Anderen was Gutes!

Die Bewegungsfreude kultivieren

Wenn Sie hingegen zu denjenigen Sonnen gehören, die – aus welchen Gründen auch immer – diese angeborene Bewegungslust nicht mehr verspüren, dann raten wir Ihnen dringend, wieder regelmäßig eine sportliche oder ähnliche Tätigkeit aufzunehmen, damit Sie Ihrem Naturell entsprechend wieder Zugang zu Ihren Stärken finden!

Die Lebenslust der Sonne sollte auch in geordneten Bahnen ausgelebt werden.

Denn die Lebenslust der Sonne sollte auch in geordneten Bahnen ausgelebt werden, sonst kann sie nicht nur zur Überforderung und damit Schädigung des eigenen Leibes führen, sondern auch zur kompletten Verleugnung desselben. Dann wird die Lebenslust zur Genusssucht und artet in materieller Üppigkeit aus. So kann eine Sonne zu viel laufen, aber auch zu viel essen. Beide Extreme entsprechen nicht einer Beachtung des eigenen Leibes. Die Mitte zu finden, darin liegt gerade für Sie die Herausforderung, da sie beim Thema Leib Stärke und Schwäche zugleich in der Hand halten!

Sprechen Sie sich mit anderen Menschen ab, damit Sie einen reellen Rahmen für das Gesunde erhalten. Sie können sich mehr als andere Menschen bewegen, aber es sollte nicht doppelt so viel sein wie das Pensum Ihres bewegungsfreudigen Vollmond-Freundes!

Bezüglich des Zuviel an materiellen Genüssen messen Sie sich bitte auch mit Ihrer Umgebung. Und achten Sie vor allem darauf, wie es Ihrem Leib dabei geht!

Bewegungsfreude gut und recht, aber beachten Sie, dass nicht jedes Bedürfnis nach Bewegung bei Ihnen aus gesunder Bewegungslust entsteht! Vielmehr ist bei Ihrem Typ die Gefahr, dass Sie unangenehme

Gefühle verdrängen. Aufgrund Ihrer starken Strahlen passiert es oft, dass Sie die eigenen Schattenseiten überdecken und zu sehr auf die positiven Gefühle konzentriert sind.

Das Verdrängte äußert sich als innere Unruhe, weil das Gefühl gelebt werden möchte. Stattdessen leben so manche Sonnen diese innere Spannung fälschlicherweise als Bewegungsfreude aus!

Auch hier gilt es, mit Achtsamkeit den eigenen Leib zu erforschen. Bewegungsfreude ist ungetrübt, hat keine Schatten, hingegen die innere Unruhe ist mit irgendeinem unangenehmen Gefühl im Leib gekoppelt. Sobald Sie das spüren, können Sie sich darauf konzentrieren und nachforschen, was diese innere Unruhe ausgelöst hat. Denn das Motto: „Wenn es mir schlecht geht, gehe ich sporteln!" schadet mehr, als dass es guttut.

In einem gesunden Körper wohnt nicht immer ein gesunder Geist ...

Der Nachteil der Orientierung am Leib ist es, dass so manche Sonne das eigene Äußere und das der Mitmenschen überbewertet. Dieses Phänomen bezeugt, dass unsere Gesellschaft stark vom Typ der Sonne geprägt ist: Die Ausrichtung nach einem perfekten Schönheitsideal sowie der ewigen Jugend ist bei uns der ganz normale Wahnsinn. Unter den vielen damit verbundenen Nachteilen kommen vor allem die Gleichschaltung der Menschen und der Verlust der Würde des einzelnen hier zum Tragen. Wer sich mit dem Wahnsinn des Schönheitsideals näher befassen möchte, den verweisen wir auf das Buch: Schönweger, Astrid (Hg.): Von Schönheit, Alltag und Arbeit. Das Frauenmuseum Meran erzählt. Studienverlag, Innsbruck, 2006.

Schönheit außen ist mit Schönheit innen nicht gleichzusetzen.

Schönheit außen ist mit Schönheit innen nicht gleichzusetzen, auch wenn so manche Sonne (und in der Zwischenzeit nicht nur sie) davon überzeugt ist. Dass die Schönheit außen das Innere spiegelt, ist zwar ein schöner Spruch, aber er führt heutzutage in die Irre. Die Schönheit außen wird nämlich mit dem Schönheitsideal gleichgesetzt und ein Idealkörper sagt rein gar nichts über den Zustand der Seele aus. Dass ein in sich gefestigter Mensch auf einem hohen spirituellen Niveau eine Ausstrahlung besitzen kann, die dies verrät, das können wir am Beispiel eines Dalai Lama sehen. Er entspricht sicherlich nicht unserem Schönheitsideal, aber seine Ausstrahlung verrät, dass er einen inneren Frieden hat und mit sich und der Welt auskommt. Das verleiht ihm auch die Schönheit, auf die sich der oben genannte Spruch bezieht. Für viele Sonnen ist das schwer zu verstehen, da sie das konkret Körperliche sehr stark im Auge haben.

Prüfen Sie für sich selbst ganz ehrlich, ob dieses Thema auch Sie betrifft und setzen Sie sich – unter anderem mit Lektüre, Gesprächen und Filmen – damit auseinander, denn das eigene Schönheitsempfinden ist nicht etwas Unabänderliches, sondern etwas kulturell Gewachsenes. Die Veränderung desselben unterliegt einem Reifeprozess des Menschen.

Think pink oder: die rosa Brille aufgesetzt

Die Orientierung

Think Pink schützt nicht vor unangenehmen Erfahrungen

Sich an der sonnigen Seite des Lebens zu orientieren ist eine gesunde Haltung. „Wohin wir die Aufmerksamkeit lenken, dahin werden sich unsere Schritte von heute ins Morgen begeben", so Omas Weisheit. Genauer: Wir schöpfen jeden Tag unsere Realität. Wenn wir den schönen Dingen mehr Raum in unserem Leben, in unserer Zeit, in unseren Gedanken geben, dann werden diese uns auch „zufällig" passieren. Der Zufall ist ein „Zufallen" von Begegnungen, Erfahrungen, Erlebnissen, die wir auf unserem Lebensweg für unsere seelische Entwicklung brauchen. Sie tun gut daran, diese Orientierung zu hegen und zu pflegen, Sie sind dabei auf dem richtigen Weg.

Mit dieser Haltung sind Sie zudem für viele Menschen ein Licht in der Dunkelheit! Kein Typ wie Sie kann sich so sehr an die Lichtseiten des Lebens orientieren und hat noch dazu die Kraft, andere damit mitzureißen. Damit sind Sie als Sonne für alle anderen Typen wegweisend.

Wichtig dabei ist nur, dass Sie diese Haltung nicht für alle Lebenssituationen verallgemeinern. In esoterischen Kreisen ist immer noch sehr verbreitet – und vor allem der Typ der Sonne hält gerne daran fest –, dass „think pink" jede unangenehme Erfahrung verhindert bzw. sie nur dann auftaucht, weil die Person selbst nicht positiv genug gedacht hat. Das allein genügt natürlich nicht, um unangenehme Erfahrungen zu vermeiden.

Als Sonnentyp ist Ihr Strahlen Ihnen natürlich eine große Hilfe, alles im schönsten Licht zu betrachten. Ihre positive Lebenshaltung lenkt die Konzentration darauf. Das Einbrechen dieser Strahlen durch einen Schmerz ist im Grunde gegen Ihre Natur.

Wie bei allen Typen zu sehen sein wird, sind die Schwächen zumeist so angelegt, dass die Beschäftigung mit ihnen erfordert, sich in einem ersten Moment die Haare entgegen der Wuchsrichtung zu kämmen. Doch schlussendlich gilt immer, die eigenen Fähigkeiten zu nutzen und für das Erlernen von etwas Neuem einzusetzen. Wir versuchen das im Folgenden darzustellen:

In Anlehnung an die Weltanschauung von Oma ist das Leben eine einzige Aneinanderreihung von Lektionen. Wir sind hier auf dieser Erde, um uns weiterzuentwickeln. In diesem Lernprozess kann einem nicht nur das Angenehme passieren, weil wir selten mit dem Angenehmen etwas lernen. Zumeist ist es so, dass wir so angenehm wie möglich unsere Erfahrungen machen könnten, aber dabei oft die Lektion nicht erkennen. Erst im Nachhinein entdecken wir oft, dass die Lektion, die wir zu erlernen hatten, sich schon sanft und schmerzfreier angeboten hätte, wir jedoch nicht in der Lage waren, den günstigen Augenblick zu erkennen und zu ergreifen.

Wir sind hier auf dieser Erde, um uns weiterzuentwickeln.

Dadurch wurden die Möglichkeiten zum Erlernen dieser Lektion immer heftiger, von Mal zu Mal, bis die Wahrnehmungsschwelle erreicht worden ist. Oft braucht es richtige „Betonhämmer", bis wir imstande sind, die Fassaden einbrechen zu lassen, die uns von der wahren (Gefühls-)Erfahrung und damit von unserem wahren Lebensweg trennen. Wer kennt das nicht?

Für Sie als Sonne bedeutet das: Sie können sich nach wie vor nach dem Angenehmen in Ihrem Leben ausrichten, aber wenn Ihnen etwas Unangenehmes passiert, lassen Sie die Gefühle zu und betrachten Sie das Erlebnis selbst als etwas Positives, als eine Lektion, die Sie weiterbringt auf Ihrem Lebensweg. Mit den Worten meiner Oma: „Jede Erfahrung, ob gut oder schlecht: Wenn du etwas daraus gelernt hast, war sie gut." Damit können Sie Ihre sonnige Haltung weiterhin pflegen und dennoch mit den unangenehmen Dingen im Leben fertig werden, ohne sie nur auszublenden (da sie nur bei der nächsten Hintertür wieder im Leben hereinkämen ...).

Abschalten und nicht verdrängen ...

Dass es in Ihrem Typ angelegt ist, wie kein anderer sich Auszeiten zu nehmen, diese sinnvoll auszufüllen und in vollen Zügen auszukosten, haben wir am Anfang dieses Kapitels schon ausführlich erzählt. Ihrem Naturell entspricht es abschalten zu können und falls Sie das an sich selbst noch nicht entdeckt haben, können wir Sie nur auf eine Erforschungstour in Ihr Inneres einladen.

Oft hilft es, sich die Meinung Ihres Umfeldes einzuholen. Können die Menschen, die Sie kennen, das bestätigen und nur Ihnen fällt es nicht so auf?

Nur die Sonnen, die ständig ihre Grenzen überschreiten und reizüberflutet sind, schaffen es nicht mehr so leicht, diese Fähigkeit zu nutzen. Falls Sie zu dieser Sorte gehören, ist es notwendig, dass Sie sich eine größere Auszeit nehmen, damit Sie das wieder erlernen können, was Ihnen eigentlich angeboren ist! Dafür braucht es in erster Linie das Wiederfinden Ihrer natürlichen Freude am Leben und das Wiederentdecken des „Leibbarometers"!

„Ich habe keine Probleme und wenn ich welche habe, dann habe ich problemlose Probleme!"

Die andere Seite der Medaille dieser Fähigkeit ist die Verdrängung. Ein Teilnehmer in unseren Seminaren hat diese Schattenseite auf einen Punkt gebracht: „Ich habe keine Probleme und wenn ich welche habe, dann habe ich problemlose Probleme!" Damit wird die Realität oft auch schöngeredet.

Hierdurch haben Sonnen die Tendenz mit zunehmendem Lebensalter immer schwermütiger zu werden, weil sich der Rucksack mit Unaufgearbeitetem täglich anfüllt und nicht geleert wird. Das wären dann die klassischen Männer, die am Vortag lachend die ganze Bar unterhalten haben, so als wäre es ihr schönster Tag im Leben gewesen, und am nächsten Tag bekommt sie niemand zu Gesicht, weil sie daheim unter der Bettdecke stecken und nicht mehr hervorkommen möchten – bis sie wieder soweit die Verdrängung geschafft haben, dass sie mit der üblichen Fröhlichkeit nach außen gehen können. Der Prozess bis hin zur Verdrängung dauert jedoch immer länger – genauso wie die Regeneration beim ständigen Strahlen.

Manche Sonnen erscheinen anderen Mitmenschen darum oft als oberflächlich. Wenn nämlich diese Fähigkeit zum Abschalten immer nur dann verwendet wird, wenn es darum ginge, die unangenehmen Gefühle zu leben oder Konflikte auszutragen, dann flacht die Tiefe des Innenlebens mit der Zeit ab und es kommt bei anderen wie „Friede, Freude Eierkuchen" herüber, d.h. eine gekünstelte (Lebens-)Freude und Unternehmungslust, die dahinter etwas anderes vermuten lässt.

Wer sich an der sonnigen Seite des Lebens orientiert, tendiert oft auch zu Idealisierungen, indem nur das Schöne angeschaut und das weniger Schöne ausgeblendet wird. In diesem Fall blendet sich im Grunde die Sonne selbst. Oma meinte dazu immer, dass Idealisierungen auf Dauer niemandem so wehtun wie dem, der sie macht. Denn früher oder später platzen diese Seifenblasen immer und das Erwachen daraus ist böse.

Oft wird dieses böse Erwachen von Sonnen überspielt, in diesem Fall ist es treffender zu sagen: „überstrahlt", aber das Spiel mit dem Feuer (und Feuer steht hier für das Leben ganz allgemein) wird unbewusst dennoch zaghafter. Die verbrannten Finger, auch wenn sie noch als so gesund verkauft werden, greifen nach wie vor scheinbar sorglos und unbeschwert nach allem, was sich ihnen bietet, aber in einem immer größer werdenden Abstand zum Feuer. Dass sie damit nur mehr künstlich sorglos und unbeschwert wirken, fällt oft den Außenstehenden eher auf als der Sonne selbst. Dahinter steckt so manches Mal eine Reihe von erlebten Verletzungen, denen nicht die Zeit gegeben wurde, ausgelebt zu werden. Ausweg dafür ist, wie schon im vorigen Kapitel erzählt, sich den unangenehmen Gefühlen zu stellen ...

„Hinschauen, statt wegschauen!" Das können wir Ihnen als Lebensmotto für ein wahrhaft glückliches Leben als Sonne empfehlen! Da es Ihnen an Mut nicht fehlt und Sie der Typ sind, die Dinge anzugehen, können Sie diesem Spruch auch hinzufügen: „Ausleben, statt verdrängen!" Das entspricht nämlich auf alle Fälle Ihrem Wesen!

Wird nämlich die Verdrängung verringert, geht oft auch die schon einmal erwähnte innere Unruhe zurück und die Sonne findet mehr in eine ruhige Mitte. Das eine bedingt das andere. Darum empfehlen wir Ihnen auch die Meditation. Die tut dem Typ Sonne meist sehr gut.

Die bevorzugten Gefühle

Himmelhoch jauchzend und zu Tode betrübt

Während die Lebensfreude der Sonne unbestritten etwas Wunderschönes ist, kann sie aber, wenn sie auch gelebt wird in Zeiten, in denen es eigentlich nicht so gut läuft, überstrapaziert werden. Weil sie so an der sonnigen Seite des Lebens orientiert ist, geht es einer Sonne meistens blendend gut, wenn es ihr aber schlecht geht – was seltener der Fall ist –, dann geht es ihr sauschlecht. Dazwischen ist kaum etwas möglich und wenn, dann muss es erst erlernt werden.

Es gilt auch in den guten Zeiten sich bewusst mit den unangenehmen Gefühlen zu befassen.

Viele Sonnen leiden darunter, dass es ab und zu passiert, dass großen Euphorien unerwartet depressionsähnliche Zustände folgen. Diese sind aber nur das Durchbrechen von lange Zeit weggeschobenen unangenehmen Gefühlen: Müdigkeit, Ohnmacht, Enttäuschungen, Verletzungen, u.a. durchfluten dann das Bewusstsein. Da diese Sonnen jedoch eher die guten Zeiten anstreben und in Erinnerung behalten, braucht es oft seine Zeit, bis sie sich dieser Eigenheit bewusst werden.

Können Sie das auch bei sich selbst erkennen? Dann hilft es Ihnen, auch in den guten Zeiten sich bewusst mit den unangenehmen Gefühlen zu befassen, damit diese sich nicht aufstauen, sondern rechtzeitig zugelassen und durchlebt werden.

In die gleiche Riege gehört, dass viele Sonnen dazu tendieren, Erfahrungen zu polarisieren: etwas ist entweder saugut oder grottenschlecht, phänomenal und unvergesslich oder total bescheuert; versteht sich von selbst, dass die positiven Äußerungen überwiegen, jedoch wenn die unangenehmen Gefühle auftreten, dann eher unproportional heftig und oft für andere nicht nachvollziehbar.

Das ist die genauere Erklärung, warum die Sonne in Beziehung nach längerer Zeit auf einmal das Kind mit der Badewanne ausschüttet. Ihre Idealisierung kann nicht auf Dauer aufrechterhalten werden und die in den Vordergrund gedrängten positiven Eigenschaften eines Menschen brechen irgendwann zusammen und werden von den verdrängten negativen Eigenschaften eingeholt. Genauso wie am Anfang alles nur durch die rosa Brille betrachtet wird, erscheint dann für kurze Zeit alles schwarz.

Diese Schwarz-Weiß-Malerei ist anstrengend, vor allem für sich selbst. Falls Sie diese Eigenheit auch an sich erkennen, kann es für Sie hilfreich sein, dass Sie sich gerade in der euphorischen Phase auch die weniger sichtbaren Schattenseiten anschauen und in der schwarzen sich zu erinnern versuchen, welche guten Seiten dieser Mensch auch hat. Damit erhält auch die Euphorie eine gesunde Verwurzelung.

Spaß mit Echtheitsfaktor

Wer möchte nicht Spaß im Leben haben? Dass Sonnen darin gut sind, Spaß im Leben zu fördern, ihn zu suchen und zu finden, ist natürlich in erster Linie eine gute Eigenschaft! Aber Spaß ist kein Universalmittel für alle Situationen.

Diese Schwarz-Weiß-Malerei ist anstrengend, vor allem für sich selbst

Wenn auf Dauer nur der Spaß gesucht wird, auch wenn etwas anderes ansteht, dann erschwert es die Lösung des Problems, dann ist Spaß das Mittel zur Verdrängung, von der wir schon gesprochen haben. Zu weit getrieben, führt es zur Fun-Gesellschaft von heute, die in Sinn- und Zweckentleerung endet.

„Spaß mit Echtheitsfaktor" hinterlässt keinen Nachgeschmack, weil er mit dem restlichen Gefühlszustand übereinstimmt. Unangebrachter Spaß verhindert das Erreichen tieferer Gefühlsschichten. Das Motto: „Das Leben ist zu kurz, um Trübsal zu blasen!" könnte von einer Sonne erfunden worden sein, ist jedoch nicht in allen Lebenslagen das richtige.

Falls es um die Lösung eines Problems oder Konfliktes geht, ist der Sonne oft ein Hindernis, dass sie ihrem Wesen gemäß lieber neue und schöne Reize im Außen sucht. Falls Sie sich darin erkennen, achten Sie darauf, diesen Nachgeschmack zu erspüren und ihn ernst zu nehmen. Dann ist nämlich weniger Zeit für Spaß, sondern die Lektion zu lernen, die ansteht: nämlich Probleme und Konflikte zu bewältigen.

Neben dem Spaß ist es wichtig, darauf zu achten, wohin Sie Ihre freudvolle Energie stecken! Werden lebenswichtige Inhalte bedient, wie z.B. ein gutes Projekt, eine gesunde Weiterentwicklung, Gesundheitsthemen, Wohlbefinden der Allgemeinheit, der Umwelt, etc., erhalten Sie eine Tiefe und erhöhen damit die Sinnhaftigkeit Ihres Seins. Sich z.B. den

Weltrekord im Guinness-Buch der Rekorde für Zahnstocherweitwurf zu holen, ist sicherlich spaßig, aber sollte kein Lebensinhalt werden.

Über die Impulsivität hinaus

Natürlich hat auch die ansonsten sehr positive Impulsivität ihre Schattenseite. Bei Sonnen wirkt sich das so aus, dass sie sich schlecht zurückhalten können. Sie sind schneller im Agieren und im Reden als im Denken. Ihnen platzt förmlich das, was sie zu sagen haben, heraus. Dabei müssen sie dann sehr oft mit den Konsequenzen herum kämpfen, die durch diese Worte oder Handlungen ungewollt erzeugt wurden. „Zuerst spüren, denken und fühlen, dann handeln!" ist ein Motto, das wir Ihnen auf alle Fälle empfehlen möchten. Ihre Impulsivität in Ehren, aber so ersparen Sie sich viel Leid!

„Zuerst spüren, denken und fühlen, dann handeln!" ist das Motto.

Zur Impulsivität gehört auch der Jähzorn, den so manche Sonnen haben. Nicht alle, aber einige Sonnen neigen zu unkontrollierten Wutausbrüchen. Sie sagen lange nichts, tolerieren viel zu viel und irgendwann explodieren sie wie ein Schnellkochtopf. Dabei sind sie weder gerecht noch treffen sie immer die richtige Adresse, gar nicht zu reden von den oft zu harten Worten, sondern sie agieren blind. Bei uns sagt man: „Sie mähen eine Wiese nieder!"

Nach diesem Jähzorn bleiben sie oft leer zurück und es tut ihnen leid, wenn sie unbedacht Verletzungen hervorgerufen haben, die oft nicht berechtigt waren, sondern vielmehr damit zu tun haben, dass sie zu lange still gewesen sind und den Moment versäumt haben, es zu sagen, wenn noch eine andere Tonart möglich war. Und das ist auch die Empfehlung für Sie, falls Sie zu dieser Sorte von Sonnen gehören, die unter Jähzorn leiden: Sagen Sie das Ihre zu einem Zeitpunkt, an dem es Sie noch nicht so sehr ärgert. Dann schaffen Sie es, in Ihrer ansonsten angenehmen Art Ihrem Gegenüber Ihr Problem beizubringen und es wird auch viel besser angenommen!

Wenn Sie Ihre Impulsivität in einem gewissen Rahmen halten, kann auch die Entscheidungsfindung langsamer erfolgen. Bei allen Vorzügen der Spontaneität braucht es immer wieder bei wichtigen Entscheidungen auch die nötige Muße, um alle Vor- und Nachteile in Ruhe abwägen zu können. Auch hier können Sie Ihrem Wesen insofern treu bleiben, dass Sie Ihre Impulsivität dafür nutzen, den richtigen Menschen/Typ in Ihrer Umgebung ausfindig zu machen, mit dem Sie über Ihre Entscheidung sprechen können. Sie sind der Typ, der den Dialog für seine Überlegungen braucht. Nutzen Sie hierfür die Kompetenz anderer Typen!

Die Schattenseite der Sonne

Wie jeder Typ, hat auch die Sonne mit gewissen Schwächen zu kämpfen. Wenn das Grundgefühl der Sonne in erster Linie positiv ist, so taucht in Zeiten des Tiefs gelegentlich Selbstmitleid auf. Gepaart damit sind die Gefühle, sich alleine, nicht liebenswert und verlassen zu fühlen. Selbstmitleid, so hat es mich auch Oma gelehrt, ist jedoch ein Gefühl, mit dem weder die Person noch ihre Umgebung weiterkommt, im Gegenteil: Es ist wie ein Nebel, der sich über die Problematik legt und nicht mehr ermöglicht, die Situation mit konkreten, gezielten Aktionen zu entwirren.

Die eigenen Schattenseiten anerkennen

Wenn Sie auch unter Selbstmitleid leiden sollten, durchleben Sie in einem abgesteckten Zeitraum das Gefühl der Verlassenheit und dann verfahren Sie damit so resolut, wie Sie mit einem Vorhang verfahren würden, der Ihnen die Sicht nach draußen versperrt: Ziehen Sie ihn beiseite und schauen Sie wieder nach vorne!

Eine weitere Schattenseite der Sonne ist, dass sie aufgrund der Tatsache, dass sie sich eher an das, was in ihrem Leben gelungen ist, als an das, was nicht so gelungen ist, erinnert. Dies führt manchmal zu übersteigertem Selbstwert bis hin zur Arroganz – wird auf alle Fälle jedoch von anderen oft als solche wahrgenommen. Viele Sonnen haben in Sachen Selbstbewusstsein keine Nachhilfe nötig. Aber eine übersteigerte Form des Selbstwertes ist sehr kurzlebig und hat oft wenig Tiefgang. Dieser Selbstwert baut sehr stark auf das Außenbild auf. So ist ein großspuriger Auftritt einer Sonne oft nur ein Hinweis darauf, wie wenig sein Selbstwert von innen her gefestigt ist.

Bezüglich dem übersteigerten Selbstwert können wir ein anschauliches Beispiel liefern: Ein Sonne-Kind, das wir kennen, hat es sich zur Angewohnheit gemacht, dass alles, was es selbst gerade entdeckt hat, als „seine Erfindung" zu deklarieren. Das ging soweit, dass es behauptete „erfunden" zu haben, wie ein Bändchen geknüpft, wie das Spielzeug auch anders gehandhabt, wie der Fernseher einzuschalten geht.

Oder die Familie saß im Auto und eines der Kinder sah ein besonderes Auto vorbeiflitzen und machte alle darauf aufmerksam. Das gleiche Sonne-Kind, das es mit dem Zuhören nicht so hat, „entdeckte" absolut unzusammenhängend mit dem, was es vielleicht unbewusst trotzdem vom Gespräch mitbekommen hat, das gleiche Auto und brüllt mitten in das Gespräch hinein: „Papi, ich habe ein tolles Auto gesehen!"

Abgesehen davon, dass es Gefahr lief, so langsam aber sicher von seinen restlichen Geschwistern in regelmäßigen Abständen verprügelt zu werden, nahmen sie es bald nicht mehr ernst. Das Sonne-Kind war als „Angeber" abgestempelt. Ihm selbst war gar nicht klar, warum die so böse waren. Erst langsam konnten dem Sonne-Kind beibringen, dass nur weil es *jetzt* auf etwas draufgekommen ist, noch lange nicht heißt, dass vor ihm noch keiner draufgekommen ist, wie es geht. Und bei aller Achtung gegenüber dem Erfinder in ihm sich dieses Kind manchmal im Leben leichter machen könnte, wenn es ein wenig Acht geben würde, was es schon so alles gibt und was andere sagen ...

Daher empfehlen wir Ihnen, auch hier bewusst die Sonnen- und die Schattenseiten Ihres eigenen Typs und Ihres Lebens anzuschauen. Wo liegen Ihre Stärken? Wo liegen Ihre Schwächen? Das zusammen macht Sie aus und gibt Ihnen ein realistisches Bild von Ihnen selbst und Ihrem Leben!

Alle guten Dinge sind drei ... Die dritte Schattenseite der Sonne, die wir hier anführen, ist, dass die Sonne stets das Ei des Kolumbus selbst entdecken möchte. Dahinter steht dieser natürliche Drang, selbst leiblich, „live" und intensiv die Erfahrungen zu machen – auch mit dem Risiko, dass es manchmal leidvolle Erfahrungen sind.

Auch hier erkennen wir die von Sonnen geprägte Gesellschaft, in der wir leben: Die Kurzlebigkeit und damit oft auch Kurzsichtigkeit unseres Konsumdenkens, die Vielfalt von kaum zu bewältigenden Reizen und wenige Aufarbeitung von Geschichte gehen darauf zurück. Für Sonnen heißt das, dass es ihnen schwer fällt, aus den Fehlern anderer zu lernen.

Wir wollen das an einem Beispiel erläutern:

Das gleiche Sonne-Kind, von dem wir gerade gesprochen haben, wird selten auf etwas hören, was nicht explizit in seine Richtung gesagt worden ist. Mit anderen Worten: Sagt sein Vater zu seinem Bruder, er solle bitte beim Verwenden des Klebstoffes auf den Tisch Zeitungspapier darunter legen, da ansonsten der Tisch ruiniert wird, können Sie sicher sein: In nicht einmal fünf Minuten wird dieses Sonne-Kind den Klebestoff ohne Zeitungspapier verwenden. Obwohl blitzgescheit, Entdecker und Erfinder zugleich: dass die vorher gesprochenen Worte immer noch für den Tisch Gültigkeit haben, auch wenn *er* den Klebestoff verwendet, da kommt er nicht drauf!

Auch wenn das kleine Beispiele ohne große Nachwirkungen sind, können Sie sicherlich verstehen, was wir hiermit erklären wollen.

Falls Sie diese Schwäche auch bei sich erkennen, seien Sie sich bewusst, dass Sie sich viele leidvolle Erfahrungen ersparen, wenn Sie lernen, auch manchmal einmal inne zu halten und sich umzuschauen, bevor sie sich in das Abenteuer der jeweiligen Erfahrung schicken. Intensive Erfahrungen in allen Ehren, aber es geht mitunter auch einfacher; nämlich aus den Erfahrungen anderer zu lernen. Wer die Gefühle intensiv *mit*-erlebt, kann auf diese Weise die anstehenden Lektionen auf sehr angenehme Weise bewältigen. Es wurde schon vieles erfunden und entdeckt, viele Erfahrungen schon gelebt und Erkenntnisse gemacht, greifen Sie doch auf den reichhaltigen Schatz dieser Menschheit zurück, um sich wirklich Neuem zuwenden zu können!

Es geht mitunter auch einfacher; nämlich aus den Erfahrungen anderer zu lernen.

Mit dieser Wahrnehmungsschulung kommen Sie der Realität insgesamt näher und verringern die Verdrängung. Wie der Leib ernst genommen werden muss, sind auch die Gefühle, vor allem die unangenehmen, auszuleben.

Mit dem ehrlichen Umgang von Trauer, Ohnmacht, Verlassenheit, Schmerz und auch Wut kommen Sie zu einem Energiereservoir, das Ihnen ansonsten verborgen bleibt. Auch auf die Gefahr hin, uns dauernd zu wiederholen: Schauen Sie sich Ihre Verletzungen ehrlich an und leben Sie sie gefühlsmäßig durch. Je ehrlicher und tiefer Sie das Gefühl zulassen, umso schneller sind Sie damit durch und es ist aufgelöst. Damit erhält das Erlebnis eine Tiefe. Das erzeugt Wärme und auch wahrhaftige Nähe zu anderen Menschen.

Außerdem hat das den positiven Nebeneffekt, dass der Jähzorn und oft überdrehte Euphorie auf ein gesundes Maß zurückgehen!

Die Antriebsenergie

Begeisterung zum Verschenken

Sie haben so viel Begeisterung und Enthusiasmus in sich, dass Sie durchaus auch anderen Typen etwas davon abgeben könnten, aber Ihnen ist es auch gegeben, mit Ihrer Begeisterung alles in ein gutes Licht zu stellen und im wahrsten Sinne des Wortes zu verkaufen!

Sie sind imstande, nicht nur Visionen zu erhalten, sondern diese mit Ihrer Tatkraft auch umzusetzen.

Diese Fähigkeit kommt Ihnen natürlich in der Arbeit zugute, indem Sie sich selbst, die Projekte und Produkte, die Sie über haben, gut verkaufen können. Scherzhaft gesagt, steckt in jeder Sonne im Grunde etwas von einem Staubsaugervertreter. Sie könnte alles jedem und jeder verkaufen, weil sie es wirklich von der sonnigsten Seite betrachtet und dementsprechend begeistert davon spricht.

Aber diese Antriebsenergie kommt auch im Privaten und in der Freizeit zum Tragen, indem Sie die Personen kennen lernen, die Sie kennen lernen möchten, die Unternehmungen ausführen, von denen Sie träumen uvm. Seien Sie sich dieser Gabe – denn eine solche ist es – bewusst! Und nutzen Sie sie bitte genauso aus wie das Strahlen und Ihre Leibesgewissheit! Während andere Typen oft etwas andenken oder träumen, sind Sie imstande, nicht nur Visionen zu erhalten, sondern diese mit Ihrer Tatkraft auch umzusetzen.

Auch diese Fähigkeit hat natürlich eine Kehrseite der Medaille! Das lässt sich auch an unserer Gesellschaft erkennen, in der das andauernde Berieseln von Werbung und diese Priorität des Verkaufens und Kaufens im Leben an der Tagesordnung steht. Wenn diese Art eine Überhand erhält, bekommt das einen negativen Beigeschmack.

In Ihrem persönlichen Fall geht es darum, dass Sie Ihre Begeisterung immer wieder bezüglich des Aktualitätsstandes prüfen. Ist sie noch aktuell? Flaut sie ab? Warum flaut sie ab?

Wenn Sie sich nur nach der Begeisterung richten, laufen Sie Gefahr, dass Sie viele Projekte beginnen und nicht aufhören, weil Ihnen vielleicht während der oft langwierigen Ausführung etwas dazwischenkommt, was in Ihnen neue und damit größere Begeisterung entfacht, oder Sie in einem Konsumrausch von Produkt zu Produkt hinreißen lässt.

Begeisterung ist nicht ein Dauerzustand, sondern etwas, was am Anfang steht und immer wieder für einen bestimmten Zeitraum auftauchen kann. Gerade Letzteres, nämlich, dass Sie sich in einem zweiten Moment wieder dafür erwärmen können, ist ein Indiz dafür, dass es sich um eine für Sie gute Sache handelt!

Die Begeisterung ist – wenn wir das Beispiel eines Motors bemühen wollen – eher der Anlasser und nicht der Motor selbst. Wenn Sie die Begeisterung nur als den Anlasser betrachten, dann wird der Blick auf das, was bei Ihnen Begeisterung auslöst, auch wieder freier und Sie können die Gesamtheit erfassen. Ob nun bei sich selbst, bei einem Menschen, den Sie gerade kennen gelernt haben, bei einem Projekt oder Produkt: Sie erkennen die Stärken *und* die Schwächen.

Das schützt vor der vorhin erwähnten Idealisierung aber auch vor Überreizung, zu der Sie tendieren. Diese Antriebsenergie kann zu dem führen, was wir bislang im Körperlichen thematisiert haben: Sie tun sich oft mehr an und trauen sich mehr zu, als Ihnen guttut. Da wird Ihnen die ungeheure Energie, die Sie besitzen, zum Verhängnis.

Es zieht mich zu …

Dieses Gefühl von „Es zieht mich zu …", das die Antriebsenergie der Sonne darstellt, ist nicht immer als eine Aufforderung zur Handlung zu verstehen, sondern ein Indikator dafür, wo Sie stehen und was für Sie ansteht. Die meisten Sonnen spüren es zwischen der Herzgegend und dem Solarplexus.

Geben Sie dem „es zieht mich zu" die Zeit, sich genauer zu offenbaren, bevor Sie sich in irgendeine Handlung stürzen!

Dieses Ziehen macht sich manchmal auch bemerkbar, wenn sich eine Änderung ankündigt. Beispiel: Eine Sonne fühlt sich ständig von Reisebüros angezogen, sie hat dauernd das Gefühl verreisen zu müssen. Da geht es nicht immer darum, dass sie wirklich eine Reise buchen soll.

Natürlich kann sie sich vorzeitig Urlaub nehmen und eine Reise wagen, aber wenn sich das Gefühl danach wieder einstellt, dann geht es vielmehr darum, dass sie von einer Situation weg möchte. Es kann sich z.B. herausstellen, dass es höchst an der Zeit ist, sich eine andere Arbeit zu suchen, weil sie keine Herausforderung mehr für sie darstellt.

Wenn es nämlich immer nur als Aufforderung zu einer Handlung verstanden wird, dann kann die Sonne eine rastlos Getriebene werden. Die Antriebsenergie einer Sonne ist meist sehr hoch und es gilt, sie ihn in die richtigen Bahnen zu lenken, damit sie Sie nicht selbst aus der Bahn wirft. Überprüfen Sie – wie immer – Ihren Leib und geben Sie dem Ziehen die Zeit, sich genauer zu offenbaren, bevor Sie sich in irgendeine Handlung stürzen! Sonst erweist sich nämlich Ihre Offenheit für Erfahrungen zum Nachteil!

Kräftig und strahlend

Vor- und Nachteile bei der Offenheit für Erfahrungen

Sonnen sind für Erfahrungen – v.a. auch leiblicher Natur – sehr offen. Dies ermöglicht ein weites Spektrum an Erkenntnissen, erweitert die Grenzen und Horizonte und bereichert enorm das Leben. Wie schon oben erwähnt, macht das aus jeder Sonne eine potentielle Entdeckerin und Erfinderin. Nutzen Sie also diese Fähigkeit für sich im Privaten wie in der Arbeit!

Sie werden langsam das Gefühl dafür bekommen, wo die Offenheit angebracht ist und wo nicht!

Wenn Sie zu der Sorte Sonnen gehören, die aufgrund ihrer Vergangenheit gebrannte Kinder sind, dann arbeiten Sie sich wieder langsam auf diese unschätzbare Fähigkeit hin! Denn vergessen Sie bitte nicht, auch diese Offenheit gehört zu Ihrer Antriebsenergie!

Versuchen Sie zu unterscheiden, wo Sie relativ gefahrlos wieder Ihre Finger ausstrecken können und genießen Sie das Gefühl! Schaffen Sie sich mit Achtsamkeit eine Reihe positiver Erfahrungen. Sie werden langsam das Gefühl dafür bekommen, wo die Offenheit angebracht ist und wo nicht! Auch wenn es Ihnen im Moment vorkommt, dass Ihnen da etwas genommen worden ist und Sie es schwer wieder zurück erobern, dann sei Ihnen gesagt, dass es viel leichter für Sie ist, den richtigen Rahmen für Ihre Offenheit zu finden als für die, die keine schlechten Erfahrungen vorzuweisen haben – die haben sie nämlich meist noch vor sich!

Die meisten Sonnen brauchen oft sehr intensive und somit manchmal auch sehr schmerzhafte Erfahrungen, um zu lernen, dass Offenheit nicht immer und überall angebracht ist, sondern einen bestimmten Rahmen der Achtsamkeit braucht. Von außen betrachtet ist es oft so, als ob Sonnen „gerne" mit offenen Armen in vor ihnen aufgestellte Messer hineinrennen... Sie können vielleicht nachvollziehen, wieso andere sich da mit

Ihnen manchmal recht schwer tun! Das tut Ihnen weh, aber auch all denen, die zuschauen und es so manches Mal auch kommen sahen!

Das hängt damit zusammen, dass Sie einen großen Energiekörper haben. So kommt es, dass auch die schmerzhaftesten Erfahrungen in diesem großen Energiekörper untergehen, die Tendenz zur Verdrängung macht dann noch ihr Übriges, sodass es oft gleich mehrere Male das Verbrennen der Finger braucht, um eine Lektion zu lernen.

Hier kommt ein Widerspruch zutage: Sonnen stehen für Schnelligkeit, schnell im Erfahren, im Handeln, im Entscheiden, aber diesbezüglich sind sie langsam: Nur weil sie etwas verstanden oder einmal erfahren haben, reicht das noch lange nicht, um ihre Verhaltensweisen grundsätzlich zu ändern. Da sind sie oft auch langsamer als die anderen Typen. Nehmen Sie sich das nicht zu Herzen, das ist einfach so! Auch Sie können einmal etwas haben, worum Sie einen anderen Typen beneiden können, nicht wahr? Vielmehr können Sie sich diese Schwäche vor Augen halten, dann verstehen Sie die anderen Typen besser, wenn die in anderen Bereichen langsamer sind als Sie.

Die Entscheidungsfindung

Der Mut zu Entscheidungen, das Mobilisieren der Energien für das, wofür die Entscheidung gefallen ist, darin ist die Sonne nachahmenswert. Wir haben jedoch schon bei den „Bevorzugten Gefühlen" beim Kapitel der Impulsivität (S. 103) ein wenig vorausgenommen, dass die Impulsivität bei der Entscheidungsfindung manchmal der Sonne auch zum Nachteil gereichen kann. So manche Sonnen beleuchten weder die Situation aus den verschiedenen Gesichtspunkten, noch stellen sie klare Prioritäten. Sie preschen sehr schnell los, was ihnen momentan ein gutes Gefühl zur Situation und zu Menschen verschafft. Erst in einem zweiten Moment bedenken sie die Nachteile, die diese Entscheidung mit sich bringt. Und gerade diesen Konsequenzen stellen sie sich dann oft nicht gern, verdrängen sie, solange es geht, steigen urplötzlich aus. Wenn das System hat, dann verfahren sie sogleich bei der nächsten Entscheidung in gleicher Weise und notfalls verfallen sie lieber ins Selbstmitleid. Diese Beschreibung ist überspitzt die Entscheidungsfindung einer Sonne, wenn sie alle Rösser laufen lässt!

Die Impulsivität bei der Entscheidungsfindung kann manchmal der Sonne auch zum Nachteil gereichen.

Auch wenn Sie sicherlich nicht in dieser überspitzen Form bei Entscheidungsfindungen handeln, ist es für Sie ratsam, nicht nur die positiven Seiten, die Ihnen sofort auffallen, sondern besonders die möglichen negativen Konsequenzen in Betracht zu ziehen und ein Ja hinauszuzögern. Damit gewinnen Sie die nötige Zeit, die Vorteile mit den Nachteilen abzuwiegen.

Wie schon einmal erwähnt, ist es nicht falsch, dass Sie sich als Sonne gerade bei wichtigen Entscheidungen mit anderen Typen beraten, denn Ihnen liegt weniger das Denken, als das Kommunizieren. Indem Sie anderen schlüssig darlegen müssen, worum es geht, damit es der andere versteht, derjenige auch viele Fragen stellt, wird Ihnen im Reden klar, auf was Sie sich eventuell da einlassen. Es geht dabei weniger darum, dass Sie so notwendig die Meinung anderer brauchen, sondern vielmehr ist das Ihre beste Art, eine eigene Position zu finden! Danach können Sie sich zurückziehen und nachspüren. In ihrem Wohl- oder Unwohlsein offenbart sich die für Sie richtige Entscheidung!

„Sie preschen sehr schnell los, was ihnen momentan ein gutes Gefühl zur Situation und zu Menschen verschafft."

Sonnen tendieren zu einem schnellen spontanen „Ja". Daher sollten sie „Nein" sagen lernen!

Wie wir in unserer überspitzten Beschreibung schon erklärt haben, tendieren Sie zu einem schnellen, spontanen Ja, auch weil Sie ein gutes Gefühl haben mit der Situation und den Leuten und es Ihrem Wesen nicht entspricht, dieses gute „feeling" zu stören, indem Sie es mit einem Nein unterbrechen.

Wenn Sie auch zu dieser Sorte Sonnen gehören, die sich schwer tun, Nein zu sagen, sollten Sie sich wirklich den Spaß machen, vor dem Spiegel das Wörtchen Nein zu erlernen. Ein Nein, das wirklich auch eines ist, ohne ein zustimmendes Lächeln, Zwinkern oder sonst etwas dieser Art. Dieses geübte Nein können Sie einem vertrauten Freund, einer Lebenspartnerin oder wem auch immer auch einmal vorführen und sich sagen lassen, wie gut Sie darin schon sind!

Der nächste Schritt wäre es, vor dem Spiegel offen und ehrlich zu erzählen, was sie gerade stört, und das Gefühl beachten, das Sie dabei entwickeln. Lächeln Sie, wenn Sie etwas sagen, was Ihnen nicht passt? Achten Sie auf Ihr Gesicht und Ihre Körperhaltung, dann auch auf Ihren Tonfall, ob er mit dem, was Sie vorbringen, im Einklang ist? Aussagen erfolgen schließlich nicht nur über Worte, sondern sind eine Gesamtheit von Worten, Gesichtsausdruck, Haltung, Tonfall uvm. Wenn Sie lächelnd vorbringen, dass Sie mit etwas nicht einverstanden sind, könnte das der Grund dafür sein, dass es oft nicht wahrgenommen wird.

Als dritten Schritt empfehlen wir Ihnen, eine Zeitlang jedes spontane Ja grundsätzlich einmal zu vermeiden, um ein ausgewogenes Gleichgewicht zwischen Ja und Nein zu erhalten. Ihr Ja sollte mit einer Bedenk- und Nachspürzeit verknüpft sein.

Der nächste überspitzte Satz enthält einen sehr wichtigen Punkt für Sie bei der Entscheidungsfindung, und zwar bezüglich der Prioritäten.

„So manche Sonnen beleuchten weder die Situation aus den verschiedenen Gesichtspunkten, noch stellen sie klare Prioritäten."

Die wenigsten Entscheidungen kommen unerwartet und lassen somit einen Spielraum, um das Ja und Nein hinauszuzögern, wichtige Entscheidungen sowieso. Wie wir schon beim „Strahlen" auf die Notwendigkeit einer Prioritätenliste hingewiesen haben, so gilt das auch hier. Schauen Sie sich die Liste an, was Ihnen am wichtigsten ist! Wenn Sie die Arbeit an erster Stelle gesetzt haben und das Hobby an dritter, dann sollten Sie vielleicht überprüfen, ob Ihre Arbeit und Ihre Karriere darunter leidet, wenn Sie sich jetzt eine Auszeit nehmen und drei Monate auf Bali surfen gehen. Wenn Sie hingegen Ihre Partnerschaft an erster Stelle gesetzt haben, dann überprüfen Sie, ob diese wirklich eine Versetzung in eine andere Stadt aushält. Falls es sich um kleinere Entscheidungen innerhalb einer Ihrer Prioritäten handelt, z.B. innerhalb der Arbeit, dann definieren Sie hier nochmals Unterkategorien. Was steht bei Ihnen in der Arbeit an erster, zweiter oder dritter Stelle?

Außerdem hat diese Art von Entscheidungsfindung einen positiven Nebeneffekt: Wenn Sonnen Prioritäten setzen, gibt ihnen das Klarheit und Profil, vor allem jedoch erleichtert das ihnen enorm, ihr Leben besser zu strukturieren.

Der menschliche Umgang

Das Potential im Anderen sehen

Es ist unumstritten, dass die Fähigkeit, in allem und damit auch in den Menschen das Potential zu erkennen, etwas Wunderschönes ist, das Sie sich auf alle Fälle bewahren sollen! Wie bei vielen anderen Wesenszügen der Sonne gilt es jedoch, diese Fähigkeit in einen gesunden Rahmen zu nutzen. In diesem Fall geht es darum, wie meine Oma stets betont hat, dass Sie genauso darauf achten, was der Mensch aus seinem Potential macht.

Das Schöne bei anderen erkennen

Als Sonne sollten Sie sich immer auf der einen Seite das Potential vor Augen halten, aber auf der anderen Seite, wie sehr der Mensch im *jetzt* etwas dafür tut, dieses Potential auszuschöpfen. Ansonsten kann Ihnen leicht passieren, dass Ihr „Vorschussvertrauen" ausgenützt wird und sich der Mensch bei Ihnen auf den Lorbeeren seines Potentials nur ausruht. So zählt es z.B. im Sport nichts, nur „Trainingsweltmeister" zu werden.

Die Intensität der Beziehung

Die Sonne liebt es intensiv. Das kommt daher, dass sie starke Reize bevorzugt. Intensiv heißt in diesem Sinne „viel", „zeitintensiv" und

„reizvoll", nicht unbedingt „tiefgründig", denn von ihrem Innersten offenbart die Sonne in Beziehungen oftmals nur wenig und erst mit der Zeit, wenn sie wirklich zu vertrauen beginnt, gewährt sie dem Gegenüber Einblick in ihren Wesenskern.

Dieser Typ ist ein sehr soziales Wesen. Eine Sonne braucht oft zahlreiche „Freunde", denn ihre Beziehungsfähigkeit tendiert eher zur Vielzahl als zur Tiefe. Das gilt nicht nur für Beziehungen, auch für Projekte uvm. Erfahrungen, Begegnungen, Freundschaften, auch Beziehungen gehen deswegen nicht sehr tief, weil die Strahlen der Sonne breit gefächert und selten gebündelt sind. Somit ist die Wärme sehr stark verteilt. Ein intensiver Austausch geht oft nicht über den Moment hinaus. Es ist immer ein Jetzt bei ihnen und keine Garantie auf das Morgen. Die Begeisterung ist wie ein Schmetterling, der von Blume zu Blume fliegt. Und sie hat die gleich kurze Lebensdauer. Das ist jedoch nicht eins zu eins auf Liebesbeziehungen zu übertragen, denn Sonnen können durchaus anhänglich und treu sein, wenn sie sich auf jemand einlassen.

Wer jedoch so schnell mit vielen in Beziehung tritt ist, dem bleibt oft nicht viel Zeit für sich und für die Familie. Das macht so manche Sonne nicht mehr zum Liebling gerade für die, die sie eigentlich am meisten liebt. Und sie selbst sind oft frustriert, weil sie spüren, dass sie selbst zu kurz kommen.

Seien Sie sich als Sonne dieser Eigenheit bewusst, sodass Sie zum einen Ihrer Kontaktfreudigkeit frönen, aber zum anderen die Beziehungen zu Ihren wichtigsten Menschen besonders gut und zeitintensiv pflegen!

Die Tendenz zur Fusion

Mehrfach schon haben wir darauf hingewiesen, dass die Sonne in ihren Beziehungen Nähe braucht. Je näher, desto besser, lautet die Devise der Sonne. Hierbei kann es so weit gehen, dass manche Sonnen zu fusionsartigen Beziehungen neigen. Das bedeutet, dass sie in erster Linie mit dieser Person so intensiv wie möglich zusammen sein möchte. Beispiel:

Je näher, desto besser, lautet die Devise der Sonne.

In unsere Praxis kamen eines Tages ein Sonne-Mann und eine Vollmondfrau, die es sich angewöhnt hatten, fast alles zusammen zu unternehmen. Der Sonne-Mann beschwerte sich jedoch darüber, dass sie morgens nicht mehr dazu kamen, den Morgensport zu machen, weil seine Frau einfach nicht aufwachen wollte! Die Frau hingegen fühlte sich unter Druck gesetzt und beklagte sich, dass sie noch dazu ein schlechtes Gewissen dafür haben muss, dass sie nichts unternahmen, was *er* wollte.

Als es darum ging, die Morgenbetätigung alleine vorzunehmen und die Frau einfach ausschlafen zu lassen, wollte der Sonne-Mann anfangs nichts davon wissen, denn es sei mit seiner Frau am schönsten. Mit ihr sei er am liebsten zusammen und darum mache es nur halb so viel Spaß, wenn sie nicht dabei sei. Nur langsam konnte er davon überzeugt werden,

Sich zurücknehmen lernen

dass der Morgensport aber etwas war, was in erster Linie er mochte, nicht jedoch im Interesse seiner Frau war. Die Alternative, auf den Morgensport zu verzichten und bei seiner Frau im Bett zu bleiben, würde ihn hingegen nur frustrieren und die Beziehung belasten.

Die Gefahr der Fusion besteht darin, dass eigene Bedürfnisse zugunsten eines Miteinanders aufgegeben werden.

Wenn Sie sich darin erkennen, empfehlen wir Ihnen, die eigenen Bedürfnisse mindestens gleich wichtig wie die des Partners zu nehmen und auf alle Fälle die Erfüllung nicht davon abhängig zu machen, ob der andere mitspielt.

Die Gefahr des Überstülpens

Die Sonne taucht die anderen Menschen in ein helles Licht, um sie erkennen zu können. Das kommt denen oft zugute, weil sie im besten aller Fälle schöner erscheinen, als sie sind, im schlimmsten aller Fälle idealisiert werden. Das ist zwar angenehm für das Gegenüber, doch die Sonne verkennt damit die Realität auch zum eigenen Nachteil. Sie blendet sich schließlich damit selbst und verhindert im gegebenen Fall einen angemessenen Selbstschutz vor Verletzungen von Seiten des Gegenübers.

Denn es geht nicht nur um das Erkennen des Potentials im Anderen, sondern auch darum, wo er gerade steht und was er braucht.

Dieser hat natürlich selten gegen diese Art der Wahrnehmung etwas einzuwenden, außer es handelt sich um eine Beziehung, die sich intensiviert. Dann erst bekommt so mancher Mensch das Gefühl, nicht wirklich gesehen zu werden. Denn es geht nicht nur um das Erkennen des Potentials im Anderen, sondern auch darum, wo er gerade steht und was er braucht, aber auch nicht braucht. Einem Klienten von uns haben wir das einmal so erklärt, dass er seine Frau nicht damit glücklich macht, dass er sie mit dem besten Wein beglückt, wenn sie Hunger hat.

Diese Eigenart, außer dem eigenen Licht nicht sehr viel wahrzunehmen, hat dem Typ Sonne auch den Ruf eingebracht, sehr unsensibel zu sein und sich als Nabel der Welt zu fühlen. Dieser Vorwurf ist jedoch zu kurz gegriffen und tut der Sonne sogar Unrecht, denn im Grunde hat dieses Wesen gar keine Chance seine Mitmenschen so wahrzunehmen wie die anderen Typen. Da die Sonne sich selbst stets ins Rampenlicht stellt, betrachtet sie die umstehenden Menschen dementsprechend. Da braucht es in erster Linie das Verständnis der anderen Typen für diese Eigenart. Außerdem ist es doch für die anderen sehr positiv, sich von der Sonne inspirieren zu lassen, sich dadurch selbst einmal von der schönsten Seite aus zu sehen und diese Seite dann bei einem selbst stärker in den Vordergrund zu stellen. Die Sonne erweist damit jedem Gegenüber zugleich auch einen Dienst.

Für Sie als Sonne gilt es jedoch, dass Sie lernen sollten, das Licht auch ein wenig einzudämmen, um den anderen besser kennen zu lernen. Dabei können Sie andere Sinne benutzen, die besser dafür geeignet sind: das Zuhören und Ihr Leibempfinden. Denn Tatsache ist, dass Sie eigentlich ein angeborenes Einfühlungsvermögen besitzen!

Der gebende Typ

Die Sonne verteilt so gut wie kein anderer Typ Energie, Lob, Aufmerksamkeit uvm. Was sie oft erst erlernen muss, ist das Annehmen. Viele Sonnen holen sich die Energie eher auf einem Umweg von anderen zurück, indem sie sich z.B. in die Heldenhaltung begeben, um ganz unspezifisch von einer großen Masse Bewunderung zu erhalten. Der Vorteil dabei ist, dass sie damit – mit einer bestimmten Distanz – etwas zurückerhalten. Doch das entspricht nicht wirklich ihrem Wesen, auf Distanz hat das nicht den gleichen Effekt. Zudem erzeugt das Allen-gefallen-wollen Rückzug bei denen, die ihnen eigentlich am nächsten stehen.

Sie sollten darauf hinarbeiten, dass Sie ein gesundes Gleichgewicht von Geben und Nehmen entwickeln.

Dahinter steht etwas, was der Sonne in einem ersten Moment niemand zutraut: die Angst vor Kontrollverlust. Der Vorteil beim Geben besteht darin, dass mehr Kontrolle als beim Nehmen möglich ist. Die Sonne bestimmt in diesem Moment das Wann und das Wieviel, *und* das Gegenüber ist als nehmende Person zu Dank verpflichtet, steht in der Schuld. Das Umgekehrte muss eine Sonne erst aushalten lernen, aber wir können Ihnen versichern: Es lohnt sich! Denn nur auf diese Art kann ein Nehmen in Nähe und Wärme stattfinden und Sie erhalten am meisten Energie zum Ausfüllen Ihres Energiekörpers zurück. Sie sollten darauf hinarbeiten, dass Sie ein gesundes Gleichgewicht von Geben und Nehmen entwickeln, auch im Sinne der Selbstliebe, denn ansonsten begeben Sie sich in Gefahr auszubrennen, was wir ja schon beim Strahlen genauer erklärt haben.

In einem Gespräch, in dem es darum ging, dass wir beide feststellten, dass unsere Gesellschaft außerordentlich stark vom Wesen der Sonne geprägt ist, kamen wir zum Schluss, dass der ganzen Gesellschaft geholfen ist, wenn die Sonnen sich auf die eigentlichen Energiequellen in ihrer Nähe konzentrieren und vermehrt Tiefgang in den Beziehungen riskieren.

Mut zum Eigenen zu stehen

Der Sonne liegt das Reden und auch die Fähigkeit, ZuhörerInnen um sich zu scharen. Problemlos kann sie eine Gruppe allein unterhalten.

Sonnen ist es wichtig, einen Konsens zu finden und miteinander gut auszukommen.

Diese Fähigkeit zum Alleinunterhalter ist eine Gabe, aber wie alle Gaben hat sie auch eine Kehrseite der Medaille. Wenn die Sonne sich ins Menschenmassenbad wirft, um von ihren Problemen davonzurennen, merkt sie nicht, wenn die anderen gar nicht in der Laune sind für die One-Man- oder One-Woman-Show und das Umfeld genervt reagiert.

Da der Sonne das Reden liegt, erwarten sich die anderen Typen in der Kommunikation eine Genauigkeit, die sie meist nicht hat. Sie konzentriert sich auf die Stimmung hinter den Worten, die sie vermitteln will und nicht auf die richtige Wortwahl. Der Sinn soll verstanden werden und sie geht davon aus, dass auch andere sich darauf konzentrieren, was oft nicht der Fall ist. Das führt zu Missverständnissen und ihre impulsive Wortwahl wird ihr in Konflikten so manches Mal zum Verhängnis. Aus dem Munde einer Sonne kommt da gerne: „So habe ich das nicht gemeint!"

Auch bei der Wiedergabe von Gesprächen und Erlebten ist der Typ Sonne unspezifisch und wird nicht anhand der Chronologie und eines roten Fadens erzählen, sondern vielmehr die Energie oder die Empfindungen vermitteln, die in ihm ausgelöst wurden. Geschehnisse können da durchaus aus dem Zusammenhang gerissen werden, die Entstehungsgeschichte ein wenig durcheinander geschüttelt. Das ist der Sonne im Gegensatz zu anderen Typen nicht so wichtig.

Meist wird das der Sonne nicht sehr übel genommen. Da sie auf anderen Ebenen signalisiert, dass sie allen nur Gutes will und tatsächlich immer viel Energie verschenkt, wird über das hinweggesehen.

Selten stellen sich Sonnen quer und beharren auf ihrem Standpunkt. Es ist ihnen wichtiger, einen Konsens zu finden und miteinander gut auszukommen. Sie tendieren auch dazu, viel zu schnell Ja zu sagen, sich nicht lange dagegen zu stellen, sondern auf die Schnelle einmal zu signalisieren: „Ich bin derselben Meinung!"

Das lässt andere Typen, wie z.B. Neumonde und Sonnenfinsternisse, oft aus der Haut fahren. Hier ein Beispiel aus der Praxis:

Eine Sonne arbeitet mit einem Neumond im Büro. Sie ergänzen sich gut, wissen das und arbeiten normalerweise erfolgreich miteinander. Mit zwei Dingen jedoch kommt der Neumond nicht klar: Die Sonne gibt manchmal unüberlegte Äußerungen von sich, die eigentlich die Arbeit, die Institution und den ganzen gemeinsamen Hintergrund komplett in

Frage stellen. Und diese Äußerungen passieren ihr bei den unpassendsten Gelegenheiten und zu den falschesten Personen.

Doch, wenn der Neumond genau hinsieht, dann entdeckt er, dass das niemandem so stark auffällt wie ihm selbst. Denn viele sind wie die Sonne und hinterfragen diese Äußerungen nicht so wie er, sondern achten vielmehr auf den Gesamteindruck und die emotionale Ausrichtung des Gegenübers. Wahr ist, dass die Sonne Botschafterin, Diplomatin und Außenministerin im Team ist, die Genauigkeit ist Aufgabe von Neumonden und Sonnenfinsternissen.

Natürlich erscheint diesen oft ihre Aufgabe als undankbar. Denn sie müssen ihrerseits ihre Wortwahl genau auf die Waagschale werfen. Die gleichen Äußerungen z.B. aus dem Munde eines Neumondes hätten fatale Folgen, doch die Sonne hat kein Problem, eventuelle diplomatische Fehler mit ihrem Charme wieder gutzumachen.

Das zweite Problem dieses Neumondes mit seiner Sonne war, dass die Sonne sich oft in Meetings wie ein Fähnchen im Wind benimmt. So hat der Neumond in der Vorbereitung des Arbeitsgesprächs so seine Ideen und fragt die Sonne, ob sie das auch so sieht bzw. was sie davon hält. Die Sonne zeigt sich begeistert und komplett der gleichen Meinung. Wenn dann im Meeting andere Meinungen und Einwände vorgebracht werden, ändert sie kurzerhand die ihre und erklärt: „Ja, das habe ich mir auch gedacht!"

Wahr ist, dass sie sich bislang keine Gedanken dazu gemacht hat und ihre Entscheidungsfindung oft nicht durch Durchdenken der verschiedenen Aspekte erlangt, sondern ökonomisch aufgreift, was gerade mal da ist. Abgesehen davon, dass sie die Priorität hat, das gute Verhältnis mit dem jeweiligen Gesprächspartner nicht zu gefährden und damit jedem ihr Ja schenkt. Dass sich der Partner Neumond da oft verraten fühlt, ist verständlich. Die Sonne signalisiert jedoch mit ihrem Ja in erster Linie Beziehungsbereitschaft und hat normalerweise keinen Verrat im Sinn.

Dauerhafte, wahrhaftige Harmonie entsteht nur dann, wenn wirklich alle Beteiligten zu sich selbst stehen können.

Hier galt es für die Sonne, den im Auge zu behalten, dem sie näher steht. Die Sonne hat nämlich die Schwierigkeit, innerliche Prioritäten zu setzen. Für sie ist alles und sind alle gleich wichtig. Der Neumond hingegen musste lernen, diese Aktion nicht als grundsätzliche Infragestellung seiner selbst oder des gemeinsamen Projektes zu betrachten, sondern als Beitrag der Sonne für das Gelingen des Projektes. Schlussendlich wurde in diesem Fall ein Stichwort ausgemacht, mit dem der Neumond sein Unbehagen im Gespräch an die Sonne signalisieren kann. Dies brachte die Sonne für die Zukunft auf Korrekturkurs und die Meetings wurden angenehmer.

Dennoch können wir Ihnen als Sonne nur empfehlen, zu üben, die eigene Position zu vertreten. Dauerhafte, wahrhaftige Harmonie entsteht nur dann, wenn wirklich alle Beteiligten zu sich selbst stehen können. Wenn Sie zugunsten einer momentanen Harmonie darauf verzichten, werden Sie damit nicht leben können und Ihr Frust wird früher oder später rausrutschen und das Klima in einem zweiten Moment vergiften, vielleicht ohne dass Ihnen das selbst auffällt. Oma meinte immer, die Wahrheit – wenn auch im Moment noch so unangenehm – ist auf Dauer am gesündesten und schafft langfristige Harmonie.

Ansonsten kann es Ihnen wie so vielen Sonnen passieren, dass sie allzu häufig vor den Scherben Ihrer Freundschaften und Liebesbeziehungen stehen, weil Sie nicht rechtzeitig thematisiert haben, was Ihnen in der Beziehung nicht passt.

Hier ein Fall aus der Praxis:

Zwei Freundinnen waren jahrelang miteinander verbunden. Sie verbrachten ihre Freizeit miteinander, gingen zusammen in Urlaub, hatten viel Spaß miteinander.

Plötzlich beendete eine Freundin, die Sonne, die Beziehung. Sie hatte genug und mochte sich nicht mehr mit ihrer Freundin sehen. Für die andere war dies sehr plötzlich und ohne Vorbereitung. Für sie war es die ganze Zeit gut gegangen, die Sonne-Freundin hatte sich über die Beziehung bislang nur positiv geäußert.

Oma meinte immer, die Wahrheit ist auf Dauer am gesündesten und schafft langfristige Harmonie.

Die Sonne-Freundin gab zu, dass dem so war, aber dass sie jetzt ihre Meinung geändert hätte. Sie hatte keine Lust mehr, die Freizeit auf diese Art und Weise zu gestalten, würde viel lieber anderes tun und wäre im Urlaub auch gerne mal irgendwo anders hingefahren. Die Freundin fragte sie, warum sie auf die von ihr vorgeschlagenen Ideen dann immer mit Ja geantwortet und einfach alles mitgemacht habe, sie hätte sie ja nicht gezwungen. Die Sonne-Freundin entgegnete beleidigt, all das *für* sie gemacht zu haben, für die Beziehung, aber jetzt sei es zu viel.

Als die zwei auseinander gingen, war zumindest klar, wieso die Sonne-Freundin die Freundschaft beendet hatte, aber es war nicht klar, ob die Beziehung noch zu retten war, weil für die Sonne-Freundin schon zu viel zerstört worden war durch zu viele Situationen, die ihr nicht passten. Sie musste jedoch mitnehmen, dass sie dafür auch selbst mitverantwortlich war, denn hätte sie rechtzeitig einmal das Ihre gesagt, wären bestimmte Situationen entweder gar nicht erst passiert bzw. nicht mehr wiederholt worden.

Die Lösung hier wäre gewesen, dass die Sonne sich ernster nimmt und über ihren Schatten springt, und in Kauf nimmt, in der Beziehung vielleicht eine unangenehmere Situation zu produzieren, weil sie dadurch erst ihre Bedürfnisse und Wünsche einbringen kann. So gab sie ihrer Freundin nicht einmal die Chance, auf sie so einzugehen, wie sie es umgekehrt selbstverständlich tat.

Der Stellenwert in der Gesellschaft

Für viele Sonnen ist es fast eine Notwendigkeit, stets das Wichtigste machen zu wollen. Das hängt natürlich mit ihrem Selbstwert zusammen, denn sie hoffen damit, auch am meisten Anerkennung zu bekommen, eine Energie, die sie unbedingt brauchen. Hinzu kommt, dass die Sonne tendenziell auch noch der Liebling aller sein möchte. Das scheint im ersten Moment ein Widerspruch zu dem vorher Beschriebenen zu sein. Bislang ist die Sonne als die Strahlende bezeichnet worden, die sich für andere „auspowert", vielfach als Energiespender auch benutzt wird. Jedenfalls haben wir die Sonne bislang als „Geberin" beschrieben. Es ist jedoch eine Tatsache, dass die, die gibt, nur scheinbar am längeren Hebel sitzt, aber in Wirklichkeit diejenige ist, die abhängiger ist als die „nehmende" Person.

Eine Sonne strahlt, aber sie muss jemanden zum Anstrahlen haben.

Am Beispiel des Typs der Sonne ist das leicht zu erklären: Eine Sonne strahlt, aber sie muss jemanden zum Anstrahlen haben. Aus den Bewunderungen und Wertschätzungen für dieses Strahlen schöpft sie oft überhaupt erst ihre Kraft zum Strahlen. Wird einer Sonne Liebe und Wertschätzung für ihr Wesen entgegengebracht, so wird sie aufgeladen, um im nächsten Moment noch intensiver dieses Wohlwollen auf ihre Art wieder abzustrahlen – oft jedoch auch an andere.

Es ist sehr wichtig, dass sich die Sonne dessen bewusst wird: Das ungeheure Energiepotential, auf das sie zurückgreift, entsteht nämlich nicht einfach von selbst, sondern braucht genauso „Tankstellen". Dabei ist es wichtig, sich dieser „Tankstellen", die unter anderem auch Menschen sein können, klar zu werden und sie dementsprechend wertzuschätzen. Wer glaubt, keine „Tankstelle" zu brauchen und die ganze Energie selbständig zu produzieren, der bleibt stärker in der (unbewussten) Abhängigkeit und die Arbeit am Selbstwert wird zu einem Rennen im Hamsterrad bis zum Zusammenbruch!

Um den Selbstwert geht es auch, wenn so manche Sonne sich zu Höherem berufen fühlt und davon überzeugt ist, zu den wichtigsten in dieser Gesellschaft zu gehören (womit sie, wenn sie männlich ist, nicht einmal so falsch liegt). Dann stellt sie sich gerne der Herausforderung, diese Welt mit ihren einzigartigen Fähigkeiten maßgeblich zu verbessern oder zumindest zu verändern. Das ist die Kehrseite der Medaille von der viel beneideten Fähigkeit, aus jeder Betätigung etwas Besonderes machen zu können!

Dabei macht so manches Mal eine Sonne nicht nur alles mit großer Begeisterung, sie behandelt es auch wie eine Staatsangelegenheit, nur aufgrund der Tatsache, dass *sie* es macht und es für sie automatisch die höchste Priorität hat. Sie geht davon aus, dass sie den wichtigsten Auftrag erhalten hat und stilisiert ihn dementsprechend hoch. Das ist Fähigkeit und Übel zugleich!

Beispiele:

Wenn eine Sonne einen von vielen Arbeitsschritten am Fließband überhat, so kann sie die unwahrscheinliche Gabe entwickeln, den eigenen Arbeitsschritt als den notwendigsten, wichtigsten, schönsten und ausschlaggebendsten zu betrachten und dabei sogar so mancheN damit überzeugen.

Das ist der Mann, der gerade eine handwerkliche Arbeit im Haus ausübt und die Lebenspartnerin zu Hilfe ruft, egal, was die gerade tut.

Das Extrem des Ausschlagens auf die andere Seite dieser Fähigkeit ist es, egozentrisch zu werden. Das geht dann so weit, dass so manche Sonnen alles, was rundherum passiert, auf sich beziehen. Der extremste Fall in unserer Praxis war der, dass ein Sonnen-Vater – wohlgemerkt passionierter Fischer, der immer wieder auf der Suche nach Menschen war, die ihn begleiten sollten – bei einem Gespräch, in dem wir ihm die Drogensüchtigkeit seines Sohnes erklärt haben, gemeint hat: „Habe ich es mir doch gedacht! Ich hätte den Jungen öfters zum Fischen mitnehmen sollen!"

Ein weiteres Extrem ist der Missbrauch von Machtpositionen, bei dem die anderen abgewertet werden und sich die Sonne auf diese Weise als die absolut Kompetenteste fühlt. Bei beiden Extremen möchten wir darauf hinweisen, dass es hier in erster Linie um den Mangel an wahrem Selbstwert geht und diese Sonnen eigentlich Hilfe benötigen.

Umgang mit den Liebsten

Wir haben es mehrfach schon erwähnt: Das Dilemma vieler Sonnen ist, dass sie nicht mehr dorthin „abstrahlen", woher Liebe und Wertschätzung kommen. So gibt es genügend Beispiele für Sonnen, die vom eigenen Partner oder der eigenen Partnerin bewundert und geschätzt werden, aber diese Energie nutzen, um andere – für sie eigentlich weniger wichtige – Menschen in ihrer Umgebung mit ihrem Strahlen zu beglücken. Das führt sie früher oder später in die Einsamkeit – etwas, was der Typ Sonne sehr fürchtet.

Das Dilemma vieler Sonnen ist, dass sie nicht mehr dorthin „abstrahlen", woher Liebe und Wertschätzung kommen.

Es ist wichtig für Sie, dass Ihre nächste Umgebung Ihnen Liebe und Wertschätzung weder unbegrenzt noch unendlich entgegenbringt. Ihr Umfeld tut Ihnen Gutes, wenn es Ihnen die Verletzungen aufzeigt, die Sie durch unspezifisches Strahlen auslösen. Wie schaut das konkret aus?

Nehmen wir das Beispiel eines erfolgreichen Jungunternehmers, seines Zeichens Sonne. Er ist Mitte Dreißig, hat ein angenehmes Äußeres und ein imposantes Auftreten. Er hat eine dreißigjährige, nette Frau, welche ihm immer wieder auf seine Anfragen hin versichert, was für ein toller Mann und guter Unternehmer er sei.

Diese Unsicherheiten gestattet er sich nämlich nur im engsten Kreis und dort braucht er die bedingungslose Unterstützung. Von ihr dermaßen gestärkt, kann er nun als so genannter „Superman" den Alltag bestreiten. Die täglichen Frustrationen steckt er einfach beiseite, lächelt munter weiter andere an und benimmt sich so, als wäre das Leben immer schön. Die MitarbeiterInnen lieben ihn wegen seiner unkomplizierten Art, das Leben zu meistern.

Von Blüte zu Blüte (erzeugt Stress)

Zuhause angekommen, ändert sich das schlagartig. Die ganzen Frustrationen, die untertags erfolgreich verdrängt wurden, schüttet er nun daheim aus. Aber nicht, weil er stundenlang von seiner Arbeit erzählt, sondern weil er heute einen Anzug anhatte, der nicht richtig gebügelt war, weil das Essen nicht rechtzeitig auf dem Tisch stand, es nicht gut genug war, etc.

Das alles, weil er im Grunde die Herkunft der Frustration nicht erkennt, manchmal nicht einmal die Frustration selbst,. Er kann sie nicht fassen und erlaubt sich nur, in seinem engsten Umfeld diese unangenehme Seite von sich zu zeigen. Die Frau baut ihn mühsam wieder auf und am nächsten Tag fängt alles wieder von vorne an.

Wie schaut nun das Rezept aus, damit dieses Hamsterrad durchbrochen werden kann? Dass sie ihn in dieser Soße abends alleine schmoren lässt. Entweder er ist bereit sich anzuschauen, was an diesem Tag bei der Arbeit nicht gut gelaufen ist und erkennt, wo der Frust hingehört oder sie lässt ihn an diesem Abend damit alleine und geht mit ihrer Freundin Pizza essen. Es ist wichtig, dass sie ihn spüren lässt, dass sie zwar bereit ist, ihn zu unterstützen, aber es nicht so weit kommen lassen will, dass sie den Mülleimer für seine Frustrationen spielt. Die Kunst besteht darin, Liebe und Wertschätzung dennoch nicht aus der Welt zu schaffen, aber deutlich zu machen, dass sie nicht allen Wettern zum Trotz zur Verfügung steht. Es gilt darauf zu bestehen, dass Liebe und Wertschätzung keinen Einbahncharakter haben dürfen. Das wäre für diese Sonne – und in diesem

Fall auch für die Beziehung – eine Heilung. Sie feuert nämlich ihre Energie und die der Frau rücksichtslos hinaus und beide stehen danach energetisch mit leeren Händen da.

Die Freude im Raum lassen

In diesem Abschnitt geht es um energetische Gesetzmäßigkeiten, die Oma mich gelehrt hat, nämlich darum, dass jeder Typ gegenüber bestimmten Gefühlen eine niedrige Wahrnehmungsschwelle hat und sie als erster auslebt, den anderen jedoch diese Energie auch raubt.

Jeder Typ hat bestimmten Gefühlen gegenüber eine niedrigere Wahrnehmungsschwelle und lebt sie als erster aus.

Bei der Sonne ist dieses Gefühl Freude bzw. die gelbe Energie. Es ist auffallend, dass Sonnen deswegen oft auch die Leader in der Gruppe sind, weil sie die Freude und den Antrieb immer zuerst leben und den anderen gar nicht den Raum und die Zeit lassen, diese Emotion und diesen Impuls selbst zu spüren. Die anderen erscheinen dann oft als träge, pessimistisch und nörglerisch, weil die Sonne sich eher nur das Gute rauspickt und die Bedenken den anderen überlässt. Selten wird in so einer Konstellation erkannt, dass das mit dem Agieren der Sonne selbst auch zu tun hat.

So manches Mal kommen in unsere Praxis Sonnen-Ehemänner, die sich über ihre dauerdepressiven und somit trägen Ehefrauen beschweren. Ein konkretes Beispiel eines Ehepaares aus der Praxis:

Es ist Wochenende und der Mann springt munter aus dem Bett und sagt zu seiner Frau: „So, was machen wir mit diesem schönen Tag? Heute wäre es toll auf den Berg zu gehen! Was meinst du?" Die Frau ist noch beim Aufwachen und murmelt: „Weiß noch nicht …"

Derweilen ist der Mann schon in Aktion. Richtet das Frühstück für die Familie, teilt den Kindern mit, dass es auf den Berg geht, packt den Rucksack. Beim Frühstück meint die Frau: „Ich weiß nicht so recht, das Wetter ist nicht so schön. Und außerdem wäre ein gemütlicher Tag zu Hause auch einmal angebracht!"

Der Tag ist gelaufen, denn der Sonnen-Mann überredet seine Frau und schiebt sie förmlich mit seiner Energie auf den Berg hinauf, was ihn insgeheim frustriert. Dank erntet er sicherlich nicht dafür, im Gegenteil: Sie geht lustlos mit, beschwert sich, dass sie mitgehen muss, weil er es schon den Kindern versprochen hat und dass sie nie entscheiden dürfe, was sie tun möchte am Sonntag.

Im Laufe der Therapie hat der Sonnen-Mann gelernt, seine Bewegungsfreude zu zügeln, um seiner Frau die Zeit zu geben, den eigenen Bewegungsdrang zu verspüren, damit sie sich aus eigener Freude für solch eine Aktion entscheiden kann. Außerdem ist immer wieder ein Wochenende mit Gemütlichkeit angesagt, dass der Sonne hilft, auch einmal offen anzunehmen, dass es nicht immer darum geht, was sie gern möchte und was sie glaubt, was für alle das Beste ist, sondern zu erkennen, dass andere Menschen andere Bedürfnisse haben und auch sie selbst Erholung und Regeneration nötiger hat, als sie spürt. So kann sie innere Rastlosigkeit bremsen, um innere Ruhe zu finden und den Leib auch regenerieren.

Es galt für diesen Sonne-Mann auch, die übliche Ungeduld, bedingt durch seinen schnellen Rhythmus, einzubremsen und nicht davon auszugehen, dass andere gleich schnell zur Entscheidungsfindung gelangen wie er. Dazu gehört auch, die Freude und den Tatendrang, den er in Gesellschaft entwickelt, nicht sofort auszuleben, sondern in sich tragen zu lernen. Somit muss die Sonne nicht immer die treibende Kraft sein, sondern kann erleben, wie andere in ihrem Rhythmus die Energie zum Agieren ausleben.

Benutzen Sie dieses Wissen, um in der nächsten Zeit zu üben, bewusst die Freude nicht gleich auszuleben und schauen Sie, was passiert. Seien Sie einfach einmal entschieden *nicht* der Mittelpunkt des Geschehens. Sie werden sehen, *mit*machen ist oft der leichtere Part. So können Sie auch einmal in einer größeren Gruppe Ihr Anlehnungsbedürfnis ausleben, das ansonsten viel zu oft zu kurz kommt.

Die Sonne in ihrem Element stärken

Fördern Sie Ihre Stärke, die Leichtigkeit zu leben, die Ihrem Typ gegeben ist. Es vereinfacht das Leben und erleichtert auch die zwischenmenschlichen Beziehungen. Ihre Talente, Kontakte zu knüpfen und die Gabe das Leben zu nehmen, wie es kommt, werden oft von anderen Typen beneidet und Sie sollten diese Fähigkeiten hegen und pflegen.

Das Luftige der Sonne

Die andere Seite der Medaille dieser Fähigkeit ist das Extrem der Sorglosigkeit: die Beliebigkeit und Oberflächlichkeit. Natürlich ist das etwas, was bei sich selbst am schwersten feststellbar ist, und es entsteht dann, wenn der Mensch aus welchen Gründen auch immer nicht bereit ist, in die Tiefe von Erfahrungen und Kontakten zu gehen. Oft ist hier der Spruch angebracht: „Man kann nicht auf allen Hochzeiten zugleich tanzen".

Hier gilt es zu ergründen, warum das so ist und sich dann die anderen Kapitel von „Wie eine Sonne in die Kraft kommt" aufmerksam durchzulesen und die Übungen zu praktizieren.

Rund um die Farbpalette der Seelenfarbe

Der Typ Sonne hat es am schwersten, die Realität zu sehen, wie sie ist. Auch die trübste Wahrheit wird von der Seelenfarbe der Sonne in Licht getaucht und erscheint somit schon weniger trüb. Wie auch für das

Gestirn Sonne ist es für den Typ Sonne schwer, den Schatten zu sehen, den sie selbst macht. Das kann sie gewollt oder ungewollt zum Meister des Selbstbetrugs machen und im schlimmsten aller Fälle auch des Betrugs, denn das eine zieht das andere oft nach sich.

Die positive Haltung von Seiten der Gesellschaft und des Großteils der Menschen gegenüber der Sonne kommt dem Typ natürlich in einem ersten Moment zugute, in einem zweiten Moment ist es eher schädlich für ihn, da er damit in seiner Weiterentwicklung nicht gefördert, ja sogar gebremst wird. So manche Sonne tendiert dazu sich zu denken: Wenn ich der Liebling aller bin, dann habe ich es wohl nicht notwendig, etwas an mir zu verändern, oder?

Da dem Gelb bzw. Weiß in unserer Gesellschaft eine überragende Bedeutung zugemessen wird, wird ihre Schwierigkeit gar nicht erkannt. Für sich selbst und für alle, die mit Sonnen zu tun haben, ist es wichtig, den Unterschied zwischen Strahlen und Blenden kennen zu lernen. Dafür muss die Seelenfarbe nicht *gesehen* werden, sondern sie kann auch erspürt und gefühlt werden. Alle Sonnen haben eine große Energie, die meisten von ihnen fallen auf, sind Mittelpunkt der Gemeinschaft. Doch weil sie die Aufmerksamkeit auf sich lenken oder schlicht und einfach Charisma haben durch ihre Leuchtkraft, sagt das noch lange nichts über ihren Entwicklungsstand aus bzw. darüber, ob sie in ihrer Kraft sind oder nicht. Wir versuchen das mit einem Beispiel zu erläutern:

Es ist wichtig, den Unterschied zwischen Strahlen und Blenden kennen zu lernen.

Gerade in der Esoterikszene wird dem weißen bzw. gelben Licht eine große Bedeutung zugemessen. Diese Farben stehen dort für die Göttlichkeit. Selbst in der christlichen Religion steht zumindest das Weiß für göttlich.

Gurus leben von dieser Verherrlichung des Sonnentyps. Interessanterweise sind sie vom Typ her sehr oft Sonnen oder möchten zumindest Sonnen sein. Sie inszenieren sich, setzen sich in den Mittelpunkt der Gemeinschaft, sprechen den ganzen Tag von Licht und Liebe, setzen alles auf das Lächeln und die strahlenden Augen, so, als wäre das Äußere entscheidend. Für eine Sonne ist all das kein Kunststück. Göttlich? Nein, das ist die Beschreibung des Typs Sonne, der *nicht* in seiner Kraft ist. Wir wurden mit einer Vielzahl von Farben, Gefühlen und Körperimpulsen ausgestattet, da soll nur ein Typ dem göttlichen Prinzip entsprechen?

Interessant wird so ein Guru erst, wenn er außer reden auch zuhören, wenn er neben seiner Inszenierung auch auf gleicher Ebene mit einem Menschen sprechen kann, wenn er die so gut vorgebrachte Theorie von Licht und Liebe auch im Alltag umsetzt und nicht in den kleinen Alltagsdingen schlicht und einfach seine Macht spielen lässt. Kurz gesagt: Wenn bei ihm sichtbar wird, dass er sein Sonnenwesen hinterfragt, seine Schwächen anschaut und sie angeht, um dadurch in erster Linie eine Sonne in der Kraft zu werden!

Die Sonnenfinsternis

KAPITEL 7

Die Qualitäten der Sonnenfinsternis

Der erste Eindruck

Wenn der vor Ihnen stehenden Typ nicht leicht in den Eigenschaftskatalog einzuordnen ist, sondern Ihnen vorkommt, dass von allem ein bisschen zutrifft, dann wird wahrscheinlich eine Sonnenfinsternis vor Ihnen stehen. Durch ihre einzigartige Konstellation besitzt die Sonnenfinsternis von allen Gestirnen etwas. Sie können durchaus eine distanzierte, aber auch energische bis zornige Art an den Tag legen wie ein Neumond, ein freundliches, offenes Wesen wie eine Sonne zeigen oder auch mit großen gefühlvollen Augen wie ein Vollmond daher kommen. Dennoch: Dieser Typ verrät sich durch seine wachen, wissenden Augen, in denen sich der Denker oder die Denkerin verbirgt.

Dieser Typ verrät sich durch seine wachen, wissenden Augen, in denen sich der Denker oder die Denkerin verbirgt.

Die Sonnenfinsternis zeichnet sich durch Zurückhaltung aus und wird, wenn sie einen Raum betritt, zuerst einmal die Situation erforschen: Sie sieht sich den Raum an, erkundet die Menschen und versucht, eher unauffällig zu sein. Das liegt ihr mehr. Die Sonnenfinsternis kann sich fast schon unsichtbar machen, wenn sie möchte. Bei ihr ist es eine bewusste Entscheidung, wem und wann sie ihren Reichtum zu offenbaren beginnt.

Dann wird sie meistens sehr stark von allen anderen Typen für ihre Bedachtsamkeit, ihr Wissen, ihren Rundum-Blick, aber auch ihre verborgene Feinfühligkeit geschätzt und manchmal sogar bewundert. Dieser Typ geht langsam in Beziehung, und erst wenn er sich wohlzufühlen beginnt, dann zeigt er auch, was in ihm steckt. Und es steckt viel in ihm ...

Die Stärke

Wissbegierig und forschend

Die Sonnenfinsternis forscht so lange, bis sie Antworten erhält, auf welche Frage auch immer.

Die Stärke der Sonnenfinsternis besteht darin, dass sie versucht, alle möglichen Facetten der Welt zu ergründen und sich nicht eher zufriedengibt, bis sie ein rundes Bild davon erstellt hat. Es muss logisch und folgerichtig aufgebaut sein, jedes Fragezeichen wird ernst genommen und jede Ecke bis in die hintersten Winkel ausgelotet. Sie sind die ExpertInnen des Recherchierens!

Die Sonnenfinsternis erträgt keine Unklarheiten und forscht so lange nach, bis sie Antworten erhält, auf welche Frage auch immer. Sie hat sozusagen einen angeborenen Forschergeist und einen nie endenden Wissensdurst. Dementsprechend finden Sie diesen Typ häufig in Wissenschaft und Technik, aber z.B. auch im Lehrberuf oder in der Museumswelt.

Wie Sie sicher schon bemerkt haben, befindet sich die Sonnenfinsternis in erster Linie im Kopf und ergründet die Welt mit ihrem Verstand. Sie sammelt Wissen, wodurch sie manchmal wie ein wandelndes Lexikon erscheint, zumindest auf dem Gebiet, worauf sie sich spezialisiert hat. Dennoch ist eine Sonnenfinsternis meist vielseitig interessiert und weiß in vielen Gebieten mitzureden.

Wie kein anderer Typ kann eine Sonnenfinsternis eine extrem hohe Informationsmenge verarbeiten und zugleich viele Aspekte einer Situation gleichzeitig im Auge behalten. Das äußert sich oft darin, dass sie sehr viel lesen oder über andere Medien Informationen aufnehmen können. So sind z.B. die Sonnenfinsternisse unserer Umgebung diejenigen, die sich in der weiten Welt des Internets am besten zurechtfinden und dort alles finden und herausholen, was für sie interessant ist, ob sie sich nun für Geschichte, für Musik, für Astronomie oder sonst was begeistern. Während andere sich manchmal schwer an das Internet heranwagen und befürchten, von zu viel Information überflutet zu werden und Angst haben, sich in der Vielfalt der Möglichkeiten zu verlieren, erleben so manche Sonnenfinsternisse dies als angenehme Herausforderung und sehen in erster Linie den (Wissens-)Reichtum, der sich ihnen dadurch erschließt.

Ein typisches Kindheitserlebnis für so manche Sonnenfinsternis ist es, z.B. einen Radio auseinandergenommen, auf seine Einzelteile untersucht und wieder zusammengebaut zu haben, aber auch die

Stammbaumforschung könnte von einer Sonnenfinsternis erfunden worden sein! Die Sonnenfinsternis ist die geborene Sammlerin, ob es sich nun um Briefmarken, Steine, Bücher, Knöpfe oder Fingerhüte handelt, denn sie hat die dafür erforderliche Hartnäckigkeit und Gründlichkeit. Jeder Fund ist ein Lustgewinn für sie, jede beantwortete Frage ein Erlebnis.

„Ich denke, also bin ich"

Diese Aussage des Philosophen René Descartes (1596 bis 1650) kann nur von einer Sonnenfinsternis stammen! Dass das Denken den Menschen und sein Dasein ausmacht, kann nur von einem Typ gesagt werden, der von dieser Warte aus die Welt und sich selbst betrachtet. Bei so manchen Sonnenfinsternissen könnte dieser Spruch sogar noch einmal auf diese Weise umgeändert werden: „Ich weiß, also bin ich." Sie bauen oft ihren ganzen Selbstwert darauf auf, was sie wissen.

Beides ermöglicht ihnen ein weites Spielfeld an Möglichkeiten, eine Erweiterung der Horizonte und ein „Erkennen" der Welt, in der erklärbar wird, warum etwas so und so passiert. Diese Art der Erkenntnis von uns selbst und unserer Umwelt hat zur Wissenschaft geführt, dazu, dass Unwetter vorhergesagt und die menschliche Anatomie bis auf wenige Geheimnisse entschlüsselt ist.

Würden wir die Geschichte nach der Vintschger Typenlehre untersuchen, so würden wir bei einer Reihe von Erkenntnissen wahrscheinlich viele Sonnenfinsternisse dahinter finden. Obwohl sie in Gruppen oft nicht auffallen und auch sonst im Allgemeinen nicht die Typen des Rampenlichts sind, so haben sicherlich manche von ihnen in der Geschichtsschreibung mit ihrer Brillanz einen Platz gefunden.

Wen wundert es noch, dass gerade dieser Typ eine schnelle Auffassungsgabe besitzt? Wir erkennen die Sonnenfinsternisse auch oft daran, dass sie, wenn sie das erste Mal von der Vintschger Typenlehre hören, oft die ersten sind, die – oft noch während der Erklärung – erkennen, welche Typen am Tisch sitzen.

Wir haben daraus schon fast einen Witz machen können:

„Wie erkennt sich eine Sonnenfinsternis?"

Antwort einer Sonnenfinsternis:

„Da ich darüber nachdenke, was ich sein könnte, muss ich wohl eine Sonnenfinsternis sein. Ist doch logisch, oder?"

Spaß beiseite: Was sie selbst anbelangt, verstehen sie entweder auf Anhieb, was sie sind, oder rätseln herum, weil sie von allen Typen etwas haben.

Einer Sonnenfinsternis fällt es leicht, Zusammenhänge zu erkennen, die Informationen, die sie erhält, nicht nur zu verstehen, sondern sie auch zu strukturieren und für sich in ihren schon bestehenden Wissensschatz einzuordnen. In dieser Geschwindigkeit kann bei ihnen höchstens ein

Neumond mithalten. Die Vorgangsweise, die wir am Ende des Buches beschreiben, bei der Vintschger Typenlehre „nach dem Ausschlussverfahren" die Typen zu ermitteln, stammt von einer Sonnenfinsternis. Sie erklärte uns nämlich, dass sie vorerst einmal ausschließt, wen sie *nicht* vor sich hat, z.B.: „Der Mensch vor mir ist sicher keine Sonne und sicher kein Neumond, also kann er nur Vollmond oder Sonnenfinsternis sein." Eine wunderbare Methode, um sich mit den verschiedenen Typen auseinanderzusetzen und sich langsam anzunähern, welcher Typ vor einem steht.

Sie sind die Größten, wenn es um das Zusammenführen, das Verknüpfen von Sinneseindrücken oder von Wissen geht. „Eins und eins macht zwei nach Adam Riese" ist ein beliebter Spruch der Sonnenfinsternisse, bei der sie die Leichtigkeit, mit der sie mit ihrer angeborenen Logik Dinge zu Kategorien ordnen und sich wiederholende Ereignisse, Erfahrungen zu logischen Gesetzen zusammenfassen können. Darum sind Sonnenfinsternisse oft auch bei Gericht daheim.

Ihre Liebe zu Struktur und Ordnung kann die positivsten Dinge hervorbringen. Während der Neumond der Wahrheit verpflichtet ist aus Prinzip und weil er weiß, dass sie am längsten währt, meinte unser Sonnenfinsternis-Freund: „Ich bleibe bei der Wahrheit, weil ich mich sonst nur verzetteln würde. Dann wüsste ich nicht, was ich was zu wem gesagt habe und würde vielleicht noch alles durcheinanderbringen. Nein, das ist mir viel zu anstrengend!"

Schlaue Sprüche von Sonnenfinsternissen hätten wir eine Reihe auf Lager, schließlich haben sie viele von sich gegeben. Einer der berühmtesten lautet: „Ich weiß, dass ich nichts weiß." (Ein Spruch aus der griechischen Antike. Platon hat ihn Sokrates zugeschrieben.) Das ist nicht nur ein Ausruf der Bescheidenheit und Weisheit, sondern auch die Legitimation, ein ganzes Leben lang zu forschen, zu sammeln und dies nie zu beenden. Der Lieblingsspruch eines unsere Sonnenfinsternis-Freunde lautet: „Es gibt keine Probleme, es gibt nur Lösungen."

Zielstrebigkeit und Selbstdisziplin

Der Geist der Sonnenfinsternis ist unruhig und voll Tatendrang. Dieser Geist verlangt Ziele, die er immer wieder zu erreichen trachtet. So setzt eine Sonnenfinsternis alles daran, das beste Zusammenspiel aller Möglichkeiten zu finden, um ihren Weg zu diesem Ziel zu gehen. Anders gesagt stellt sie sich die Frage: „Was ist die beste Art und Weise, unter den gegebenen Umständen ein bestimmtes Ziel zu erreichen?" Sie wendet viel Kraft dafür auf, um alle möglichen Facetten auszuloten, um den Weg zu ihrem Ziel möglichst sicher zu erreichen. Dafür braucht es zuvor viel Berechnung, um die Trefferquote zu erhöhen. Da sind sie das Gegenteil z.B. der Sonnen, die munter auf neue Projekte drauflos preschen, ohne sich vorher groß abgesichert zu haben.

Struktur und Disziplin

Die Sonnenfinsternis ist in der Regel zielgerichtet, einmal ein Ziel gesetzt, ist sie wie eine Rakete, die auf diesen einen Ort programmiert ist. Das sind die Sonnenfinsternisse, die zehn Jahre lang hartnäckig ihrem Studium nachgehen, im Sport konsequent an ihrer Technik feilen und mit großem Einsatz ihre Ausdauer verbessern.

Die Zielsetzung beginnt im Kopf mit den Fragen: „Was will ich und wie kann ich das erreichen?" Mit ihrem scharfen Verstand ersinnt die Sonnenfinsternis danach einen klar definierten Plan mit Abläufen, Zeitabschnitten uvm.

Die Sonnenfinsternis liebt Strukturen und Strukturierung, braucht sie sogar, um sich wohlzufühlen. Daher tendiert sie nicht nur dazu, planmäßig vorzugehen, sondern sich auch einzuordnen und die bestehenden Regeln anzuerkennen. Dieser leichte Umgang mit Rahmenbedingungen fördert die Selbstdisziplin und fällt somit den meisten Sonnenfinsternissen alles andere als schwer. Wenn sie sich etwas vornehmen, haben sie keine Probleme damit, die dafür notwendigen Schritte praktisch umzusetzen. Eine befreundete Sonnenfinsternis von uns ist Architekt: Wenn er ein Projekt abgeben muss, wird er nicht eher rasten noch ruhen, bis er nicht die Pläne in allen Einzelheiten bestens fertiggestellt hat. Wenn er dafür eine Nacht opfern muss oder sogar mehrere, so nimmt er das in Kauf. Seine eiserne Selbstdisziplin und das Fokussieren der Aufmerksamkeit auf ein einziges Ziel ermöglichen ihm immer wieder das Einhalten von Fälligkeiten. Im Gegensatz zu anderen Typen wird man von ihm sicherlich nie ein Jammern hören. Seine eigenen Bedürfnisse, körperlicher oder seelischer Natur, stellt er hinten an und macht keine große Geschichte daraus. „Ist doch normal, oder? Ich habe es ja selbst so entschieden", wäre sein Kommentar.

Der „Umsetzer-Typ"

Sonnenfinsternisse sind stark in der Umsetzung einmal gefasster Pläne. Sie bringen sozusagen die Ideen in die Materie. Dabei überlegen sie sich vorher schon, wohin der Weg gehen soll und wie genau die praktische Umsetzung aussieht. Die Konstrukte des Geistes werden konkretisiert, den Regeln der Materie angepasst und danach erst in die Welt gesetzt. So versuchte z.B. Rudolf Diesel (1858–1913) in einer Zeit, in der die Dampfmaschine an ihre technische Grenzen stieß und die Benzinmotoren in ihren Leistungen zu wünschen übrig ließen, eine „ideale Wärmekraftmaschine" zu entwickeln. Er versuchte, einen selbst zündenden Motor zu erfinden, dessen Machbarkeit nach dem damals herrschenden Stand der Technik stark angezweifelt wurde. Er hielt wie besessen an seiner Idee fest und nach jahrelangen Versuchen gelang es ihm schließlich, den Dieselmotor zu erfinden. Dies wurde bezeichnenderweise als „Triumph der Theorie" gefeiert! Tatsächlich wäre ohne diese bahnbrechende Erfindung die moderne Schifffahrt undenkbar.

Die Konstrukte des Geistes werden konkretisiert, den Regeln der Materie angepasst und danach erst in die Welt gesetzt.

Was die Sonnenfinsternis noch einmal mehr zum „Umsetzer-Typ" schlechthin macht, ist ihre Fähigkeit, dass sie für die Veränderung oft nur einen Entschluss braucht. Wie kein anderer Typ genügt ihm die Erkenntnis. Wenn er sie einmal hat und er sich vornimmt, diese Erkenntnis in die Tat umzusetzen, kommen ihm seine Zielstrebigkeit und seine Selbstdisziplin zur Hilfe. In der psychologischen Praxis fällt auf, dass Sonnenfinsternisse, wenn sie ein emotionales Thema angehen, wie z.B. die Loslösung vom Elternhaus, sehr konsequent in ihren Handlungen sind, aber erst nachdem der Groschen gefallen ist. Das bedeutet im Konkreten, dass sie imstande sind, ihr Verhalten auch radikal zu ändern, wenn sie zur Einsicht gelangt sind, dass dies das Beste für sie ist. Die Sicherheit zu wissen, wohin die Reise geht, gibt ihnen die Kraft, sich von wohlbekannten Wegen zu verabschieden und neue Gebiete zu erkunden. Wohlgemerkt: Die Änderung passiert im Kopf und ist die Entscheidung einmal gefällt, so passiert die Umsetzung sehr schnell. Dabei kommt ihnen ihr Wissensdurst zugute.

Die Orientierung

Der Suchende

Die Sonnenfinsternis ist *der* suchende Mensch! Sie ist stets auf der Suche – nach Informationen, nach Fragen, nach Antworten, nach Erklärungen, nach Definitionen und Theorien. Dieser Typ fragt, wie die Welt erschaffen worden ist, wie alles funktioniert, was Ursache und was Wirkung ist. Alles wird in seine Bestandteile zerlegt und wieder neu zusammengebaut, um zu verstehen, wie es funktioniert. Aus der Verstandesebene heraus wird analytisch versucht, die unzähligen Geheimnisse dieses Planeten – und darüber hinaus – zu erforschen. Komplizierte oder schwierige Sachlagen stoßen sie nicht ab, im Gegenteil: Sie verleihen ihnen wahrlich Flügel und machen eine Unternehmung erst so richtig spannend.

Auf der Suche

Dies ist die Orientierung der Sonnenfinsternis, ihre Art, sich in dieser unvorhersehbaren Welt besser zurechtzufinden, indem sie sich langsam eine Ordnung schafft. Das Fazit einer Sonnenfinsternis kann dann durchaus so ausschauen: „Leben = Das, was uns zustößt, während wir uns etwas ganz anderes vorgenommen haben." (Henry Miller 1891–1980, amerikanischer Schriftsteller)

Dabei können Sonnenfinsternisse durchaus über einen längeren Zeitraum mit unbeantworteten Fragen leben und die Bandbreite möglicher Antworten zulassen. Im Gegenteil, das stimuliert sie sogar. Sie schöpfen Energie aus dem Drang heraus, Lösungen zu finden.

Diese andauernde Suche läuft in erster Linie im Inneren dieses Typs ab und ist von außen selten zu erkennen. Nur weil eine Sonnenfinsternis eher still ist, heißt das noch lange nicht, dass sie nichts tut. Meist läuft in ihrem Inneren ein Computer, der Sachverhalte analysiert und das Geschehen äußerst aktiv verarbeitet.

Die Rundumsicht

Eine Sonnenfinsternis geht an eine Sache so heran, dass sie beginnt, sie von allen Seiten zu betrachten. Ihr ist es wichtig, zuerst alle hundertundein Betrachtungsmöglichkeiten zu finden. Dies ist ihr viel wichtiger, als so schnell wie möglich eine Entscheidung zu treffen. Jede Sachlage wird stets aus allen Blickwinkeln untersucht und alle Möglichkeiten in Betracht gezogen. Dabei stellt die Sonnenfinsternis folgende Fragen: „Worum geht es? Welche Faktoren spielen hierbei eine Rolle?" Erst danach werden die Lösungsmöglichkeiten in Betracht gezogen, alle Vor- und Nachteile jeder einzelnen ausgelotet.

Jede Sachlage wird stets aus allen Blickwinkeln untersucht und alle Möglichkeiten in Betracht gezogen.

Nehmen wir z.B. den Kauf eines Autos. Als sich eine Sonnenfinsternis unseres Umfeldes ein Auto kaufen wollte, ist sie folgendermaßen vorgegangen: Zuerst wird erhoben, welche Ansprüche sie an dieses Gefährt hat – alle Eckdaten müssen genauestens geklärt werden:

Welcher Wagentyp soll es sein? Welche Marke, welche Preislage, welche Finanzierungsmöglichkeiten, welche Fahreigenschaften, welche Wartungsqualitäten, welche Garantie hat das Fahrzeug? Wie hoch ist der eventuelle Wiederverkaufswert? Wie schneidet dieses Auto im Test in den Fachzeitschriften ab? Welche Probleme hatte das Vorläufermodell? Welches Modell derselben Modellreihe hat den besten Motor? Welcher Motor ist am sparsamsten? Welcher hat den geringsten CO_2-Ausstoß? Gibt es Bekannte, die dieses Auto schon gefahren sind? Was sagt der eigene Mechaniker dazu? etc.

Die Gründlichkeit, mit der jede Sachlage erörtert wird, unterscheidet die Sonnenfinsternis von allen anderen Typen. Es gibt keinen anderen Typ, der dementsprechend präzise alle Möglichkeiten herausfindet.

Sollten Sie keine Sonnenfinsternis sein, so empfehlen wir Ihnen, bei einem Autokauf auf alle Fälle eine Sonnenfinsternis aus Ihrem Freundeskreis um Hilfe zu bitten. Glauben Sie uns, es lohnt sich! Denn kein Typ macht sich so kundig, wenn er etwas angeht, wie eine Sonnenfinsternis. Und was er macht, macht er gründlich oder gar nicht.

Der bodenständige Typ

„Vernünftig" – das ist ein Ausdruck, der die Sonnenfinsternis treffend charakterisiert. Wie kein anderer Typ lässt sie sich von der Vernunft leiten. Einfach „verrückte Sachen" zu machen, seinen eigenen Impulsen unbedacht zu folgen, einfach Dinge zu tun, ohne sich ihrer Konsequenzen bewusst zu sein, ist nicht so ihre Sache, denn sie stehen mit beiden Füßen auf dem Boden der Realität.

Eine Sonnenfinsternis wägt sorgfältig ab, was sie sagt oder tut und wird sicherlich nicht einfach „nach ihrem Gefühl" oder „nach ihrer Lust" handeln. Ein junger Sonnenfinsternis-Mann in unserem Umfeld erzählte uns, dass er, wenn er in eine Situation gerät, die von der Gesellschaft als negativ betrachtet wird, wie z.B. mit den Kollegen „saufen gehen", er sich zuvor einige Gedanken macht und sich sicherlich nicht einfach gehen lässt. Zwar bekommt er genau mit, dass ein Teil in ihm Lust darauf hat und den Spaß, der damit zusammenhängt, nicht verpassen möchte, ein anderer Teil hingegen weiß, dass es nicht gesund ist und erinnert ihn daran, dass es ihm das eine oder andere Mal nicht so gut gegangen ist damit und er sich eigentlich nicht so wohl gefühlt hat. Meist siegt bei ihm die Vernunft – er gibt sich selten mit Kollegen dem Alkoholgenuss hin.

Die bevorzugten Gefühle

Fest verwurzelt in der Realität

Bedachtsamkeit

„Ich lasse mich von der Intuition leiten – aber nur, wenn meine Vermutungen von den Tatsachen bekräftigt werden." (Lee Iacocca *1924, amerikanischer Topmanager)

Dieses Zitat macht recht deutlich, wie die Sonnenfinsternis, wenn es um Gefühle geht, gestrickt ist: Sie sind eng mit ihrem Kopf verbunden.

Eine Sonnenfinsternis lässt ihren Gefühlen nicht einfach ihren Lauf, sondern wird sie immer wieder sorgfältig überprüfen – wie sie auch sonst mit Sorgfalt an alles herangeht. Egal, was sie gerade beschäftigt, sie geht gründlich vor und berücksichtigt alle wesentlichen Aspekte, die dazugehören – auch in ihrem Gefühlsleben. Wie eine befreundete Sonnenfinsternis immer sagt, wenn sie etwas Neues, Beunruhigendes erfährt oder mit einer Wahrheit konfrontiert wird, die starke Gefühle auslöst: „Wartet mal, ich muss mich erst einmal sammeln." Dieses „Sammeln" verschafft ihr oft einen Weitblick und erspart ihr so manche schlechte Erfahrung.

Die meisten Sonnenfinsternisse sind auf ihre Art beherrscht. Das kommt daher, dass sie sich die nötige Zeit lassen, wenn bei ihnen ein Gefühl ausgelöst wird. Zuerst wird dieses Gefühl auf seine Berechtigung untersucht. Darum lässt sie sich selten von ihren Gefühlen „überrollen", wie es so schön heißt, und lässt ihre Gefühle anderen gegenüber auch nicht so schnell explodieren.

Die Sonnenfinsternisse, die die Struktur so sehr brauchen, bringen oft gerne Ordnung in ihre Gefühle. Darum haben Sonnenfinsternisse auch meist eine beruhigende Wirkung auf ihre Umgebung. Sie werden immer für die Vernunft plädieren und versuchen, die Emotionen nicht überhandnehmen zu lassen. Sonnenfinsternisse sind die ausgleichenden unter den Typen und spielen oft bei Streitigkeiten eine vermittelnde Rolle.

Mit einem Überschuss an Gefühlen – ob dieser nun ihnen selbst passiert oder jemanden in ihrer Umgebung – fühlen sie sich nicht sehr wohl, denn für die meisten dieses Typs ist „Mäßigung" ein Zauberwort, das sie sehr anzieht. Für alles – auch für die Gefühle – das rechte Maß zu haben, gefasst damit umzugehen und die Mitte zu halten, nicht zu viel und nicht zu wenig, das ist für viele Sonnenfinsternisse der Königsweg, den sie einschlagen möchten. Das rechte Maß ist für sie auch die Basis der Harmonie, die sie sich sehr wünschen – mehr als bei ihnen vermutet wird.

Obwohl den Sonnenfinsternissen ihre Stimmungen nicht leicht anzusehen sind, ist ihr Inneres eine Schatztruhe von feinsten Gefühlen. Sie sind im Grunde – wenn sie es auch noch so wenig zeigen – sehr sensibel.

Hinter der Bedachtsamkeit der Sonnenfinsternis steckt aber auch Prinzipientreue, meist gepaart mit der bestehenden Ordnung der Gesellschaft, in der sie lebt. Vielen von ihnen ist es wichtig, anständig, gefasst, sittsam und höflich zu sein und sie wünschen sich auch von anderen diese Haltung.

Das gibt ihnen auch ein Gefühl der Sicherheit – und Sonnenfinsternisse lieben die Sicherheit. Darum liegt ihnen nicht nur die Sorgfalt, sondern auch die Umsicht, das Vorausschauen, was diese oder jene Handlung für Folgen mit sich bringt. So gesehen hat die Sonnenfinsternis auch eine angeboren Vorsicht, um die sie die anderen Typen oft beneiden.

Klarheit und Gewissenhaftigkeit

Sorgfalt, Umsicht und Vorsicht – all dies führt bei der Sonnenfinsternis zwangsläufig zu einer Klarheit. Wenn sie auch unterschiedlich zu dieser Fähigkeit gelangen, so haben sie diese mit dem Neumond gemeinsam.

Ihre Art erinnert an die WissenschaftlerInnen, welche die Welt immer aus einer bestimmten Distanz heraus erkunden.

Sie sehen die Situationen, ob sie sich nun selbst darin befinden oder andere darin beobachten, sehr wirklichkeitsgetreu. Im Gegensatz zu anderen Typen – besonders Vollmonden und Sonnen – lassen sich die Sonnenfinsternisse selten von ihren Gefühlen zu stark beeinflussen. Sie sind um Sachlichkeit bemüht und vermögen es daher, recht objektiv eine Situation einzuschätzen. Sie halten sich selbst auch für objektiv und neutral. Ihre Art erinnert an die WissenschaftlerInnen, welche die Welt immer aus einer bestimmten Distanz heraus erkunden, denn sie haben die Fähigkeit, auch wenn sie mitten in einer Situation stecken, die Außenperspektive einzunehmen, die sogenannte „Metaebene". So können sie trotz allem auch das ganze Bild einer Situation erfassen.

Eine Sonnenfinsternis ist schwer bestechlich und bemüht sich – wenn es z.B. notwendig ist, ein Urteil zu fällen – dieses unbeeinflusst und unpersönlich von sich zu geben. Ansonsten geht es ihr weniger darum, eine Position zu beziehen, sondern eine ausgewogene Haltung einzunehmen. Sonnenfinsternisse können in diesem Sinne die geborenen DiplomatInnen sein.

Die Sonnenfinsternis geht an jede Situation mit Logik und Rationalität heran. Meist ist sie diejenige, die an den „logischen Hausverstand" appelliert. Sie liebt eine eindeutige Handhabung der Dinge und versucht, eine klare, folgerichtige Einschätzung der Situation zu haben.

Darum ist es auch kein Wunder, dass die Sonnenfinsternisse die gewissenhaftesten unter den Typen sind. Viele unter ihnen könnten mit folgenden Eigenschaften beschrieben werden: korrekt, akkurat, exakt, präzise, minuziös, genau, gründlich. Diese Begriffe beschreiben sehr deutlich das Wesen der Sonnenfinsternis. Woran andere ein Leben lang hinarbeiten müssen, hat dieser Typ in die Wiege gelegt bekommen.

Sie gehen in die Tiefe und es liegt ihnen, ausführlich bis ins kleinste Detail das Thema auszuloten.

Eine Sonnenfinsternis kann gar nicht anders, als sich grundlegend mit einem Thema zu befassen. Sie gehen in die Tiefe und es liegt ihnen, ausführlich bis ins kleinste Detail das Thema auszuloten. In der Museumswelt – in der ich seit Jahren tätig bin – fällt auf, wie gerade die Sonnenfinsternisse mit ihren profunden Kenntnissen glänzen. Es ist ein ideales Betätigungsfeld, da hinter den Kulissen gearbeitet und die Forschung im stillen Kämmerlein getätigt, aber in der Fachwelt anerkannt wird – ganz im Sinne dieses Typs ...

Wenn der Neumond der konsequenteste aller Typen ist, so ist die Sonnenfinsternis sicherlich der solideste Typ. Auf ihn ist Verlass und er strahlt auch Vertrauenswürdigkeit aus. Die meisten Sonnenfinsternisse sind pünktlich, pflicht- und verantwortungsbewusst, wenn nicht sogar verantwortungsfreudig! Viele von ihnen legen großen Fleiß an den Tag.

Diese Klarheit und Gewissenhaftigkeit sind in der Berufswelt natürlich sehr gefragt. Wenn sie sie gezielt mit einem Selbstwert gepaart einzusetzen wissen, sind Sonnenfinsternisse sehr erfolgreich! Bestes Beispiel ist ein Sonnenfinsternis-Freund von uns. Er ist der geborene Manager. Er „checkt" die Organisation seines Betriebes mit links, er weiß, was er will und wie bzw. wann er es erreichen möchte. Sein Arbeitslebenslauf liest sich wie ein Märchen. Er hat sich jetzt selbständig gemacht, weil er ein Kind hat. Somit kann er es sich einteilen und ihm ein Vater sein, der Zeit für es hat. Außerdem hat er sich für seine Selbstständigkeit ein Betätigungsfeld ausgesucht, das der Umwelt zugutekommt, sodass er auch für die Zukunft seines Kindes einen Beitrag leistet.

Gelassenheit

Sonnenfinsternisse strahlen eine Ausgeglichenheit aus. Doch wie die Sonne lächelt, auch wenn ihr schon längst nicht mehr zum Lächeln ist, so erscheint die Sonnenfinsternis oft unerschütterlich, auch wenn es sie innerlich zerreißt. Ähnlich einem Neumond fechten sie die meisten Kämpfe in ihrem Inneren mit sich selbst aus, während sie nach außen hin – auch ohne es zu merken – einen souveränen, gelassenen, sogar abgeklärten Eindruck erwecken. Das hängt natürlich auch damit zusammen, dass sie

Ausgeglichenheit ausstrahlen

ihren Gefühlen nicht gleich freien Lauf lassen. Erst wenn die innere Gefühlswelt zu stark brodelt, beginnt die Fassade zu bröckeln.

Sie erkennen die Vielfalt der Menschen und die Komplexität der Welt an.

Aufgrund ihrer Art, alles und alle verstehen zu wollen, hat dieser Typ weniger Vorurteile. Sie erkennen die Vielfalt der Menschen und die Komplexität der Welt an, sodass Toleranz bei ihnen als positiver Nebeneffekt auftritt. Mit den Worten eines unserer Sonnenfinsternis-Freunde: „Ich versuche, Annahmen zu vermeiden. Wenn ich z.B. jemand mit einem Kettenanhänger sehe, der mir muslimisch vorkommt, dann gehe ich nicht davon aus, einen Muslim vor mir zu haben, sondern ich frage: ‚Bist du ein Muslim?' Ich bekomme eine Antwort, entweder ein Ja oder ein Nein, und das Thema hat sich." Solch eine Vorgangsweise bringt den Vorteil mit sich, „negative Annahmen" zu vermeiden, die unter anderem auch Vorurteile sein können. Das hängt wiederum mit ihrer Vorsicht zusammen, nicht voreilig die Betrachtung abzuschließen, ohne alle Möglichkeiten durchgespielt zu haben. Die Vermeidung frühzeitiger Schlussfolgerungen verhindert natürlich Vorurteile.

Ihre ruhige Art strahlt für viele Sicherheit aus. Natürlich hängt das auch damit zusammen, dass sie klare Strukturen in sich tragen und auch die Stärke besitzen, ihr Umfeld zu strukturieren. Und wenn sie in ihrer Kraft sind, können sie herzhaft über sich selbst lachen.

Die Antriebsenergie

Raten Sie einmal, was die Antriebsenergie einer Sonnenfinsternis ist! Genau: „Ich entscheide zu tun ..." Oma hat mir immer erzählt, dass sie das am meisten bei den Sonnenfinsternissen bewundert: Ihr größter Ansporn ist oft, dass sie alles richtig machen wollen und dafür bereit sind, wirklich *alles* zu tun.

Bei einer Sonnenfinsternis beginnt alles im Kopf, und zwar mit einer Überzeugung. Zuerst kommt der Gedanke, dann der Plan, dann eventuell die Handlung. Der Anlasser ihres Motors ist jedoch im wahrsten Sinne der zündende Gedanke. Denken Sie an die erfolgreiche Zeichentrickfilmserie „Wickie und die starken Männer!" Wickie ist ein Wunderknabe und wird deshalb von seinem Vater auf See mitgenommen. Seine Eigenheit besteht darin, dass er sich im Gegensatz zur gesamten Mannschaft nicht durch Kampfgeist und Körperkraft auszeichnet, sondern durch Köpfchen. In jeder einzelnen Folge ist der Höhepunkt der Handlung, dass Wickie die zündende Idee hat. Während sich die Mannschaft ratlos in einer scheinbar hoffnungslosen Situation befindet, beginnt Wickie bewusst nachzudenken. Er sitzt da und dort, schreitet auf und ab, betrachtet nachdenklich die See, schließlich reibt er sich die Nase und dann kommt es zum magischen Moment: Plötzlich sind im Film nur mehr Funken zu sehen! „Ich hab's!" schreit Wickie und sein stets perfekter Plan wird der Mannschaft eröffnet. Natürlich rettet die sofortige Umsetzung seiner genialen Idee immer wieder und aufs Neue seine Leute – im Grunde ist das der Traumfilm für eine Sonnenfinsternis!

Zuerst kommt der Gedanke, dann der Plan, dann eventuell die Handlung.

Diese Vorgangsweise, die im Kopf beginnt, ist auch an der Körperhaltung abzulesen. Bei einer Sonnenfinsternis werden Sie nicht auf dem ersten Blick vom Leib angezogen, auch wenn er noch so gut trainiert ist, sondern es fesseln vielmehr der Kopf und da vor allem die Augen Ihre Aufmerksamkeit. Die „studieren" Sie nämlich eingehend, sodass Sie sich mehr Gedanken darüber machen, was dieser Typ jetzt von Ihnen *denkt*, als was Sie von ihm wahrnehmen.

Die Sonnenfinsternis hat aufgrund ihres Wesens sicherlich am wenigsten Leibpräsenz von allen, doch das heißt nicht, dass sie dem nichts entgegensetzen kann, im Gegenteil. Wenn sie sich im Sport betätigt, dann kommt ihr ihre angeborene Zielstrebigkeit und Disziplin zu Hilfe. Kein Typ ist so beharrlich, wenn er Sport betreibt, wie die Sonnenfinsternis. Darum ist er auch oft in den Ausdauersportarten daheim.

Die Entscheidungsfindung

Schon der deutsche Schriftsteller Wilhelm Busch (1832–1908) meinte:
„Sage nie: ‚Dann soll's geschehn!'
Öffne dir ein Hinterpförtchen
durch ‚vielleicht', das nette Wörtchen,
oder sag: ‚Ich will mal sehen!'"

Und das ist auch der Spruch der Sonnenfinsternisse: „Schauen wir einmal." Verständlich, oder? Natürlich braucht das Nachdenken, das einer Entscheidung vorausgeht, seine Zeit. Mit der Gründlichkeit der Sonnenfinsternis müssen zuerst *alle* Entscheidungsmöglichkeiten gefunden und abgewogen werden. Wenn es sich dann auch noch um Gefühlsangelegenheiten handelt, lassen sich Sonnenfinsternisse erst recht nicht aus der Ruhe bringen, da sie merken, dass das sehr wichtige Folgen für ihr weiteres Leben hat. Da sind sie bewusst langsam.

Sie treffen nicht gerne falsche Entscheidungen, da sie sich das auch lange vorwerfen. Wenn es ihnen trotz reiflicher Überlegung doch einmal passiert, sind sie in ihrer Entscheidungsfindung äußerst zögerlich. So manche Sonnenfinsternis erzählt uns von schlaflosen Nächten, wenn sie vor einer Entscheidung steht, auch wenn die bei weitem nicht immer ihr Leben verändert. Die meisten ziehen es vor, lieber noch abzuwarten und vorerst einmal keine Entscheidung zu treffen als sich die Blöße und den Frust eines falschen Entschlusses mit all seinen Konsequenzen zu geben – denn sie sind konsequent und ehrbar genug, dass sie die Suppe, die sie sich eingebrockt haben auch selbst auslöffeln – ob das nun der falsche Haarschnitt oder die falsche Beziehung ist, der Maßstab ist egal. Haben sie nämlich einmal ihre Entscheidung getroffen, gehen sie diese konsequent an und übernehmen problemlos die Verantwortung für die Konsequenzen, die daraus erwachsen.

Mal sehen ...

Der menschliche Umgang

Der zurückhaltende Typ

Die Sonnenfinsternis ist von allen der zurückhaltendste Typ. Sie zieht es vor, bei Kontaktaufnahme mit anderen Menschen vorerst einmal im Hintergrund zu bleiben, um sie beobachten zu können und sich einen Reim auf sie zu machen.

Da sie alleine mit sich meist gut zurechtkommt, hat sie keine Eile, schnell Beziehungen aufzunehmen. Durch ihr reiches Innenleben hat sie die von vielen beneidete Fähigkeit, sich mit sich selbst wohlzufühlen.

Sonnenfinsternisse haben so viel mit ihren sprudelnden Gedanken zu tun, diese zu verknüpfen und in eine Ordnung zu bringen, sich Wissen anzueignen, dass sie das Wörtchen „Langeweile" selten kennen lernen. Es geht ihnen in der Regel nicht darum, mit diesem Wissen aufzutrumpfen oder gar anzugeben, sondern sie tun es aus Spaß an der Freude. Eine Lieblingsbeschäftigung einer Sonnenfinsternis-Klientin von uns ist das Lernen. Sie macht mit über fünfzig Jahren gerade ein Fernstudium, besucht eine Schule für Bürofachkräfte und liest in ihrer Freizeit unzählige Sachbücher aus den verschiedensten Fachgebieten.

Auch wenn das nicht direkt zum menschlichen Umgang gehört, so möchten wir hier betonen, dass Sonnenfinsternisse eine enge Beziehung zu ihrem Wissen haben, oft eine Liebe zu Büchern. Ein Sonnenfinsternis-Freund, den wir kennen, war der erste in unserer Stadt, der einen Computer daheim hatte und sich schon mit den Free-Software-Programmen beschäftigte, die damals auf den Markt kamen. Heute ist er als Autodidakt in einer größeren Institution damit beschäftigt, dass die Computer alle einwandfrei laufen. Eine andere Sonnenfinsternis hingegen hat ihr Leben dem Ziel gewidmet, alle Bücher über Jagd und Tiere zu sammeln, derer sie habhaft werden kann. Sie behandelt sie mit einer Sorgfalt, als ob sie Lebewesen wären.

Genügsam und bescheiden

Sie widerstehen der Konsumfreudigkeit unserer Zeit relativ problemlos, da sie zu Bescheidenheit neigen und übertriebenes Geldausgeben ihrer Vernunft widerspricht. Vielmehr sind viele Sonnenfinsternisse genügsam bis bedürfnislos. Sie sind oft die AnhängerInnen des Einfachen und Schlichten.

Genügsamkeit

So erzählen uns viele Sonnenfinsternisse, wie sie das einfache, asketische Leben eines Eremiten bewundern. Das genügsame Leben mit wenig Besitz und noch weniger Reizen von außen lässt eine Klarheit entstehen, die einer Sonnenfinsternis nur gefallen kann. So ist das Höchste der Gefühle eines Sonnenfinsternis-Freundes das, vor seinem selbst angelegten kleinen Teich zu sitzen und seine Goldfische zu betrachten. Diese Eigenart hängt natürlich damit zusammen, dass sie aufgrund ihres regen Innenlebens außen keine großen Veränderungen brauchen und mögen.

Während Sonnen und Neumonde nach außen expandieren, hat die Sonnenfinsternis mit dem Vollmond gemeinsam, dass sie nach innen in die Tiefe Zeit und Energie investieren. Viele von ihnen sind somit eher introvertiert.

Der zuverlässige Typ

So manche Sonnenfinsternisse sind schüchtern und brauchen ihre Zeit, um in Gegenwart eines anderen Menschen aufzutauen. Sie werfen sich normalerweise nicht in das Getümmel der Menschen, sondern lieben vielmehr die Gespräche in kleineren Gruppen. Im Gegensatz zur Sonne brauchen sie nicht viele Leute um sich, sondern wenige, mit denen sie sich rege austauschen können.

Wenn sie jedoch einmal eine Beziehung eingeht, ob nun Freundschaft oder Liebe, dann hält die oft ein Leben lang. Im menschlichen Umgang kommen natürlich ihre Eigenschaften zum Tragen: ihre Beharrlichkeit, sich für etwas einzusetzen und zu arbeiten, woran ihnen liegt, ihre Liebe zur Gewohnheit und dem schon Aufgebauten, ihre naturgegebene

Verlässlichkeit und Beständigkeit. Viele Sonnenfinsternisse legen Wert auf klassische Beziehungen und betrachten Partnerschaft und Sexualität als tiefgründige Angelegenheit. Oft haben sie Freundschaften, die sie schon in ihrer Kindheit geschlossen haben.

Wenn sie sich eine Rolle in der Gesellschaft oder auch in der Arbeitswelt aussuchen könnten, würden sich Sonnenfinsternisse in der Kraft oft die der „grauen Eminenz" wählen, denn sie bringen sich nicht aktiv ein, sondern warten, bis Mitmenschen mit Fragen auf sie zukommen, aber wünschen sich oft den Einfluss, die die graue Eminenz bei Entscheidungsfindungen üblicherweise innehat. Diese ziehen nämlich im Hintergrund die Fäden und bilden mit ihren Ratschlägen Meinungen.

ProphetIn im eigenen Lande

Die Sonnenfinsternisse haben oft jedoch nicht den Einfluss, den sie sich wünschen oder der ihnen laut ihrer Kompetenz auch zustehen würde. Viele von ihnen haben wirklich eine sehr noble Art, sich nicht in den Vordergrund zu drängen und darum wird ihr innerer Reichtum nicht erkannt. Manchmal können sie nur zuschauen, wie andere in ihr Verderben rennen, obwohl sie persönlich das längst schon vorausgesehen und auch mitgeteilt haben. Oft bleibt wirklich nur mehr der Satz: „Ich hätte es dir doch gesagt, aber du hast nicht auf mich gehört!"

ProphetIn im eigenen Land

Wenn eine Sonnenfinsternis in einer Angelegenheit um Rat gebeten wird, dann setzt sie sich ernsthaft damit auseinander und ist aufrichtig bemüht zu helfen. Manchmal stellt sie sich dermaßen selbst in den Hintergrund, dass andere völlig vergessen, dass diese Idee oder dieser Ratschlag von ihr war. Oder ihre Bescheidenheit wird ausgenützt und es passiert ihnen, wie bei der schon erwähnten Zeichentrickfilmserie „Wickie und die starken Männer", dass der Häuptling, welcher nicht mit solch brillantem Verstand gesegnet ist, meist versucht, sich die Lorbeeren seines Sohnes einzuheimsen. „Das habe ich auch gerade gedacht!", heißt es dann.

Wenn die Sonnenfinsternisse sich einer Angelegenheit annehmen, dann mit kritischem Geist. Sie hinterfragen alles, zerlegen es in die Bestandteile und bauen es wieder zusammenbauen, um die Struktur des Problems zu verstehen und damit wirklich alle möglichen Lösungen zum Vorschein zu bringen. Für diese oft auch umständliche und langwierige Art fehlt anderen Typen oft die Geduld und die geistige Fitness, sodass sie manchmal auch die schnellere Lösung der besseren vorziehen und die Arbeit, die sich eine Sonnenfinsternis für die Problemlösung macht, oft nicht gebührend zu schätzen wissen.

Gleich geht es ihnen oft im familiären Bereich: Dort sind sie in der Regel die verständigsten und vernünftigsten und kommen damit in der Familie oft zu kurz. Weder sind sie die RebellInnen, noch die DramatikerInnen oder die Sensibelchen, sodass sie schlussendlich am wenigsten Aufmerksamkeit erhalten. Um ihren Platz in der Familie einzunehmen, übernehmen sie gerne die Verantwortung, oft auch mehr als sie tragen können. Sie schätzen sich nämlich oft stärker ein, als sie sind. Manchmal versuchen sie sogar bei Konflikten in der Familie die Vermittlung zu übernehmen, hören jedem und jeder zu und versuchen danach alles auszugleichen. Dieser Liebesdienst der Sonnenfinsternisse wird in den Familien nicht immer gesehen, da sie es selbstverständlich tun und kein großes Theater darum machen.

Das Element

Sonnenfinsternisse kommen in der materiellen, direkt erfassbaren Welt am besten klar.

Das Element der Sonnenfinsternis ist die Erde. Es steht dafür, dass dieser Typ mit beiden Füßen auf dem Boden steht, natürlich mehr als die Sonne, welche in der Luft, der Vollmond im Wasser und der Neumond im Feuer zuhause ist. Sonnenfinsternisse kommen in der materiellen, direkt erfassbaren Welt am besten klar. Sie prüfen nüchtern die Welt, die sie umgibt, konzentrieren sich in erster Linie auf das, was für sie realisierbar ist und glauben auch am ehesten, was real wahrnehmbar ist.

Auf das Element Erde ist auch ihre Geduld, ihre Selbstdisziplin sowie Beharrlichkeit zurückzuführen und ihr zielgerichtetes, vernünftiges Handeln. Sie sind praktisch veranlagt und legen Wert auf schon Erprobtes und Bewiesenes. Sie lieben das Althergebrachte und damit auch die Traditionen. Gerade Sonnenfinsternisse sind oft die BewahrerInnen der Kultur und der Geschichte.

Genauso ist ihre Strukturliebe auf dieses Element zurückzuführen. Sie brauchen Ordnung und Beständigkeit in ihrem Leben, um sich wohlzufühlen und verändern es nur dann, wenn sie wirklich von außen dazu gezwungen werden – und nicht, bevor sie eingehend darüber nachgedacht haben. Ein Sonnenfinsternis-Freund von uns meinte einmal, als es für ihn darum ging, in seinem Entwicklungsprozess alte Strukturen loszulassen, weil sie ihm nicht mehr gut taten: „Dafür brauche ich Zeit." Es ging darum, sich vom Elternhaus ein wenig zu lösen und gleichzeitig jede Institution und jeden Verein, dem er im Laufe seines Lebens beigetreten war, zu hinterfragen: „Zuerst muss ich mich an den Gedanken gewöhnen. Ich kann nicht einfach alles loslassen, woran ich mich mein ganzes Leben lang gehalten habe." Und meinte damit auch, dass er zuerst auch etwas Neues finden müsse, das ihn trägt, bevor er das Alte verlässt. Eine Sonnenfinsternis schwingt sich von einer Struktur in die nächste, die haltlose Leere dazwischen ist für sie nur schwer erträglich.

Wenn vom Element Erde die Rede ist, fallen die Begriffe Geduld, Ausdauer, Zuverlässigkeit, Gründlichkeit, Treue, Ausdauer und Ruhe; alles

Qualitäten, die die Sonnenfinsternis auszeichnen und die wir schon zu Genüge in den vorigen Kapiteln beschrieben haben.

Dieses Element deutet jedoch auch auf eine andere Qualität hin, die wir noch nicht hervorgehoben haben: Die Fähigkeit der Sonnenfinsternis, die eigene wirtschaftliche Lage gut in den Griff zu bekommen und das Leben hier auf Erden sehr angenehm zu gestalten. Das ist in jeder Sonnenfinsternis angelegt.

Beim Begriff „Erde" geht es um das Element *und* das Gestirn. Es ist auffallend, dass dieser Typ als einziger nicht einen naheliegenden Zusammenhang mit dem Gestirn hat, nach dem er benannt worden ist. Die Sonne, der Neumond und der Vollmond – alle drei entsprechen einem Gestirn bzw. einem genau definierbaren Zustand desselben. Der Zusammenhang der Sonnenfinsternis mit dem Planeten Erde hingegen ist nicht so schnell zu erkennen. Wir haben es uns damit erklärt, dass im Grunde der Standpunkt klar wird, von wo aus die Sonnenfinsternis betrachtet wird, nämlich von der Erde aus. Von da aus kann gesehen werden, wie der Mond sich vor die Sonne schiebt. Das ist auch der Grund dafür, dass die Sonnenfinsternis die Fähigkeit hat, sich und die Situation, in der sie sich befindet, auch von außen betrachten zu können.

Die Seelenfarbe

Von Ockergelb über Orange bis Braun

Wen wundert es noch, dass die Sonnenfinsternis das breiteste Farbenspektrum in der Seelenfarbe besitzt? Die Vielfalt, die sie innehat, spiegelt sich auch in den möglichen Farben wider, die ihre Seele haben kann. Die Seelenfarbe einer Sonnenfinsternis kann einen Farbton innerhalb des Spektrums von Ockergelb bis Orange, aber auch von Orange bis Braun haben.

Die Vielfalt, die sie innehat, spiegelt sich auch in den möglichen Farben wider, die ihre Seele haben kann.

Laut Farbenlehre ist Braun nichts anderes als ein stark abgedunkeltes Gelb oder Orange. Die Farbe Braun kann unter anderem auch ein stark abgedunkeltes Rot sein, was jedoch in meiner Erfahrung nie in der Seelenfarbe einer Sonnenfinsternis aufgetreten ist.

Nicht umsonst werden helle Brauntöne „naturfarben" genannt und das Braun der Sonnenfinsternis bezeichne ich gerne als „erdfarben". In der Farbtypenlehre wird oft eine Beziehung zwischen dem Charakter der Person und seiner Lieblingsfarbe hergestellt: Die Farbe Braun wird auf den Erdmenschen bezogen. Womit wir wieder beim Thema wären, denn damit kommen wiederum all die Assoziationen hoch, die wir schon beim Element Erde beschrieben haben. Die Farbe Braun verweist auf eine Erdverbundenheit und damit auch wieder auf die Tradition. Bei dieser Farbe kommen vielen auch Bilder wie Erde, Lehm, Natur in den Sinn, aber auch Gefühle der Gemütlichkeit, Geborgenheit und Ruhe.

Von Braun über Ocker bis Orange

Die Sonnenfinsternisse mit den Brauntönen sind die strukturiertesten und die traditionellsten.

Die Sonnenfinsternisse mit den Brauntönen sind die strukturiertesten und die traditionellsten, aber auch die ruhigsten dieses Typs.

Sonnenfinsternisse, deren Seelenfarbe eher Richtung Orange geht, einer Mischung zwischen Gelb und Rot, sind eine Spur optimistischer und lebensfroher als die anderen ihres Typs. Ihnen fällt es leichter, es „fließen" zu lassen und auch einmal den Moment leben zu können. Der Typ mit diesem Farbton ist der sinnlichste, aber auch kreativste unter ihnen, der sowohl Lust wie auch Zorn in seinen Charakter integriert. Nicht umsonst gilt in der Psychologie der Orangeton als stimmungsaufhellend und Lust stimulierend, in der Tiefenpsychologie steht er für Kommunikation – tatsächlich ist die Sonnenfinsternis mit diesem Farbton deutlich gesprächiger als die mit der braunen Seelenfarbe.

Bei diesem Farbton kommt am meisten die vielfältige Mischung heraus, die die Sonnenfinsternis darstellt. Auch sie ist dem Element Erde zugehörig wie alle anderen Sonnenfinsternisse, hat durch das Orange ihrer Seelenfarbe auch das Gelb der Sonne und das Rot des Neumondes in sich.

Die Farbe Ockergelb beinhaltet auch die Leichtigkeit, die Sie schon bei der Sonne kennen gelernt haben. Das sind die Sonnenfinsternisse, die dem Wesen der Sonne am nächsten stehen und auch die größte ausgleichende Wirkung haben, doch als Sonnenfinsternis hat bei ihnen der Geist natürlich mehr Bedeutung als bei der Sonne. Sie sind viel klarer, das Denken fällt ihnen natürlich mehr als leicht und Lösungen haben sie schneller bei der Hand. Auch dieser Farbton unter den Sonnenfinsternissen ist sehr gesprächig und sucht die gedankliche Auseinandersetzung mit anderen. Wenn wir am Anfang vom „suchenden Typ" gesprochen haben, so trifft das auf sie am meisten zu. Sie lieben die Erkenntnis!

Der Sonnenfinsternis-Mann

Die Wirkung

Der Sonnenfinsternis-Mann besticht weniger durch seine körperliche Ausstrahlung, als durch sein enormes Wissen und sein klar durchdachtes Weltbild. Auch wenn er sportlich tätig ist, liegt seine Ausdruckskraft in erster Linie in seinen wachen, forschenden Augen, aus denen die geistige Regheit nur so aufblitzt.

Seine Ausdruckskraft liegt in erster Linie in seinen wachen, forschenden Augen, aus denen die geistige Regheit nur so aufblitzt.

Ob er nun zu denen gehört, die ihr breites Wissen mit wenigen Worten äußern, oder zu denen, die es in einem gewandten Vortrag vorbringen, seine ausgewählte Sprache fällt angenehm auf: Er findet die richtigen Worte, um sich auszudrücken, und liebt es, andere über sein Steckenpferd aufzuklären.

Die Wirkung, die Liebe und den Beruf von Sonnenfinsternis-Männern werden wir Ihnen nun anhand berühmter Persönlichkeiten aufzeigen. Wir bewegen uns zwischen Albert Einstein und Sigmund Freud oder zwischen Woody Allen und Nicolas Cage. Auch wenn Sie nicht alle Personen kennen, können wir Ihnen anhand dieser vier exemplarisch die Bandbreite der Wirkung von Sonnenfinsternis-Männern aufzeigen.

Albert Einstein (1879–1955) war eine sehr radikale Sonnenfinsternis, der auffallend stark – fast schon wie ein Neumond – die Strukturen hinterfragte. Dennoch machte er es auf Sonnenfinsternis-Art, indem er penibel Stein für Stein althergebrachte Mauern abriss. Was seinem Intellekt nicht standhalten konnte, wurde demontiert: Er widersetzte sich dem damaligen deutschen Schulsystem von Zucht und Ordnung, entging dem Armeedienst, indem er die deutsche Staatsbürgerschaft aufgab, und trat aus der jüdischen Religionsgemeinschaft aus. 1932 übersiedelte er definitiv in die USA, weil er nichts mehr mit Hitler-Deutschland zu tun haben wollte – auch hier folgte er konsequent seinen Überzeugungen.

Sigmund Freud (1856–1939) gilt als der Vater der Psychoanalyse, zu Deutsch: „Untersuchung der Seele". Mit seinen bahnbrechenden Erkenntnissen revolutionierte er die damalige Sicht der Krankheitsentstehung und befreite die Sexualität von kirchlichen Vorurteilen. Schon zu Lebzeiten erhielt er dafür Anerkennung und wurde dafür verfolgt. Freud steht für die Sonnenfinsternis-Männer, die mit ihrer Brillanz Außergewöhnliches schaffen können und dafür auch Verehrung *und* Verfolgung, auf alle Fälle eine große Beachtung erhalten.

Woody Allen (geb. 1935) gilt als einer der bedeutendsten Regisseure unserer Zeit. Er hat seinen eigenen Stil entwickelt, intellektuellen Witz mit erfundenen Geschichten aus seinem Privatleben. So spielt er im Film „Der Stadtneurotiker" ein wenig sich selbst: einen erfolgreichen Komiker, intellektuellen Juden, ziemlich neurotisch, der es sich mit den Frauen verscherzt. Bis auf den Charakter selbst ist die Geschichte aber erfunden.

Er fiel lange Zeit nicht weiter auf – typisch Sonnenfinsternis – und seine ersten Auftritte waren eine Katastrophe, da er schüchtern und linkisch herüberkam. Genau diese Schwächen machte er danach zu seinem Markenzeichen.

Von Nicolas Cage (geb. 1964) gibt es eine schöne Beschreibung: „Er ist nicht schön – hat Hollywoods größte Geheimratsecken und schaut mit traurigen Augen streng in die Welt. Doch aus seinem Allerweltsgesicht holt Nicolas Cage alles raus, vom gescheiterten Trinker bis zum strahlenden Actionhelden. Und wenn's sein muss, isst der Extrem-Schauspieler sogar lebende Kakerlaken." Und: „Nic ist der Jazz-Musiker unter den Schauspielern." (Quelle siehe Impressum)

Dies ist eine äußerst treffende Beschreibung der enormen Bandbreite an Ausprägungen, die eine Sonnenfinsternis aufweisen kann!

Die Liebe

Der goldene Mittelweg besteht darin, den eigenen Gefühlen ehrlich zu begegnen und sich selbst zu fühlen, nicht die Gefühle zu „denken".

Die Persönlichkeiten, die wir hier ausgewählt haben, hatten alle eher ihre Schwierigkeiten in der Liebe, was natürlich nicht für alle Sonnenfinsternis-Männer gilt. Doch ihre Schwierigkeiten im Umgang mit dem Gefühlsleben können dennoch als symptomatisch angesehen werden.

Albert Einstein war ein Frauenschwarm und blieb weder seiner ersten noch seiner zweiten Frau treu. Er war ein Frauenschwarm, seine zweite Frau duldete seine Affären und erst das Jahr vor ihrem Tod kümmerte er sich rührend um sie. Auch hier kommt wieder die große Palette der Möglichkeiten hervor, wie Sonnenfinsternis-Männer mit der Treue umgehen: Viele sind treu, tun sich sogar schwer, etwas zu beenden, andere wiederum – wie das Beispiel von Einstein zeigt – lassen sich schwer oder überhaupt nicht auf ausschließliche Beziehungen ein. Bei ersteren kann es auch nur um ein Festhalten der Strukturen gehen, eigene und anderer Gefühle missachtend, bei zweiteren hingegen wird die Sexualität vom Kopf her erkundet, ihre Theorien zum Thema Liebe experimentell ausgelotet, wodurch jedoch Gefühle anderer verletzt werden können. Natürlich sind letztere – mit den Worten von Oma – noch weniger in ihrer Kraft, aber für Sonnenfinsternis-Männer besteht generell der goldene Mittelweg darin, den eigenen Gefühlen ehrlich zu begegnen und sich selbst zu fühlen, nicht die Gefühle zu „denken". Auch die Sexualität ist vor allem für Sonnenfinsternis-Männer in jeder Hinsicht – ob sie nun konservativ oder ultraliberal sind – eine große Herausforderung, da sie noch einmal weiter als das Herz vom Kopf entfernt ist.

Auch Sigmund Freud ist dafür bekannt, dass er Schwierigkeiten hatte, eine warmherzige Beziehung zu anderen Menschen aufzubauen. Er tat sich zwar mit seinen Töchtern leichter als mit seinen Söhnen, aber da sie Frauen waren und damit in der Gesinnung des 19. Jahrhunderts dem Manne nicht ebenbürtig, näherte er sich auch ihnen gegenüber nur in Maßen. Von seinen Schwierigkeiten, sich tiefer in Beziehungen einzulassen, zeugt auch der Spruch: „30 Jahre lang habe ich die weibliche Seele studiert. Aber das Geschlechtsleben des erwachsenen Weibes ist für mich nach wie vor ein rätselhafter dunkler Kontinent."

Auch Woody Allen hat große Schwierigkeiten mit dem anderen Geschlecht. Nicht umsonst liebt er viel jüngere Frauen, die zu ihm aufschauen können. Als Vater wurde ihm eine verringerte Erziehungsfähigkeit wegen seiner Gefühlskälte nachgesagt. Anhand dieser beiden Beispiele wird deutlich, wie wichtig es für Sonnenfinsternis-Männer ist, dass sie sich bewusst mit Beziehungen auseinandersetzen, denn sie tendieren dazu – nicht nur durch ihre Struktur, sondern auch bedingt durch ihre Erziehung – z.B. den Beruf vor das Privatleben und die Gefühle hinter die Gedanken zu stellen. Auch die zuverlässigsten und treuesten unter ihnen bekommen von ihrer Familie immer wieder zu hören, dass sie in gedankliche Welten abdriften.

Nicolas Cage hat zwar auch ein äußerst bewegtes Liebesleben, aber seine jetzige Ehe gilt als stabil. Bei ihm ist auffallend, dass er – obwohl mitten im Rampenlicht – sein Privatleben so gut wie möglich unter Verschluss hält. Bei ihm kommt die Reserviertheit des Sonnenfinsternis-Mannes deutlich insofern heraus, dass er gerne seine Privatangelegenheiten für sich behält.

Wichtig bleibt, dass ein Sonnenfinsternis-Mann lernen sollte, seine Reserviertheit gegenüber mindestens einem Menschen zu überwinden und ihm sein Innerstes mitzuteilen – denn das ist der einzige Weg, sich im Gefühlsleben zu trainieren.

Der Beruf

Albert Einstein fiel in seiner Jugend überhaupt nicht mit einer Hochbegabung auf, im Gegenteil: Er fing erst mit drei Jahren an zu sprechen. Das Gerücht, er sei ein schlechter Schüler gewesen, stimmt zwar bezüglich seiner Leistungen nicht, aber seine Betragensnote war schlecht. Diese Biographie steht für viele Sonnenfinsternis-Männer: Sie sind lange unauffällig, bis sie ihren Weg gefunden haben und ihre Umwelt erkennt, was in ihnen steckt.

Sie sind lange unauffällig, bis sie ihren Weg gefunden haben und ihre Umwelt erkennt, was in ihnen steckt.

Albert Einsteins Arbeitsweise war extrem eigenwillig, er folgte kompromisslos seinen Schlussfolgerungen und das, was ihm logisch erschien, wurde als richtig weiterverfolgt. Durch sein bedingungsloses Vertrauen in seinen Verstand erschuf er – dem damals geltenden Weltbild zum

Trotz – die allgemeine Relativitätstheorie. Diese Durchsetzungskraft gegenüber Althergebrachten ist nicht allen Sonnenfinsternis-Männern eigen. Anhand von Einstein können wir klar machen, dass ihre Konformität so manches Mal ihre Genialität hemmt. Wie viele Einsteins gäbe es wohl, wenn sich Sonnenfinsternisse mehr trauen würden?

Bei seiner Nobelpreis-Verleihung 1921 war Albert Einstein nicht anwesend, da er auf einer Japan-Reise war. Hier wird deutlich, wie wenig es oft Sonnenfinsternis-Männer interessiert, im Mittelpunkt zu stehen, sie ihren Interessen zehn Mal mehr Gewicht geben als menschlichen Zusammenkünften.

Dass auch er sich schlussendlich bis zu seinem Tode vergeblich um die sogenannte Weltformel bemüht hat, zeigt wie leicht diese Durchsetzungskraft oft auch in Verbissenheit münden kann, die auch einmal weniger Erfolg zeitigt.

Durch sein bedingungsloses Vertrauen in seinen Verstand erschuf Albert Einstein die allgemeine Relativitätstheorie.

In seinem Beruf überragend war auch Sigmund Freud. Als Arzt – getrieben durch seinen Forschergeist – erschloss er ein neues Gebiet: die Psyche des Menschen. Er gilt als der Begründer der Psychoanalyse, übersetzt: Untersuchungen der Seele. Bei dem deutschen Begriff kommt deutlich heraus, dass so etwas nur ein Sonnenfinsternis-Mann einfallen konnte: ein Theoriegebäude an Methoden zur Untersuchung des menschlichen Erlebens, Denkens und Verhaltens. So wichtig die Erkenntnis über die Struktur des Geistes ist, so wenig erfasst sie die komplexen Wechselspiele zwischen Seele, Geist und Leib. Dennoch ist ihm anzuerkennen, dass er sich als klassischer Arzt in dieses unergründete Gebiet der Seelenkunde hineingewagt hat.

Auffallend ist, dass er sich schwertat, falsche Theorien zu widerrufen. So war er davon überzeugt, seinen morphiumsüchtigen Freund mit Kokain heilen zu können, doch als ihm das nicht gelang, hat er es nur seiner zukünftigen Frau anvertraut …

Auch Woody Allen hatte schließlich einen kometenhaften Aufstieg im Filmgeschäft. Sein außergewöhnlicher Sprach- und Bildwitz begeisterte die Massen. Der Schauspieler und Regisseur hat es gut verstanden, aus seinen Schwächen Stärken zu machen – eine Fähigkeit, die in vielen Sonnenfinsternis-Männern schlummert.

Nicolas Cage müssen wir wieder für die Bandbreite bemühen, die auch im beruflichen Leben der Sonnenfinsternis-Männer beispielgebend ist: Kaum einer hat es geschafft, zum einen ein Hollywood-Star mit Kassenschlagern und zum anderen ein anerkannter Schauspieler in den unabhängigen, „kleinen" Filmen mit bescheidenen Budgets zu sein.

Wir haben nicht umsonst hier beispielgebend vier beruflich sehr erfolgreiche Männer ausgewählt, doch für so manche Sonnenfinsternis-Männer gilt vielmehr, dass sie erst lernen müssen, sich im beruflichen Umfeld einzubringen und für ihre Leistungen wertschätzen zu lassen.

Die Sonnenfinsternis-Frau

Die Wirkung

Die Sonnenfinsternis-Frau unterscheidet sich meist schon deswegen von dem Sonnenfinsternis-Mann, weil sie normalerweise eine ganz andere Erziehung genossen hat. All die Eigenschaften, die die Sonnenfinsternis auszeichnet, die Bedachtsamkeit, die Wissbegierde und die Zielstrebigkeit wurden bislang bei einer Frau bei weitem nicht so gefördert, im Gegenteil: Eine Frau mit „zu viel Kopf" löst in der Gesellschaft eher Unbehagen aus. Sie sei „zu männlich" und sie rede „zu viel". Bei so manchem Mann, der nach dem alten Rollenverständnis erzogen worden ist, löst eine selbstsichere, weil selbst denkende Frau Ängste aus. Sie entspricht so gar nicht den früher gängigen Weiblichkeitsvorstellungen und so passiert es, dass sie immer wieder mit ihrer Art aneckt. Von Frauen wird meist eine gefühlvolle, weiche, eventuell auch körperlich sinnliche Ausstrahlung erwartet. Damit können die Sonnenfinsternis-Frauen in der Regel nicht dienen, wollen es meist auch nicht.

Bei so manchem Mann löst eine selbstsichere, weil selbst denkende Frau Ängste aus.

Nach wie vor tut sie sich schwerer als ihre männlichen Geschlechtsgenossen, für ihre (Denk-)Leistungen anerkannt zu werden. Berühmtestes Beispiel dafür ist wohl Marie Curie (1867–1934), die 1903 den Nobelpreis für Physik und 1911 den für Chemie erhalten hat. Sie gehört zu den wenigen, die Nobelpreise in zwei unterschiedlichen Gebieten erhalten hat, reden wir gar nicht von den wenigen Frauen, die bislang überhaupt einen Nobelpreis, vor allem in diesem Gebiet, erhalten haben. Curie durfte als Frau nicht in Warschau studieren, sondern musste dafür nach Frankreich. Ihr verdanken wir die Erforschung radioaktiver Substanzen. Sie war die erste Frau und die erste Professorin, die an der Sorbonne lehrte, wurde aber nicht in der Académie des sciences aufgenommen – nur weil sie eine Frau war. Während zur gleichen Zeit die sexuellen Eskapaden von Einstein ein offenes Geheimnis waren, wurde das Verhältnis nach dem Tode ihres Mannes mit einem seiner Studenten öffentlich gebrandmarkt. Sie wurde als Intellektuelle, als Jüdin, als sonderbare Frau verschrien.

Curie steht hierbei für viele andere Frauen, die gar nicht ihren Ruhm erreichen konnten. Bis heute haben es Sonnenfinsternis-Frauen noch schwerer als ihre männlichen Artgenossen, wie z.B. Hillary Clinton (geb. 1947), die erste First Lady im Weißen Haus, die nicht nur als Gattin des ehemaligen amerikanischen Präsidenten Bill Clinton in die Geschichte eingeht, sondern selbst eine Bilderbuchkarriere aufzuweisen hat. Sie ist bis heute in der Politik tätig, nun Außenministerin vom aktuellen Präsidenten Barack Obama, und gehört sicherlich zu den 100 mächtigsten Frauen der Welt. Ihr Beliebtheitsgrad dürfte weit geringer ausfallen ...

Die Liebe

Sonnenfinsternis-Frauen sind sehr feinfühlig und wollen es allen recht machen.

Wie so oft kommen auch hier die zwei Seiten der Medaille zum Tragen. Der Vorteil der weiblichen Sozialisierung der Sonnenfinsternis-Frau ist der, dass sie in ihren Schwächen mehr gestärkt werden. Sie wird von klein auf dahingehend erzogen, ihre Gefühle nicht nur zuzulassen, sondern auch zu leben. Damit hat sie eine Reihe von Schwierigkeiten, mit denen eine Sonnenfinsternis normalerweise zu kämpfen hat, von vorneherein schon verringert.

Nachteile hat es aber gleich zwei: Ihre Stärken wie ihre geistige Regheit, ihre Intelligenz und ihr Ehrgeiz wurden bei vielen Sonnenfinsternis-Frauen in ihrer Erziehung gebremst, während andere Eigenschaften wie Fleiß, Pflichtgefühl, Selbstdisziplin und Harmoniedenken oft auch zu ihrem Nachteil gefördert wurden. Hierbei wurden diese Stärken ganz oft für Belange eingesetzt, die der Familie dienten, anstatt dass sie diese für sich selbst und ihre Ziele einsetzten durfte. Daher stammt auch ihr übersteigertes Verantwortungsbewusstsein, sodass Sonnenfinsternis-Frauen vor allem diesbezüglich stark an sich zu arbeiten haben.

Diese Sozialisierung hat also die Sonnenfinsternis-Frau sehr stark in der Entwicklung ihres Liebeslebens beeinflusst.

Sie sind sehr feinfühlig und wollen es allen recht machen. Sie stellen sich in der Regel hinten an und schauen sehr gut auf alle Familienmitglieder. Die Bandbreite der Beziehungsformen ist groß bei ihnen: Entweder sie tendieren zum Rückzug – eventuell in ihr Arbeitsleben, oder sie explodieren sehr oft, weil sie sich nicht verstanden fühlen, bzw. versuchen ausschließlich über verbale Kommunikation mit ihren PartnerInnen alles zu regeln. Es empfiehlt sich daher für Sie, sich selbst auch in der Beziehung ernst zu nehmen und das Spektrum der Kommunikationsformen zu erweitern. Das Kapitel „Wie die Sonnenfinsternis in die Kraft kommt" enthält für die Sonnenfinsternis-Frau so einige Tipps bereit.

Der Beruf

Die berufliche Selbstverwirklichung ist für Sonnenfinsternis-Frauen von großer Bedeutung. Dort können sie die Stärken ihres Denkens ausleben und können unter Umständen die Anerkennung erhalten, die ihnen in dieser Gesellschaft in der Mutter- und Haushaltsrolle meistens verwehrt bleibt. Sie lieben die täglichen Herausforderungen und sind die geborenen Organisatorinnen, Forscherinnen und Kombiniererinnen. Die erste Richterin Südtirols z.B., Margit Fliri, war nicht umsonst eine Sonnenfinsternis-Frau. Wie schon bei der Wirkung erwähnt, sind die Frauen, die beruflich ihren Erfolg feierten, jedoch nach wie vor eher selten, denn die „gläserne

Decke" verhindert, dass sie dorthin kommen, wo sie aufgrund ihrer Kompetenz und ihrer Fähigkeiten eigentlich hingehören würden. Nach wie vor werden nur 5–6% der Führungspositionen von Frauen eingenommen, obwohl die Frauenquote bei den Universitätsabgängen über 50% liegt.

Wenn sie dennoch ihren beruflichen Weg verfolgen, kommen sie bis heute noch ins Schussfeld der Kritik – als Rabenmütter und schlechte Ehefrauen oder Mannweiber, die ihre biologische Uhr nicht wahrnehmen und alle darunter zu leiden hätten, dass sie es versäumt hätten, ihren „weiblichen Instinkten" nachzugeben.

Wahr ist jedoch, dass Sonnenfinsternis-Frauen mehr als andere einen eigenen Entwurf von Weiblichkeit finden müssen und können – denn das ist zugleich ihr großer Reichtum.

Das Sonnenfinsternis-Kind

Die kleinen Genies

Sonnenfinsternis-Kinder sind sehr interessiert, wissbegierig und fragen Ihnen Löcher in den Bauch.

Schon von klein auf sind Sonnenfinsternis-Kinder neugierig auf die Welt. Sie sind sehr interessiert, wissbegierig und fragen Ihnen Löcher in den Bauch. Sie wollen die Welt verstehen. Wichtig ist, dass sie dafür nicht nur Bücher und Medien verwenden, sondern auch das Gespräch suchen!

Kennen Sie den Fünfjährigen, der sich die Zeitungen schnappt und Wörter abschreibt, sich von den großen Schwestern das ABC lehren lässt und perfekt bis 100 zählen kann, oder die Dreijährige, die sich weniger für die Malbücher, sondern für die Bücher mit Buchstaben interessiert und nicht auf die gezeichnete Kuh zeigt, sondern auf das *Wort* Kuh? Mit einer Beharrlichkeit setzen sie sich daran etwas zu lernen, denn das Lernen selbst bereitet ihnen Freude.

So etwas können und sollen Sie auf keinen Fall unterbinden! Lassen Sie dem Kind seine Begeisterung für das Neue, aber helfen Sie ihm, sich nicht in einem Themenbereich zu viel hineinzusteigern, sondern sein Interessensgebiet eher auszuweiten. Wenn das Kind den anderen AltersgenossInnen schnell einmal voraus ist, kein Problem, denn im emotionellen und körperlichen Bereich hat es meist noch aufzuholen. Sorgen Sie jedoch dafür, dass bei Ihrem Kind die menschlichen Beziehungen nicht zu kurz kommen! Wenn der Opa Mechaniker ist und das Kind technisch interessiert, lassen sie die beiden zusammen werkeln! Dann eignet es sich gleichzeitig auch Instrumente für den Beziehungsbereich an. Das Sonnenfinsternis-Kind tendiert meist zu einer hohen Gründlichkeit. Damit das nicht in Perfektionsdrang ausartet, empfiehlt es sich, ihm beizubringen, dass etwas, was nicht perfekt ist, dennoch gut und schön sein kann.

Das gemächliche Kind

Erkennen Sie die besonderen Fähigkeiten und Interessen Ihres Kindes an.

Ein Sonnenfinsternis-Kind fühlt sich wohl, wenn es in seiner Welt bleiben darf und genüsslich ein Thema erkunden kann – ob es nun die RadiozerlegerInnen oder die SammlerInnen sind. Erkennen Sie die besonderen Fähigkeiten und Interessen Ihres Kindes an. Loben Sie es dafür, auch oft vor anderen! Um die Vorherrschaft des Kopfes einzudämmen, sollten Sie seinen Antrieb auf einer anderen Ebene fördern: Ermuntern Sie es zu Bewegung, spielen Sie Spiele, welche das Denken mit Körperlichkeit verbinden, und versuchen Sie als Familie gemeinsam regelmäßig Bewegung zu betreiben – ob Sie nun sonntags wandern oder Skifahren gehen oder nachmittags schwimmen, bleibt Ihnen überlassen. Es sollte jedoch eine wiederkehrende Tradition der Familie werden, dann hängt sich das Kind daran. Sonnenfinsternis-Kinder lieben Traditionen und Rituale, die sich wiederholen, da sie ihnen Sicherheit geben.

Mit Entscheidungen tun sich Sonnenfinsternis-Kinder oft schwer. Da brauchen sie Unterstützung. Diskutieren Sie die Vor- und Nachteile einer Sachlage mit Ihrem Kind durch und integrieren Sie hierbei in die Entscheidungsfindung auch die Lust und die Vorliebe des Kindes. Wichtig für es ist, dass jede Entscheidung innerhalb eines gewissen Zeitraumes stattzufinden hat.

Das schüchterne Kind

Viele Sonnenfinsternis-Kinder sind schüchtern und zurückhaltend. Sie brauchen ihre Zeit, bis sie bei anderen auftauen. Geben Sie Ihnen diese Zeit, aber fördern Sie den sozialen Kontakt Ihres Kindes. Es müssen nicht viele Freundschaften sein, aber mindestens einige wenige, mit denen es regelmäßig in Beziehung tritt.

Für Sonnenfinsternis-Kinder sind Gruppen sehr wichtig. Schon im Kindergarten sollten Sie sie unterstützen, ihren Freundeskreis zu erweitern. In der Gruppe sollten gerade diese Kinder nicht „vergessen", sondern ganz bewusst hereingeholt und in ihrem Selbstwert gestärkt werden.

Umgekehrt ist beim Sonnenfinsternis-Kind das Einfühlungsvermögen zu schulen, damit es den emotionalen Zugang zu den anderen lernt. Wenn Sie mit einem Sonnenfinsternis-Kind eine soziale Situation beobachten, z.B. dass ein Kind von einem anderen ausgegrenzt wird, dann fragen Sie es: „Versuche nachzufühlen, wie es diesem Kind nun geht." Und ergründen Sie daraufhin, gemeinsam mit ihm, was dazu geführt hat und welche Gefühle dabei im Spiel waren.

Das vernünftige Kind

Das Sonnenfinsternis-Kind ist vom Wesen her brav, zuverlässig und selbständig. Das kommt daher, dass es die Welt um sich versteht, weil die Vernunft bei ihm schon von klein auf eine große Rolle spielt. Es versteht die Sinnhaftigkeit der Regeln der Eltern und kann sich daher leicht daran halten.

Das führt oft dazu, dass dieses Kind im Familiengefüge oft zu kurz kommt, da es die eigenen Bedürfnisse nicht mit einbezieht. Es bringt sich selbst wenig ein, es bittet selten um etwas und fügt sich den gegebenen Umständen nach außen hin immer problemlos. Umso wichtiger ist es, immer wieder darauf zu achten, was es braucht, nachzufragen und sich nicht mit Antworten wie „nichts" oder „ich weiß nicht" zufriedenzugeben. Lehren Sie es vielmehr, die eigenen Bedürfnisse wahrzunehmen und sich selbst diesbezüglich mehr mitzuteilen.

So komisch das jetzt auch klingen mag, aber ermuntern Sie Ihr Kind immer wieder, Strukturen zu hinterfragen und Regeln nur dann einzuhalten, wenn sie ihm richtig erscheinen. Im Grunde gilt: Fordern Sie ein Sonnenfinsternis-Kind auch manchmal dazu auf, unvernünftig zu sein! Das tut ihm gut.

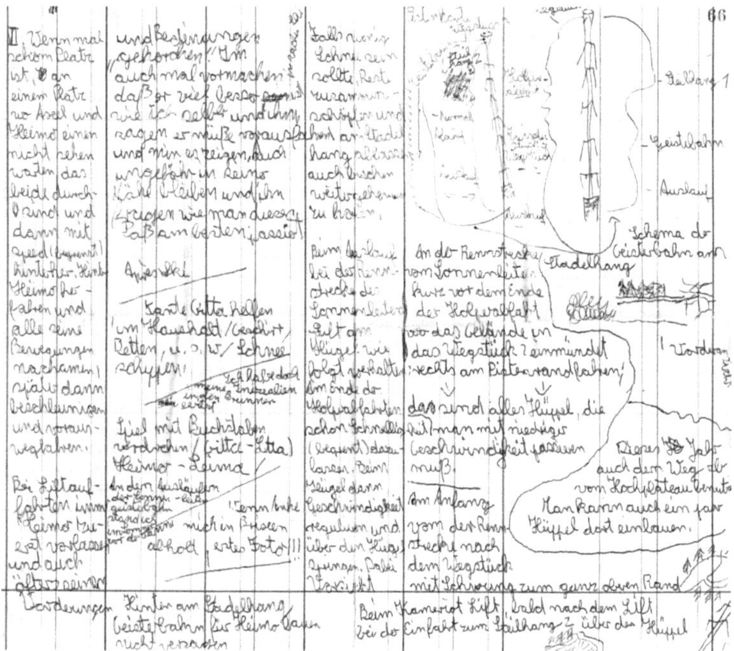

Ulis Cousin Thomas hat hier freundlicherweise diese Tagebuchnotiz zur Verfügung gestellt, die er geschrieben hat, als er 13 Jahre alt war. Thomas lebte mit seinem Bruder in Deutschland und kam auf Besuch zu seinen Cousins Heimo, Axel und Anke. Hier ein Ausschnitt seiner abendlichen „Vorbereitung" für den gemeinsamen Skilauf und dazwischen drinnen noch die „Hausaufgaben" bei der Tante Gitta. Hier kommen das strukturierte, das brave und das ehrgeizige Sonnenfinsternis-Kind bestens zum Ausdruck.

Die kleinen VermittlerInnen

Sie haben die Fähigkeit, die einzelnen Familienmitglieder zu verstehen und sie miteinander in Beziehung zu bringen

Sonnenfinsternis-Kinder tendieren dazu, alle Mitglieder in ihrer Familie zu verstehen. Sie beziehen automatisch alle ein und haben sogar deren Bedürfnisse im Blickfeld. Sie übernehmen Verantwortungen, die ihnen nicht zustehen. So kommt es in unserer Erfahrung öfters vor, dass sie die Vermittlerrolle bei Familienstreitigkeiten einnehmen und damit komplett überfordert sind. Aus Liebe nehmen sie die schwierige Rolle auf sich, da sie instinktiv wissen, dass sie die Fähigkeit haben, die einzelnen Familienmitglieder zu verstehen und sie miteinander in Beziehung zu bringen – in ihrem Kopf. Was es bedeutet, diese Lösungsmöglichkeit zwischen Streitenden umzusetzen, was das emotional beinhaltet, dessen sind sie sich natürlich nicht bewusst.

Gleichzeitig nehmen sie sich dabei so zurück, dass sie selbst viel zu kurz kommen und bei weitem nicht die Liebe und Aufmerksamkeit erhalten, und auch nicht imstande sind sich zu holen, die sie brauchen.

Manches Mal wachsen sie dann mit Schuldgefühlen auf, was ihrem Selbstwert nicht gut tut. Falls Ihr Kind diese Tendenz hat, so zeigen Sie ihm, dass Sie Ihre Probleme selbst lösen können und es das Recht hat, Kind zu sein.

In die Kraft kommen

Wie eine Sonnenfinsternis in ihre Kraft kommt

Dieses Kapitel über Sonnenfinsternisse zu schreiben ist äußerst schwer, denn kaum ein anderer Typ beherbergt so eine breite Palette verschiedener Ausprägungen. Die Sonnenfinsternis ist ein Typ der Extreme – entweder ganz unsportlich oder LeistungssportlerIn, entweder schweigsam oder redend wie ein Wasserfall – alles ist möglich und alles gehört dazu. Dementsprechend werden wir versuchen, in den Erklärungen, Tipps und Übungen in diesem Kapitel dieses breite Spektrum zu berücksichtigen. Eine zusammenfassende Lösungsorientierung finden Sie in Kapitel 11, S. 328–329.

Wenn Sie etwas nicht betrifft, überspringen Sie es ruhig, denn es wird anderes geben, was mehr auf Sie zutrifft. Wir können es nicht oft genug wiederholen, dass jeder Mensch einzigartig ist und innerhalb jeden Typs eine große Bandbreite an verschiedenen Persönlichkeiten auftreten – und bei Sonnenfinsternissen gilt das noch einmal mehr.

Wie kommt eine Sonnenfinsternis in die Kraft? Laut Oma, indem sie die Vielfalt, die in ihr steckt, entdeckt und in die Blüte bringt.

So manche Sonnenfinsternis reagiert, wenn sie erfährt, welcher Typ sie ist, mit folgenden Worten: „Na toll, im Grunde bin ich ein Nichts. Von allem ein bisschen, im Grunde nichts Eigenständiges!" Doch das ist alles eine Frage der Anschauung. So zeigt dies, dass Sonnenfinsternisse dazu tendieren, so etwas als ein Problem zu betrachten und sich eher auf das konzentrieren, was fehlt. Im Grunde könnte gerade diese Beschaffenheit auch als einzigartige Fülle betrachtet werden, die den Vorteil hat, dass sie sich nicht genau festlegen müssen.

Die Sonnenfinsternis ist ein wenig Sonne, ein wenig Vollmond, ein wenig Neumond und dennoch etwas ganz Eigenes! Das scheint ein Widerspruch in sich zu sein, doch das ist es nicht, denn die Zusammensetzung zweier Farben ergibt auch eine neue Farbe: Rot und Gelb ergeben orange. Die orange Farbe ist zwar zusammengesetzt, hat aber ihre eigene Wirkung, ihre eigenen Eigenschaften und steht durchaus für sich selbst.

Die Unauffälligkeit

Distanziertheit und der Umgang damit

Zurückhaltend und im Kopf zu Hause, wie sie sind, haben Sonnenfinsternisse meist in der Ansammlung von mehreren Menschen keinen leichten Stand. Ihnen wird aber nicht so viel Misstrauen entgegengebracht wie dem Neumond, vielmehr werden sie oft einfach nicht wahrgenommen. Eine Klientin, die sich mit der Typenlehre auseinandersetzte, meinte einmal: „Bei Sonnenfinsternissen passiert mir oft, dass sie mir erst auffallen, wenn sie *nicht* da sind. Da wird mir erst bewusst, dass sie fehlen und mir wird klar, wie die einzelne eigentlich etwas Besonderes ist …" So manche Sonnenfinsternis leidet sehr darunter, so vergessen zu werden.

Bei Sonnenfinsternissen passiert mir oft, dass sie mir erst auffallen, wenn sie nicht da sind.

Aufgrund ihres ausgeprägten Verstandes ist ihr Zugang zu den Menschen umgeben von einer leichten Kühle. Ihre Emotionen unter Verschluss gehalten, erscheinen sie den anderen Typen – bis auf dem Neumond, der eindeutig kühler ist und darum auch gut mit dieser Art der Sonnenfinsternis kann – bisweilen distanziert bis emotionslos. Wie wir schon oben erwähnt haben, trifft das auf männliche Sonnenfinsternisse noch einmal mehr zu als auf die weiblichen. Die Sonnenfinsternisse gehen damit unterschiedlich um. Entweder sie nehmen sehr viel Platz ein, indem sie lange Vorträge halten, eifrig viele Fragen stellen, versuchen ihr Wissen stark einzubringen, oder sie ziehen sich noch mehr zurück. So oder so treten sie meist schwer in Beziehung, da sie sich mehr in der Kopfebene zu Hause fühlen, Beziehungen jedoch über die Gefühlsebene aufgebaut und vertieft werden. Sie sind somit oft frustriert darüber, nicht gesehen zu werden. Wenn das öfters passiert und schon in der Familie gang und gäbe war, beginnen sie darunter zu leiden und zu verbittern.

Versteckte Schönheit

Sich einbringen

Es gilt für Sie, die Schüchternheit zu überwinden und sich selbst einmal ernst zu nehmen mit Ihrem kostbaren Wissen.

Überprüfen Sie, wie Sie persönlich reagieren! Wie gehen Sie damit um? Gehören Sie zu denen, die sich eher zurückhalten? Dann gilt es für Sie die Schüchternheit zu überwinden und sich selbst einmal ernst zu nehmen mit Ihrem kostbaren Wissen. Vertrauen Sie darauf, dass Sie einen wertvollen Beitrag für die Gemeinschaft geben können, wenn Sie mit Ihren guten Ideen nicht hinter dem Berg halten! Lernen Sie, den richtigen Moment zu erkennen, in dem Ihre Weisheit gefragt ist. Wahr ist, dass das richtige Wissen zum rechten Zeitpunkt wie das letzte fehlende Puzzlestück in einem Gesamtbild ist und später wertlos sein kann, denn jedes Geschehen hat sein eigenes Gesamtbild.

Das heißt jedoch nicht, dass Sie – bis Sie es gelernt haben, diesen richtigen Moment zu nutzen – sich nicht einbringen brauchen. Vielmehr geht es darum, so schnell wie möglich diesen Einwand vorzubringen und auch spätere Chancen wahrzunehmen. Wir erläutern das nochmals an einem Beispiel: Eine Sonnenfinsternis arbeitet in einer leitenden Funktion in einem großen Betrieb. In einer Teamsitzung werden Rationalisierungsmaßnahmen besprochen. Das Thema ist sehr komplex und natürlich möchte jede Abteilung von den Kürzungen so wenig wie möglich betroffen sein. Da viele Faktoren berücksichtigt werden müssen, gibt es keine einfachen Lösungen.

Unsere Sonnenfinsternis ist gerade dabei, die verschiedenen Bereiche innerlich durchzugehen und jede mögliche Veränderung pro Bereich anzudenken und deren Konsequenzen durchzuspielen. Dabei versäumt sie, sich an der Teamsitzung aktiv zu beteiligen. Derweilen hätte sie einige brauchbare, noch ausbaufähige Gedanken bezüglich Kürzungen, die alle Abteilungen gleichzeitig beträfen und keine zu schmerzhaft spüren müsste. Sie hat nämlich in der Buchhaltung ein paar Ausgaben entdeckt, die vielleicht problemlos das Gesamtbudget entlasten könnten. Da sie in der Regel nicht HauptrednerIn ist, laufen diese Gedanken meist nur in ihrem Kopf ab. Natürlich könnte sie sich jetzt zurückziehen, vorerst diese Ideen für sich überprüfen und danach erst vorbringen.

Stellen Sie sich jedoch vor, wie gut es dem Klima dieser Teamsitzung tun würde, wenn die Sonnenfinsternis aufzeigte, dass auch konfliktärmere Lösungen möglich wären! Eine Überprüfung, ob dies möglich ist oder nicht, ist sowieso durchzuführen, doch nur die Idee an sich kann befreiend wirken und weitere Lösungsideen mit sich bringen.

Eine Sonnenfinsternis-Klientin erwiderte auf diese Aufforderung: „Wieso sollte das, was ich bringe, Weisheit sein? Außerdem gibt es doch nicht der Weisheit letzten Schluss!" Bei aller Bescheidenheit, dass eine Sonnenfinsternis „weiß, dass sie nichts weiß" – was wiederum ein Ausdruck von Weisheit ist –, sollte sie das nicht als Ausrede benutzen, um ihre Schwäche, sich nicht leicht einbringen zu können, zu verdecken. Es geht auch darum, dass sie sich immer darauf konzentriert, was noch fehlt und nicht was schon da ist. Würde eine Sonne diese Einstellung haben, so müsste sie meistens schweigen. Es geht nicht darum, *alles* zu wissen, sondern sich gemeinsam zu bemühen, möglichst alles zusammenzutragen und dabei braucht es den Beitrag von jedem/r einzelnen. Konkret bedeutet das, dass auch eine Sonnenfinsternis sich auf die eigene Stärke konzentriert, zum eigenen jetzt vorhandenen Wissen steht und sich einbringt. Währenddessen nämlich sie selbst das komplette Endbild zum Ziel hat, bemerkt sie oft nicht, dass ihr Beitrag schon für aktuell vorhandene Probleme eine Lösung darstellen kann.

Sie sollten sich auf die eigene Stärke konzentrieren, zum eigenen jetzt vorhandenen Wissen stehen und sich einbringen!

Lorbeeren sind erlaubt

Erlauben Sie sich, die Lorbeeren zu holen, die Ihnen zustehen, und lernen Sie zu ertragen, auch für einen kurzen Augenblick im Mittelpunkt zu stehen.

Ein Schulkollege von Uli war das Mathegenie der Klasse – raten Sie mal, um was für einen Typ es sich handelt ... Dieser war sehr schüchtern und wenn der Mathematik-Lehrer eine schwierige Frage an die Klasse stellte, sagte er die Lösung innerhalb kürzester Zeit still seinem Banknachbarn ins Ohr. Niemals hob er selbst die Hand, um laut seine Antwort vorzubringen. Seine hohe Begabung kam nur in den Schularbeiten heraus, vor allem bei einer Episode: Der Lehrer gab ihm „nur“ eine Acht (statt der normalen Neun oder Zehn), weil er für die Lösung bei einer Aufgabe nicht dem Lehrbuchweg gefolgt war. Vielmehr hatte er mit seinem brillanten Verstand eine Lösung gefunden, die nicht nur richtig war, sondern den klassischen Lehrweg sogar als falsch entlarvte. Die Klasse war sprachlos, der strenge Lehrer zuerst entrüstet streitend, danach Respekt zollend. Es brauchte solch eine Glanzleistung, damit diese Sonnenfinsternis endlich zu ihrer Größe stand! Treffend dabei, dass es ihm nur dabei ging, die Richtigkeit seines eigenen kreativen Weges zu verteidigen, seine eigene Größe war ihm egal. Es ging ihm ausschließlich um die Sache.

Hier hätte es der Aufmunterung des Lehrers gebraucht, dass dieser Schüler so langsam lernt, sich auch einmal in den Mittelpunkt zu stellen und die Lorbeeren seiner Leistungen einzuholen. Dabei hätte er manchmal ganz gezielt – egal ob der Schüler die Hand aufhebt oder nicht – ihn fragen können, ob er seine Antwort der Klasse mitteilen möchte, um ihn danach vor allen zu loben.

Die Stärke

„Der Weg des Geistes ist der Umweg“

Der Spruch des deutschen Philosophen Georg Wilhelm Friedrich Hegel (1770–1831) als Kapitelüberschrift soll darauf hinweisen, dass Handlung etwas Unmittelbares ist, das Denken hingegen weit ausholt. Die unmittelbare Wahrnehmung ist der direkte Zugang zur äußeren Welt, das Denken jedoch erschafft im Grunde eine virtuelle Welt im Kopf. Auf einmal ist alles möglich und neue Welten können erschaffen werden. Die Gefahr liegt hier darin, sich in diesen virtuellen Welten zu verlieren – vom Hundertsten ins Tausendste zu kommen. Wären wir jetzt Sonnenfinsternisse, dann könnten wir es uns nicht verkneifen, Ihnen zu erzählen, dass diese Redewendung „vom Hundertsten ins Tausendste“ aus der Mathematik kommt und mit den mittelalterlichen Gebräuchen des Rechnens zusammenhängt. Verstehen Sie, auf was wir hinaus wollen? Wir wären damit weit abgeschweift von dem, was wir Ihnen eigentlich vermitteln möchten!

Die Gefahr liegt hier darin, sich in diesen virtuellen Welten zu verlieren.

So manche Sonnenfinsternis verliert sich manchmal in ihren Gedankenwelten, verläuft sich auf der Suche nach Lösungen und Wahrheiten in Einzelheiten und manchmal sogar in Banalitäten. Eine Klientin erzählte uns von ihrem Sonnenfinsternis-Mann, dass er eine nicht zu überwindende Schwäche für Eckdaten habe. Als sie ihm daheim begeistert von ihrem Seminarbesuch erzählte, waren seine ersten Fragen über uns: Woher stammen sie? Wo wohnen sie? Wie alt sind sie? Welche Ausbildungen und Titel haben sie? usw. usf. Natürlich sind das keine Banalitäten, aber sie zeigen uns sehr gut auf, wie so manche Sonnenfinsternis gestrickt ist, denn natürlich fühlte sich unsere Klientin nicht gerade sehr ernst genommen. Sie hätte sich ganz andere Fragen gewünscht: „Wie ist es Dir ergangen? Was hat Dir so an dem Seminar gefallen? Erzähl mal!"

Für die Sonnenfinsternis ist das jedoch ihre Form Interesse zu bekunden. Sie legen innerlich eine Karteikarte an, ordnen somit neue Informationen in ihre vorherrschenden Raster ein. Dafür brauchen sie zuerst einmal konkrete Daten. Erst in einem zweiten Moment sind sie offen für das Neue. Für eine Nicht-Sonnenfinsternis kann das schon einmal befremdend wirken und abweichend vom Thema sein.

Um-Weg

Die Sonnenfinsternis und die Bürokratie

Ein anderes Beispiel ist die Sonnenfinsternis und die Bürokratie – wobei wir davon ausgehen, dass dieser ganze Bereich dem Wesen nach eindeutig der Sonnenfinsternis zuzuordnen ist, egal, welcher Typ darin arbeitet. Bürokratie braucht nämlich Mathematik, Ordnung, klare Gesetze und Regeln. Oft ist sie jedoch wie eine Sonnenfinsternis, die nicht in der Kraft ist: Anstatt eine Erleichterung der Verwaltung darzustellen, wird sie oft für sich selbst zelebriert.

An dieser Stelle habe ich ein praktisches Beispiel zur Hand: Ich als alleinerziehende Mutter zweier Kinder wollte von meinem Recht Gebrauch machen, auch rückwirkend die Familienzulage zu beziehen. Als ich beim Nationalen Fürsorgeinstitut (INPS) anrief, wurde mir von der zuständigen Beamtin erklärt, dass ich – wenn ich diese Zulage erhalten wolle – eine Reihe von Dokumenten zu bringen hätte. Ich brauchte ein halbes Jahr, um sie zusammenzutragen: historische Familienbögen, Erklärungen der Väter und was weiß ich alles. Ich hatte verschiedene Ämter abzulaufen, um irgendwelche Formulare einzuholen, und zusätzlich musste ich *alle* eingezahlten Beiträge der letzten fünf Jahre bei den verschiedenen Betrieben, für die ich freiberuflich gearbeitet hatte, nachweisen! Ein immenses Unterfangen, nicht nur für mich, sondern auch für die Betriebe. Mit 200 Blättern in zwei Klarsichtfolien plus einer Vielzahl von ausgefüllten Formularen ausgerüstet erschien ich Monate später endlich im zuständigen Amt.

Dort startete die zuständige Beamtin, mit der ich telefoniert hatte, den Computer und schwuppdiwupp: Alle Daten von mir kamen dort zum Vorschein, wann ich geboren bin, wo ich wohnhaft bin und war, mit wem, die Namen und Geburtsdaten meiner Kinder, meine Beschäftigungslagen und *alle* getätigten INPS-Beiträge der verschiedenen Betriebe, die in den letzten fünf Jahren eingezahlt wurden. Als ich sie darauf hinwies, dass ich ein halbes Jahr zusammengetragen habe, was sie mit einem Blick in den Computer schon hatte, meinte sie: „Ja, wo käme ich da hin, wenn ich bei jedem Telefonat in den Computer schauen müsste!"

Soll ich Ihnen jetzt noch sagen, dass mir diese Familienzulage schlussendlich doch nicht zustand? Bei einem zweiten Blick in ihren Computer stellte sich nämlich heraus, dass ich – da ich noch bei einer zweiten (staatlichen und damit verpflichtenden) Versicherung einzahlen musste – gar kein Anrecht auf diese Familienzulage habe! Der Neumond in mir kochte – terroristische Gedanken durchfluteten *meinen* Geist …

Spaß beiseite: Bürokratie soll der Vereinfachung dienen, nicht den Menschen das Leben schwer machen und den Dschungel des Lebens durch den Zivilisationsdschungel ersetzen! Strukturen sollen dem Menschen dienen und nicht umgekehrt. Das ist ein Grundsatz, den vor allem Sonnenfinsternisse nicht aus dem Auge verlieren sollten!

Das oben genannte Beispiel ist typisch für eine sich verselbständigende künstliche Welt und darum auch Mahnmal für jede Sonnenfinsternis. Sie können die geborenen FinanzberaterInnen sein oder sich selbst in den Steuergesetzen verlieren, die geborenen AnwältInnen, die die Gesetze für die Menschen anwenden, oder eben nur ParagraphenreiterInnen, die PC-ExpertInnen, die den Menschen die virtuelle Welt eröffnen, oder Technik-Freaks, die sich in ihrer Computerwelt verlieren …

Die Verbindung zwischen Kopf und Herz

Erst im Zusammenspiel zwischen Kopf und Herz können sie in direkte Verbindung mit dem Leben gelangen.

Der Weg dahin ist die Verbindung mit dem Gefühl. Oft setzen sie nämlich Gefühle mit Chaos gleich und das macht ihnen Angst, doch erst im Zusammenspiel zwischen Kopf und Herz können sie in direkte Verbindung mit dem Leben gelangen und die Auswüchse – wie das oben genannte Beispiel der Bürokratie – werden deutlich eingegrenzt. Bei allen noch so brillanten Ideen und Möglichkeiten geht es im Grunde nur immer darum: „Was nützt mir persönlich oder einem anderen Lebewesen diese Erkenntnis oder diese Verbesserung?" Denken Sie immer daran, wie können Sie konkret Ihre Gedanken und Ideen in dieser Welt des Hier und Jetzt umsetzen? Und wichtig ist: „Denken" Sie nicht nur, sondern fragen Sie sich auch, was Sie „fühlen". Dann fällt es Ihnen leichter, nicht aus den Augen zu verlieren, wieso Sie diese Gedanken überhaupt zu spinnen begonnen haben.

Auch Ihr unbändiger Forscherdrang und Ihre Wissbegierde sollten in diese Richtung kultiviert werden. Was wollen Sie bewirken? Wohin soll es gehen? Welchen Zweck verfolgt Ihre Forschung? Denn am Ende geht es darum, das Dasein zu verbessern. Forschung um der Forschung willen entfernt Sie von Ihrem Herzen und auch von der Gesellschaft.

Wir haben eine Übung dafür entwickelt, um sich diese Verbindung zwischen Kopf und Herz anzugewöhnen.

Stellen Sie sich jeden Morgen aufrecht hin und bewegen Sie Ihre Hand vom Herz nach links in einer Kreisbewegung zu Ihrem Kopf und danach wieder rechts hinunter zu Ihrem Herzen. Machen Sie diese Kreisbewegungen fließend und ineinander übergehend mindestens drei Mal und in Zeiten, in denen Sie sich sehr kopflastig fühlen, sogar eine Minute lang. Damit geben Sie sich selbst den „Input", dass Sie Ihr Herz mit dem Kopf verbinden.

Dahinter steckt auch die Botschaft, dass Ihr Herz der Kapitän und Ihr Kopf der Steuermann ist. Denn ein Schiff wird vom Kapitän geleitet, der Steuermann hat die Aufgabe, das Ruder zu bedienen. Weder kennt er die ganzen Abläufe, die das Schiff zum Laufen bringen, noch ist er auf den Weltmeeren zu Hause. Er hat schlicht und einfach seine Aufgabe – zugegebenermaßen eine wichtige –, doch sollte er sich hüten, von dieser auf alle Abläufe zu schließen oder seine Aufgabe als die wichtigste zu betrachten. Somit kann er dem ganzen Schiff gar keine Befehle geben. Es ist wichtig, den Kapitän seinen Job tun zu lassen. Wird das Schiff aus Unwissenheit in die falsche Richtung gelenkt, kommt es nie ans Ziel.

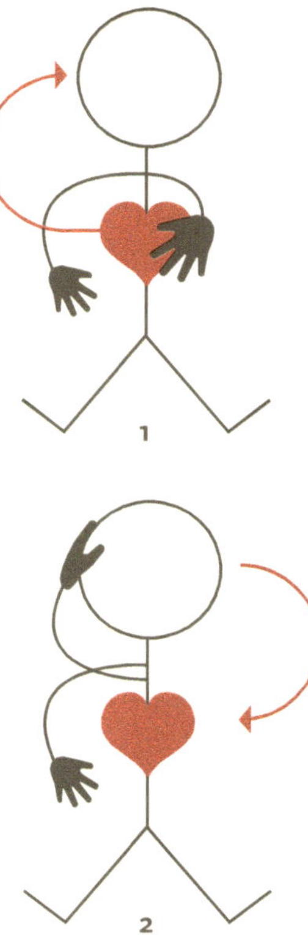

Kopf-Herz-Übung

Das Leben zerdenken

Ihr Verstand, Ihr Geist ist Ihre Stärke und es ist naheliegend, ihn auszubilden, ihn zu fördern, zu füttern und in allen Lebensbereichen einzusetzen! Seien Sie sich dieser Fähigkeit bewusst und bauen Sie sie aus! Auf welchem Gebiet sind Sie brillant? Wo können Sie Ihren fabelhaften Kopf einsetzen? Sobald Sie die Antwort auf diese Fragen haben, gönnen Sie in Ihrem Leben diesem Gebiet die nötige Zeit, um sich hier das Wissen anzueignen – ob es sich nun um ein Fachgebiet handelt, das Sie in Ihrem Beruf brauchen können oder als Hobby in Ihrer Freizeit. Wenn Sie z.B. „Wikipedianer“ werden, können Sie Ihre Brillanz auf unaufdringliche Weise einsetzen und dennoch Ihre Freude daran haben. Für alle, die von Internet keine Ahnung haben: Seit 2001 gibt es ein freies Online-Lexikon mit Namen „Wikipedia“. Es ist in der Zwischenzeit zur größten Enzyklopädie im Internet herangewachsen. Die freien MitarbeiterInnen dieses Lexikons, die sozusagen ehrenamtlich aus Spaß an der Freude die ganzen Definitionen, Biographien, Ereignisse etc. hinschreiben, nennen sich Wikipedianer – eine ideale Spielwiese für viele Sonnenfinsternisse.

Doch wie brillant der Verstand einer Sonnenfinsternis sein kann – und darauf dürfen sich die meisten wirklich was einbilden –, so kann dieser gleiche Verstand oft auch das größte Hindernis sein.

Vielleicht haben Sonnenfinsternisse gerade deswegen den optimistischen Satz kreieren müssen: „Es gibt keine Probleme, nur Lösungen.“ Da sie selbst durch ihren Geist gerne auf (auch genussvollen) Umwegen zu Lösungen kommen, müssen sie sich das oft selbst sagen.

Wir haben dieses Sprichwort fast schon aus Spaß im Internet gesucht. Die Seiten, die herauskamen, waren allesamt entweder hochphilosophisch oder Schlagwörter von Firmen, die im Technik- und Computerbereich ihre KundInnen ermunterten, nicht an ihren Geräten zu verzweifeln. Eine Seite jedoch stach heraus. Sie lautet auf den Namen „Teneriffa-Forum“. Kommt Ihnen da auch die kanarische Urlaubsinsel in den Sinn? Doch bei dieser Seite für die deutschsprachige Gemeinschaft dieser Insel geht es bei diesem Spruch sehr „sonnenfinsternismäßig“ zu.

Zuerst kommt das Denken ...

Der Anfangskommentar begann mit „Es gibt keine Probleme, nur Lösungen“ und darunter stand:

„Ein Mathematiker, ein Physiker und ein Ingenieur bekommen jeweils zwölf Holzpflöcke und einen 100 m langen Draht, und sollen damit ein möglichst großes Gebiet abstecken.

Der Ingenieur steckt sehr uneffektiv mal hier und mal da einen Holzstab in die Erde und verbindet alles mit dem Draht. Natürlich hat er am Schluss noch etwas Draht als Sicherheitsreserve übrig.

Der Physiker überlegt und steckt dann ein gleichseitiges Zwölfeck ab, um so die größtmögliche Fläche zu erreichen. Die Seitenlängen bemisst er genau so, dass am Schluss kein Draht mehr übrig ist.

Der Mathematiker nimmt die Pflöcke, wickelt den Draht um sich und sagt: “Ich definiere: Ich bin außen!”

Das fiel jemanden ein, als er den Spruch „Es gibt keine Probleme nur Lösungen“ las! Und dann kamen darauf noch Antworten wie diese:

„Eigentlich bedarf der Anfangsbeitrag keines Kommentars. Doch reizt mich Krümelkacker doch die Behauptung, der Ingenieur hätte die Pfosten sehr uneffektiv in den Boden gerammt. Das kann kein Ingenieur gewesen sein, sondern ein Amateur oder eine deiner viel strapazierten Blondinen. Der Physiker hätte wahrscheinlich eher die Quantenmechanik bemüht, während der Ingenieur die Pflöcke richtig eingerammt hätte, denn er ist der Mann der Praxis.

Jetzt meine Frage: Was ist ‚richtig‘ um die größtmögliche Fläche mit 100 Metern Draht abzustecken? Ich unterstelle, die Pflöcke können nach freiem Ermessen verwendet werden, müssen aber komplett in dem Konstrukt eingebunden sein. Welche Flächenform ist das dann? Gleichmäßiges Zwölfeck, Rechteck, Quadrat, unregelmäßiges Vieleck?

Die Lösung bitte mit mathematischem Beweis.“ (Quelle siehe Impressum)

Falls Sie jetzt nicht zu einem dieser drei Berufssparten gehören und deswegen genau wissen, worum es geht, und einfach bei diesen Zeilen innerlich abgeschalten haben, dann heißt das nicht, dass Sie zu dumm für diese Ausführungen sind, sondern dass Sie schlicht und einfach keine Sonnenfinsternis sind.

Das ist ein typisches Geplänkel zwischen Sonnenfinsternissen. Und so manch anderem Typ kommt hier der Spruch von Jean Paul Sartre in den Sinn, der meinte: „Wenn zwei Philosophen zusammentreffen, ist es am vernünftigsten, wenn sie zueinander bloß ‚Guten Morgen' sagen." In unserem Falle sind die Philosophen mit Sonnenfinsternissen auszutauschen ...

Mit anderen Worten: Sonnenfinsternisse können auch die einfachsten Dinge „verkopfen", wie meine Oma zu sagen pflegte, sodass dieser absolut optimistische Spruch „Es gibt keine Probleme – es gibt nur Lösungen" bei „sonnenfinsternisgemäßer" Ausführung andere in Verzweiflung stürzen kann. Andere Typen kommen da sehr häufig einfach nicht mehr mit.

Sonnenfinsternisse können sich in Denkspiele verlieben und sich dabei oft vergeistigen, in die Höhe schrauben und dabei vom Boden abheben. Ihnen macht es einfach Spaß, wieso auch nicht? Diesen Spaß gilt es auch zu leben, nur müssen Sie bedenken, dass andere Menschen auch anders gestrickt sind – die anderen Typen auf alle Fälle.

Im Intellekt überlegen

Für die meisten ist eine längere Zeit im Kopf ermüdend – vor allem wenn der Diskurs nicht mit persönlicher Erfahrung und noch wichtiger: mit Gefühlen verbunden ist. Die Kapazität des Zuhörens wird heutzutage auf eine halbe Stunde geschätzt – wenn es um abstrakte Inhalte geht, sogar weniger. Während eine Sonnenfinsternis oft locker diese Konzentration auf über eine Stunde ausweiten kann, hängt die Konzentration des Neumondes von seiner Lust ab, die Sonne wird nach einer Viertelstunde zappelig und der Vollmond schaltet nach der gleichen Zeit ab, weil kein Gefühl herüberkommt.

Sonnenfinsternisse können auch die einfachsten Dinge „verkopfen", wie meine Oma zu sagen pflegte.

Kennen Sie das? Sie sitzen in einem Kongress und vor Ihnen breitet sich ein Redner bezüglich seines Themas „Statistiken der Museumsvermittlung" aus und bringt Ihnen mit monotoner Stimme eine Stunde lang seine Schlussfolgerungen nahe. Diese Sonnenfinsternis gehört eindeutig zu der Sorte, die mit der eingangs erwähnten Schwierigkeit im Auftreten in der Gesellschaft mit langen, ausholenden Erklärungen gehört.

Während er sich begeistert in die Zahlen hineinsteigert, bekommt er nicht mit, dass mehr als die Hälfte des Saales mit verhangenem Blick vor sich hin döst oder mit leeren Augen auf die perfekt vorbereiteten Statistiken auf der Leinwand starrt, oder er geht davon aus, dass sein interessantes Thema nur auserwählte ExpertInnen anspricht und der Rest sowieso IgnorantInnen sind. Hier wird die Not zur Tugend erklärt, indem die fehlende Begeisterung des Publikums damit erklärt wird, dass die Masse diese verkündete Weisheit nicht zu schätzen wisse.

Sonnenfinsternisse lieben es, ihr Wissen zu vertiefen, was sie oft zu großen ExpertInnen in ihrem Gebiet macht. Doch manchmal steckt dahinter ein Verkriechen in ein Fachgebiet, weil sie sich von ihren Mitmenschen oft unverstanden fühlen und durch die Spezialisierung dafür sorgen, sich in erster Linie mit Menschen zu umgeben, die „ihre Sprache sprechen“. Dabei erkennen sie selbst nicht, dass sie hier eine Schwäche mit einer Stärke zu kompensieren versuchen. Das kann manchmal auch zu intellektueller Arroganz auswachsen ... Erkennbar für sie selbst wäre es dann, wenn sie merken, dass viele Kommunikationsversuche scheitern und nicht von vorneherein immer die anderen und ihr fehlendes Wissen daran schuld sind. Das Fazit ist recht einfach: Wenn eine Botschaft bei der anderen Seite nicht ankommt, dann liegt es an beiden und nicht nur an der einen Seite – zumindest in den meisten Fällen.

In oben genanntem Beispiel des Kongressredners ist eine ehrliche Meinungsäußerung der KollegInnen angesagt. Günstig wäre der Hinweis, dass am Inhalt nichts auszusetzen war, aber ein paar Beispiele aus dem praktischen Alltag alles verständlicher machen würden, die eigene Konzentration nachgelassen hätte, weil der theoretische Teil zu lang war, etc. Eine fachgerechte Kritik mit so wenig wie möglich persönlichen Angriff wird normalerweise von einer Sonnenfinsternis angenommen.

Kommunikation ist ein Übungsfeld

Zum Thema „Überheblichkeit“ hat uns eine Klientin erzählt, ihr Sonnenfinsternis-Mann lobe sich selbst gerne und fühle sich toll, wenn er im Mittelpunkt steht, wobei er wenig mitbekommt, wie das die anderen sehen. Wenn er einmal in Fahrt sei, erzähle er meist viel und ausschweifend. Wenn sie ihn dann stoppe, sei er mit beleidigt.

Sonnenfinsternisse bringen sich oft zu wenig in Gesprächen ein.

Natürlich ist eine Zurechtweisung der eigenen Frau in der Gesellschaft brüskierend. Würde er merken, dass es zu viel wird, er würde sofort seinen Redefluss unterbrechen. Da er es nicht merkt und sich wohlfühlt, ist eine Bemerkung seiner Frau diesbezüglich für ihn beleidigend und erniedrigend zugleich. Dass es überhaupt so weit kommt, hängt damit zusammen, dass Sonnenfinsternisse sich zu wenig oft in Gesprächen einbringen. Wenn sie dann einmal ein Interesse beim Gegenüber wahrnehmen, sind sie nicht mehr zu bremsen, so nach dem Motto: „Jetzt habe ich endlich einmal die Möglichkeit zu einem guten Gespräch gefunden, in dem ich alles erzählen kann.“ Wieder ein Grund mehr nochmals darauf hinzuweisen, wie wichtig es ist, dass Sie sich als Sonnenfinsternis öfters mal einbringen. Es ist interessant, was Sie zu sagen haben und so staut es sich nicht auf, sodass es anderen zu viel wird. Dieses Erlebnis verstärkt sonst wieder Ihr Gefühl, nicht gefragt zu sein.

Der Klientin, die uns diese Episode erzählt hat, haben wir geraten, ein Gespräch im Nachhinein mit ihrem Mann zu führen, bei dem sie ihn behutsam darauf hinweist, wie er heute in der Gesellschaft aus ihrer Sicht angekommen ist.

Wenn er bereit ist, diese Sicht von ihr einmal anzunehmen, kann gemeinsam ein Wort verabredet werden, das sie ausspricht, wenn ihr vorkommt, dass wieder so eine Situation besteht, in der er den Bezug zur Gesellschaft verliert. Daraufhin kann er mit ihrer Hilfe erkennen lernen, wann er mit seinem „gesprochenen Denkspiel" seine ZuhörerInnen überstrapaziert, und daraufhin experimentieren anfangen. Entweder er beendet seine Rede oder er stellt eine Frage, wechselt das Thema oder lässt bewusst jemand anderen zu Wort kommen und beobachtet dann, wie sich nun alles entwickelt, wie es ihm und anderen dabei geht. Danach kann er mit seiner Frau darüber sprechen, wie sie beide den Verlauf der Situation erlebt haben. Mit dieser Art entsteht ein konstruktives Miteinander, in der die Sonnenfinsternis ihren verdienten Platz bekommt.

So manche Sonnenfinsternis fühlt eine Überlegenheit gegenüber denjenigen, die im Geiste nicht so rege und schnell sind wie sie – vor allem gegenüber Vollmonden, die das genaue Gegenteil von ihnen sind. Während sich bei einer Sonnenfinsternis vordergründig alles im Kopf abspielt, erfolgt das beim Vollmond im Herz. Dabei kann es durchaus passieren, dass diese sich schwer tun Gedankengängen schnell zu folgen oder längere Zeit auf dieser Ebene zu kommunizieren.

Darum ist es vor allem für eine Sonnenfinsternis wichtig, nicht von sich auf andere zu schließen. Es ist *nicht* logisch, dass alle gleich schnell alles verstehen, und zwar über den Kopf.

Auf anderen Ebenen sind nämlich auch sie nicht die Schnellsten, im Gegenteil ... Wenn es z.B. darum geht, Gefühlsstimmungen wahrzunehmen, brauchen sie oft am längsten von allen Typen – reden wir gar nicht von der Entscheidungsfindung ... Sie wollen lieber Beweise sammeln als ein Gefühl annehmen. Für einen Vollmond z.B. sind sie oft zu trocken, weil sie zu kopflastig sind.

Das Denken hat Grenzen

Tatsächlich ist zu bedenken, das Denken hat Grenzen: Heute werden Unwetter vorhergesagt, aber verhindert können sie nicht werden, immer wieder überraschen Erdbeben oder Tsunamis weite Landstriche – Seismographen hin oder her. Auch wie menschlich damit umgegangen wird, steckt in unserer rationalen Gesellschaft in den Kinderschuhen. Auch der Schulmedizin wird vorgeworfen, dass sie Symptome behandelt, aber die Ganzheit des Menschen außer Acht lässt.

Neue Wissenschaft integriert Intuition, Gefühl und das noch nicht Verstehbare.

Diese Wissenswelt verdrängt das Nicht-Verstehbare, schiebt es ab in den Aberglauben. Neue Wissenschaft integriert Intuition, Gefühl und das noch nicht Verstehbare. Hier kommt das alte Sprichwort des schon erwähnten Philosophen Hegel zum Tragen: Wissenschaft ist der gegenwärtige Moment des Irrtums.

Sich annehmen und Flexibilität lernen

Die Zielgerichtetheit und Selbstdisziplin wird den Sonnenfinsternissen in die Wiege gelegt, während andere Typen sie sich oft hart erarbeiten müssen. Am ehesten kommt noch ein Neumond mit seinen klaren Prioritäten und seiner Konsequenz dem am nächsten. Wahr ist, dass in der Arbeitswelt oder auch im Sport diese beiden Qualitäten als solche geschätzt, ansonsten in der Gesellschaft aber eher belächelt werden. Das verleidet den Sonnenfinsternissen so manches Mal ihre eigenen Qualitäten.

Der Bambus, der sich geschmeidig unter der Wucht des Sturmes biegt, bezieht seine Kraft und Biegsamkeit aus der Leere in seinem Inneren.

Das hängt damit zusammen, dass so manche von ihnen, die natürlich nicht in der Kraft sind, es mit der Zielgerichtetheit oder auch mit der Selbstdisziplin übertreiben, was sie nicht sehr beliebt in der Gesellschaft macht.

Dass Selbstdisziplin eine optimale Voraussetzung darstellt, um die eigenen Ziele zu erreichen, versteht sich von selbst. Dieses selbst-kontrollierende Verhalten mit der Entscheidung, Anstrengungen auf sich zu nehmen, um den eigenen Weg zu beschreiten, ist ein wertvolles Instrument, das Sie hegen und pflegen sollten! Es ist eine Fähigkeit, sich nicht vom Weg ablenken zu lassen, sondern unbeirrt die eigenen Ziele zu verfolgen.

Natürlich verkehrt sich jede noch so gute Eigenschaft, wenn sie übertrieben wird, ins Gegenteil. In diesem Fall kann die Selbstdisziplin zu Askese im negativen Sinne führen. Dies ist eine Lebenseinstellung, in der Enthaltsamkeit und die Verneinung eigener Bedürfnisse zum Motto erhoben werden, um einem selbst gewählten Ideal zu entsprechen. Diese Askese dient in erster Linie der Befriedigung der Ansprüche des Geistes oder der Moral, wobei Leib und Gefühle oft nicht nur zu kurz, sondern auch arg beschnitten werden können.

Fühlen Sie sich bei diesem Thema betroffen? Dann möchten wir Ihnen nahelegen, sich der Bedürfnisse des Leibes und des Herzens bewusst zu werden. Die Entstehung Ihrer Einstellung, diese Bedürfnisse zu überwinden, sollten Sie reflektieren, denn aus ganzheitlicher Sicht ist es für die Gesundheit unabdingbar, die Bedürfnisse aller dreier Ebenen ernst zu nehmen. Fragen Sie sich in regelmäßigen Abständen: „Was braucht Ihr Geist? Was braucht Ihr Herz? Was braucht Ihr Leib?" Die Hauptfrage lautet: „Warum sollte ich es mir in einem dieser drei Bereiche nicht gönnen?"

Außerdem ist es für die Sonnenfinsternis hier wichtig, ihre Flexibilität zu erhöhen. Frei nach einem chinesischen Sprichwort bezogen auf die Tugenden des Zen-Mönchs: Der Bambus, der sich geschmeidig unter der Wucht des Sturmes biegt und im nächsten Moment elastisch wieder hoch schnellt, bezieht seine Kraft und Biegsamkeit aus der Leere in seinem Inneren.

Die Umsetzung kann darin bestehen, zu lernen, die Lust zu verspüren etwas zu tun und dem einfach nachzugeben, im Sport bewusst Geschmeidigkeitsübungen auszusuchen oder sich dem freien Tanz hinzugeben. Suchen Sie es sich aus!

Was die Zielgerichtetheit betrifft, so kann eine Sonnenfinsternis Ziele haben, die nicht unbedingt für alle erstrebenswert sind. Wir erinnern an die schon zitierten ParagraphenreiterInnen, die eifrig ihrer Arbeit nachgehen und den Anspruch auf ihre Sicht der Korrektheit als oberstes Ziel deklarieren. Damit holen sie sich nicht gerade den Beliebtheitspreis ab ...

Sonnenfinsternisse lieben es nicht, Regeln zu umgehen oder gar Gesetze zu brechen. Das widerspricht schon fast ihrer Natur. Sie strukturieren gerne und tendieren natürlich dazu, an diesen Strukturen festzuhalten, auch an denen, die sie übernommen und gar nicht selbst geschaffen haben.

Sie wissen nämlich, wie mühsam der Aufbau einer solchen Struktur ist, und haben größte Ehrfurcht davor. Darum überlegen sie es sich mehrmals, ob sie eine solche Struktur einstürzen lassen – und schon gar nicht, bevor nicht eine andere zur Hand ist.

Das heißt, dass es einer Sonnenfinsternis auch schwerfällt, Autoritäten in Frage zu stellen. Und jetzt stellen Sie sich einmal vor, was das in dieser Gesellschaft, in der es modern ist, Autoritäten zu hinterfragen, bedeutet? Eine Sonnenfinsternis mit diesem Respekt vor Autorität wird gleich einmal als altmodisch eingestuft.

Wenn Ihnen das bekannt vorkommt, empfehlen wir Ihnen, Ihre Fähigkeit, eine Außenperspektive einzunehmen, einzusetzen. Fragen Sie sich ganz ehrlich, welche Strukturen Ihnen dienen und welche Ihnen eher schaden! Holen Sie sich noch ein, zwei weitere Außenperspektiven ein aus Ihrem Umfeld und prüfen Sie, ob diese mit Ihren Einschätzungen übereinstimmen. Suchen Sie sich dabei bewusst „anders gestrickte" Menschen dafür! Falls dann eine Struktur im Verdacht steht, Ihnen mehr Schlechtes als Gutes zu tun, wird es Zeit sich von ihr zu verabschieden. Wenn Sie genug Argumente für das Loslassen parat haben, fällt es Ihnen leichter.

Fragen Sie sich ganz ehrlich, welche Strukturen Ihnen dienen und welche Ihnen eher schaden!

Wahr ist, dass eine Sonnenfinsternis, die aus welchen Gründen auch immer, keine Zielgerichtetheit hat, sich nicht wohl in ihrer Haut fühlt. Zu schauen, was der Tag so bringt, bedeutet für eine Sonnenfinsternis tödliche Langeweile. Sie fixiert ihre Gedankenenergie auf unnötigen Kleinkram. Das sind die, die aufgrund ihrer Lebensgeschichte noch nicht ihre Qualitäten entfaltet haben. Dann brauchen Sie Struktur im Alltag, Rahmenbedingungen, fixe Zeiten, an die Sie sich zu halten haben.

Diese Struktur hilft Ihnen auch, die erschlagende und Sie lähmende Vielzahl aller Möglichkeiten, die in Ihrem Kopf präsent sind, einzudämmen. Sie brauchen daher einen konkreten Plan in allen Lebenslagen. Am besten, Sie suchen sich jemanden oder etwas, der oder das Ihnen hilft, so eine Struktur aufzubauen und dem Sie genügend Gehör schenken, dass er oder es Sie darauf aufmerksam machen kann, wenn Sie sich nicht daran halten.

Nicht um jeden Preis ans Ziel …

Sonnenfinsternisse tendieren dazu, sich oft in etwas zu verbeißen wie ein Rottweiler. Das fängt damit an, sich an einer Struktur, einer Arbeit, einem Projekt festzuhalten aus simpler Sturheit. So nach dem Motto: „Wenn ich etwas angefangen habe, dann bringe ich es zu Ende." Oder: „Wenn ich bei etwas dabei bin, dann bleibe ich dem treu."

„Worum geht es eigentlich?" ist die entscheidende Frage.

Hier fällt das Loslassen schwer und darunter leiden nicht nur die betroffenen Sonnenfinsternisse, sondern alle Menschen, die mit ihnen zu tun haben. Auch hier gilt es zu fragen: „Geht es um ein Prinzip oder um das, was mir und anderen guttut? Was habe ich oder andere davon?" Nutzen Sie Ihre strukturierte Art und nehmen Sie ein Blatt und einen Kugelschreiber, machen Sie in der Mitte einen Strich und listen Sie links die Vor- und rechts die Nachteile auf. Das Ergebnis ist die Bilanz und sie endet entweder mit Gewinn oder Verlust, je nachdem ob die Vor- oder Nachteile überwiegen! Danach ziehen Sie die Konsequenzen aus dieser Überprüfung – falls Sie damit Schwierigkeiten haben, können Sie sich einen Neumond zu Hilfe holen!

Oft ist dieses Verbeißen auch darauf zurückzuführen, dass es einer Sonnenfinsternis sehr stark darum geht, ob sie recht hat. Auch wenn das meistens sogar stimmt, geht es oft nicht nur darum. Oft gilt es dahinter zu schauen, warum ihr nicht Recht gegeben wird, obwohl es offensichtlich ist. Meist stecken zwischenmenschliche Geschichten dahinter, sogar Missverständnisse, die mit der Sache selbst oft wenig, bis gar nichts zu tun haben.

Natürlich ist es für eine Sonnenfinsternis schwer zu verstehen, dass einem derart entstandenen Konflikt wenig mit Logik beizukommen ist. Das bringt sie schließlich in die Ohnmacht und noch einmal mehr dazu, dass sie stur auf ihrer Position beharrt: „Ich habe aber recht!" Um dann ihre Argumente ständig wie einen Rosenkranz zu wiederholen.

Falls Sie so eine ähnliche Situation schon einmal erlebt haben, dann können wir Ihnen auch hier empfehlen die schon oben zitierte Außenperspektive – sei es von Ihnen selbst wie auch von anderen – einzunehmen. „Worum geht es eigentlich?" ist die entscheidende Frage. Oft ist dann von einer ganz anderen, mit Logik allein nicht zu erfassenden Seite der Konflikt anzugehen. Ein Beispiel: Eine Sonnenfinsternis, eine Sonne und ein Vollmond besitzen zusammen einen Betrieb. In der Arbeit geraten die Sonnenfinsternis und die Sonne aneinander.

Es geht darum, dass die Sonnenfinsternis mehr Struktur in den Betrieb bringen möchte. Obwohl sie beweisen kann, dass die meisten Vorschläge ihrerseits tatsächlich Verbesserungen im Betrieb mit sich bringen, die Arbeitsweise effizienter und auf Dauer die Einkünfte größer werden, sperrt sich die Sonne dagegen und der Vollmond stellt sich auf die Seite der Sonne. Daraufhin beginnt die Sonnenfinsternis, es noch einmal und diesmal noch ausführlicher zu erklären. Dabei stößt sie auf eine immer größer werdende Wand bei den zwei PartnerInnen. In einem solchen Beispiel kann es durchaus so enden, dass sie resigniert und sich zurückzieht, sobald sich solche Szenen häufen, womöglich sogar definitiv vom Betrieb.

Der Grund der Ablehnung der Verbesserungsvorschläge lag aber irgendwo anders. Die Sonne befürchtete, dass sie in ihrer Kreativität beschnitten wird, hätte aber nicht sagen können, bei welchem Vorschlag das tatsächlich genau geschah. Der Vollmond fühlte das Unbehagen der Sonne und fühlte sich von der Eindringlichkeit der Sonnenfinsternis überrollt. Hier wäre der Weg der, dass die Sonnenfinsternis auf die Sonne zugeht und ihr versichert, mit ihr nochmals Vorschlag für Vorschlag durchzugehen, um zu überprüfen, dass die wichtige Kreativität der Sonne ja nicht gefährdet sei. Die Sonne spürt das Entgegenkommen der Sonnenfinsternis und dass auf sie eingegangen, ihre Arbeit geschätzt wird. Das macht sie offener für die Angelegenheit und sie finden einen gemeinsamen Weg (bei dem so gut wie alle Vorschläge der Sonnenfinsternis nur mit leicht abgeänderter Form angenommen wurden). Bei diesem Kompromiss fühlt der Vollmond in erster Linie die Harmonie zwischen den beiden, sodass ihn die Situation nicht mehr überrollt.

Außenstehenden kommt diese Art so vor, als wäre die Sonnenfinsternis „besessen von ihren Ideen". Die Grenze ist fließend, inwiefern das für sie und andere förderlich ist. Wichtig ist hierbei, dass eine Anstrengung nicht zu einem Leiden ausartet, weder für die Sonnenfinsternis noch all die anderen in ihrem Umfeld. Das Signal, das Ihnen Aufschluss darüber gibt, wann genug ist, sendet der Leib aus. Sind Sie müde bis erschöpft oder auch nur lustlos? Oder Ihre Umgebung? Dann sollten Sie das ernst nehmen und innehalten. Auch hier geht es um die Kunst, zwischen den Anforderungen des Kopfes („Ich will das jetzt durchsetzen!" Oder: „Ich will das jetzt fertigmachen!") und des Leibes vermitteln.

Es geht um die Kunst, zwischen den Anforderungen des Kopfes und des Leibes zu vermitteln.

„Aufgeben gibt es nicht. Aufgeben tut man die Post!" ist ein Spruch bei uns in Südtirol und er könnte von einer Sonnenfinsternis oder einem Neumond in die Welt gesetzt worden sein. In der Arbeitswelt ist solch eine Haltung Gold wert! Doch führt diese Form der Sturheit, diese überstrapazierte Ausdauer manchmal dazu, dass Sonnenfinsternisse sich sperren, gewisse Themen in ihrem Leben anzugehen. Aufgrund ihrer Strukturliebe und ihrer Bodenständigkeit sind sie für Neues, das ihr Leben verändern könnte, oft nicht so leicht zu haben. Da sind sie nicht die „Umsetzer"-Typen, sondern brauchen ihre Zeit, um sich damit anzufreunden. Haben sie jedoch die Anfangshürde einmal überwunden, zeichnen Sie sich mit Ihrer Intelligenz, Gründlichkeit und Ihrem Fleiß durch hohe Lernfähigkeit aus.

Die Orientierung

Sich den Gefühlen stellen und finden

„Was will ich eigentlich? Wozu dient mein Tun? Wie zielführend ist es?"

Eine Sonnenfinsternis erzählte uns, dass er in seiner Kindheit Streit mit seiner Schwester hatte, weil er stets ihre Puppen zerlegte. Das Zusammenbauen gelang ihm jedoch nicht immer und er konnte nicht verstehen, wieso seine Schwester sich dermaßen darüber aufregte. Dieses Beispiel ist sehr treffend, um zu erklären, wie wichtig einer Sonnenfinsternis das Zerlegen, das Analysieren ist, sodass sie darüber die Ganzheit aus dem Auge verliert, wie hier z.B., dass die Puppen der Schwester gehören, sie gerne weiterhin intakte Puppen hätte und ihr das auch zusteht.

Im Erwachsenenleben kann diese frenetische Suche in der Orientierung dazu führen, dass der Mensch sich dabei selbst aus dem Auge verliert und vergisst, worum es ihm eigentlich geht. Dann kann es schon mal passieren, dass einer mit vierzig fragt: „Was soll ich werden, wenn ich groß bin?"

So beschäftigte sich ein Sonnenfinsternis-Freund von uns tage- und nächtelang mit Hochrechnungen, wie viel er verdienen wird, wenn er so und so viele Geschäftspartner finden wird, welche so und so viel verkaufen werden. In seinem Kopf war er in kürzester Zeit zu einem reichen Mann geworden. Dieses Scheingefühl beruhigte seine Geldsorgen. Wahr ist, dass er im Eifer der Hochrechnungen keinen klaren Plan entwickelt hatte, wie er diese Geschäftspartner findet und noch mehr: wie er sie halten kann, sodass sie wirklich über Jahre hinweg diese Verkaufszahlen erreichen oder sogar noch steigern könnten. Hier ersetzt die Möglichkeit, die im Kopf entsteht, die eigentliche Wirklichkeit. Ein Unternehmenscoach beschrieb diese Verhaltensweise als typisches „Vertreter-Syndrom".

Wenn Ihnen dieses Beispiel bekannt vorkommt, empfehlen wir Ihnen inne zu halten und sich Ihrer Prioritäten klar zu werden! „Was will ich eigentlich? Wozu dient mein Tun? Wie zielführend ist es?" Wählen Sie unter den vielen Zielen Ihr Hauptziel aus und überprüfen Sie weniger Wahrscheinlichkeiten als vielmehr, wie weit Sie Ihrem Ziel näher gekommen sind. So musste ein junger Sonnenfinsternis-Freund den sinnvollen Umgang mit dem Internet erst lernen, denn oft saß er drei Stunden vor dem Internet und merkte erst, wenn er aufstand, dass er eigentlich nichts getan hatte: Alles war so interessant, aber konkret gebracht hatte es ihm nicht wirklich etwas.

Nebenwirkung dieser sich selbst verlierenden Suche ist Isolation. Zum einen, weil so eine Sonnenfinsternis arg in Stress gerät, zum anderen, weil sie dabei die Beziehung zu ihren Mitmenschen vernachlässigt.

Der Weg hinab ins Gefühl

Gedanke und Herz in Einklang bringen

Diese Verhaltensweisen sind ein Ausdruck ihrer inneren Unruhe. Die Getriebenheit entsteht oft, wenn sich ein Mensch seiner Gefühle nicht bewusst ist und er diese auch nicht ausleben kann. Vom Gefühl bleibt dann nur mehr eine schwer zu deutende Erregung übrig. Sie ist deshalb schwer zu deuten, weil mit dem Gefühl auch die Situation, welche es erzeugt hat, verdrängt worden ist.

Eine Sonnenfinsternis versucht diese Erregung abzubauen, indem sie in die ihr geläufige Handlung, nämlich das Denken, geht. Währenddessen eine Sonne bei Verdrängung dazu tendiert, diese Spannung über körperliche Aktivität abzureagieren, beginnt die Sonnenfinsternis die Rädchen im Kopf drehen zu lassen.

Auffallend ist hier, dass der Impuls der Sonnenfinsternisse, Strukturen zu errichten, sie auf die richtige Fährte führt, aber es geht oft nicht um die Strukturen im Außen, sondern um das Ordnungschaffen im Innenleben. Je mehr der Wunsch nach Struktur von ihnen gespürt wird, umso mehr ist er Hinweis darauf, dass diese Ordnung notwendig ist.

Es geht oft nicht um die Strukturen im Außen, sondern um das Ordnungschaffen im Innenleben.

Ein Weg dahin ist es, sich der Erregung bewusst zu werden. Wenn Sie sie spüren, lassen Sie sie einfach einmal zu, ohne in Aktion zu treten, sprich: den Kopf einzuschalten – einfach die Erregung spüren und sich im Leib ausbreiten lassen. Vielleicht entdecken Sie, dass Sie die Erregung an einer bestimmten Stelle des Leibes besonders spüren, z.B. am rechten Arm. Konzentrieren Sie sich auf diese Stelle und öffnen Sie sich. Was für Gefühle empfinden Sie und welche Bilder schießen Ihnen in den Kopf, während Sie dieser Erregung nachspüren? Normalerweise schließt sich wieder der Kreis und Sie können die Erregung wieder mit dem Gefühl und der Situation, die damit zusammenhängt, vereinen. Dieses Gefühl gilt es zu leben, und zwar bezüglich der Situationen, die eigentlich dahinter stecken. Dabei gilt der Merksatz: Die größten Gefühle stammen aus der Kindheit und betreffen die Herkunftsfamilie.

Ein Beispiel: Ein Sonnenfinsternis-Mann hat das Problem, dass er das Zusammensein mit seiner Freundin nicht genießen kann. Er freut sich auf sie, kann es nicht erwarten, mit ihr Zeit zu verbringen, aber kaum ist sie da, fühlt er sich schon nach kurzer Zeit nicht mehr wohl mit ihr. Dabei könnte er nicht einmal ein Gefühl definieren, einfach nur Unbehagen. Seine logische Schlussfolgerung: Es liegt an der Freundin.

In der Zwischenzeit versteht er immer mehr, dass seine Freundin eigentlich nur der Auslöser für Gefühle ist, die tiefer liegen. Da sie ihm nahekommt, öffnet er sich und durch diese Verbindung zum Gefühl kommen auch alle anderen Gefühle zum Vorschein, die noch gelebt werden wollen. Für ihn gilt es, nicht in der Gegenwart krampfhaft darüber nachzudenken, ob sie jetzt schon die Richtige, ob die Beziehung gut oder schlecht ist, weitergeführt oder beendet werden soll, sondern vielmehr diesem Unbehagen auf der Spur zu bleiben. Hier fängt es an, erst interessant zu werden: „Wie äußert sich dieses Unbehagen?" „Wo spüre ich es am meisten?" „Welche Gefühle kommen mir dabei hoch?" „Was für Situationen fallen mir ein, die mit diesen Gefühlen zusammenhängen?" Dann gilt es, die damit verbundene Trauer, die Wut, den Frust, etc. auf diese Situationen bezogen zu leben.

Die schon erwähnte Herz-Kopf-Übung ist auch hier angesagt.

Wenn die Rundumsicht lähmt

Es gilt der Merksatz: Die größten Gefühle stammen aus der Kindheit und betreffen die Herkunftsfamilie.

Erinnern Sie sich daran, dass wir im Kapitel am Anfang „Die Typen im Vergleich oder was bin ich" das Beispiel des halb leeren Glases hergenommen haben? Die Reaktion einer Sonnenfinsternis ist die, dass sie als Einzige auf die Idee kommt, es zugleich als halb leer *und* als halb voll zu betrachten. Schon da machten wir darauf aufmerksam, dass nur eine Sonnenfinsternis in der Kraft es schafft, Optimismus aus dieser Schlussfolgerung zu ziehen. Denn diese Betrachtungsweise kann auch lähmen. Für die Sonnenfinsternis ist diese nämlich nur der Anfang einer Reihe von weiteren Fragen und Schlussfolgerungen, wie z.B.: Wer sagt, dass es gut ist, dass es halb voll ist, und schlecht, dass es ganz leer ist? Es könnte durchaus auch umgekehrt sein.

Erst nach einigen Überlegungen taucht die Frage auf, ob hier Handlungsbedarf besteht, denn wenn das Glas beides sein kann, könnte es entweder ganz gefüllt oder ganz geleert werden. Um hier die richtige Entscheidung zu treffen, bedarf es weiterer Überlegungen ... So meinte schon der deutsche Bundeskanzler Konrad Adenauer (1876–1967): „Die Weltgeschichte ist auch die Summe dessen, was vermeidbar gewesen wäre."

Verstehen Sie, was wir meinen? Diese umständliche Art lässt die Sonnenfinsternis für andere oft schwerfällig erscheinen. Im ersten Moment erscheint diese Fähigkeit, ein Problem von allen Seiten zu betrachten, eine phantastische Möglichkeit, die Entscheidungs- und Handlungspalette zu erweitern. So manch anderer Typ würde Einiges dafür geben, solch eine Fähigkeit zu besitzen. Umso schwerer ist es für die Außenstehenden, die Lähmung zu verstehen, die bei einer Sonnenfinsternis aus dieser immensen Fülle daraus erwachsen kann.

„Die Weltgeschichte ist auch die Summe dessen, was vermeidbar gewesen wäre."

Auch die Sonnenfinsternisse selbst erleben es des Öfteren als unangenehm. Ein Sonnenfinsternis-Klient erzählte uns von der Qual, die solch eine Rundumsicht unter Umständen auslösen kann, anhand eines Beispiels: Er wurde angefragt, einen Kurs zu halten und verbrachte fortan einige schlaflose Nächte damit, was er denn nun dafür verlangen sollte. Es sollte nicht zu viel sein, dass es sich jedeR leisten kann, nicht zu wenig, damit der Kurs nicht seinen Wert verlöre. Er kam zu keinem Schluss und war dermaßen frustriert, dass er ablehnte, einen Kurs zu halten.

Für diesen Zustand gibt es mehrere Lösungen. Eine davon ist: Durch die Lähmung durchzugehen und zu handeln! Es auszuhalten, dass es vielleicht auch einmal eine falsche Entscheidung sein könnte, aber sich einfach die Erleichterung verschaffen, vom Denken in die Handlung zu gehen. Hier fällt mir immer wieder Oma ein: „Jede Erfahrung, ob gut oder schlecht, wenn du daraus etwas lernst, war sie gut!"

Eine andere Lösung wurde uns von einer Sonnenfinsternis-Bekannten mitgeteilt. Sie habe sehr gute Erfahrungen damit gemacht: Die Angelegenheit, die einen überfordert, wird an eine höhere Kraft abgegeben. Sie erzählte uns, dass sie das schon öfters praktiziert habe und das Vertrauen in eine höhere Macht den Anstoß gab, die Lähmung zu durchbrechen. So hatte sie sich einmal längere Zeit Sorgen um ihre finanzielle Situation gemacht. Da sie in ihrem Gedankengang auf keinen grünen Zweig kam, vielmehr langsam daran verzweifelte, gab sie die Verantwortung ab. Am nächsten Tag ging sie in die Speisekammer, und entdeckte, wie viele Lebensmittel sie hatte. Das aktivierte sie dermaßen, dass sie einen Speiseplan für die ganze Woche erstellte und enorm beim Einkaufen sparte. Erst ein paar Tage später fiel ihr auf, wie sie – ohne es zu merken – in die Handlung übergegangen war und ganz konkret das Geldproblem zu lösen anfing.

Es geht also darum, auf die eine oder andere Weise, das Kreisen im Kopf durch konkrete Handlungen zu beenden.

Geordnet und strukturiert

Der brave Typ

Wie angenehm das Vernünftige und Bodenständige bei den Sonnenfinsternissen für die Familie und das spätere Umfeld sein mag, so ist die Jugendzeit für diesen Typ oft hart. Da es ihm im Blut liegt, folgsam, brav, wohlerzogen zu sein, gilt er bei diesen AltersgenossInnen als absolut „uncool". Viele sind *zu* angepasst – zumindest nach außen – und es kommt ihnen oft nicht zugute.

Weil sie eher vernünftig statt rebellisch sind, werden sie schnell einmal in ihrem Umfeld als „bieder" oder „SpießerIn" verschrien.

EinE „RebellIn" unter den Sonnenfinsternissen ist der, der die Sitten der Gesellschaft, in der er lebt, bewusst ablehnt. Wenn schon kritisch, dann richtig ... Fangen Sie an ein System zu hinterfragen und es bewährt sich bei ihrer Prüfung nicht, dann bleibt kein Stein auf dem anderen.

So manchen Sonnenfinsternissen macht das brave Image zu schaffen. Oft entsteht dann der Wille, etwas anderes sein zu wollen, als sie sind. Die einen spielen dann auf Sonnen, die anderen kehren die coolen Neumonde heraus, doch auf die Dauer kommen sie damit zu kurz, denn es geht einfach nicht, überzeugend jemand anders zu sein – weder vor sich selbst noch vor den anderen.

Hier gilt es, diese oben genannten Eigenschaften positiv zu besetzen: „Brav sein" heißt auch, grundanständig zu sein, „bieder" bedeutet verlässlich und „harmlos" meint Sicherheit und Geborgenheit ausstrahlend. Wenn andere damit nicht können, dann ist ernsthaft zu fragen, was für ein Problem *diese* damit haben? Ein Beispiel: Eine junge Frau beklagte sich darüber, dass ihr „Sonnenfinsternis"-Freund so langweilig sei. Er rauche nicht, er saufe nicht, er gehe nicht gerne abends aus und wünsche sich immer, dass sie mit ihm in die Natur gehe. Sie trennten sich. Daraufhin suchte sie sich einen Freund aus, der sich an keine Zeiten hielt, ihr nicht treu blieb, abends zwar ausging, aber nicht nur mit ihr. Langweilig war ihr nicht mehr ... Wehmütig schaute sie nach hinten und erkannte nun die Qualitäten ihres Ex-Freundes, die sie damals nicht zu schätzen wusste. So falsch kann der Sonnenfinsternis-Freund wohl nicht gewesen sein, oder?

„Brav" zu sein bedeutet oft auch, den eigenen Körperimpulsen nicht nachzugeben. Dann wird „gewissenhaft" zu „penibel" und „kleinlich", „sparsam" zu „geizig" und „prinzipientreu" zu „pedantisch", weil z.B. kein zweites Bier mit FreundInnen getrunken wird, auch wenn die Stimmung entsprechend gut ist, weil er prinzipiell nicht mehr als eines trinkt. Eine übertriebene Strukturierung, Korrektheit und Genauigkeit lässt sie oft erscheinen, als ob sie ein Lineal geschluckt hätten. Diese Schwierigkeit, einfach das Leben fließen zu lassen, kann oft dazu führen, dass eine Sonnenfinsternis sich selbst zu einer Außenseiterin macht.

Viele Sonnenfinsternisse ertragen es nur schwer, *nicht* die Braven zu sein. Dahinter steckt der Wunsch nach Harmonie und es allen recht zu machen. Eine Sonnenfinsternis zweifelt gerne an der eigenen Meinung, wenn die ihrer Ansicht nach gefährdet, dass sie von anderen nicht akzeptiert wird. Dann hält sie sich zurück und verkneift sich so Einiges – in Worten wie in Taten.

Wie das so ist, kann dann genau das passieren, wovor sie sich am meisten fürchten: Dass sie gerade deswegen nicht akzeptiert werden, weil sie nicht zu ihrem stehen! Der Begriff „authentisch" sein – der den Neumonden so wichtig ist – ist hier für die Sonnenfinsternis ein Zauberwort. Zu sich stehen lernen, auch einmal verweigern oder einfordern. Fangen Sie im Kleinen damit an und weiten Sie das langsam aus!

Zum „brav sein" gehört auch das übersteigerte Verantwortungsbewusstsein, wie wir das schon beim Sonnenfinsternis-Kind erklärt haben. Das führt zu Kontrolle und somit natürlich genau zu dem, was durch sie verhindert werden möchte: Ängste. Hier ein banales Beispiel: Ein junger Sonnenfinsternis-Freund war einmal mit uns im Urlaub. Dabei war er immer peinlich bedacht, die von ihm gehörte Regel einzuhalten, dass er mindestens eine Stunde nach dem Essen nicht ins Wasser ging, um Magenkrämpfe und Kreislaufkollaps zu verhindern. Er war sehr schwer davon abzubringen, dass dieser Ratschlag nicht den Tatsachen entspreche und im Urlaub hatten wir keine wissenschaftlichen Untersuchungen zur Hand ... Diesen Glaubenssatz loszulassen und die Unsicherheit zuzulassen, war für ihn ein schweres Stück Arbeit, doch er konnte schlussendlich freier den Urlaub leben.

Die bevorzugten Gefühle

„Gemütsruhe" einmal anders

Das vorangegangene Beispiel ist auch ein guter Übergang zu diesem Kapitel. Oft kann zu viel Vorsicht das Leben ausbremsen. Dann wird die Bedachtsamkeit zum Nachteil.

Oft kann zu viel Vorsicht das Leben ausbremsen. Dann wird die Bedachtsamkeit zum Nachteil.

Genauso steht es mit der Mäßigung. Wenn sie übertrieben wird, dann sperrt sie die eigenen Impulse und Gefühle ab und die der anderen aus. So manche Sonnenfinsternisse wirken dann gar nicht mehr gemäßigt, sondern gezügelt. Ihre Beherrschung lässt sie oft auch frostig und zurückhaltend erscheinen, ihre Fähigkeit zur Außenperspektive distanziert, aber auch überlegen. Während diese Art von Sonnenfinsternis versucht, so leidenschaftslos wie möglich ihr Leben anzugehen, explodieren rund um sie herum alle möglichen Leidenschaften – aufgrund der unterdrückten Impulse und Gefühle, die sie nicht spürt.

Das sind diejenigen, die ein Ideal vor Augen haben, das sie erreichen möchten: Ernsthaftigkeit gepaart mit Bedachtsamkeit, bewusste Langsamkeit mit Gelassenheit und Souveränität des Geistes.

Bestes Beispiel für so ein Ideal ist das der Stoiker. Diese griechischen Philosophen trafen sich 300 vor Christus in der ruhigen, schattigen Säulenhalle, griechisch: Stoa, zum Gedankenaustausch. Im Zentrum dieser Philosophie steht die Frage, wie der Mensch in dieser vergänglichen, chaotischen Welt denn leben solle. Die Antwort der Stoiker war „Gemütsruhe", durch diese sollte man den eigenen Platz in der Welt erkennen. Dabei soll der Mensch die emotionale Selbstbeherrschung lernen, sein Los akzeptieren, indem er seine Pflichten erfüllt und sich nicht von den eigentlichen Aufgaben ablenken lässt. Mit Hilfe von Gelassenheit und Seelenruhe soll er die Krisen und Nöte bestehen, die Weisheit anstreben und dem Tod entgegensehen. Wem könnte so eine Philosophie wohl am meisten entsprechen? Es mag zwar antik sein, aber entspricht nach wie vor noch ganz den Idealen von Sonnenfinsternissen bis in die heutige Zeit.

Die „Gemütsruhe" ist vielmehr ein Zustand, der erreicht werden kann, nachdem vorhandene Gefühle hochkommen und verarbeitet worden sind.

Wir sind nicht hier, um dieses Ideal zu hinterfragen, sondern die Umsetzung. Eine „Gemütsruhe" kann nicht erzwungen werden, indem Gefühle hinunter gedrückt werden, bis man sie nicht mehr spürt. Die „Gemütsruhe" ist vielmehr ein Zustand, der erreicht werden kann, *nachdem* vorhandene Gefühle hochkommen und verarbeitet worden sind.

Ein Beispiel: Ein Sonnenfinsternis-Mann wurde einmal von einem Kollegen von uns zu einem Grillabend mitgebracht. Er setzte sich zu unserem Tisch und erklärte, er möchte vegetarisch essen. Wir servierten ihm das gegrillte Gemüse und teilten die Würstchen unter uns auf. Der Abend entwickelte sich sehr gemütlich, bis auf einmal die Sonnenfinsternis begann, Uli zu löchern: „Wie kannst du auf der einen Seite so stark für die Gefühle plädieren und den Menschen sagen, wo es lang geht, und auf der anderen Seite gequälte Tiere essen?" Das war der Anfang eines Gesprächs, das eher an die Inquisition zur Zeit der Hexenverbrennungen erinnerte. Zwischen den Zeilen kam im Laufe des Abends heraus, dass er selbst gar kein Vegetarier sei, es nicht schaffe, aber aufgrund der schrecklichen Tierhaltung eigentlich sein möchte. Als wir anfingen unseren Ärger zu zeigen, dass er – Gast an unserem Grillabend und noch dazu komplett fremd, weil er ja nur von einem anderen mitgenommen wurde – seine Aggressionen nicht bei uns auslassen solle, war er komplett verwundert. Er sei doch nicht aggressiv, frage nur, wie wir das mit unserer Weltanschauung vereinbaren könnten, er könne das nicht. Der Clou des Abends war, dass er noch jemand anderem an diesem Grillabend den Rat gab, sich ja keine Wut von anderen Menschen einzufangen, sich ja keine Emotionen anhängen zu lassen, denn er selbst bliebe immer gelassen ...

Den Gefühlen Raum geben

Manchmal ist ein „Überschuss" an Gefühlen angebracht – für einen selbst und für andere. Sonst passiert es, dass der Sonnenfinsternis-Vater die überschäumende Freude seines Kindes abwürgt, weil er die

Angst vor den Gefühlen

Lautstärke seiner entzückten Schreie beim Auspacken der Weihnachtsgeschenke nicht erträgt. Oder die Sonnenfinsternis-Mutter drückt den Zorn ihres Kindes nieder, das sich in der Schule ungerecht behandelt fühlt – auch wenn der noch so berechtigt ist.

Wichtig ist, dass sie auch die Gefühle und Impulse, mit denen sie nicht so gut können, ebenfalls integrieren lernen.

Viele Sonnenfinsternisse vertragen das Emotionale schwer, da es nicht berechenbar und kontrollierbar ist und bei ihnen somit Angst auslöst. Deswegen hat genau dieser Typ von allen am meisten Angst vor den Seelenwelten.

Es geht hier weniger darum, dass Sonnenfinsternisse sind, wie sie sind, sondern darum, dass sie oft gerne das Verhalten einer Sonnenfinsternis von anderen Typen erwarten, aber das bringt die um. Eine Sonne braucht das Ausleben ihrer Freude, der Vollmond seine Gefühlspalette und der Neumond seine Lust und Wut. Wichtig ist nicht, dass sie diese zurückschrauben, sondern dass sie auch die Gefühle und Impulse, mit denen sie nicht so gut können, ebenfalls integrieren lernen – der Neumond die Freude, der Vollmond die Wut, die Sonne auch ihre unangenehmen Gefühle. Und für die Sonnenfinsternis gilt, sich davon auch etwas abzuschauen. Impulsivität hat durchaus auch seine Berechtigung.

Wer den Gefühlen nicht den nötigen Raum gibt, wird ironisch und sarkastisch, kann aber auch zynisch werden. Das haben Sonnenfinsternisse mit den Neumonden gemeinsam. So manche Sonnenfinsternis erfreut sich daran, das Gegenteil von dem zu sagen, was sie meint, z.B. wenn am Tisch jemanden ein Glas umfällt und eine andere Person kommentiert: „Na, bravo!"

Meist geht es dabei um die Thematisierung von Angelegenheiten, die dem Gegenüber unangenehm sind oder auch um eine Kritik an Wertvorstellungen, über die sonst nicht gesprochen wird. Es ist keine offene Kritik, vielmehr eine mit einem Lachen verbundene, die nur eine schlagfertige, witzige Erwiderung zulässt – die nicht jeder Typ gleich parat hat.

Mit Ironie wird oft auch eine intellektuelle Überlegenheit demonstriert, darum ist sie oft die Waffe der Sonnenfinsternisse. Überlegenheit zu zeigen braucht aber nur der, der sich eigentlich nicht sicher oder wertgeschätzt fühlt …

Mit den Neumonden gemeinsam haben Sonnenfinsternisse den Sarkasmus, den bitteren, schwarzen Humor, der auch als beißender Spott bekannt ist. Wenn zum Beispiel auf einem Kongress ein Teilnehmer dem anderen zuflüstert: „Das muss aber ein ganz Gescheiter (Redner) sein, denn ich verstehe gar nichts."

Richtig schwarzer Humor wird es, wenn die Situation unerträglich belastend wird und die Aussagen diese Spannungen ableiten, zum Beispiel wenn der Familienvater bezüglich seines Sohnes, der in der geschlossenen Psychiatrie gelandet ist, meint: „Nun, es ist ein Fortschritt! Vorher war er auf der Straße, jetzt hat er ein sauberes Bett, drei Mahlzeiten am Tag und wir wissen immer, wo er ist."

Um die großen Spannungen abzuleiten, ist dieser Humor auch nützlich, doch dabei sollte es nicht bleiben. Beißend wird er, wenn die eigenen wahren Gefühle nicht beachtet werden. Denn hinter diesem Humor liegen meist Trauer, Ohnmacht und Verzweiflung, die unverfälscht gelebt gehören.

Ironie und Zynismus sind oft die Waffen der Sonnenfinsternisse

Noch schlimmer ist der Zynismus, bei dem es wirklich darum geht, in verletzender Art und Weise die Wertvorstellungen von anderen herabzusetzen und sich darüber lustig zu machen. Dahinter steckt meist Resignation – ein Gefühl, das Sonnenfinsternissen ganz oft vertraut ist, denn die Wirklichkeit entspricht oft nicht ihren hohen Idealen und sie fühlen oft eine frustrierende Aussichtslosigkeit in ihrer Situation. Mit Zynismus halten sie sich jedoch noch länger in dieser Ohnmacht, doch gilt es, diese anzuschauen. Dann können Sie diese Ohnmacht beginnen zu durchbrechen, indem Sie Pläne schmieden und vor allem diese Situation nicht mehr einfach hinnehmen, sondern zu verändern versuchen. Nicht umsonst tun sich vor allem Kinder mit all diesen Formen von Humor sehr schwer, da sie in erster Linie die ausgelösten Verletzungen spüren.

Was Sonnenfinsternisse jedoch auch können, ist Selbstironie, wobei sie ihren eigenen Charakter und ihre Rolle zum Vergnügen aller durch den Kakao ziehen. Hier kommt auch ihre Bescheidenheit wieder zum Zug, aber natürlich auch ihr Hang zur Selbstkritik.

Sollten Sie jedoch von Ihrem Umfeld öfters als zu ironisch, sarkastisch oder zynisch bezeichnet werden, ist das für Sie als Hinweis zu lesen, dass

Sie Ihre Gefühle mehr leben sollten. Denn wahr ist, Sie sind eigentlich äußerst sensibel und sollten als erstes Rücksicht auf Ihre Gefühle nehmen.

Wenn der Zorn durchbricht

So manche Sonnenfinsternisse werden sich jedoch in der Beschreibung von „ruhig und gelassen" nicht wiederfinden. Wenn nämlich kein Neumond in der Nähe ist, übernehmen sie schon einmal den Part des Sündenbocks, aber vor allem den des Zornigen. Es kann öfters passieren, dass Sonnenfinsternisse ihren Dampf ablassen.

Es gilt, den Ärger früher wahrzunehmen und ihn in einem Moment anzusprechen, in dem er noch nicht so übermächtig ist.

Was dahinter steckt, kann mehrere Gründe haben. Da gibt es die, die lange ihre Gefühle zurückhalten, um dann wie ein Schnellkochtopf zu explodieren. Hier gilt es, sich darin zu üben, den Ärger früher wahrzunehmen und ihn in einem Moment anzusprechen, in dem er noch nicht so übermächtig ist. Oder es gibt diejenigen, die – ähnlich den Sonnen – im weiteren Umfeld immer die gleiche Miene zeigen, aber im Familienkreis den Frust ablassen. Hier gilt der gleiche Ratschlag wie bei der Sonne, nämlich die allgemeingültige Regel anzuwenden, den Frust da zu deponieren, wo er ausgelöst wurde und damit hingehört.

Eine dritte Variante ist die, dass sie – ähnlich den Neumonden – dieses unangenehme Gefühl des Zorns auf jemanden übertragen. So kennen wir so manche Sonnenfinsternis-Frauen, die in Gegenwart ihrer Vollmond-Männer regelmäßig in die Luft gehen. Für sie ist das doppelt so schlimm als für den Neumond, da sie schnell ein schlechtes Gewissen haben und sich solche Wutausbrüche selbst nicht leicht verzeihen können. Auch hier ist das Abgrenzen einzuüben und zu erkennen, wem der Zorn jetzt eigentlich gehört.

Zorn bricht durch

Gelassenheit von innen heraus

Geben Sie Ihren eigenen Gefühlen Raum, so können Sie Ihre Fähigkeit ausbauen, eine beruhigende Wirkung auf Ihre Umwelt auszuüben. Nur auf der Kopfebene können nämlich keine Konflikte gelöst werden. Wenn Sie Ihre eigenen Gefühle zulassen, strömen Sie eine wahre Gelassenheit aus, die auch allen anderen gut tut. Denn oft haben Sonnenfinsternisse sehr wohl eine innere Spannung, fühlen sich innerlich zerrissen, strahlen jedoch vordergründig eine Ruhe aus. Für Sie ist wichtig zu wissen, wie Sie von außen erlebt werden. Da Sie selbst Ihre Gefühle als sehr intensiv erleben, haben Sie oft den Eindruck, dass das von außen auch gut sichtbar sei, doch oft ist das Gegenteil der Fall. Sie erscheinen vielen als ruhig und ausgeglichen, auch wenn der größte Sturm in Ihnen tobt.

Wenn Sie Ihre eigenen Gefühle zulassen, strömen Sie eine wahre Gelassenheit aus, die auch allen anderen gut tut.

Schafft es eine Sonnenfinsternis jedoch, sich all ihrer Gefühle bewusst zu werden und diese auch zuzulassen, kommt sie in die Kraft und somit in eine wahre Ausgeglichenheit. Dann bringen Sie mit Ihrem Inneren auch Ihr äußeres Leben in eine gesunde Ordnung und können das in den verschiedenen Lebensbereichen umsetzen. So eine Sonnenfinsternis hat dann z.B. im Haushaltsbudget ein gesundes Maß zwischen Geldeinnahmen und –ausgaben, Erspartes im Rücken, einen anderen Teil gut in Aktien angelegt und dennoch genug Geld von ihrem Lohn zur Verfügung, um ein schönes Leben zu führen. Dabei verliert sie das Gesamtgleichgewicht nicht mehr aus dem Blick.

Die Antriebsenergie

Mut zur Blamage!

Der Leitspruch: „Zuerst denken, danach handeln" wird von so manchen Sonnenfinsternissen so umgesetzt: „Zuerst denken, dann nachdenken und danach (vielleicht) handeln." Einmal abgesehen davon, dass sie eine Zeitlang brauchen, bevor sie den richtigen Weg für sich entschieden haben, wissen sie zwar oft wirklich, was zu tun ist, handeln aber nicht danach. Das ist für andere Typen oft sehr schwer nachvollziehbar, geschweige denn mit anzusehen.

So ist es durchaus keine Seltenheit, dass eine Sonnenfinsternis sich in eine missliche Lebenslage hineinmanövriert und darunter sehr leidet. Dabei weiß sie genau bis ins kleinste Detail, welche Fehlentscheidungen dazu geführt haben und dementsprechend hat sie auch alle notwendigen Veränderungen und zu fällenden Entscheidungen klar vor Augen, doch sie schafft es nicht, diese lebensverändernden Schritte in die Tat umzusetzen. Sie ist imstande, immer wieder mit anderen darüber zu diskutieren, weil sie damit nach wie vor im Denken statt im Handeln verweilen kann. Damit macht sie sich und andere verrückt.

Die Lösungen sind ähnlich wie schon im Kapitel „Wenn die Rundumsicht lähmt" beschrieben. Durchbrochen werden kann sie, indem sie in die Handlung gedrängt wird – da ihr hier völlig die Antriebsenergie fehlt – oder sie es einer höheren Kraft übergibt, womit sie das Denken darüber aufgibt und Platz frei für die Umsetzung wird.

Aus diesem Dilemma herauskommen können Sonnenfinsternisse auch mit den Mottos: „Mut zur Blamage!" Oder: „Wo gehobelt wird, da fallen Späne!" Dabei geht es darum, aufzugeben, dass Pläne und Handlungen perfekt sein müssen.

Mittun statt anführen

Die Sonnenfinsternis ist kein Alphatier. Es liegt ihr nicht, eine Gruppe zu führen und Motor für Unternehmungen zu spielen. Sie hilft eher, dass Ideen oder Pläne gut durchstrukturiert werden, damit sie leichter in die Tat umgesetzt werden können.

Dieser Typ kann am ehesten mit einem Phlegmatiker verglichen werden, hat also eine langsame, ruhige und eher schwerfällige Antriebsenergie, die – wenn er nicht in der Kraft ist – bis zur Energielosigkeit gehen kann.

Am ehesten ist seine Art mit dem Vollmond zu vergleichen, der ebenfalls einen verminderten Antrieb hat. Der Bewegungsdrang ist ihm normalerweise nicht in die Wiege gelegt, denn er ist von allen Typen am weitesten vom Leib entfernt. So kommt ganz oft vor allem von Sonnenfinsternissen die Bemerkung: „Sport ist Mord!" Dementsprechend ist auch des Öfteren ihre Haltung, wenn sie krank sind: „Wenn ich krank bin, nehme ich gar nichts, und wenn das nichts hilft, das, was der Arzt mir verschreibt."

Erfolgserlebnis: Leib spüren

Für Sonnenfinsternisse ist die sportliche Betätigung oder sonst eine regelmäßige Bewegung äußerst wichtig. Dabei hilft es ihnen, einen gut strukturierten Trainingsplan zu entwickeln oder regelmäßig in einer Gruppe Sport zu betreiben oder zu tanzen. Dabei sollten Sie jedoch darauf achten, dass Sie sich von diesem Trainingsplan nicht versklaven lassen. Wenn Sonnenfinsternisse nämlich den Sport entdeckt haben, tendieren sie oft dazu, *zu* diszipliniert dem nachzugehen, ohne darauf zu achten, welche Bedürfnisse der eigene Leib anmeldet. So ist es wichtig, dass Sie lernen, Ihre Erschöpfung zu erkennen und sie wichtiger zu nehmen als den Plan! Die Tagesverfassung, der momentane psychische Zustand, die Lust und schlicht und einfach die noch vorhandenen Kräfte sind genauso zu berücksichtigen wie das Programm. Ihr größter Erfolg ist nicht nur das Erreichen Ihres Trainingsziels, sondern Ihren Leib zu spüren!

Ihr größter Erfolg ist nicht nur das Erreichen Ihres Trainingsziels, sondern Ihren Leib zu spüren!

Die Entscheidungsfindung

Sie brauchen Zeit, um die 101 Möglichkeiten ausfindig zu machen und dann die beste, die aus dem Kompromiss von Denken und Fühlen entsteht, zu wählen

Eine Sonnenfinsternis hat, was die Entscheidungsfindung anbelangt, einen anderen Rhythmus, und zwar einen langsamen. Obwohl sie schnell im Denken ist, kommt es bei ihr langsam zu Entscheidungen und somit zu Handlungen. Natürlich kann das auch zu einer Entscheidungsschwäche ausarten, wenn nämlich zu viele Parameter stimmen müssen, bevor sie etwas tut. Der Weg ist die Aktion.

Eine Sonnenfinsternis in der Kraft muss sogar noch das Denken mit dem Fühlen in Zusammenhang bringen, was noch einmal mehr Zeit benötigt. Dabei hängt es davon ab, wie stark Denken und Fühlen bei der Sonnenfinsternis schon eins sind und wie stark sie gelernt hat, auf das Gefühl oder den Bauch zu hören. Wenn es stimmig ist, sagen sie auch sofort ja. Tatsache ist, dass sie meistens jedoch ein „schauen wir einmal" sagen und das ist auch das Beste. Sie brauchen ihre Zeit, um ihr Denken und Fühlen in Einklang zu bringen und ihre Stimmigkeit zu eruieren. Mit anderen Worten: Die 101 Möglichkeiten ausfindig zu machen und dann die beste, die aus dem Kompromiss von Denken und Fühlen entsteht, zu wählen.

Interessant ist die Vorgangsweise bei der Entscheidungsfindung, die ganz oft als Problem betrachtet wird. In einem Psychologielehrbuch wird das so erklärt:

„In den Begriffen der Informationsbearbeitung besteht ein Problem aus drei Teilen: (a) einem Ausgangszustand – das ist die unvollständige Information, mit der man anfängt; (b) einem Zielzustand – das ist die Menge von Informationen oder der Zustand in der Welt, die bzw. den man zu erreichen hofft; und (c) einer Menge von Operationen – das sind jene Schritte, die vom Ausgangszustand zum angestrebten Zielzustand führen (Newell & Simon 1972). Zusammen definieren diese drei Komponenten den Problemraum." (Quelle siehe Impressum)

Die Frage lautet: Inwiefern kann diese zitierte Beschreibung wirklich dazu dienen, das Problem zu lösen? Es ist definiert, aber die Definition allein reicht nicht aus. Die Herangehensweise einer Sonnenfinsternis ist der eines Computers sehr ähnlich, was aber unter Umständen zu einer Lähmung führen kann, wenn nicht eine Wertigkeit erfolgt. Als ob wir ein Problem jemals komplett emotionslos aus dem Kopf heraus lösen könnten! Da wird die Theorie oft zum Hindernis, sie stellt sich gerade hier zwischen das Problem und dessen Lösung …

„Es ist besser, unvollkommene Entscheidungen durchzuführen, als beständig nach vollkommenen Entscheidungen zu suchen, die es niemals geben wird." erklärte zu Recht der französische Staatsmann Charles de Gaulle (1890 bis 1970). Dazu passt auch der Spruch: „Probieren geht über Studieren". Dieses lateinische Sprichwort meint, dass die Erfahrung die beste Lehrmeisterin ist, wenn das Wissen auch noch so nützlich ist. Gerade bei der Entscheidungsfindung haben wir im Internet *die* treffende Umgangsweise damit gefunden, und zwar von einer Sonnenfinsternis geschrieben:

„Wenn du vor einer Situation stehst, die eine Entscheidung benötigt, dann gibt es nur drei Möglichkeiten:

Love it

Leave it

or Change it

Du kannst die Situation also so akzeptieren, wie sie ist und sie genauso mögen (Love it). Das klappt nur dann erfolgreich, wenn du 100% dahinter stehen kannst und nicht länger deine Ressourcen auf diese Angelegenheit verschwendest. Willst du das?

Andernfalls entscheidest du dich zum Verlassen (Leave it) der Situation. Du beendest also etwas, z.B. eine Beziehung (auch zu Freunden oder Kollegen), eine Stelle, ein Projekt, ein Hobby, den Mietvertrag ... usw. Willst du das?

Zu guter Letzt, und wenn dich etwas nicht in sehr starker Weise stört, dann hast du vielleicht die Möglichkeit dies zu verändern (Change it). Du redest also mit dem Chef oder den Arbeitskollegen, der Frau oder den Kollegen und bewirkst eine Veränderung der negativen Inputs. Ist es an sich eine gute und feste Beziehung, dann wird sie eine solche Veränderung sicher ‚überleben'. Wenn dein Wunsch aber ins Leere verpufft, dann ist es an der Zeit, sich für eine der anderen Möglichkeiten zu entscheiden.

So oder so ist es immer wichtig, eine Entscheidung sofort zu treffen und dies nicht auf die lange Bank zu schieben. Wenn dir etwas wirklich am Herzen liegt, dann musst du dich heute entscheiden. Sonst sind dir das Thema, die Beziehung, usw. einfach nicht wichtig genug und du kannst es ganz bleiben lassen." (Quelle siehe Impressum)

Mit diesen Worten hat diese Sonnenfinsternis den Nagel auf den Kopf getroffen, nur der Tipp, alles am selben Tag zu entscheiden, ist eher Ideal als erreichbares Ziel. Dennoch ist die Art, sich Fristen zu setzen für Entscheidungen, und immer wieder Bilanz zu ziehen, wie es mit dem eigenen Leben aussieht, eine anzustrebende Eigenschaft. So meinte ein Sonnenfinsternis-Freund von uns, dass er alle drei Monate überprüfe, wie es in seinem Berufsleben aussieht: Stimmt der Verdienst? Ist Eingang und Ausgang in einem guten Verhältnis? Stimmt das Betriebsklima? etc. Und wenn eine der Fragen nicht positiv beantwortet werden kann, wird sofort die Situation verändert. Ein Warten auf eine Besserung, so nach dem Motto: „Die Zeit wird's schon richten" existiert für ihn nicht. Vielmehr geht er davon aus: „Wenn ich mein Leben nicht richte, tut es keiner."

Schritt für Schritt zur richtigen Entscheidung

Der menschliche Umgang

Leben in der eigenen Welt

Sonnenfinsternisse brauchen ihre Zeit, um bei anderen aufzutauen. Sie ziehen sie es vor, in ihrer Denk-Welt zu bleiben. Diese Selbstgenügsamkeit hat natürlich auch ihre Nachteile. Familienangehörige oder FreundInnen haben oft ihre Schwierigkeiten mit ihnen in einen tieferen Kontakt zu treten. Sonnenfinsternisse können von anderen Typen durchaus als verschlossen erlebt werden, auch wenn sie sich selbst als äußerst mitteilsam erleben. Sie können unter Umständen viel reden, aber dabei sehr wenig von sich preisgeben. Das sind diejenigen, die stundenlang mit Ihnen über ein Thema diskutieren können, sich aber gar nicht mit einbringen. So kann es durchaus passieren, dass zwei beste Freunde beim Fischen einen ganzen Nachmittag über die verschiedenen Köder diskutieren, während ihre Frauen spazieren gehen. Abends erfährt der Freund von seiner Frau, dass sein bester Freund, mit dem er den ganzen Nachmittag verbracht hat, seit gestern arbeitslos ist und schon eine unruhige Nacht voller Sorgen um seine Zukunft hinter sich gebracht hat.

Wenn die Gedanken überhandnehmen

Sonnenfinsternisse treten zwar vordergründig in Beziehung, indem sie mitunter auch viel Gesprächsstoff haben, aber ihre wahren Themen bringen sie schwer ein, sodass sie durchaus auch als unzugänglich betrachtet werden können.

Falls Sie sich hierbei betroffen fühlen, empfehlen wir Ihnen, Ihren engsten Mitmenschen auch einmal davon zu erzählen, was Sie in Ihrem Herzen bewegt. Das ist normalerweise nicht die neueste Erkenntnis der Quantenphysik, sondern das, was in Ihrer unmittelbaren Umgebung passiert und Sie bewegt. Ansonsten passiert Ihnen, dass auch Sie bei den anderen Menschen ein Einfühlungsvermögen aufweisen, wie in diesem Beispiel: Ein Mann trifft nach längerer Zeit seinen Sonnenfinsternis-Bruder bei einer Veranstaltung. Gleich teilt er ihm mit, wie stark sich sein Leben verändert habe: Er habe sich von seiner Ehefrau getrennt, sei ausgezogen, sein Arbeitsplatz werde umgebaut und er wohne nun in einem Zelt unter freien Sternenhimmel. Sein Bruder reagierte sehr interessiert: „Ach was! In was für einem Zelt wohnst du denn? Ist das ein Drei-Mann- oder ein Vier-Mann-Zelt? Und wo hast du denn einen Platz gefunden, um wild zu zelten?" Kein Kommentar, oder?

Logik ist nicht alles

Für so manche Sonnenfinsternis ist dann auch kaum nachvollziehbar, wie jemand *nicht* logisch sein kann und in der Welt des Denkens *nicht* so zu Hause. Es fällt ihnen z.B. schwer zu verstehen, wie Vollmonde ohne Worte Position beziehen können. So meinte eine Sonnenfinsternis-Klientin einmal während eines Kurses, dass sie bislang davon überzeugt gewesen sei, jetzt die Lösung ihres Kommunikationsproblems mit ihrem Vollmond-Mann – der ein verschlossener Gefühlsmensch ist – gefunden zu haben: „Einmal in der Woche reden wir miteinander eine Stunde lang über unsere Beziehung!" Das wäre so ähnlich, als würde sie die Hausaufgabe erhalten, sie müsse eine Stunde lang in der Woche ausschließlich fühlen, ohne zu denken, beides ist zum Scheitern verurteilt.

Gerade wenn es um Gefühlsangelegenheiten geht, sitzen Sonnenfinsternisse eher auf der Leitung. Diese emotionale Langsamkeit und Ihre meist langwierige Entscheidungsfindung sollten Sie sich vor Augen führen, wenn Ihnen andere im Kopf zu langsam sind!

Für Sie ist es äußerst wichtig, nicht von Ihrer Nase auszugehen. Was denken, was fühlen Ihre Mitmenschen? Fragen Sie nicht nur nach! Beobachten Sie, achten Sie auf die Reaktionen der anderen auf Ihre Art sich einzubringen, fühlen Sie sich in andere hinein!

Zu großes Verantwortungsbewusstsein

„Du kannst die Welt nicht verändern, nur dich selbst!"

Sonnenfinsternisse neigen dazu, in ihrem näheren Umfeld ein erhöhtes Verantwortungsgefühl zu entwickeln. Eine Sonnenfinsternis-Frau meinte einmal ganz verzweifelt: „Ich habe jetzt verstanden, dass ich mich sofort für alles schuldig fühle – in der Familie, im Freundeskreis, in der Arbeit. Es fehlt nur noch, dass ich mich jetzt noch für die Lawine, die den Berg runterrollt, verantwortlich fühle!"

Die Zuverlässigkeit und das Pflichtgefühl einer Sonnenfinsternis sind oft aufgrund der Dynamiken in der Herkunftsfamilie übersteigert. Darum sollten Sie – falls Sie ebenfalls dazu neigen – auf alle Fälle dort aufräumen.

Machen Sie sich bewusst, wer für was in der Herkunftsfamilie verantwortlich war und wer es in Ihrer jetzigen Familie ist! Hierbei sollten Sie beachten, wer was verursacht hat, denn jedeR ist für die eigenen Handlungen und deren Konsequenzen selbst verantwortlich. Es hilft denen nichts, wenn jemand anderes die Scherben aufräumt, denn dann kann dieser Mensch nichts daraus lernen und sich darum nicht weiterentwickeln – was wiederum auf Sie selbst zurückfällt, weil Sie es ertragen müssen, dass vor Ihren Augen immer wieder derselbe Fehler gemacht wird.

Falls Sie bemerken, dass eine unangenehme Auswirkung nicht von Ihnen selbst verursacht wurde, muten Sie der verursachenden Person getrost die Folgen zu. Wie meine Oma so schön sagte: „Du kannst die Welt nicht verbessern, nur dich selbst!"

Außerdem sollten Sie sich bewusst werden, dass eine Auswirkung dieses übersteigerten Verantwortungsbewusstseins eine Form von Überheblichkeit darstellt, denn ohne es zu merken, fühlen Sie sich besser und klüger. Sie übernehmen eine erhöhte Position gegenüber den anderen ein, indem sie davon überzeugt sind, besser die Lösung für den anderen zu kennen.

Der erste Schritt ist sich einzugestehen, dass Sie sich grundsätzlich schwertun, sich von etwas zu trennen.

Loslassen ist schwer

Zur Zuverlässigkeit und zur Treue dieses Typs gehört aber auch, dass er sich schwer tut loszulassen, wenn etwas fertig ist – ob es nun ein Projekt oder eine Beziehung ist, denn er tendiert dazu, sich selbst alles so lange wie möglich schönzureden, nur um nicht eine unangenehme Veränderung zuzulassen.

Wenn Sie schwer loslassen, dann möchten wir Sie dazu ermutigen, Ihren ansonsten so gut funktionierenden Realitätssinn einzuschalten, indem Sie sich die unangenehmen, negativen Aspekte vor Augen führen. Der erste Schritt ist sich einzugestehen, dass Sie sich grundsätzlich schwertun, sich von etwas zu trennen, dass es nicht mit der jeweiligen Situation oder Person zusammenhängen muss. Danach gilt es – wie schon häufig in diesem Kapitel erwähnt – den Sprung ins kalte Wasser der Veränderung zu wagen.

Warum sie oft die ProphetInnen im eigenen Lande sind

In dieser Passage möchten wir Ihnen nahebringen, warum es den Sonnenfinsternissen so oft passiert, dass ihre Kompetenz nicht so gesehen wird, wie sie es sich eigentlich verdienen würden. Es hat mit der Abgehobenheit und der Ausführlichkeit zu tun, mit der sie diese kommunizieren. Nehmen wir wieder den Spruch „Es gibt keine Probleme nur Lösungen". Auf unserer Internetsuche stießen wir auf eine andere Passage, die das sehr klar verdeutlicht:

„Seit Jahren präge ich den Satz „Es gibt keine Probleme, nur Lösungen", hier möchte ich mal etwas genauer darauf eingehen und noch andere wichtige Tipps mitgeben.

Fließen lassen

Was ist eigentlich ein Problem? Jetzt mal ganz ernsthaft ... Grundsätzlich doch nur ein Wort mit sehr negativem Touch. Probleme gibt es heute überall und bei jedem, wenn du das nicht glaubst, kannst du gerne mal im Restaurant an einen Stammtisch sitzen und zuhören.

Ein Problem ist also eine Situation, die augenblicklich gerade nicht so läuft oder steht, wie ich das gerne hätte. Mein Ziel ist also im Problemmoment nicht erreicht. Das bedeutet also wiederum, dass du etwas machen musst, um das Ziel zu erreichen, denn von selbst geht ja nichts.

Und schon sind wir bei der Lösung. Die Lösung einer eingefahrenen Situation ist der Weg zum Ziel.Ohne groß zu jammern, musst du dir für alle Probleme ein Ziel festlegen, den Weg zum Ziel (zur Lösung) aufzeigen und dann diesen Weg gehen, bis du beim Ziel angelangt bist.

Und was soll es jetzt angeblich für „Probleme" geben, die du mit diesem Verfahren nicht lösen kannst? Keine ...!! Das heißt also, du hast keine Probleme und auch andere nicht! Deshalb die Aussage: Es gibt keine Probleme, nur Lösungen." (Quelle siehe Impressum)

„Ich habe es Euch ja gesagt, aber mir hört ja nie jemand zu."

Dieses Denk-Geplänkel enthält keine wirklich nützlichen Tipps. Es ist zwar logisch einwandfrei, aber was nützt das in der konkreten Situation? Wer gibt sich schon damit zufrieden, dass rein theoretisch alles lösbar ist? Bei wem kommt so was an? Wo eine in Gedankengänge verliebte Sonnenfinsternis Begeisterung empfindet, ist für die anderen Typen einfach nur langatmig und macht sie müde.

Diese Reaktion frustriert oft die Sonnenfinsternisse. Wie viele sagen uns, dass sie so manches kommen sehen haben, was danach passiert ist. „Ich habe es Euch ja gesagt, aber mir hört ja nie jemand zu." Alleine zu wissen, wie die Lösung ist, nützt nichts, wenn Sie es nicht schaffen, es dem Gegenüber so zu vermitteln, damit er etwas damit anfangen kann. Die Lösung ist zwar richtig, wird aber oft nur im Kopf abgespielt, als solches vorgebracht und ist darum von den anderen Typen nicht so leicht zu verstehen. Neumonde bemängeln die Monotonie und die fehlende Prägnanz, Sonnen brauchen konkrete Beispiele und den direkten Bezug, Vollmonde auf alle Fälle eine emotionale Beteiligung im Gespräch und dass auf sie eingegangen wird. Zudem haben sie für so manche eine sehr belehrende Art bis hin zu Rechthaberei. Bei diesen Sonnenfinsternissen vermeiden so manche Menschen, sich einen Ratschlag einzuholen. Denn mit ihrem kritischen, zweifelnden Geist verhelfen ihre Fragen nicht zu mehr Klarheit, sondern zu Verunsicherung. Außerdem erscheint danach jedes Projekt, jede Beziehung als eine viel zu anstrengende und problembelastete Angelegenheit, die besser gestern als heute zu beenden ist. Auch hier ist die Lösung das Einfühlungsvermögen zu üben.

Schlussendlich ist für Sonnenfinsternisse Macht ein Thema. Ob nun die erlebte Ohnmacht, die sie oft fühlen, dafür verantwortlich ist, lässt sich schwer deuten und ist sicherlich nicht verallgemeinern. Der Minderwert, die Zweifel und Unsicherheiten, die Sonnenfinsternisse oft fühlen, kompensieren sie oft damit, dass sie sich in den Gebieten, in denen sie sich auskennen, über andere stellen. Das ist natürlich in erster Linie ein Selbstwert-Thema und als solches auch anzugehen.

Die Sonnenfinsternis in ihrem Element stärken

Das Element Erde bedingt bei diesem Typ, dass er nicht nur bodenständig ist, sondern auch misstrauisch gegenüber allem, was nicht so materiell ist.

Das Element Erde bedingt bei diesem Typ, dass er nicht nur bodenständig ist, sondern auch misstrauisch gegenüber allem, was nicht so materiell ist. Von Belang für ihn ist das Greif- und Sichtbare, das Metaphysische liegt ihm eher fern.

Das beste Beispiel dafür ist der Apostel Thomas aus der Bibel. Nach dem Johannesevangelium kam Jesus nach seinem Tode zu seinen Jüngern, die sich aus Furcht vor weiterer Verfolgung versteckt hielten, nur Thomas war nicht bei ihnen. Als der zurückkam, erzählten ihm die Apostel, dass Jesus zu ihnen gekommen war. Er meinte daraufhin, dass wenn er nicht die Male der Nägel an seinen Händen sähe, und er die Finger nicht auf diese Male legen könne, er ihnen nicht glauben könne.

Eine Woche darauf kam Jesus erneut zu ihnen. Dieses Mal war Thomas dabei und Jesus sprach zu ihm: „Streck deinen Finger aus – hier sind meine Hände! Streck deine Hand aus und leg sie in meine Seite und sei nicht ungläubig, sondern gläubig!“ Daraufhin gab sich Thomas geschlagen. Jesus sprach die berühmten Worte: „Weil du mich gesehen hast, glaubst du. Selig, die nicht sehen und doch glauben.“

Auf diese Überlieferung geht die Bezeichnung des „ungläubigen Thomas“ zurück. Der gesunde Aspekt hierbei ist es, sich nicht auf Phantasien oder Visionen einzulassen, sondern zuerst einmal den Realbezug zu überprüfen. Das können andere Typen von den Sonnenfinsternissen lernen. So sind z.B. Sonnenfinsternisse äußerst kritisch bei Erzählungen, die von Übersinnlichem berichten, denn so manche UFO-Meldungen konnten im Nachhinein logisch erklärt werden.

Eine Sonnenfinsternis in der Kraft zeichnet es aus, dass sie eine kritische Offenheit an den Tag legt, jedoch wenn die nicht erklärbare Sachlage ihren objektiven Einwänden standhält, auch das Unmögliche als real anerkennt. Gerade heute ist vor allem die Quantenphysik auf dem Weg, die bislang als „übersinnlich“ bezeichneten Phänomene zu bestätigen – so z.B. dass die Seele als Bewusstseinsfeld existiert, und zwar über den Tod hinaus oder dass der Geist Materie beeinflussen kann. Wer diese Offenheit nicht hat, entspricht eher dem Südtiroler Sprichwort: „Was der

Erde: Schicht um Schicht

Bauer nicht kennt, frisst er nicht." Und das Bodenständige wird eher zu Scheuklappen, die außer dem Traditionellen und Althergebrachten nichts Neues und damit keine Weiterentwicklung zulassen.

Um ihrem Element näherzukommen, brauchen Sonnenfinsternisse den regelmäßigen Aufenthalt in der Natur. Da sie ansonsten sehr viel im Kopf sind, ist der Aufenthalt in die Natur, das direkte Erleben durch die Sinne, das Spüren des Leibes in der Natur für sie sehr wichtig.

Mit dem Element können wir nicht nur die Außenperspektive erklären, sondern auch die innere Zerrissenheit, die ihnen oft eigen ist. Sie sind nämlich der einzige Typ, dessen Element nicht mit seiner Erscheinung identisch ist, zum einen Erde, zum anderen Sonnenfinsternis. Wir kommen nicht umhin, auch auf das Naturphänomen der Sonnenfinsternis selbst hinzuweisen. Schließlich ist es die Himmelserscheinung, die von allen vier Typen am seltensten vorkommt und darum auch immer wieder Faszination auslöst. Gerade weil sich dabei die Abwesenheit der Sonne mitten am Tage einstellt, erregt sie Interesse, ist aber auch für viele beängstigend. Diese ganzen Gefühle kann dieser Typ ebenfalls bei anderen auslösen.

Rund um die Farbpalette der Seelenfarbe

Die Farben der Sonnenfinsternis sind allesamt Mischungen: Ockergelb hat ein Gelb mit einem Rot-Ton in sich, Orange ist eine Mischung zwischen Gelb und Rot, Braun die Abdunkelung von Gelb-, Orange- und Rottönen. Daran könnte es vielleicht liegen, dass Sonnenfinsternisse oft weniger Energie als alle anderen Typen haben.

Die Farbe Braun mit all ihren Assoziationen kann schon den Hinweis darauf geben, dass das Bodenständige zu weit gehen kann

Außerdem ist auffallend, dass in ihren Mischungen das Blau fehlt. Sie haben das Gelb der Sonne – und damit auch oft das Bedürfnis nach Aufmerksamkeit – und das Rot des Neumondes, was sich des Öfteren auch in ihrem Zorn ausdrückt. Das Blau der Vollmonde fehlt ihnen jedoch. Dies kann ein Indiz dafür sein, dass ihnen die Kommunikation mit Vollmonden am schwersten fällt.

Hinzu kommt, dass das Blau auch für Gefühle steht und diese Gefilde die größte Herausforderung für die Sonnenfinsternisse darstellt.

Die Farbe Braun mit all ihren Assoziationen kann schon den Hinweis darauf geben, dass das Bodenständige zu weit gehen kann. Nicht umsonst wurde sie von den politisch rechtesten Strömungen übernommen.

Außerdem ist es auch eine Farbe, die am wenigsten auffällt, fast unscheinbar ist – Indiz dafür, dass aus zu viel Ruhe auch Zurückgezogenheit werden kann, was der Sonnenfinsternis dann schadet.

In der Farbe Orange deutet schon das Rot auf die Gefahr hin, den Zorn anderer zu leben. Gerade weil sie die lebensfrohsten unter ihnen sind, erleben sie oft eine größere innere Zerrissenheit als der Rest der Sonnenfinsternisse.

In der Farbdeutung steht das dunkle Orange – also das bräunliche – für Überforderung, Stress und ungesundem Ehrgeiz. Genau darauf haben diese Sonnenfinsternisse zu achten. Auch bei Gelb zeigt die Deutung der Farbe etwas auf, was für diese Sonnenfinsternisse wichtig zu wissen ist: Das trübe Gelb steht für geistige Anstrengung und mentale Kontrolle.

Die ockergelben Sonnenfinsternisse haben noch dazu die Tendenz, mehr Sonne sein zu wollen, als sie sind.

Vor- und Nachteil des Einrollens des Energiefeldes

Kein anderer Typ hat die Fähigkeit, die eigene Energie so „einzurollen", dass seine Seelenfarbe nicht mehr erkennbar ist – Sonnenfinsternisse beherrschen diese Kunst perfekt. Zumeist ist ihre Energie eingerollt, wenn sie jemand kennen lernen.

Erst mit der Zeit – wenn sie sich wohlfühlen und beginnen ein wenig zu vertrauen – „rollen" sie ihre Energie langsam „aus". Wenn sie jedoch ihr Inneres nicht offenbaren wollen, ist von außen keine Seelenfarbe zu sehen. Damit sind aber auch nicht ihre Gefühlszustände abzulesen.

Sie müssen eine Sonnenfinsternis schon besser kennen, um auch dieses „Einrollen" interpretieren zu können. Es ist zum einen Rückzug, eine natürliche Schutzmaßnahme vor dem Unbekannten und vor Situationen, in denen sie sich nicht wohlfühlen, zum anderen steht es für das Einigeln in ihre Gedankenwelten. Wichtig ist, dass eine Sonnenfinsternis zumindest bei ein paar Menschen in ihrer Umgebung ihre Seelenenergie ausbreitet.

Es hat auch sonst noch einen Nachteil: Das Einrollen ihrer Energie ist mit ein Grund dafür, dass sie nicht so auffallen. So manche haben uns erzählt, dass sie Sonnenfinsternisse am ehesten vergessen, wenn sie nicht mehr mit ihnen gesprochen haben. Das habe nichts damit zu tun, dass sie sie nicht sympathisch fänden, doch erst bei näherem Kennenlernen kämen sie darauf, wie interessant sie eigentlich sind.

Der Vollmond

KAPITEL 8

Die Qualitäten des Vollmonds

Der erste Eindruck

Wie das liebliche Vollmondlicht taucht dieser Typ seine Umgebung in eine angenehme und beruhigende Atmosphäre. Der Vollmond hinterlässt den gleichen Eindruck wie das Gestirn, nach dem er benannt ist. Er strahlt Herzenswärme und etwas Liebevolles aus, die Menschen fühlen sich wohl in seiner Gegenwart. Sie kommen bei ihm zur Ruhe. Die Vollmonde haben einen langsameren Rhythmus und verlangsamen auch den ihres Umfeldes.

Der Vollmond strahlt Herzenswärme und etwas Liebevolles aus, die Menschen fühlen sich wohl in seiner Gegenwart.

Der Vollmond ist leicht an seinem weichen Ausdruck in den Augen zu erkennen. Seine Augen vermitteln unmittelbar eine tiefe Ruhe und öffnen anderen das Herz. „Gefühlvoll", „zart" und „sanft" könnten Wörter sein, die für den Vollmond erfunden worden sind. Entsprechend sind auch seine Bewegungen weich und zart, sie erscheinen sachte und behutsam.

Betritt der Vollmond einen Raum, ist er sich seiner Wirkung zumeist sehr bewusst und sucht – wie das Gestirn – nach Anerkennung und Strahlen von anderen, auch wenn er eher schüchtern und zurückhaltend ist.

Seine Weichheit und Eleganz laden zur Bewunderung ein, welche ihn noch mehr in die Blüte bringt.

Vereinnahmend ist zumeist auch die angenehme Stimme eines Vollmondes, welche mit ihrem unaufdringlichen, sanften Klang das Innerste seiner Mitmenschen berührt, doch meistens redet er nicht viel und hört vor allem zu. Er strahlt Vertrauenswürdigkeit, aber auch eine innere Ruhe aus und vermittelt den Eindruck eines reichen und tiefen Innenlebens.

Die Stärke

Im Gefühl zu Hause

Der Vollmond ist ein Gefühlsmensch und betrachtet die Welt mit dem Herzen. Von der Außenwelt nimmt er in erster Linie die Gefühle wahr, die durch den Raum strömen, wie auch er selbst in erster Linie seine eigenen Gefühle erkennt – nicht, was er denkt, was er körperlich spürt, wozu er Lust oder nicht Lust hat.

Der Vollmond ist ein Gefühlsmensch und betrachtet die Welt mit dem Herzen.

So mancher Vollmond hat die Fähigkeit, die große Bandbreite der eigenen und fremden Gefühle nicht nur richtig wahrzunehmen, sondern sie auch zu verstehen und zu beeinflussen. Dies wird neuerdings Emotionale Intelligenz genannt.

Der Vollmond kann die Emotionen anderer intuitiv erfassen und auf sich wirken lassen. Während andere Typen die Mimik, Gestik, Körperhaltung oder Stimmlage ihrer Mitmenschen genauestens beobachten und lesen lernen müssen, um auf das dahinter liegende Gefühl zu schließen, geht der Vollmond in Resonanz. Er stellt sich wie ein Klangkörper auf sein Gegenüber ein und beginnt mitzuschwingen. Um den anderen zu erkennen, achtet er darauf, was in ihm schwingt, ob nun Liebe, Abneigung, Wohlbefinden oder Missbehagen.

Durch das Gefühl verbunden

In Verbindung mit der Welt

Da Vollmonde so ihre Gefühle leben, sind sie stark mit ihrer Seele verbunden. Der Rhythmus der Seele ist eine langsame Schwingung, ganz im Gegensatz zum Rhythmus dieser rationalen und schnelllebigen Welt. Schon meine Oma kam mit dieser Geschwindigkeit nicht mehr zurecht und weigerte sich konsequent da mitzuhalten. Meine Oma war eben ein richtiger Vollmond und so wie ihr ergeht es vielen Vollmonden: Der Rhythmus der modernen Zeit ist zu schnell und reißt sie aus ihrer Mitte.

Im Grunde kann also gerade der Vollmond mit seinem scheinbar langsamen Gefühlserleben die Wirklichkeit viel umfassender wahrnehmen.

Die Geschwindigkeit der Seele ist ähnlich der so genannten „Urschwingung", wie sie von östlichen Weltanschauungen genannt wird. Diese Urschwingung, eine stehende Gravitationswelle, welche durch die Entstehung des Universums entstanden ist, wird aber auch bei uns mathematisch und physikalisch erforscht. So spricht Dr. Hartmut Müller vom Institut für Raum-Energie-Forschung GmbH von „Global Scaling" und meint damit, dass diese Welle die Proportionen und Strukturen der Welt erschafft. Die Anwendungsbereiche dieser Welle wären vielfältig und wurden als G-com Technologie patentiert, z.B. ist es heute schon möglich, Handys ohne Elektrosmog zu benutzen, da diese Information auf diese schon bestehende Welle aufmoduliert werden.

Wer sich auf dieser Urschwingung „einklinkt", hat Zugang zu vielen Informationen auf non-verbaler und nicht mentaler Wissensebene – Informationen, zu denen normalerweise SchamanInnen oder Yogis, also Menschen, die ihr Leben der Spiritualität gewidmet haben, Zugang haben und die in unserer Welt – wenn überhaupt – höchstens von diesen akzeptiert werden.

Je schneller eine Welle ist, desto kürzer ist sie auch. Auf einer langen Welle hat viel mehr Information Platz als auf einer kurzen. Dementsprechend kann ein Bild oder ein Symbol viel mehr Information tragen als ein Wort. Viele geschriebene Seiten können nicht im Geringsten ausdrücken, was z.B. die Mona Lisa bei ihren BetrachterInnen auslösen kann. Keiner weiß das besser, als der Vollmond.

In der Zwischenzeit ist die Bedeutung non-verbaler Kommunikation auch wissenschaftlich erwiesen, und zwar nach der 55-38-7-Regel von Albert Mehrabian. Dieser Forscher hat bewiesen, dass bei Präsentationen vor Gruppen 55 Prozent der Wirkung durch die Körpersprache bestimmt wird – also die Haltung, Gestik, der Augenkontakt –, 38 Prozent des Effekts wird durch die Stimmlage erzielt und nur 7 Prozent verdanket der/die RednerIn dem Wort, d.h. dem Inhalt des Vortrags.

Im Grunde kann also gerade der Vollmond mit seinem scheinbar langsamen Gefühlserleben die Wirklichkeit viel umfassender wahrnehmen – auch wenn ihm das nicht immer bewusst ist und er es schwer in Worte fassen kann. Die meisten Vollmonde sind in diesem Sinne durch ihr Wesen am meisten angekoppelt an die Wirklichkeit. Das erklärt, wieso einige von ihnen – wie meine Oma – über ihre Träume und Visionen es schaffen, die sich abzeichnende Zukunft schon im Vorhinein vage zu erkennen. Genauso erklärt das ihre Empathie, das Einfühlungsvermögen, das Mitschwingen mit anderen. Hier sind sie die MeisterInnen!

Nicht umsonst sprechen die Aborigines Australiens ihnen aus der Seele, als sie meinten: „Die Stimme ist nicht zum Reden, sondern zum Singen da." Darum ist die Kunst, der Gesang, die Poesie und/oder auch die Symbole die Welt der Vollmonde.

Die Orientierung

Gefühle haben Vorrang

Um in seinem Leben zurechtzukommen, orientiert sich die Vollmonde an den sie umgebenden Gefühlslagen. Anders ausgedrückt: Sie erkennen die atmosphärischen Stimmungen im Raum. Was für ein Gefühl beherrscht den Raum, den ein Vollmond betritt? Ist gerade Spannung in der Luft, weil gerade ein Streit im Gange ist? Oder herrscht gerade eine liebevolle, warme Atmosphäre vor, weil die Chefin einen Arbeitskollegen gerade gelobt hat? Dementsprechend verhält sich der Vollmond.

Die meisten Vollmonde finden auf diese fühlende Art und Weise ihren Platz im Leben

Beim ersten Beispiel spürt er die Spannung am eigenen Leib und verkrampft sich sofort. Er fühlt sich unwohl und beginnt sich zu verschließen oder zurückzuziehen. Dabei hat er sofort Mitgefühl für die Person, die er als unterlegen wahrnimmt, egal aus welchem Grund.

Beim zweiten Beispiel hingegen spürt er die Wärme und die Zuneigung, die hinter dieser Handlung steht. Ihm wird warm ums Herz und er wird weich und offen. Er verschmilzt förmlich mit dieser Energie, denn sie tut auch ihm gut. Damit verstärkt er jedoch auch die Wärme dieser Situation, indem er von seiner Seite Liebe und Anerkennung einbringt.

Die meisten Vollmonde finden auf diese fühlende Art und Weise ihren Platz im Leben. Auch mit sich selbst geht er ähnlich um. Er wacht mit einer Stimmung auf, Träume haben in ihm Gefühle ausgelöst und das begleitet ihn in den anbrechenden Tag hinein. Dementsprechend wird seine Aufmerksamkeit von den ihn umgebenden Gefühlen und Stimmungen stark beeinflusst.

Wenn Wünsche und Zeichen leiten

Der Vollmond hat weniger Ziele denn Wünsche. Da Zielgerichtetheit eher eine Sache des Kopfes ist, liegt sie dem Vollmond nicht so nahe. Vielmehr lässt er sich meistens von seinen Wünschen führen. Ein Wunsch entsteht in der Regel tief in seinem Inneren und entfaltet von da heraus eine große Kraft, welche ihn zu Handlungen oder Veränderungen in seinem Leben antreibt.

Sehr oft geht es bei Vollmonden darum, sich die Welt schöner zu machen und die Harmonie in ihren Beziehungen und in ihrem Lebensumfeld zu erhöhen. So hat z.B. eine Vollmond-Freundin von uns ihr Leben so eingerichtet, dass sie es jedes Jahr schafft, ein paar Monate auf die Alm zu gehen und dort einen ruhigen Sommer zu verleben, im Rhythmus ihrer Seele und der Natur. Gleichzeitig findet sie dabei auch die nötige Zeit, um die Beziehung mit ihrem Lebenspartner, der die Alm übernimmt, zu genießen und zu vertiefen.

Beispielhaft sind die Vollmonde im Lesen der Zeichen und Träume. Meine Oma verstand es meisterhaft, ihre Träume zu deuten. Entweder sagten sie etwas über ihren – oder über meinen – Alltag aus oder sie zeigten ihr, was die Zukunft bringen würde. Z.B. träumte sie mehrmals, dass ich eines Tages meinen Mund öffnen würde, um unser Wissen wieder unter die Leute zu bringen. Es würde dann laut ihren Träumen auf fruchtbaren Boden fallen.

Als fühlendes Mitglied ihrer Gemeinschaft träumte sie häufig auch vom bevorstehenden Tod der Menschen in ihrem Dorf. Sie erzählte mir auch, dass sie wusste, dass sie mit ihrem Mann eines Tages auch einmal weggehen würde von Kortsch. Erst Jahre danach bewahrheitete sich diese Vision: Ihr Mann optierte während des Krieges und die ganze Familie zog für ein paar Jahre nach Vorarlberg. Dort hingegen träumte sie immer wieder davon, dass sie auch wieder nach Hause zurückkehren würden. Davon war sie jeden Moment felsenfest überzeugt.

Doch auch im Wachzustand orientieren sich viele Vollmonde an Zeichen. Bei den indigenen Völkern dieser Welt ist es normal, dass die Welt, in der wir leben, uns über Zeichen die Orientierung im Leben ermöglicht. Dahinter steckt das Weltbild, dass alles eins ist und wir untrennbar mit allem verbunden sind. Auch schon Oma predigte mir, dass „es keine Zufälle gibt, sondern dass uns alles zufällt, so wie wir es brauchen". Damit meinte sie alles, was wir für unsere Weiterentwicklung brauchen – dies muss nicht immer angenehm sein.

Gefühle bestimmen den Weg

Die einzigen, die sich diese Fähigkeit, die Welt zu lesen, bewahrt haben, weil es ihnen am meisten in die Wiege gelegt wurde, sind die Vollmonde. Von ihnen können alle anderen Typen lernen, darauf zu achten, was die Welt als persönliche Mitteilung für jeden Menschen bereithält.

So erzählte uns einmal ein Vollmond-Mann, dessen Beziehung an einem toten Punkt angelangt war, dass er während einer Bergwanderung ein Zeichen gesehen hätte, das ihm über die Verzweiflung, in der er dauernd steckte, hinweghalf.

Obwohl er bei gutem Wetter gestartet war, zog sich am Nachmittag im Hochgebirge der Himmel zu, es wurde kalt und es begann zu blitzen und zu donnern. Er suchte einen Unterschlupf unter einem Felsen und begann sich zu ängstigen, wie es weitergehen würde, da er wenig Kleidung mithatte. Nach einer Weile lichteten sich die Wolken und die ersten Sonnenstrahlen fielen genau auf ihn und die Waldlichtung vor ihm. Abgesehen davon, dass ihn diese Sonnenstrahlen wärmten, zauberte dieses Licht nach dem Unwetter solch schöne Grün- und Goldtöne hervor, dass er sich nicht daran satt sehen konnte. Dieses Erlebnis hatte ihn fast schon in eine glückliche Stimmung versetzt, die tagelang andauerte. Erst da erkannte er, dass dieses Erlebnis seine Beziehung darstellen könnte: der gute Start, die Krise und das Schöne danach. Wichtig war für ihn hierbei zu erkennen, dass nach dieser schwierigen Zeit eine schönere, glücklichere Epoche in seinem Leben beginnen würde – ob mit dieser Partnerin oder einer neuen.

Das Umfeld wohlig gestalten

Viele Vollmonde haben die Fähigkeit, ihre Wohnumgebung – aber nicht nur diese – so zu gestalten, dass sie sich heimelig und geborgen fühlen. Sie erschaffen damit Wohlfühl-Oasen, ob das nun der weiche Teppich, ein Seidentuch in sanften Farben als Wandschmuck im Wohnzimmer oder die stets frischen Schnittblumen in der passenden Vase auf dem Mittagstisch sind. Bei so manchem Vollmond sind in seinem Lebensumfeld schöne Objekte zu finden: ein schön geschnitzter Schutzengel auf dem Fenstersims, kunstvoll gedrehte Kerzen in wunderschönen Leuchtern, aufeinander abgestimmte Pflanzen in dazu passenden Töpfen, usw.

Sauber, wohlriechend und ästhetisch soll die Umgebung sein, damit sie sich darin wohl fühlen können. Dabei schauen sie auch, dass das Tüpfelchen auf dem i stimmt. Dahinter steckt ihr Bemühen, im Äußeren eine gute Basis für die Gesamtatmosphäre zu schaffen, damit angenehme Gefühle einen Rahmen bekommen.

Vollmonde lieben es eng

Der beziehungsorientierte Typ

Sind Sie erstaunt, gerade bei der Orientierung dieses Thema vorzufinden? Stimmt, es ist ungewöhnlich. Außerdem ist der beziehungsfreudigste Typ ja die Sonne, also wieso geben wir diesen Titel dem Vollmond? Weil die Gefühle ganz oft mit Menschen verbunden sind und sich der Vollmond darum oft an den Menschen orientiert, die er liebt und die er bewundert.

Während eine Sonne sich am Spaß- und ein Neumond am Lustfaktor orientiert, die Sonnenfinsternis am Interesse, orientiert sich der Vollmond an Beziehungen. Kaum ein anderer Typ ist dermaßen in seiner Orientierung an die Mitmenschen gebunden, weil er sich an ihre Stimmungen ankoppelt. Seine eigene Stimmung hängt ja – wie wir schon eingangs beschrieben haben – in erster Linie nicht von ihm selbst, sondern von seiner Umgebung ab. Für einen Vollmond ist der Gefühlszustand seiner engsten Umgebung maßgeblich für sein Wohlbefinden, darum ist es auch kein Wunder, dass er sich darum bemüht, diesen Gefühlszustand so optimal wie möglich zu gestalten.

So berichtete uns eine Neumond-Frau, wie sehr sich ihr Leben verändert hat, seit ihr Vollmond-Ehemann in ihr Leben getreten ist. Zuvor war sie überaktiv und spannungsgeladen und hatte sich schließlich erzürnt und verbittert von der Welt zurückgezogen. Seine mitfühlende Art half ihr zur Ruhe zu kommen und auch Einfühlungsvermögen für die Familienmitglieder zu entwickeln, mit denen sie im Streit lag.

Die bevorzugten Gefühle

Verbunden und beziehungsfreundlich

Die Verbundenheit – verstanden als eine gegenseitige vertrauensvolle Beziehung – ist, wie schon in der Orientierung beschrieben, ein seelisches Grundbedürfnis des Menschen, genauso wie das Bedürfnis anerkannt und geliebt zu werden, nur: für einen Vollmond noch einmal mehr als für alle anderen Typen.

Vollmonde brauchen das Gefühl der Zugehörigkeit. Erst wenn sie sich eingebettet fühlen, geht es ihnen gut.

Er braucht das Gefühl der Zugehörigkeit – zu einer Gruppe, einer Familie, einen Partner, einer Partnerin, etc. Und erst wenn er sich darin eingebettet fühlt, geht es ihm gut. Umgekehrt ausgedrückt: Ein Vollmond tendiert nicht dazu, sein Leben als EremitIn zu verbringen. Wahr ist, dass er damit gesunde Tendenzen aufweist, denn der Mensch ist ein Herdentier – wenn er auch noch so seiner Wege geht wie der Neumond. Denn die meisten Menschen brauchen eine Bezugsgruppe, mit der sie ihre Freude und ihr Leid teilen können. Ohne Gegenüber wird das Leben schnell langweilig.

Dennoch hat sich unsere Gesellschaft eher Richtung Anonymität und Individualismus entwickelt – die Zahlen der Singles steigt und ein unabhängiger Lebenswandel ist modern geworden. Die Mehr-Generationen-Großfamilie ist die Ausnahme und eine Fixierung auf eine funktionierende Zweier-Beziehung gilt als unmodern. Somit schwimmt der Vollmond – ohne es zu wollen – gegen den Strom, denn er braucht nicht nur die Verbundenheit, sondern stellt diese auch aktiv her. Der Vollmond lädt förmlich dazu ein, sich ihm zu nähern und mit ihm in Beziehung zu treten.

Trauer und Schmerz

Die Gefühle sind mit den Lebensenergien untrennbar verbunden und beeinflussen diese maßgeblich. Das ist für Vollmonde in ihrem Innersten eine unumstößliche Wahrheit. Darum stellen sie sich auch den unangenehmen Gefühlen von Trauer und Schmerz mutig entgegen. Wie kein anderer Typ sind sie prädestiniert, diese Gefühle durch sich fließen zu lassen, während alle anderen versuchen, gerade diese unangenehmen Gefühle zu vermeiden. Die Vollmonde wissen es zu Recht besser, denn auch Trauer und Schmerz sind „warme" Gefühle, was bedeutet, dass ihnen eine hohe Energie innewohnt.

Sich der Trauer stellen

Wenn wir die Trauer analysieren oder spüren würden, würden wir erkennen, dass ihr tiefe Liebe zugrunde liegt. Wir trauern nämlich um das, was uns kostbar ist und das wir verloren haben. Dieser Schmerz des Verlustes lässt in uns die Erinnerung aufkommen, wie schön es war und wie gern wir diesen Menschen, dieses Tier, diese Situation, diesen Baum hatten und noch immer haben. Auch wenn sie nicht mehr da sind, so bleiben dennoch die schönen und angenehmen Erinnerungen in unserem Herzen bestehen und können uns von innen heraus erwärmen und Glück bescheren. Leben wir nun ganz ehrlich diese Trauer, steigt langsam die Sehnsucht in uns auf, dass wir es wieder schön haben wollen. Doch auf diese Reise wagen sich meist nur Vollmonde von alleine.

Trauer liegt tiefe Liebe zugrunde. Wir trauern nämlich um das, was uns kostbar ist.

Das Gleiche gilt für den Schmerz: Während die meisten den Schmerz aus ihrem Leben verbannen, lässt ihn der Vollmond zu. Wie der Schmerz in der Trauer, kann auch jede andere Form von psychischem Schmerz gelebt werden. Ob es sich nun um Erniedrigung, Beleidigung, Verrat etc. handelt, gilt Omas Spruch, dass wir dem Schmerz nicht davonlaufen können und er einen einholt, ob wir das nun merken oder nicht: „Es läuft einem nichts davon und alles holt einen ein." Die meisten Vollmonde handeln instinktiv nach diesem Grundsatz. Sie *können* den Schmerz gar nicht verleugnen und so kommt es, dass sie den Schmerz, den keiner haben will, oft auch in ihrem Energiekörper aufsaugen.

Würden die Vollmonde in unserer Gesellschaft diesen Part, die Trauer und den Schmerz zu leben, nicht übernehmen, würden andere unter dieser Last selbst zusammenbrechen.

Ausgleichend und harmonisch

In der Gegenwart von Vollmonden fühlen sich die meisten wohl, da sie eine angenehme Stimmung erzeugen. Ihre sanfte Ausstrahlung umgibt sie mit einer wohligen, warmen und geborgenen Atmosphäre. Nicht umsonst lieben es Vollmonde harmonisch. Sie streiten nicht gerne und versuchen Konflikte eher zu meiden. Sie sind schmerzempfindlich, aber nicht im üblichen Sinne, dass sie keine Schmerzen ertragen können, sondern – wie wir gerade vorher beschrieben haben – dass sie für den psychischen Schmerz hohe Sensibilität aufweisen und dem nicht entfliehen *können* wie die anderen Typen. Diese Schmerzempfindlichkeit führt dazu, dass sie Streitsituationen sofort zu dämpfen versuchen.

Z.B. wird eine Vollmond-Mutter in der Familie den Mann, der mit den Kindern zornig schreit, wenn die etwas angestellt haben, sofort beschwichtigen: „Jetzt beruhige dich doch, mein Schatz. Das haben sie nicht so gemeint! Bitte schrei nicht so. Da bekommen sie nur Angst." Sie versucht auf nette Weise sofort die Harmonie im Haus wiederherzustellen. Damit entspricht sie natürlich dem gängigen Ideal der stets guten, einfühlsamen Mutter.

Ihre sanfte Ausstrahlung umgibt sie mit einer wohligen, warmen und geborgenen Atmosphäre.

Vollmonde können ganze Gruppen harmonisieren, mit ihrer bloßen Anwesenheit. Sie dämpfen im Verlauf der Gruppendynamiken die Harmonie störenden „Gefühlsspitzen", das bedeutet, dass sie starke Gefühlsausbrüche eines Mitglieds automatisch auszugleichen versuchen, da sie immer mit allen „im Guten" sein möchten und sich ein Einvernehmen aller wünschen.

Beispiel: Bei einer Gruppenwanderung in den Dolomiten wird lebhaft über Politik diskutiert. Als die Stimmungen sich stark aufzuheizen beginnen, lässt der Vollmond schon mit seinem Gesichtsausdruck erahnen, dass er sich nicht mehr wohlfühlt. Er kommuniziert zuerst nonverbal, dass diese Wanderung nicht zum Diskutieren da ist, sondern zum gemeinsamen Genießen. Er versucht auch, die Mitmenschen auf die Natur aufmerksam zu machen und meint: „Schade, dass wir heute so viele sind. So sind wir viel zu laut, um Tiere zu sehen." Er spricht selten an, worum es ihm wirklich geht, denn er möchte keine direkte Kritik anbringen, um niemanden zu verletzen. Daher sind sie MeisterInnen geworden, sich ohne verbale Direktheit mitzuteilen.

Somit erscheinen Vollmonde als sehr „pflegeleicht". Sie wehren sich nämlich lange überhaupt nicht, regen sich selten auf und beginnen sicherlich keinen Streit. Dies macht sie zu angenehmen Mitmenschen.

Empfindsam und schutzbedürftig

Die Schmerzempfindlichkeit, die wir gerade beschrieben haben, entsteht durch die Verbindung der Vollmonde mit ihrer Seele, da sie Gefühlsmenschen sind.

Sie erscheinen zarter und sensibler als die anderen Typen, denn sie sind sozusagen mit ihrem „inneren Kind" stark verbunden. Das „innere Kind" steht im therapeutischen Kontext stellvertretend für all die intensiven Gefühle, die der Mensch in der Regel als gesundes Kind noch hatte: unbändige Freude, tiefes Glück, ungebrochenes Vertrauen, sichere Intuition, offene Neugierde, aber auch verzweifelte Verlassenheit, tiefe Trauer, ohnmächtige Wut und abgrundtiefer Schmerz. Bei dieser Arbeit wird im Erwachsenen auf diesen kindlichen Teil in uns allen hingewiesen, wobei der Mensch das Ich im Heute wahrnimmt, als Erwachsener, und mit dem „inneren Kind" in Beziehung treten kann.

Die empfindsame Seele

Vollmonde wirken dann oft auch so: wie liebe, zarte und schutzbedürftige Kinder. Sie rufen in ihren Mitmenschen auf unerklärliche Weise ganz automatisch einen BeschützerInneninstinkt hervor.

Ihre vordergründige Schwäche ist zugleich eine große Stärke, denn es ist ihr bester Schutz. Wer kann schon so grausam sein, einem schutzlosen Kind einfach so weh zu tun? Falls dies dennoch passiert, springen sofort einige RetterInnen auf, um dieses Kind zu beschützen.

Durch diese Art erzeugen sie ein Klima, das kindgerecht ist. Nicht umsonst sind Vollmonde bei Kindern meist sehr geliebt, da sie viel Wärme und Liebe aussenden, wodurch diese ihr Herz öffnen und nähren können.

Ich kann nur von mir selbst sprechen: Als ich mitbekam, dass meine Eltern wieder planten, zu Oma zu fahren, fing ich mich innerlich schon zu freuen an. Auf dem Weg nach Kortsch steigerte sich das zu freudiger Erregung und als ich endlich ihr liebes, gütiges Gesicht vor mir sah, ihre blauen Augen und ihre wunderschöne himmelsklare Seelenfarbe bei meinem Anblick aufstrahlten, ging mir das Herz auf.

Die Antriebsenergie

Die Antriebsenergie des Vollmondes könnte heißen: „Mein Gefühl treibt mich zu ..." Natürlich bestimmt beim Vollmond das Gefühl sein Handeln. Seine Gefühle treiben ihn förmlich an, ob nun zu einem Spaziergang in die Natur oder in die Beziehung zu anderen Menschen.

Seine Gefühle sind hierbei nicht nur Motor, sondern auch Wegweiser, wie es in einer Seemann-Anekdote so schön heißt: „Willst Du mit Deinen Männern ein Schiff bauen, so lehre sie als allererstes die Sehnsucht nach dem großen weiten Meer." Mit welch enormer Kraft und welcher Beharrlichkeit auf diese Weise ein Ziel verfolgt wird, zeigt die Beziehungsgeschichte meiner Oma. Sie erzählte mir, dass sie schon sehr früh erkannt hatte, dass Opa der Mann ihres Lebens war. Obwohl ihre Mutter eigene Heiratspläne mit ihr verfolgte, vertraute sie felsenfest ihrem Gefühl. Sie arbeitete jahrelang darauf hin, bis sie ihren Mann endlich heiraten durfte!

Trotz aller Beharrlichkeit und Stärke fällt ihre Antriebsenergie verglichen mit den anderen Typen – vor allem der Sonne und des Neumondes – geringer aus. Da sie weniger in die Handlung und damit nach außen gehen, erzeugen sie eine beruhigende und gemütliche Wirkung, welche gerade diesen beiden oben genannten Typen sehr gut tut. Gerade in der heutigen schnelllebigen Zeit ist diese beruhigende und verlangsamende Kraft nicht nur wichtig, sondern auch gesund.

So wie die Sonnenfinsternis vorsichtig ist und ihre Antriebsenergie durch Bedachtsamkeit bremst, ist auch die Energie des Vollmondes mit Sicherheit gepaart. Seine Vorsicht beruht auf der Vorliebe, nichts zu überstürzen und sich vor Verletzungen zu schützen. Diese Form der Antriebsenergie erzeugt bei anderen das Gefühl der Geborgenheit und Sicherheit.

Gerade in der heutigen schnelllebigen Zeit ist diese beruhigende und verlangsamende Kraft nicht nur wichtig, sondern auch gesund.

Diese von Gefühlen angetriebene Natur ist auch in der Körperhaltung eines Vollmondes zu erkennen: Sie ist weich und die Bewegungen sind grazil, sanft und fließend. Vollmonde in der Kraft sind geborene TänzerInnen, aber auch MasseurInnen, um nur zwei Beispiele zu nennen. Ihre Berührungen sind feinfühlig und zart.

Die Entscheidungsfindung

Natürlich wird der Vollmond bei der Entscheidungsfindung zuerst einmal nachfühlen. Für ihn ist es selbstverständlich, auf sein Herz zu hören und eine so genannte „Bauchentscheidung" zu treffen, aber im Gegensatz zur Sonne passiert das nicht spontan. Ein Vollmond braucht seine Zeit, um eine Frage wirken zu lassen.

Bewusst-Sein der Gefühlswelten

Gefühle sind langsam und es braucht auch noch die Zeit, sie zu erkennen und daraus die Entscheidung abzuleiten. Mitunter ist es bei Vollmonden bei wichtigen Entscheidungen durchaus üblich, zuerst einmal darüber zu schlafen.

In die Entscheidungsfindung fließen beim Vollmond mitunter auch ihre Träume oder Visionen ein. Sie versuchen – ob es ihnen nun bewusst ist oder nicht – auch ihr Inneres zu Wort kommen zu lassen und gehen darum eine Weile im wahrsten Sinne des Wortes mit dem Thema „schwanger". Dies ist natürlich kein leichtes Unterfangen, denn die Sprache der Seele ist nicht so eindeutig wie ein Wort, sondern muss in unserer Zeit erst wieder mühsam gelernt werden. Oma hatte dieses Problem nicht. Sie war eine Meisterin der Seelensprache – sie erinnerte sich mühelos an all ihre Träume und wusste sie zu deuten. Schlimm war, dass sie nicht immer im Alltag umsetzen konnte, was ihre Träume ihr rieten, da sie ihr Hirtinnen-Dasein so unter Verschluss halten musste.

An dieser Stelle möchten wir erwähnen, dass zu ihrer Zeit die meisten Entscheidungen den konkreten Alltag betrafen. Heutzutage sind viele

Entscheidungen nur auf der Kopfebene nach reichlichem Abwägen und Analysieren zu bewältigen, da es sich häufig um abstrakte Fragestellungen handelt. So nützt es wenig, darüber zu schlafen, ob das Wohndarlehen besser mit variablen oder Fixzinssatz auszumachen ist. Dafür braucht es fachliche Informationen und das Einholen eines ExpertInnenrates.

Dennoch gibt es noch viele Entscheidungen, in denen nicht nur die Träume, sondern auch die Intuition gefragt ist. Auch hier kommen wir wieder auf das Zeichenlesen zurück, das wir schon einmal beschrieben haben.

Das sieht bei Vollmonden folgendermaßen aus: Eine Vollmond-Klientin befasste sich mit dem Thema, ob ihre langjährige Beziehung noch das Richtige sei oder ob es an der Zeit wäre, diese zu beenden. Sie wog das Für und Wider ab. Eines Tages, während sie im Gemüsegarten jätete und gar nicht mehr an dieses Thema dachte, sah sie zwei Vögelchen, die sie zwitschernd umflogen und schließlich gemeinsam ein Nest aufsuchten. Nur dadurch, dass ihr das auffiel, ließ sie dieses Bild nicht mehr los. Als sie es schließlich mit ihrem Beziehungsthema in Verbindung brachte, war ihr klar, dass dies ein Zeichen dafür sei, dass sie mit genau diesem Mann ein Gefühl der Behaglichkeit und Gemütlichkeit verband. Die Entscheidung war gefallen.

Vollmonde sind auch diejenigen, die durchaus nicht immer die Notwendigkeit erkennen, überhaupt eine Entscheidung zu treffen. Sie können leicht annehmen, dass alles seinen Platz hat, so wie es ist. „Leben und leben lassen" lautet von so manchen die Devise.

Der menschliche Umgang

Freundlich und einfühlsam

Da viele Vollmonde sehr beziehungsorientiert sind, haben die meisten eine äußerst angenehme Art auf Menschen zuzugehen. Sie lieben es in Beziehung zu treten und versuchen mit ihrer Herzlichkeit eine harmonische Atmosphäre zu schaffen. Da sie vom Wesen sehr feinfühlig sind, lieben sie genauso freundliche und friedliche Umgangsformen und erwarten das auch umgekehrt. „Das hätte man auch anders sagen können!" ist ein häufiger Spruch von Vollmonden, die in der Regel die brüske, laute und direkte Art ablehnen, weil sie zu oft die Gefühle verletzt. „Freundlichkeit über alles" könnte das Motto der Vollmonde lauten.

Sie lieben es in Beziehung zu treten und versuchen mit ihrer Herzlichkeit eine harmonische Atmosphäre zu schaffen.

Sie haben ein starkes Einfühlungsvermögen in andere, erkennen oft bei anderen die versteckten Signale im Verhalten, vor allem wenn sie traurig, enttäuscht oder gekränkt sind, und können oft leicht herausfinden, was andere brauchen oder wollen. Dieses Einfühlungsvermögen ist die Basis jeglicher gelungenen Beziehung und andere Typen können da nur vom Vollmond lernen. Die Kunst der Gestaltung von Beziehungen besteht im Grunde im Umgang mit den Gefühlen des Anderen. Hierin können Vollmonde eine Meisterschaft entwickeln und das ist auch die Basis ihrer Beliebtheit und Wertschätzung in der Gemeinschaft.

Zu diesem Einfühlungsvermögen gehört auch, im Äußeren die besten Bedingungen zu schaffen, um zarten Gefühlen einen Raum zu geben. So versuchen sie in der Liebesbeziehung die Umgebung in eine „Liebesoase" zu verwandeln. Vollmonde sind die geborenen RomantikerInnen. Kerzen, Räucherstäbchen, Duftlampen, ruhige Musik gehören oft zu ihrem Repertoire, um das gemeinsame Liebesleben zu verschönern.

Zu ihrem freundlichen Wesen gehört auch die Verlegenheit, in die sie schnell geraten, ob nun aus ihrer Sicht eine Grenze übertreten worden ist oder sie selbst glauben, etwas falsch gemacht zu haben. Sie sind jedoch auch verlegen, wenn sie oder jemand anderes vor ihnen beschämt worden ist oder sie glauben, ein unverdientes Lob zu erhalten. Im folgenden Gedicht wird das den Vollmonden so vertraute Gefühl der Scham gut beschrieben:

In tiefer Scham

Ich weinte auf mein Brot und würgte dran
Und konnt's nicht würgen und stand auf vom Mahl
Und ging hinaus ins kalte, kahle Feld
Und bot dem Märzwind meine heiße Qual.

An einem Dornbusch hing ein Fetzen Tuch.
Wer warf es weg, wen wärmte es zuletzt?
Vielleicht wie er bin ich ein Bettler nun,
Und was so warm mich hielt, ist ganz zerfetzt.

Wenn du dein Herz in deine Hände nimmst
Und giebst es hin, da, nimm's, und ohn Entgelt,
Man nimmt es, dankt und wirft dir's plötzlich hin:
Ich mag's nicht mehr! dann stirbt dir eine Welt.

Dann stehst du da, entblößt und bettelarm
Und weißt nicht hin vor Scham, vor nackter Scham.

Gustav Falke (1853–1916)

Nähe ist gefragt

Der Vollmond braucht in seinen Beziehungen Nähe, auch die leibliche Nähe. Er liebt das Kuscheln, ist verschmust und kann von Berührungen nicht genug bekommen, als Kind *und* als ErwachseneR. Kontakt ist direkt erfahrbare Beziehung und löst Gefühle der Nähe aus. Für Kinder sind Vollmond-Erwachsene auch aus diesem Grunde so beliebt!

Eine andere Form sich emotional nahe zu fühlen, ist es Komplimente zu machen und zu erhalten. Vollmonde teilen gerne Komplimente aus und fordern sie noch mehr ein, denn dies ist ein Zeichen der Wertschätzung und der Zuneigung. Über Komplimente fühlen sie sich gesehen und geliebt.

Leibliche Nähe und Komplimente sind zwei unabdingbare Komponenten, damit sich ein Vollmond geliebt fühlt.

Sie lieben die Liebe und viele von ihnen zelebrieren die Verliebtheit. Das Gefühl „auf Wolke 7 zu schweben" ist für ganz viele Vollmonde das Höchste der Gefühle und ein Zustand, in dem sie Gefühle stark erleben und das Ausleben derselben einen großen Raum bekommt. Das fängt beim leiblichen Empfinden in Gegenwart der geliebten Person an – wie die „Schmetterlinge im Bauch", Kniezittern oder starkes Herzklopfen –, geht über das häufige unablässige Denken an die geliebte Person weiter und hört mit einer starken Sehnsucht nach ihr auf, wenn sie nicht da ist. In dieser intensiven ersten Phase einer Liebesbeziehung wird ihre romantische Ader auch am meisten von den anderen geschätzt.

Seismograph der Gefühle

Jeder Tropfen wird gespürt

Der menschliche Umgang der Vollmonde ist auch durch ihre Fähigkeit geprägt, Stimmungen und Gefühle der anderen in ihrer Umgebung feinfühlig wahrzunehmen. Diese Fähigkeit haben wir im Kapitel der Stärke und der bevorzugten Gefühle schon genauer beschrieben und wollen hier nur noch ein paar Details hinzufügen.

Die meisten Vollmonde sind wie ein Seismograph der Verletzungen, die im Raum passieren und alle Typen würden gut daran tun, diese „Erdbebenmessungen" mit einzubeziehen in ihren menschlichen Beziehungen. Wie ein Gradmesser zeigen sie an, ob jemand im Raum verletzt wird – wobei es nicht darum geht, ob nun die Verletzung berechtigt ist oder nicht, nur *dass* sie gefühlt wird. In Gruppenarbeiten sind darum Vollmonde eine wertvolle Bereicherung.

Nicht oft genug können wir betonen, wie sehr uns Vollmonde aufzeigen, wie wichtig es ist, Verletzungen zu leben. Frustrationen entstehen oft dadurch, dass lange Zeit die eigenen Verletzungen nicht eingestanden werden und sich so lange häufen, bis sie entweder heftig herausexplodieren oder im Inneren dem Leib schaden. Kränkungen sind genauso Wunden, die behandelt werden müssen, weil sie sonst „eitern" und das Immunsystem schwächen.

Den gesunden Umgang leben uns viele Vollmonde vor, indem sie bei jeder Verletzung eine Reaktion spüren, leben und auch zeigen.

Sich selbst Verletzungen im zwischenmenschlichen Bereich einzugestehen, hilft auch, Enttäuschungen wahrzunehmen. Dann erkennen wir nämlich, dass der Ent-Täuschung eine Täuschung, sprich: Illusion, vorausgegangen ist. Wir haben vorher ein falsches Bild von einer Person, einer Beziehung oder einer Situation gehabt. Erst wenn die Illusion der Wahrheit weicht, kommt ein Gefühl der Befreiung auf. Wahres Glück ist immer auf Wahrheit gebaut.

Die Gefühle offen zu leben ist zwar in unseren Breitengraden verpönt, doch ist das Zeigen von Schwäche eigentlich eine Stärke. Gerade in unserer schnelllebigen und überaktiven Gesellschaft ist die Fähigkeit wichtig, Belastung zu stoppen, Überspannung zu spüren, um sich durch das Eingestehen der Erholungsbedürftigkeit wieder ins Gleichgewicht zu bringen. Vollmonde zeigen uns hierbei einen gesunden Weg.

Dazu gehört aber auch, sich helfen zu lassen. Die Fähigkeit Hilfe anzunehmen, ist bei den Vollmonden ausgeprägter als bei allen anderen Typen. Die Demut und Einsicht, Schwäche einzugestehen und Hilfe anzunehmen kann von ihnen abgeschaut werden. Zudem erlauben sie damit anderen Mitmenschen die schöne, mächtige und Selbstwert aufbauende Rolle des Helfenden einzunehmen und sich gut dabei zu fühlen.

Dem Vollmond fällt die Aufgabe zu, Gefühle in die Welt zu bringen, und damit trägt er zur Heilung der Gesellschaft und zum Verhältnis zwischen Mensch und Natur maßgeblich bei.

Die Seelenfarbe

Die Seelenfarbe des Vollmondes ist blau. Mit dieser Farbe werden viele positive Eigenschaften verbunden: Freundlichkeit, Harmonie, Sympathie, Frieden und Freundschaft. So ist es nicht weiter verwunderlich, dass es bei Frauen wie bei Männern die beliebteste Farbe ist. Wie diese Farbe kommt auch der Typ des Vollmondes meist positiv bei allen Menschen an.

Blau ist die Farbe des weiblichen Prinzips. Nicht umsonst entsprechen die Eigenschaften des Vollmondes am ehesten den Weiblichkeitsvorstellungen.

Bis auf das Himmelsblau, das auch mit dem Männlichen verbunden wurde, ist Blau die Farbe des weiblichen Prinzips. Schon im Alten Ägypten galt es als die lebensspendende Farbe. Nicht umsonst entsprechen die Eigenschaften des Vollmondes am ehesten den Weiblichkeitsvorstellungen.

Interessant ist es, dass die Farbe Blau in vielen Weltanschauungen für die Himmelsgötter steht, somit für das Göttliche. Sie steht für die Unendlichkeit und bringt uns die Wahrheit näher, wie auch der Vollmond mit seinem Rhythmus und seiner Schwingung dem eigentlichen Leben am nächsten steht. Nicht umsonst ist Blau auch die Farbe, die auf Fotos und Bildern den größten Perspektiveffekt erzeugt.

Die verschiedenen Blautöne des Vollmonds

Die Farbe Blau erklärt auch die Verbundenheit des Vollmondes, denn sie steht auch für die Verbindung von Göttlichem und Irdischen, von Nähe und Ferne, für das Zusammenführen.

Auch der expressionistische Maler Wassily Kandinsky (1866–1944) hat diese Qualität der Farbe Blau erkannt:

> *„Die Neigung des Blaus zur Vertiefung ist so groß, dass es gerade in tieferen Tönen intensiver wird und charakteristischer innerlich wirkt. Je tiefer das Blau wird, desto mehr ruft es den Menschen in das Unendliche, weckt in ihm die Sehnsucht nach Reinem und schließlich Übersinnlichem."*
>
> (Quelle siehe Impressum)

Blau ist auch die beliebteste Farbe in der romantischen Dichtung des 19. Jahrhunderts, die sich für das Ausleben der Gefühle einsetzte. Ein berühmter Vertreter dieser Epoche, Novalis (1772–1801), schrieb in seinem unvollendeten Romanfragment „Heinrich von Ofterdingen", das erst nach seinem Tod veröffentlicht wurde:

> *„Eine Art von süßem Schlummer befiel ihn, in welchem er unbeschreibliche Begebenheiten träumte, und woraus ihn eine andere Erleuchtung weckte. Er fand sich auf einem weiten Rasen am Rande einer Quelle, die in die Luft hinaus quoll und sich darin zu verzehren schien. Dunkelblaue Felsen mit bunten Adern erhoben sich in einiger Entfernung; das Tageslicht, das ihn umgab, war heller und milder als gewöhnlich, der Himmel war schwarzblau und völlig rein. Was ihn aber mit voller Macht anzog, war eine hohe*

lichtblaue Blume, die zunächst an der Quelle stand und ihn mit ihren breiten, glänzenden Blättern berührte. Rund um sie her standen unzählige Blumen von allen Farben, und der köstlichste Geruch erfüllte die Luft. Er sah nichts als die blaue Blume und betrachtete sie lange mit unnennbarer Zärtlichkeit. Endlich wollte er sich ihr nähern, als sie auf einmal sich zu bewegen und sich zu verändern anfing; die Blätter wurden glänzender und schmiegten sich an den wachsenden Stengel; die Blume neigte sich nach ihm zu, und die Blütenblätter zeigten einen blauen, ausgebreiteten Kragen, in welchem ein zartes Gesicht schwebte."

Hier steht die blaue Blume für die Sehnsucht nach dem eigenen Glück. Ansonsten symbolisieren die blauen Blumen wie Vergissmeinnicht oder Veilchen die Treue. Die Farbe Blau steht für Vertrauen und Verlässlichkeit.

Doch damit ist noch immer nicht alles über die vielfältigen Assoziationen zu dieser Farbe gesagt: Sie gilt als beruhigend, still und entspannend – auch Qualitäten des Vollmondes. Gerade weil sie Sicherheit, Ruhe und Frieden signalisiere – so ergaben erst wieder neueste Forschungsergebnisse – sei das Blau auch eine anregende Farbe, und zwar für Innovation, Kreativität und neue Lösungsstrategien.

Im gesundheitlichen Bereich steht die Farbe Blau für Kühlung und Linderung bei Entzündungen. Sie schenkt Erholung, Entspannung und Schlaf.

Wofür schlussendlich diese Farbe noch steht und was ebenfalls mit dem Vollmond übereinstimmt, ist Blau als Symbol der Reinheit. In der Farbenlehre ist Blau die Farbe für Sauberkeit und Reinheit, sodass das Blau nicht umsonst in der Waschmittelwerbung für die Frische der Wäsche, bei der Werbung für Getränke für die Kühle und Leichtigkeit der Flüssigkeiten und bei den Taschentüchern für die Weichheit des Produktes steht.

Das Element

Der Vollmond entspricht dem Element Wasser – eine nicht zu unterschätzende Kraft. Das Wasser fließt unaufhaltsam in seiner Geschwindigkeit um alle Hindernisse herum. „Fließen wie das Wasser" ist in vielen Weltanschauungen das höchste Ideal der Selbstverwirklichung. Damit vergleichbar lässt der Vollmond in sich die breite Vielzahl der Gefühle fließen.

Das Wasser fließt unaufhaltsam in seiner Geschwindigkeit um alle Hindernisse herum.

Das Wasser hat die Fähigkeit, unendlich viele Formen anzunehmen. Dies birgt eine Stärke der Vollmonde, die den wenigsten selbst klar ist: Ihre Gefühlslagen haben eine ungeahnte Bandbreite und sie zu entdecken ist eine Lebensaufgabe.

Das gewaltige Element des Wassers

Einen Vollmond zu erkennen ist wie in einen tiefen See schauen.

Wie der japanische „Wasserforscher" Masaru Emoto in seinen Versuchen zeigte, hat Wasser eine hohe Empfindlichkeit und reagiert auf Umwelteinflüsse wie Musik, Worte oder Stimmungen mit unterschiedlicher Kristallisierung. Wen wundert es noch, dass die Stimmung des Vollmondes stark von seiner Umgebung beeinflusst wird?

Wasser zeigt auch ein sehr interessantes Schwingungsverhalten und je genauer WissenschaftlerInnen die Zustandsformen des Wassers untersuchen, umso mehr kommen sie zur Erkenntnis, dass das Wasser ein schwer zu ergründendes Mysterium ist. Gerade beim Wasser scheiden sich jedoch die Geister zwischen herkömmlicher Wissenschaft und Grenzwissenschaften. Es ist genauso wenig erfassbar, wie es der Vollmond ist. Einen Vollmond zu erkennen ist wie in einen tiefen See schauen: Er ist nicht einsehbar und den tiefen Grund kennt – wenn überhaupt – nur er selbst. Er ist genauso unvorhersehbar wie sein Element, rational schwer zu erfassen.

Wasser gilt als Grundbaustein des Lebens, aus dem Wasser ist das Leben auf unserer Erde hervorgegangen und die Zelle eines jeden lebendigen Organismus besteht zum Großteil aus Wasser. Das ist auch der Grund dafür, dass Vollmonde am nahesten von allen Typen „am Wasser gebaut sind", aber auch dem Leben am nächsten stehen. Wie das Wasser ist das Gefühlsleben der Vollmonde am wenigsten stabil, sie sind „launisch" wie das Wasser im Fluss, das sein Erscheinungsbild dauernd wechselt. Während sie Stimmungseindrücke lange in sich tragen, können gezielte Informationen schwer erinnert werden, vergleichbar mit dem Wasser, dessen Struktur jeden Moment auseinander bricht und sich wieder neu zusammen setzt. Wenn Sie z.B. mit dem Fuß in eine Wasserpfütze treten, so wird sie sich innerhalb kürzester Zeit wiederherstellen, als ob nichts gewesen wäre.

Das Wasser steht auch im direkten Zusammenhang mit dem Gestirn Vollmond. Mit der Nähe und Entfernung von der Erde steuert der Mond mit seinem 28 Tage währenden Zyklus nicht nur Ebbe und Flut, sondern auch andere wichtige Lebenszyklen. Er ist fundamental für das Wachstum auf diesem Planeten.

Nicht umsonst stehen die Mondtypen – also die Voll- und die Neumonde – in der Vintschger Typenlehre für das weibliche Prinzip. Schon Oma erklärte mir, dass wir Frauen in der Nacht zu uns finden. Dementsprechend wurden weibliche Rituale laut unserer Weltanschauung immer nachts mit der Einbindung des Mondzyklus' abgehalten.

Das Wasser steht auch für die Zeitrechnung mit einer zyklischen Struktur. Dabei wird Zeit am Rhythmus des Mondes und dem anderer Gestirne gemessen. Dieses Zeitempfinden ist eingebunden in die Umgebung und der Rhythmus einem größeren Ganzen angepasst – dem Rhythmus dem heute noch die Vollmonde in ihrem Inneren folgen.

Heute hingegen folgt unsere Gesellschaft der linearen Zeitrechnung, die sich nach messbaren – immer gleich bleibenden – Sekunden, Minuten und Stunden richtet. Die Lebensrhythmen und die Einbindung in das Ganze bleiben in diesem starren Zeitkorsett auf der Strecke. Und darunter leiden nicht nur die Vollmonde, aber sie am meisten.

Die Vollmond-Frau

Wirkung

Die Vollmond-Frau ist meistens das, was sich unsere Gesellschaft von einer Frau erwartet: sanft, weich, ansprechend, harmonisch, liebenswert und ruhig. Mit ihrem gefühlvollen Wesen entspricht sie dem Idealtyp einer Frau und es wird von allen Frauen erwartet, dass sie ein wenig wie ein Vollmond sind.

Mit ihrem gefühlvollen Wesen entspricht sie dem Idealtyp einer Frau: sanft, weich, liebenswert und ruhig.

Viele Vollmond-Frauen lösen durch ihre bloße Anwesenheit ein angenehmes Wohlgefühl aus und schaffen es, eine warme Stimmung im Raum zu erzeugen. Mit ihrer fürsorglichen Art wird sie auch zum Inbegriff der gütigen Mutter und entspricht den gesellschaftlichen Vorstellungen, das Herz der Familie zu sein. Indem sie diese weichen Teile ihres Innenlebens offen zur Schau trägt, löst sie oft bei anderen den Instinkt aus, sie beschützen oder auf sie schauen zu wollen. Das Bild der schönen, liebreizenden Prinzessinnen in den Märchen, die aus einer Notlage errettet werden, greift das auf.

Für den Vollmond selbst ist es Vor- und Nachteil zugleich. Natürlich ist es angenehm, als eine „richtige" Frau angesehen zu werden und dafür auch das Wohlwollen vieler zu ernten. So manche Vollmond-Frau schafft es auch, diese Weiblichkeitsvorstellungen gut für sich zu nutzen, um sich zu verwirklichen, aber viele andere fühlen sich in diesen Klischees eingesperrt, denn wenn sie beginnen, selbständig ihre eigenen Wege zu gehen, wird ihnen vorgeworfen, *nicht* mehr „richtig" zu sein.

Die Wirkung des Vollmondes

Zwar ist ihre Wirkung gefragt, doch ihre Gefühle sind es nicht. So manche Vollmond-Frau richtet und definiert sich daraufhin nach ihrem Äußeren. Das klingt dann so: „Ich merke, dass es mir heute nicht so gut geht, denn ich habe mich heute nicht schön hergerichtet ..."

Im Grunde verlangen die gesellschaftlichen Richtlinien eine Vollmond-Frau, die *nicht* in ihrer Kraft ist. Ihre passive Art sollte weiter ausgebaut werden, dass sie alle Verantwortung über sich selbst abgibt und stattdessen ausschließlich die Verantwortung über das gefühlsmäßige Wohlergehen der anderen übernimmt. So wurde lange Zeit als „Natur der Frau" festgelegt, dass sie sich ganz der Kindererziehung und der Altenpflege widmen solle – am besten gratis.

Liebe

Der Vollmond-Frau sind aufgrund ihrer Vorliebe für die Gefühle Beziehungen natürlich meist sehr wichtig. In ihrem Falle ist das wirklich ein Teil ihrer Natur. Schon als Mädchen wünschen sie sich sehr früh, dem anderen – oder dem gleichen – Geschlecht zu gefallen. Sie beschäftigen sich mit Mode, Hygiene und Kosmetik. Schön aussehen ist für viele Vollmond-Frauen von Bedeutung. Hier wird durch Erziehung und gesellschaftliche Erwartung aus der Natur sehr viel Kultur gemacht. Das Frau-Sein wird darauf begrenzt, schön und ansprechend zu sein, anstatt die Gefühlsqualitäten zu fördern, die vor allem auch Vollmond-Frauen ausmachen.

Vielmehr werden diese besonderen Fähigkeiten der Vollmond-Frauen auf alle Frauen übertragen und darauf reduziert, für das Gelingen der Beziehungen – vor allem der Partnerschaft, aber auch der Familie – verantwortlich zu sein.

Viele Vollmond-Frauen schaffen das auch, denn sie erweitern die Gefühlspalette in einer Beziehung enorm, doch in ihnen steckt weit mehr als nur das, was von ihnen erwartet wird. Mit dem nötigen Freiraum entfalten sie ihre Kreativität und erweitern den gesellschaftlichen Horizont maßgeblich um einen wichtigen Faktor: den Aspekt des Lebens, durch Gefühle, Träume, Visionen und ihrer Anbindung zur Natur.

Da sie aufgrund ihres harmoniebedürftigen Wesens nicht aufbegehren und sich nicht zur Wehr setzen, wird allgemein angenommen, dass sie damit zufrieden sind. So schauen sie mit Hingabe auf ihre Kinder, sind liebevoll zu ihrem Mann und pflegen manches Mal noch aufopfernd eine bettlägerige Schwiegermutter. Wer jedoch genauer hinschaut, wird gerade in Beziehungen erkennen, dass Vollmonde mit der Zeit aufhören mitzuspielen. Ihre „Waffen" sind die Putzwut und Ordnungssucht, mit der andere durchaus auch genervt werden, das Manipulieren, indem sie versuchen, die anderen sanft da hinzubekommen, wo sie sie gerne haben möchten, oder das Verweigern, indem sie ohne große Worte einfach nicht tun, was von ihnen verlangt wird.

Natürlich sind diese Waffen oft nicht bewusst eingesetzt, sondern im Grunde Zeichen ihrer Ohnmacht. Es ist wichtig, dass Vollmond-Frauen sich auf ihre Art und Weise einbringen und lernen zu dem zu stehen, was sie möchten. Hierzu ein kreatives Beispiel:

Es ist wichtig, dass Vollmond-Frauen sich auf ihre Art und Weise einbringen und lernen zu dem zu stehen, was sie möchten.

„Eines späten Nachmittags kommt ein Mann von der Arbeit nach Hause und findet das totale Chaos vor.

Die Kinder sind noch im Schlafanzug und spielen im Vorgarten im Matsch. Überall im Gras verstreut liegen leere Packungen und das Papier von Süßigkeiten. Die Türen am Auto seiner Frau stehen weit offen, auch die Haustür ist sperrangelweit offen und der Hund ist nirgendwo zu sehen.

Als der Mann in den Flur tritt, sieht er, dass eine Lampe umgefallen ist und der Läufer zusammengeknüllt an der Wand liegt. Im Wohnzimmer plärrt das Fernsehen laut und im Esszimmer liegen verstreut überall Spielzeug und Klamotten. In der Küche stapelt sich das Geschirr in der Spüle, die Reste vom Frühstück stehen noch auf dem Tisch, Hundefutter liegt auf dem Boden, ein zerbrochenes Glas unter dem Tisch und an der Terrassentür liegt ein Haufen Sand.

Schnell läuft er die Treppe hoch, um seine Frau zu finden, und muss dabei über Spielzeug und weitere Klamottenhaufen steigen. Als er am Bad vorbeigeht, läuft ihm Wasser entgegen. Als er ins Bad schaut, sieht er einen Haufen nasse Handtücher, Seife und Spielzeug auf dem Boden. Vor der Toilette liegt abgerolltes Toilettenpapier und Zahnpasta ist über den Spiegel und über einen Teil der Wand verschmiert.

Er rast ins Schlafzimmer und findet seine Frau im Schlafzimmer, im Bett liegend, ein Buch lesend vor. Sie sieht ihn lächelnd an und fragt, wie sein Tag gewesen ist.

Er sieht sie verwirrt an und fragt: ‚Was ist denn heute hier passiert?'

Sie lächelt wieder und antwortet, ‚Jeden Tag, wenn Du nach Hause kommst, fragst Du doch, was ich um Himmels Willen den ganzen Tag gemacht habe ...'

‚Ja und?', sagt er entsetzt.

Sie antwortet: ‚... heute habe ich es nicht gemacht.'"

Wir werden noch im Kapitel „Wie Vollmonde in die Kraft kommen" auf die Gefahr der Beziehungssucht hinweisen, die natürlich bei Vollmond-Frauen noch einmal größer ist als bei ihren männlichen Artgenossen. Gerade für Vollmond-Frauen ist es sehr wichtig zu lernen, die Verantwortung über das eigene Leben selbst in der Hand zu behalten.

Beruf

Die meisten gelten als ordentliche, pünktliche, verlässliche und fleißige Arbeitskräfte.

Im Berufsleben sind Vollmond-Frauen genauso eher angenehme Arbeitskolleginnen. Die meisten gelten als ordentliche, pünktliche, verlässliche und fleißige Arbeitskräfte. Wenn wir bei den Sonnenfinsternis-Frauen von der „gläsernen Decke" sprechen, die in dieser Gesellschaft aufgrund von Vorurteilen verhindert, dass Frauen in die Führungsriege aufsteigen, dann gilt das für die Vollmond-Frauen noch einmal mehr. Da sie meist kein hohes Durchsetzungsvermögen und keine Ellenbogen-Taktik anwenden, werden ihre Eigenschaften oft als Grund dafür hergenommen, dass sie als Führungskräfte nicht geeignet seien. Erst in den letzten Jahren kommen in der Arbeitswelt Schlagwörter wie „soziale Kompetenz", „Teamfähigkeit", „Motivation" oder „Einfühlungsvermögen" auf, die darauf hinweisen, dass neue Spielregeln eingeführt werden. Hier könnten gerade Vollmond-Frauen punkten.

Aufgrund ihres Wesens passiert es ihnen jedoch häufig, dass sie nicht sehr ernst genommen werden und ihnen wenig zugetraut wird. Oft wird ihnen vorgeworfen, dass sie auch zu wenig Ehrgeiz hätten. Ob der nun zuerst da war und diese geballten Vorurteile sie verunsicherten, das ist wohl schwer herauszufinden. Wahr ist, dass gerade Vollmond-Frauen sehr schnell an sich zweifeln.

Erst vor kurzem wurde wieder eine Studie herausgegeben, dass Frauen öfter an Selbstzweifeln leiden als Männer. Sie nehmen sich Kritik mehr zu Herzen, während Männer viel weniger an ihren Fähigkeiten zweifeln. Dabei wurde eingeräumt, dass das gesellschaftliche Hintergründe hat, denn Frauen seien Jahrtausende lang abgewertet worden und für weniger wichtig erklärt worden, während Männer Jahrtausende lange Aufwertung im Hintergrund hatten. Wir können hinzufügen: Bei Vollmond-Frauen wirkt das doppelt, denn sie tendieren dazu, sich noch mehr anzupassen und alles zu schlucken, damit sie die Harmonie am Arbeitsplatz nicht stören, aber auch nicht wieder zurechtgewiesen werden.

Gerade für das Berufsleben ist für eine Vollmond-Frau die Arbeit am Selbstwert unerlässlich!

Der Vollmond-Mann

Wirkung

Gerade bei Vollmond-Männern fällt es schwer, eine einheitliche Wirkung zu beschreiben, denn es kommt ganz darauf an, wie sie selbst damit zurechtkommen, Vollmond-Männer zu sein. Sosehr die Vollmond-Frau in der Gesellschaft dem Image einer Frau entspricht, desto weniger tut es natürlich der Vollmond-Mann. Mann *und* Vollmond ist eine Kombination, die in dieser Gesellschaft eine schwere Herausforderung darstellt. Gefühlvoll zu sein, auf Harmonie bedacht und verbunden mit den anderen gilt auch heute noch für viele nicht als „männlich". Vielmehr wird von einem Mann in unseren Breitengraden verlangt, nicht zu weich, selbständig, ehrgeizig und durchsetzungskräftig zu sein. Sind sie es nicht, straft sie die Gesellschaft. Wir alle kennen die sensiblen Jungen, die in der Klasse einfach weinen, wenn sie von einem Mitschüler gefoppt werden. Dann werden sie noch einmal ausgelacht und ausgegrenzt. Da sie sehr feinfühlig sind, schmerzt sie das ungemein. Sie kommen nicht aus ihrer Haut heraus. Das sind auch die Jungs, die – weil sie dabei sein möchten – zwar mit zum Fußball kommen, aber dann die ganze Zeit nur auf der Ersatzbank sitzen. So mancher Vollmond-Mann wird dann noch als „Waschlappen" beschimpft.

Der Spruch: „Ein richtiger Junge weint nicht" ist bis heute noch nicht ganz ausgestorben. Er führte schon den deutschen Dichter Johann Wolfgang von Goethe (1749–1832) zu folgendem Vers:

„Ein Mann, der Tränen streng entwöhnt,
mag sich ein Held erscheinen;
doch wenn's im Innern sehnt und dröhnt,
geb ihm ein Gott zu weinen."

Wen wundert es noch, dass so mancher Vollmond-Mann freiwillig auf seine gefühlvolle Art verzichtet hat? Das sind die schweigsamen, verschlossenen Männer, die sich von jedem Gefühl distanzieren. Wem vom Wesen her jede Gefühlsregung ins Gesicht geschrieben steht, für den ist das ein Unterfangen, das nur Extreme hervorbringen kann. Um das Verbergen zu lernen, braucht es eine mühsam erworbene Kälte. Natürlich ist das keine befriedigende Lösung, denn mit der Verdrängung der Gefühle verleugnet er sich selbst und was noch schlimmer ist: Er gibt sein Instrument, die Welt wahrzunehmen und sich in ihr zurechtzufinden, damit auf. So wird sich der Vollmond-Mann in so manchen Beschreibungen in diesem Kapitel nicht wirklich wiederfinden – wenn es z.B. um die Fähigkeit geht,

Gefühlvoll zu sein, auf Harmonie bedacht und verbunden mit den anderen gilt auch heute noch für viele nicht als „männlich".

„Wohlfühl-Oasen" zu errichten oder dass sie den Schmerz so stark spüren sowie eine große Sanftheit in sich tragen. Aber das würde alles in ihnen stecken!

Nur die wenigsten haben in der Vergangenheit die innere Kraft gehabt, ihrer ruhigen, angenehmen Ausstrahlung treu zu bleiben. Das sind oft die „Bärchen"-Typen, denen „bärenhafte" Ausmaße im Körperbau den nötigen Schutz dafür gegeben haben. Die andere Variante sind die Vollmond-Männer, die sich ein ordentliches Muskelpaket auftrainiert haben, um äußerlich den Idealen von Männlichkeit zu entsprechen.

Heute haben sich zum Glück mancherorts diese starren Anforderungen an die Männlichkeit gelockert. Die weichen Männer sind im Kommen, weil es heutzutage auch als Stärke angesehen wird, zu den eigenen Schwächen zu stehen. Somit hat die Ausstrahlung des Vollmond-Mannes in der heutigen Gesellschaft so langsam wieder einen Platz!

Liebe

Der Vollmond-Mann trägt alle notwendigen Qualitäten für das Gelingen einer Beziehung in sich.

Natürlich könnte der Vollmond-Mann der perfekte Beziehungspartner sein. Er trägt alle notwendigen Qualitäten für das Gelingen einer Beziehung in sich. Er hat ein angeborenes Einfühlungsvermögen, ist beziehungsorientiert, liebt die Harmonie und ist ein Familienmensch. Aufgrund seines Wesens hat er einen natürlichen Zugang zu Kindern, da auch diese ihren Gefühlen noch nahestehen. Doch in der Regel haben Vollmond-Männer gelernt, diese weichen Teile zu unterdrücken und unter Umständen sogar zu bekämpfen, und zwar nicht nur in sich. Dann haben die anderen mit ihnen Beziehungsprobleme:

„Ich habe seit Monaten, ja Jahren Probleme mit meinem Freund, der nie direkt seinen Ärger rauslässt, sondern nur schweigt und schmollt und sich als das Opfer in unserer Beziehung sieht und der gleichzeitig seine Aggression so deutlich durch sein Schweigen, durch Unterlassen von irgendwelchen Zuneigungsbekundungen ausdrückt, was für mich schlimmer ist als jede direkte Kritik."

Dies ist ein Beispiel unter vielen, wie PartnerInnen mit solchen Vollmond-Männern ihre Schwierigkeiten haben. Dahinter steckt jedoch nicht die Absicht, den anderen zu verletzen, sondern vielmehr wurde ihnen von Kind auf abgewöhnt, ihre Gefühle zuzulassen und damit umzugehen. Dementsprechend unfähig werden sie als Erwachsene, auf die Gefühle anderer einzugehen. Die Meister der nonverbalen Kommunikation nutzen dann eher diese Fähigkeit, um auf indirekte Weise zu ihrem zu stehen, ohne die (Schutz-)Mauern des Schweigens einbrechen zu müssen. So ist eine gängige Reaktion von Seiten eines Vollmond-Mannes auf ein unerwünschtes Verhalten der Partnerin, dass er sich zurückzieht und nicht mehr mit ihr spricht. Das Problem wird dann oft von ihm bei der Partnerin gesucht: „Du weißt mich halt nicht richtig zu nehmen."

Die Vollmond-Männer, die hingegen sehr wohl in ihrem Gefühl geblieben sind, klagen sehr oft, dass Frauen eigentlich die „harten" Männer vorziehen. Sie wüssten es gar nicht zu schätzen, dass ihnen jemand den Hof macht, nett mit ihnen ist und auf sie eingeht. Sie machen oft die schmerzliche Erfahrung, dass sie zugunsten eines „Machos", der sich ohne Rücksicht auf Verluste nimmt, was er möchte, auf das Abstellgleis gestellt werden. Das hat jedoch weniger mit ihnen zu tun als mit den Rollenklischees, vor denen auch die Frauen nicht gefeit sind. Noch dazu holen sich diese Frauen das, was sie von ihrem Umfeld gewohnt sind. Gewohnheit ist nicht unbedingt besser, aber stärker. Für diese Männer gilt, sich trotz dieser Erfahrungen treu zu bleiben. Dazu fällt uns ein treffendes Zitat aus dem 2005 entstandenen amerikanischen Film „Hitch, der Datedoktor" ein, in dem der Beziehungsexperte seinem Klienten rät: „Arbeite nicht mit Mitteln, die dir nicht zur Verfügung stehen. Wenn du schüchtern bist, sei schüchtern. Bist du kontaktfreudig, dann sei kontaktfreudig."

Denn gerade Vollmond-Männer, welche im Gefühl bleiben, sind sehr gefragt bei Frauen, die in der Kraft sind, denn sie schätzen es, wenn auf sie eingegangen wird und sie nicht überrollt werden. Sie genießen es, endlich einmal einen Partner zu haben, mit dem sie über ihr Inneres reden können und der wahre Nähe zulässt. Das Gleiche gilt auch für gleichgeschlechtliche Beziehungen. Auch hier sind die Rollenklischees in den Beziehungen oft sehr stark und auch hier gilt es, dass der Vollmond-Mann zu seinem Wesen stehen sollte.

Beruf

Auch im Berufsleben hängt es davon ab, wie Vollmond-Männer mit ihrem Wesen und den Anforderungen der Gesellschaft zurechtkommen. Natürlich haben sie durch ihre Erziehung mehr Ehrgeiz und Selbstbeherrschung als ihre weiblichen Artgenossinnen entwickelt. Ihrer Erziehung zugute zu halten ist, dass ihrer angeborenen Unsicherheit und Ängstlichkeit entgegen gearbeitet wurde. Dennoch sind sie zögerlicher als die Männer anderer Typen, aber im besten Falle auch vorsichtiger.

Beziehungsfähigkeit, Teamfähigkeit, Einfühlungsvermögen sowie die sanfte und angenehme Führung ihrer MitarbeiterInnen zeichnen Vollmond-Männer aus

Sie haben die Qualitäten, die wir schon bei der Vollmond-Frau beschrieben haben, in die Wiege gelegt bekommen: Beziehungsfähigkeit, Teamfähigkeit, Einfühlungsvermögen sowie die sanfte und angenehme Führung ihrer MitarbeiterInnen. Gerade der Vollmond-Mann ist der geborene Team-Player.

Nach wie vor müssen sich jedoch Vollmond-Männer, wenn sie in ihrem Berufsleben ernst genommen werden und auch Karriere machen wollen, Eigenschaften aneignen, die ihnen nicht in die Wiege gelegt wurden: Rationalität, Struktur, Durchhaltevermögen, Zielgerichtetheit und Durchsetzungskraft. Falls die Erziehung nicht zu hart war, vereinen sie die Vorteile ihres gefühlvollen Wesens mit den klassischen „männlichen" Eigenschaften. Wenn ihnen das gelingt, steht einer erfolgreichen Karriere in der Arbeitswelt nichts mehr im Weg!

Das Vollmond-Kind

Das süße und anhängliche Kind

Vollmonde sind oft ganz süße und nette Kinder. Mit ihren großen, sanften Augen verzaubern sie die BetrachterInnen und erzeugen eine warme Behaglichkeit. Sie haben eine Herzenswärme, durch die sie etwas Liebevolles ausstrahlen.

Mit ihren großen, sanften Augen verzaubern sie die BetrachterInnen und erzeugen eine warme Behaglichkeit.

Das macht es Ihnen als Eltern leicht, Ihre eigene Liebe zum Kind durch Nähe und Zärtlichkeit Ausdruck zu verleihen. Umgekehrt sind auch Vollmond-Kinder anhänglich und brauchen viel Fürsorge. Sie lieben es, gestreichelt und gehalten zu werden. Sie sind so richtige „Knuddelkinder".

Ihr Wunsch nach Erkundung und Loslösung von der Mutter fällt meist geringer aus als bei anderen Kindern.

Daher ist es förderlich, sie mit zunehmendem Alter liebevoll in die Selbstständigkeit zu begleiten. Die emotionale Verbindung zu dem Kind sollte jedoch aufrecht gehalten werden. Dazu gehört auch, die Geschwister nicht zu stark dazu aufzufordern bzw. sie davon abzuhalten, mehr Schutz und Verantwortung als nötig für ihr Vollmond-Geschwisterchen zu übernehmen.

Das unschuldige Kind

Vollmond-Kinder vermitteln oft den Eindruck, als könnten sie kein Wässerchen trüben. Selbst, wenn sie etwas angestellt haben, schauen sie oft mit so unschuldiger Miene, als wären sie gerade das Opfer, dem wehgetan wurde. Und wenn sich ein anderes Kind wehrt oder ein Elternteil schimpft, dann ist es erst recht das arme Opfer.

Hier sollten Sie dem Impuls es zu trösten, zunächst widerstehen, denn hier geht es darum, Ihrem Vollmond-Kind einen gesunden Bezug zum eigenen Handeln und dessen Konsequenzen zu geben. Führen Sie

Ihr Kind zum eigentlichen Stand der Dinge hin. Es darf sich durchaus schlecht fühlen, aber in erster Linie deswegen, weil es selbst etwas Falsches getan hat. Hierbei gilt ihm zu vermitteln, dass es zwar geliebt wird, aber dieses Verhalten dennoch nicht gutgeheißen wird. Vollmond-Kinder haben mehr als andere eine gesunde Abgrenzung nötig.

Dies ist umso wichtiger, wenn es Geschwister hat, denn wenn es diese Verhaltensweise zu einer „Masche" weiterentwickelt und damit durchkommt, ist eine konfliktgeladene Atmosphäre in der Familie vorprogrammiert. Hinzu kommt, dass das Vollmond-Kind eher dazu tendiert, dass es seinen Ärger unterdrückt und die Geschwister dann regelmäßig in die Luft gehen und bei der geringsten Provokation überreagieren. Wenn sie dafür auch noch alleine zur Verantwortung gezogen werden und die Rolle des unschuldigen (Vollmond-)Kindes dabei nicht hinterfragt wird, dann schadet es beiden.

Die „Raunzerlen"

Dieser liebevolle Ausdruck für „quengelige" Kinder weist auf einen weiteren wichtigen Punkt hin: Diese Kinder brauchen Begrenzung, wenn sie sich zu viel in Gefühlen wie Trauer, Schmerz und Bequemlichkeit, aber auch in Ängstlichkeit verlieren. Hierbei hilft ihnen ein vertrauensvoller Schubs, um sie wieder in das Selbstvertrauen zu bringen. So auf die Art: „So mein Schatz, jetzt hast du deinen Schmerz ausgelebt, jetzt schaffst du es schon wieder … ." Ansonsten unterstützen Sie Ihre Vollmond-Kinder die Gefühle der Umgebung aufzusaugen und allen die „unangenehmen Gefühle" in der Umgebung abzunehmen.

Diese Kinder brauchen Begrenzung, wenn sie sich zu viel in Gefühlen wie Trauer, Schmerz und Bequemlichkeit, aber auch in Ängstlichkeit verlieren.

Für die Jungen gilt es, ihnen das Weinen, *nicht* abzugewöhnen, sondern ihnen vielmehr einen gesunden Umgang damit zu lehren.

So manche Eltern können vielmehr von ihren Kindern abschauen, der Trauer und dem Feingefühl wieder einen Platz zu geben. Denn diese kostbaren Gefühle tragen wesentlich zu unserem Wohlbefinden und zur Gesundheit bei. Vollmonde brauchen viel Lob und Wohlwollen, da sie die Welt in erster Linie auf der Gefühlsebene wahrnehmen. Vermittelt einem Vollmond-Kind z.B. die Lehrerin, dass sie es mag und schätzt, dann kann das Kind auch seinen Selbstwert stärken und selbstsicher seine Aufgaben bewältigen.

Begrenzt hingegen gehören ihre eigenen Unsicherheiten oder ihr „Raunzen" bzw. Quengeln zu dem sie tendieren, denn das schadet ihnen nur. Zwar stimmt es, dass das Vollmond-Kind damit eine Unzufriedenheit ausdrückt, doch ist es über das Babyalter hinaus, gilt es vielmehr, dass es lernt zu dem zu stehen, was es möchte, und eventuell auch zu ertragen, wenn es das einmal nicht erreicht.

In diesem Sinne ist es am besten, Ihrem Vollmond-Kind nicht so viel Aufmerksamkeit entgegenzubringen, wenn es quengelt, um ihm zu zeigen, dass es mit dieser Verhaltensweise nicht erreicht, was es gerne hätte. Sie können es vielmehr dazu hinführen, dass es selbst die eigene Unzufriedenheit in die Hand nimmt und selbständig nachdenkt, wie es diese beenden kann.

Das Vollmond-Kind und seine Gefühlswelt

Unterstützen Sie die Phantasie Ihres Vollmond-Kindes, damit seine starke Intuition geschult wird.

Während ein Sonne-Kind gerne selbständig Abenteuer erlebt, das Neumond-Kind gerne für sich selbst ist, braucht das Vollmond-Kind die Beziehung. Als Eltern sollten Sie sich Zeit für Ihr Kind nehmen: mit ihm spielen, Geschichten vorlesen oder basteln, aber auch Gesellschaftsspiele, welche das Mitdenken fördern.

Hierbei geht es weniger um die Tätigkeit, die Sie mit ihm machen, sondern darum, dass es Sie spüren kann und sich getragen fühlt. Geben Sie ihm die Möglichkeit, in die Welt der Märchen und Sagen abzutauchen und die Welt der Poesie kennen zu lernen. Unterstützen Sie seine Phantasie, damit die starke Intuition geschult wird.

Zwar hilft es jedem Kind, aber besonders dem Vollmond-Kind, die auftretenden Gefühle zu benennen und darüber zu sprechen. Indem diese von der unbewussten Ebene in das Bewusstsein geholt werden, wird der Einklang zwischen Fühlen und Denken gefördert. Z.B. wenn Ihr Kind weint, weil ein anderes Kind ihm sein Spielzeug weggenommen hat. Abgesehen vom Trost braucht das Kind auch die Benennung seines Gefühls: „Ich verstehe, dass du traurig bist. Es ist aber unfair, dass dieses Kind dir dein Spielzeug genommen hat. Das darf es nicht, weil es dir gehört." Letzteres können Sie durchaus mit leicht zorniger Stimme vorbringen. Mit dieser Aussage führen Sie es dazu, dass die Traurigkeit berechtigt ist, aber auch dazu, die Ungerechtigkeit wahrzunehmen und den berechtigten Zorn in ihm zu kultivieren, sodass es sich das nächste Mal wehren kann. Danach können Sie gemeinsam mit dem Kind hingehen und das Spielzeug vom anderen Kind zurückverlangen. Sie stärken damit nicht nur die weichen Gefühle, sondern die gesamte Gefühlspalette.

Das Vollmond-Kind in der Freizeitgestaltung

Ein Vollmond-Kind hat viele kreative und weiche Seiten. Seien Sie ihm behilflich, diese auch auszuleben. Nicht selten haben sie besondere

Fähigkeiten in der Bewegungs-, Form- und Klangwahrnehmung, da sie die Feinfühligkeit besitzen, innerlich mitzuschwingen. Viele Vollmonde haben einen Sinn für Ästhetik und sind geschickt in manuellen und körperlichen Fertigkeiten.

Das hängt auch damit zusammen, dass ihnen der Ausdruck über das Musizieren, Malen, Schreiben und Gestalten oft mehr liegt als das gesprochene Wort bzw. das ausdrückt, was oft gar nicht mit Worten gesagt werden kann. Damit können die Vollmond-Kinder das „Atmosphärische" hereinholen.

Zusätzlich braucht das Vollmond-Kind jedoch auf alle Fälle Bewegung und Körperlichkeit, ob das nun Sport oder Tanz ist. Da nicht jedes Vollmond-Kind bewegungsfreudig ist, tun Sie gut daran, es darin zu unterstützen. Es schult zudem die eigene Leibwahrnehmung, die bei Vollmond-Kindern oft nicht sehr ausgeprägt ist.

Selbst ist der Mond!

Helfen Sie Ihrem Kind, sich klar zu werden, wie es ihm geht und was es braucht.

Vollmond-Kinder tun sich oft schwer, sich der eigenen Bedürfnisse bewusst zu werden und können sie darum auch nicht zur Sprache bringen.

Daher versuchen sie oft, ihre Bedürfnisse einfach „durchzudrücken". Hierzu ein Beispiel: Bei einer befreundeten Familie sagte die Mutter zu ihren beiden Kindern, welche etwas essen wollten, dass es jetzt noch nichts gäbe, weil in einer halben Stunde zu Abend gegessen würde. Während das Neumond-Kind sich daran hielt, wartete das Vollmondkind einen günstigen Moment ab, und während die Mutter in der Küche abgelenkt war, schlich es an ihr vorbei an den Kühlschrank, holte sich ein Jogurt und fing sofort an zu essen! Als die Mutter es zur Rede stellte, schaute es sie nur mit großen, leidenden Augen an, so nach dem Motto: „Aber ich hatte doch so großen Hunger."

Hier gilt es sich nicht „einlullen" zu lassen, sondern konsequent zu bleiben, denn ansonsten lernt ein Vollmond-Kind nicht, zu sich zu stehen. Helfen Sie Ihrem Kind, sich klar zu werden, wie es ihm geht und was es braucht. Im oben genannten Beispiel hieße das, den Hunger des Kindes anzusprechen und es zu ermuntern, den Hunger auch einmal eine Zeit lang auszuhalten. Geben Sie ihm die Sicherheit, dass das Essen kommen wird und dass es es schaffen kann, bis dahin zu warten. Sie stärken damit nicht nur die Frustrationstoleranz, sondern erhöhen auch seinen Selbstwert.

Vollmond-Kinder sind zwar empfindlich und schutzbedürftig, aber auch viel stärker als sie scheinen. Daher ist es auch in ihrem Sinne, ihnen zuzumuten, dass sie mehr schaffen, als sie oft selbst meinen. Wenn sie sich ihrer Gefühle nicht bewusst werden, sind sie ihnen oft hilflos ausgeliefert, was sich darin äußert, dass sie launisch werden.

Genauso sollte ein Vollmond-Kind den Mut zu entwickeln, offen und direkt seine Bedürfnisse anzumelden. Wenn es erlebt, dass dann eine respektvolle und konstruktive Auseinandersetzung mit ihm stattfindet, erhöht es seine geringe Konfliktbereitschaft.

Wie ein Vollmond in seine Kraft kommt

In der Tiefe zu Hause

Oma war ein Vollmond und sie meinte, wenn auch jeder Typ gut daran tut, sich mit dem Gestirn, nach dem er benannt worden ist, auseinanderzusetzen, so gilt das am allermeisten für den Vollmond. „Geht der Vollmond in ihm auf", so kommt er in seine Kraft! Somit ist es für Vollmonde äußerst wichtig, dass sie sich nicht nur auf ihr Gestirn einlassen, sondern auch den Vollmond befeiern und ganz bewusst einmal im Monat in die Nacht hinausgehen, um „Vollmondenergie zu tanken". Wenn Oma auch ansonsten ihre Hirtin eher unter Verschluss gehalten und nicht mehr viel von dem, was sie mir erzählt, auch ausgeführt hat: Vollmondenergie „getrunken" hat sie regelmäßig.

Um die Vollmondenergie in die Welt zu bringen, ist es jedoch notwendig, die eigenen Stärken zu verfeinern und die eigenen Schwächen in Stärken umzuwandeln! In diesem Sinne ist das folgende Kapitel auch zu verstehen.

Die Sanftheit

Sich Ihrer Wirkung bewusst werden

Die Wirkung eines Vollmondes ist mit einem Wort zu benennen: „sanft". Diese Sanftheit, die Sie ausstrahlen, kann einen ganzen Raum bzw. eine ganze Gruppe in eine sanfte, angenehme Atmosphäre tauchen. Dieser Ausstrahlung sollten Sie sich bewusst sein und Sie auch gezielt für Sie einsetzen. Sie haben eine äußerst angenehme Wirkung auf die Menschen und das kann es Ihnen erleichtern, sich in Gruppen wohlzufühlen, aber auch, das richtige Berufsfeld zu wählen, in denen Ihnen das zupass kommt.

So mancher Vollmond, der nicht in seiner Kraft ist, erscheint den Menschen jedoch gedämpft, verunsichert, ängstlich und lau – so, als ob viel mehr in ihm stecken würde, aber es nicht herauskommt. Genauso kann Ihre Stimme angenehm weich klingen oder als kaum hörbar wahrgenommen werden.

Das hängt damit zusammen, dass Sie sich nicht allzu viel zutrauen und sich weder Ihrer Wirkung noch Ihrer Stärken gewahr geworden sind. Machen Sie einmal eine kleine Umfrage in Ihrem Umfeld und lassen Sie sich einmal erzählen, was die Menschen so glauben, was in Ihnen stecken könnte, was sie Ihnen zutrauen würden! Schreiben Sie das für sich auf und lassen Sie es wirken!

Sie haben auch einen unbezwingbaren Blick, der Steine erweichen könnte! Dabei ist er keineswegs mit dem durchdringenden, scharfen Neumondblick vergleichbar, sondern er ist unwiderstehlich, weil es keine Waffe dagegen gibt: Sie können wie kein anderer Typ mit der Unschuld und dem Liebreiz eines reinen Kindes Ihr Gegenüber Schachmatt setzen! In Ihrem Angesicht wird jedeR schwach und versucht, es Ihnen recht zu machen, damit Sie sich wohl fühlen.

Wenn dieser Blick von anderen Typen oft verächtlich als „treuherziger Bernhardinerblick" bezeichnet wird, dann ist das in erster Linie der Neid der Besitzlosen! Denn wahr ist, mit diesem Blick können Sie ohne große Worte dem näher kommen, was Sie sich wünschen! Natürlich sollten Sie ihn nicht überstrapazieren ... Sonst reagieren vor allem Neumonde, aber auch Sonnenfinsternisse, irgendwann allergisch darauf und Sie erzielen die entgegengesetzte Wirkung.

Was noch hier dazu gehört, ist, dass Sie bei den meisten Menschen absolutes Vertrauen genießen. Sie strahlen Integrität und Vertrauenswürdigkeit aus. Das sollte Ihnen bewusst sein, denn ansonsten ist es bei Ihnen nicht immer angebracht. So mancher Vollmond nimmt dieses Vertrauen in seine Person gar nicht wahr und hält dann oft nicht, was er verspricht, weil er seine Wirkung unterschätzt.

Die zwei Seiten des „gefühlvoll"

Diese gefühlvolle Ausstrahlung erzeugt zwar im Raum eine angenehme Wirkung, doch hat sie für Sie auch ihre Nachteile. Da Sie Ihre Gefühle auf dem Silbertablett präsentieren, erscheinen Sie oft nackt und ungeschützt, vor allem, wenn Sie dazu neigen, Ihren Tränen freien Lauf zu lassen.

Zu den eigenen Gefühlen bewusst in einer Situation zu stehen, ist im Grunde eine große Stärke.

Das ist Stärke und Schwäche zugleich. Es ist gesund, in keiner Situation die Gefühle wegzusperren. Zu den eigenen Gefühlen bewusst in einer Situation zu stehen, ist im Grunde eine große Stärke, denn alle anderen Typen müssen das erst mühsam lernen, da sie in der Regel dazu tendieren, diese weichen Gefühle eher zurückzuhalten oder gar zu verdrängen. Somit können diese von Ihnen etwas abschauen.

Dennoch ist in dieser Gesellschaft das Zurückhalten der weichen Gefühle noch immer an der Tagesordnung und gilt als „normal". So ist es z.B. sogar bei Beerdigungen üblich, nicht zu weinen bzw. sogar Beruhigungsmittel zu nehmen, um ja nicht die Fassung zu verlieren. Dass diese Trauerverdrängung zu Depressionen und unter Umständen zu Alkohol- oder

Die zwei Seiten des Gefühlvollen

anderem Suchtverhalten führen kann, wird noch nicht berücksichtigt. Würden die anderen Typen von den Vollmonden die weichen Gefühle und von den Neumonden die Lust und den Zorn lernen, würden weniger psychische Störungen entstehen.

Da die Gesellschaft von heute in erster Linie Freude, Spaß und Aktivität sucht, ist die Verdrängung der Gefühle groß. Schon Oma hat jedoch immer gesagt: „Alle Gefühle, die da sind, müssen gelebt werden. Lebt sie nicht der eine, so trifft es den anderen." Der Vollmond, der gerade für diese Schwingung offen ist, bekommt diese Gefühle geballt ab. So kann es schon einmal passieren, dass Ihre Gefühlsausbrüche den Maßstab zum realen Geschehen sprengen.

„Alle Gefühle, die da sind, müssen gelebt werden. Lebt sie nicht der eine, so trifft es den anderen."

Ihnen sollte bewusst sein, dass die meisten Menschen mit der Fülle der Gefühle nicht so gut umgehen können. Sie tun sich oft schon im Privaten schwer, geschweige denn in der Öffentlichkeit. Aus diesem Grunde tun Sie sich etwas Gutes, wenn Sie im öffentlichen Raum lernen, Ihre Gefühle zu zügeln, da Sie sonst den anderen „zu viel" werden. Dabei geht es weniger um Sie persönlich und dass Sie nicht richtig sind, sondern dass die anderen starke Gefühle als zu geballt erleben und nicht damit umzugehen gelernt haben.

Sie sollten auch deswegen Ihre Gefühle zügeln, da Sie in der Öffentlichkeit nicht allzu viel Trost erwarten können. Sie ziehen damit auch sehr viel der Ihnen unangenehmen Aufmerksamkeit auf sich und erhalten noch dazu den Ruf als schwache, zimperliche, überempfindliche Person. Andererseits sollte Ihnen selbst klar werden, dass diese Aufmerksamkeit ja gar nicht Ihnen gehört, sondern den nicht gelebten Gefühlen.

Die Stärke

Das Bändigen der Gefühle

Wenn der Gefühlsmensch seinen Gefühlen einfach freien Raum gibt, kann er darin ertrinken. Umso wichtiger ist es, MeisterIn der Gefühle zu werden.

Empirische Studien belegen, dass Menschen, die die Fähigkeit besitzen, eigene und fremde Gefühle zu meistern, im beruflichen und privaten Leben erfolgreicher sind.

Empirische Studien belegen, dass Menschen, die die Fähigkeit besitzen, eigene und fremde Gefühle zu meistern, im beruflichen und privaten Leben erfolgreicher sind. Sie leiden weniger unter psychischen Störungen, haben bessere persönliche Beziehungen, sind zufriedener und weniger anfällig für ungünstige Gewohnheiten wie Rauchen, ungesunde Ernährung etc. (Quelle siehe Impressum)

Wesentlich hierfür ist es, die eigenen Gefühle nicht nur zu erkennen und zu akzeptieren, wenn sie auftreten, sondern sich auch bewusst zu werden, dass wir selbst sie steuern können. Viele Vollmonde fühlen sich nämlich ihren Gefühlen ausgeliefert und fühlen sich hilflos dabei, als ob sie sich inmitten eines stürmischen Meeres verlieren würden und nicht mehr wissen, ob sie oberhalb oder unterhalb des Wassers sind.

Sie können die Gefühle beeinflussen, indem Sie lernen, sie so handzuhaben, dass sie der Situation angepasst sind. Hierzu braucht es den Kopf: Durch das Verstehen der Situation können Sie lernen, eine angemessene Gefühlsintensität zu finden. Weder das Dramatisieren noch das Verharmlosen führen zum Ziel. Beispiel: Sie hören über Umwege, dass ein Freund sich beim Skifahren verletzt hat. Anstatt sofort in Sorge aufzugehen und sich die Stimmung zu vermiesen, sollten Sie das Gefühl nicht voreilig aufkommen lassen und genau nachfragen, was denn eigentlich passiert sei. Die Gefühlsreaktionen können dementsprechend unterschiedlich sein, je nachdem, ob er sich einen Fuß verstaucht hat oder im Koma liegt, weil er gegen einen Baum gefahren ist. Außerdem könnte es sogar sein, dass er zwar einen Unfall hatte, sich jedoch gar nicht verletzt hat oder er hat sich verletzt und ist froh darum, weil er sich ansonsten keine Auszeit gegönnt hatte. Es gibt viele verschiedene Varianten, die möglich sind und andere Gefühle nach sich ziehen.

Hier noch eine andere Geschichte, die das Thema treffend erläutert:

Es lebte einmal auf einer Hochebene ein einfacher Bauer mit seinem Sohn. Sie lebten in einem kleinen Dorf in ärmlichen Verhältnissen. Der Bauer hatte nur ein Pferd und einige Hennen. Eines Morgens war das Pferd jedoch verschwunden.

Sein Nachbar kam und meinte: „Du Armer! Dein einziges Pferd ist weg! Du wirst wohl sehr traurig sein, oder?" Der Bauer entgegnete gelassen: „Wer weiß, wofür es gut ist!" Der Nachbar war erstaunt über diese Reaktion.

Drei Tage später kam das Pferd mit drei weiteren Wildpferden zurück. Da kam der Nachbar herbei gerannt und meinte: „Du Glücklicher! Jetzt hast du vier Pferde! Du wirst frohlocken, oder?" Der Bauer erwiderte: „Mal schauen …!" Der Nachbar schüttelte ungläubig den Kopf.

Einige Wochen später brach sich der Sohn des Bauern ein Bein. Auch hier reagierte der Nachbar schockiert, doch der Bauer entgegnete erneut gelassen. „Wer weiß, wofür es gut ist!" In der Tat kamen wenige Tage danach die Soldaten des Königs ins Dorf und erklärten, es sei nun Krieg. Sie nahmen alle Pferde mit und rekrutierten die jungen Männer für den Krieg, allein der Sohn des Bauern blieb im Dorf, da er sich ja das Bein gebrochen hatte. Da erkannte der Nachbar die Weisheit des Bauern: „Wer weiß, wofür das gut ist!"

Das Leben in der eigenen Gefühlswelt

Der Seelenrhythmus der Vollmonde ist eigentlich gesund und richtig. Alle anderen Typen können das von ihnen lernen.

So mancher Vollmond ruht in seiner Schwingung und entmachtet mit seiner Art den Verstand, die Worte und den Informationsfluss. „Das tut nicht gut", erklären sie selbstsicher, wenn sie in ihrer Kraft sind. Und sie haben damit nicht Unrecht: Dieser Seelenrhythmus ist eigentlich gesund und richtig. So sind der Stress und die Lärmbelastung heute anerkannte Ursachen für die Zivilisationskrankheiten. Alle anderen Typen können von den Vollmonden lernen, jeden Tag immer wieder in diese langsame Schwingung zu kommen – ungeachtet des hektischen Alltags, der heute jedem Menschen schon fast abverlangt wird. Wo andere meditieren müssen, langt es dem Vollmond, sein Wesen ernst zu nehmen und seine Schwingung zu leben.

Viele Vollmonde jedoch sind durch ihre Andersartigkeit verunsichert und versuchen, im Wettlauf um den Informationsfluss auf der Verstandesebene mit zu rennen – wobei ganz vielen ein Gefühl der Unzulänglichkeit oder auch der Unzufriedenheit bleibt. Denn sie spüren, dass sie eigentlich anders strukturiert sind und dieses Andere richtig und lebensbejahend ist. Eine Frau rief Folgendes aus, als sie erkannte, ein Vollmond zu sein: „Jetzt verstehe ich endlich, warum mich das Lineare so müde macht. Ich bin einfach weniger im Kopf zu Hause! Für mich ist das anstrengender als für andere!" Sie erzählte uns auch – und das hörten wir von vielen Vollmonden, nicht nur von ihr, dass sie gerade deswegen von anderen nicht sehr ernst genommen wird. „Nur weil ich im Kopf nicht zu Hause bin, heißt das noch lange nicht, dass ich dumm bin!", ereiferte sie sich. Damit hat sie eindeutig Recht.

Falls Sie zu den Letzteren gehören, empfehlen wir Ihnen, Ihren Rhythmus ernst zu nehmen. So wie diese Vollmond-Klientin, die uns erzählt hat, dass sie jeden Tag extra eine Stunde früher aufsteht, damit sie in ihrem Rhythmus den Tag beginnen kann. In dieser Morgenstunde kann sie sich in den Tag einfühlen oder die ersten Dinge, die sie zu erledigen hat, in ihrer Geschwindigkeit angehen.

Gefühlswelt

Dieser Rhythmus ist auch in der Natur zu finden und Sie sollten sich regelmäßig in die Stille dieser Natur begeben. Das tut jedem Typ gut, aber Sie brauchen es auf alle Fälle noch einmal mehr, um Ihrem Wesen treu zu bleiben.

Dieser langsame Rhythmus ist auch in der Natur zu finden und Sie sollten sich regelmäßig in die Stille dieser Natur begeben.

Wahr ist nämlich, dass für die meisten Vollmonde die Reizüberflutung unzumutbar ist. Auch dafür werden so manche von ihrem Umfeld dafür ausgelacht – obwohl das im Grunde nur eine gesunde Reaktion ihres Leibes ist. Falls Sie sich vieler Reize – aus welchen Gründen auch immer – aussetzen müssen, dann entfremden Sie sich von Ihrem Wesen und kommen damit aus der Kraft. Vergessen Sie nie: Ihr eigener Rhythmus ist richtig und gesund.

Um in die Ganzheit zu kommen, ist aber auch manchmal die Schnelligkeit nötig – nicht den ganzen Tag, nicht einmal längere Zeit, doch das Integrieren anderer Geschwindigkeiten gehört genauso zu Ihrem Lernprozess, wie das der anderen Typen, die Langsamkeit der Seele einzuüben.

Hinzu kommt, dass das Alltags- und Berufsleben nicht von einem Tag zum anderen verändert werden kann und wenn Sie zu konsequent nur bei Ihrem bleiben, den Anschluss daran verlieren.

Damit Ihnen die Schnelligkeit gelingt, wenn sie notwendig ist, lassen Sie sich von den Typen beschleunigen, die eine höhere Antriebsenergie als Sie haben.

Die Gefahr dieser langsamen Schwingung ist, dass Sie sich auch zu viel treiben lassen, sich Ihren Stimmungen ausliefern und in Selbstbetrachtung versinken. Dann leben Sie in einer eigenen Gefühlswelt, zu denen andere nur mehr wenig Zugang haben. Das kann Sie vereinsamen.

Aus diesem Grunde ist es sehr wichtig, wenn Sie ganz bewusst immer wieder Ihre Aufmerksamkeit nach außen richten: „Was fühlen andere?" „Wie geht es denen?" Dazu gehört auch Kommunikation. Sie beherrschen zwar sehr viele non-verbale Mitteilungsformen, doch seien Sie sich auch hier bewusst, dass nicht sehr viele diese verstehen. Dafür braucht es eine Achtsamkeit, die entweder nicht jedeR einzelne hat oder die nötige Zeit dafür fehlt. Es ist auch in Ihrem Interesse, wenn Sie den anderen auf halbem Wege entgegenkommen, und zwar mit einer blumigen Seelenbildersprache. Üben Sie, Ihre inneren Gefühlswelten bildhaft darzustellen, denn in unserer Gesellschaft kommen wir ohne Worte nicht aus. Für Sie gilt es jedoch, eine Sprache zu finden, die der Eigenart Ihres Wesens entspricht.

Vieles werden Sie in Worten nicht ausdrücken können. Ob Sie sich nun ganzheitlich über die Kunst, über Geschenke oder symbolische Akte ausdrücken lernen, wichtig ist, dass Sie für sich einen eigenen Ausdruck finden und denen, die Ihnen nahestehen, Ihre Sprache verständlich machen.

Die Orientierung

Wenn Gefühle immer Vorrang haben …

Die meisten Vollmonde schwingen mit ihrem Gefühlszustand im Raum mit und oft verstärken sie diesen sogar. Durch ihr Mitfühlen sind sie mit den Lebenslagen anderer stark verbunden, was diese auch zu schätzen wissen. Sie sind sich dessen jedoch oft nicht bewusst, sondern empfinden es ausschließlich als Nachteil, wenn sie immer wieder z.B. die nicht gelebte Trauer anderer in sich spüren. Die dadurch entstehende Schwere lähmt sie nämlich oft und bringt sie weg von ihrem Eigenen.

Im Sumpf gefangen

Die Fähigkeit, Stimmungen im Raum wahrzunehmen, kann belastend werden, wenn Sie nicht lernen, die Gefühle anderer als solche wahrzunehmen. Fragen Sie sich daher, wem die erlebten Gefühle gehören. Gehören sie einem anderen, sollten Sie lernen, diese zwar zu spüren, aber gering zu halten und nicht außer Acht zu lassen, was *ihre* Grundstimmung ist. Das Mitfühlen bietet nämlich die Gelegenheit den Seelenzustand anderer wahrzunehmen, was sicherlich – sei es im Privaten wie im beruflichen Bereich – von großem Nutzen sein kann, aber Sie sollten sich nicht darin verlieren.

Hinzu kommt, dass so mancher Vollmond die Tendenz hat, eher die unangenehmen Gefühle im Raum wahrzunehmen. Die wenigsten übernehmen die Freude, die Lust oder den Zorn. Vielmehr springen sie die Trauer, die Sorge, die Ängste und die Bedenken an. Dies macht jede eigene Orientierung zunichte und das Leben unerträglich. Falls Sie das auch bei sich erkennen, so sollten Sie lernen, sich auch an den angenehmen

Gefühlen zu orientieren! Schauen Sie sich bewusst die schönen Seiten des Lebens an, vor allem Ihre eigenen und notfalls holen Sie sich eine Sonne zu Hilfe!

Träume lesen und Realität bewahren

In dieser rationalen Welt möchten wir Sie ermuntern, an sich zu glauben. Mit Ihrer intuitiven Wahrnehmung leisten Sie einen wichtigen Beitrag in der Gemeinschaft. Unter Fachleuten ist es längst bekannt, dass der Zugang zu den eigenen Gefühlen, Wünschen und Träumen für die psychische Gesundheit fundamental wichtig ist. Die östlichen Lehren erzählen immer davon, wie das Denken die Wirklichkeit erschafft. Das ist jedoch nur ein Teil der Wahrheit, Oma sagte immer zu mir: „Was du dir vorstellst, wird wahr!" und bezog sich vielmehr auf die Visionen und Wünsche, die in mir schlummerten. Ich habe durch sie gelernt, in meiner Arbeit das „Visionieren" zur Basis aller meiner Projekte zu machen. Am Anfang steht eine Vision. Der gebe ich freien Raum und lasse sie sich entfalten. Daraus sind schon viele – zum Teil auch internationale – Projekte entstanden. Ich bin der Weisheit unserer Ahninnen gefolgt: „Wohin wir die Aufmerksamkeit lenken, dahin werden sich unsere Schritte von heute ins Morgen begeben".

Ich bin der Weisheit unserer Ahninnen gefolgt: „Wohin wir die Aufmerksamkeit lenken, dahin werden sich unsere Schritte von heute ins Morgen begeben"

Neben dem „Visionieren" sollten Sie auch lernen, Ihre Träume zu lesen, sie zu deuten und Sicherheit darin zu bekommen. JedeR hat seine Traumsprache, also gilt es, die eigene Seelensprache zu erlernen. Doch beachten Sie: Trauminhalte sollen an der Wirklichkeit gemessen werden und je größer die Übereinstimmung zwischen Vision und Wirklichkeit wird, umso mehr können Sie ihren Zeichen vertrauen. *Beides* ist gleich wichtig, sonst kann es Ihnen passieren, dass Sie sich *nur* mehr an solchen Zeichen orientieren. Das sind diejenigen, die für alles und jedes die Karten legen oder sich legen lassen, z.B. ob sie ein neues Auto kaufen sollen oder nicht.

Nehmen Sie jedoch Ihre Träume und Zeichen ernst. Meine Oma lehrte mich das insofern, als dass sie mir bei allem, was mir passierte und was mir auffiel, die Frage stellte: „Was hat das mit dir zu tun?" Das schärft die Wahrnehmung.

Es empfiehlt sich sogar diese aufzuschreiben, um dann in einem zweiten Moment zu überprüfen, wie oder was sich daraus ergeben hat. Achten Sie auch darauf, die Zeichen in beide Richtungen zu lesen, positiv wie negativ.

Gesunder Hausverstand und Realitätsbezug sind die Basis, um die Mitteilungen aus der anderen, tieferen Welt richtig zu deuten, um diese dann in die äußere Realität einzubinden. Das Zusammenspiel der inneren und äußeren Welt eines Vollmondes sollte dadurch erhöht werden, sonst kann es passieren, dass Sie sich in Ihren Traum- und Phantasiewelten verlieren und der Realitätsbezug darunter leidet. Mitunter haben Vollmonde die Tendenz, lieber in einer schönen Welt als in der Wirklichkeit zu leben und dabei den Kopf in den Sand zu stecken. Das wurde schon einmal von einer Sonnenfinsternis sehr treffend formuliert: „Meine Frau interessiert sich nicht für Astronomie, weil sie sich den ‚Zauber der Sterne' bewahren möchte!" Wahr ist, dass das Kopf-in-den-Sand-stecken langfristig immer zum Scheitern verurteilt ist. So oder so – auch ein Spruch der Oma, „läuft einem nichts davon und holt einen eh alles ein".

Wohlig für mich – schön für dich?

Vollmonde sind imstande, aus einer einfachen Wohnung eine Wohlfühl-Oase zu zaubern.

In der Wohngestaltung sind Vollmonde zu Hause! Kaum ein anderer Typ ist dermaßen imstande, aus einer einfachen Wohnung eine Wohlfühl-Oase zu zaubern. Wenn Sie sich das auch nicht zum Beruf gemacht haben, so sollten Sie sich jedoch auf alle Fälle bewusst sein, dass Sie hier jederzeit in Ihrem Umfeld beratende Funktion einnehmen könnten! Dabei ist das Spektrum der Fähigkeiten in diesem Feld sehr breit gefächert: Die einen haben den grünen Daumen und das Gespür für einen schönen Garten, die anderen sind in der Einrichtung zu Hause und wieder andere spüren instinktiv, wie die Wohnung energetisch richtig eingerichtet werden sollte. Diese Kunst heißt in China Feng-Shui und gewinnt langsam auch in unseren Breitengraden immer mehr an Bedeutung. Feng-Shui meint nichts anderes als ein Leben in Harmonie mit seiner Umgebung.

Doch wenn Vollmonde sich eine Wohlfühl-Umgebung aufbauen, gehen sie meist von der eigenen Nase aus. Was für sie angenehm wirkt, kann bei einem anderen Typ den Eindruck von „vollgestopft" und „überladen" vermitteln, denn nicht jedeR mag es, eine Atmosphäre vorgegeben zu haben. Eine Sonnenfinsternis blüht in einem kargen, gut strukturierten Umfeld auf, ein Neumond liebt die Reizlosigkeit.

Die Grenze zwischen der Ansammlung schöner Objekte und der Anhäufung überbordender, erdrückender Nippes, die jeden anderen erschlagen, ist fließend. Dann wird es – nicht zu Unrecht – für die anderen zum Kitsch. Falls letzteres zutrifft, fühlt sich der Vollmond eigentlich nicht mehr wohl. Wenn Sie sich in einer solchen Situation ertappen, geht es eigentlich darum, dass Sie Ihre Sehnsucht nach dem Wohlbefinden wahrnehmen. Fragen Sie sich: Was stört Sie am meisten in Ihrem Leben? Was hält Sie am meisten von Ihrem wirklichen Wohlbefinden ab? Was stört Sie in Ihrer Beziehung? Was an sich selbst?

Es gilt nun, die unangenehmen Aspekte in Ihrem Leben aufzuräumen bzw. auch die Beziehungskonflikte auszutragen, sonst laufen Sie Gefahr es sich im Äußeren statt im Inneren schön zu machen. Das eine ist jedoch ohne das andere nicht möglich.

Sonst kommt es dazu, dass eine Scheinharmonie entsteht und nicht nur Sie, sondern auch Ihr Umfeld darunter zu leiden beginnt. Hier ein Beispiel aus unserer Praxis: Eine Vollmond-Mutter hat im Kinderzimmer eine Ecke eingerichtet, in der alle Stofftiere schön aufgereiht waren. Dafür hatte sie den Plüschsessel ausgewählt und ein Spitzendeckchen darunter platziert. Für die Tochter war das jedoch die Kuschelecke. Sie verzog sich jeden Tag dahin zum Lesen. Dabei warf sie achtlos Spitzendeckchen und all die Stofftiere auf den Boden. Die Mutter war böse, da sie stets diese schöne Ecke ruinierte.

An diesem Beispiel wird deutlich, wie der Versuch, das Umfeld zu wohlig zu gestalten, sich ins Gegenteil verkehren kann, wenn es eigentlich um ganz andere Sachen geht. Dann nimmt der Vollmond dem anderen Raum weg, denn schließlich ist es das Zimmer des Kindes, in dem es die Bedingungen haben sollte, die es für *sein* Wohlbefinden braucht.

Das kann durchaus auch zu einer indirekten Form von Machtkampf ausarten. Die Mutter versucht, ihre Einstellungen durchzudrücken. Die gleiche Vollmond-Mutter stellte stets die Sachen des Kindes weg, die ihr nicht gefielen, verräumte Kleidungsstücke in den Keller, sogar die Lieblingskleider des Kindes, oder warf sie einfach weg. Dieses krasse Beispiel zeigt, wie wichtig es ist, dass Sie die anderen in Ihrer Umgebung fragen, was sie gerne hätten und die Menschen, die in Ihrem Umfeld leben und arbeiten, auch den Raum mitgestalten lassen, sodass die Bedürfnisse aller nach Wohlbefinden befriedigt werden können.

Orientierung über die Beziehung hinaus

Gerade weil Vollmonde beziehungsorientiert sind, ist es für sie oft schwer, mit ihrer Konzentration bei dem zu bleiben, was *sie* sich vorgenommen haben. Umso wichtiger ist es für Sie, sich klar zu werden, welche Ziele und Prioritäten *Sie* in Ihrem Leben haben – unabhängig von dem, was Ihre Mitmenschen in Ihrer nächsten Umgebung wollen. Durch Ihr Mitschwingen sind Sie gefährdet, nicht mehr unterscheiden zu können, was das Ihre und was das der anderen ist.

Umso wichtiger ist es für Sie, sich klar zu werden, welche Ziele und Prioritäten Sie in Ihrem Leben haben.

Das wirkt sich oft so aus, dass Sie einem Menschen mehr vertrauen, wenn er seine Unsicherheiten gut zu verstecken weiß oder seine Opferrolle besser herauskehren kann als ein anderer. Sie sind auch leichter beeinflussbar durch die Werbung, weil die natürlich genau Ihre Wahrnehmungsebene anspricht. Manche Vollmonde geben zu, dass sie einen Mann in Anzug und Krawatte seriöser und glaubwürdiger finden. Das ist alles ein und dasselbe: Hier wird Ihr Einschwingen auf die Stimmung dazu benutzt, dass der andere sein Eigenes durchbringt und es ist kein Wunder, dass das gerade bei Ihnen so gut wirkt.

Noch dazu haben Sie die Tendenz, die Verantwortung abzugeben und sich anzulehnen. Das schwächt aber die Orientierung auf das, was Sie selbst wollen! Weil das im Innersten den Vollmonden sehr wohl klar ist, sind sie gar nicht so beeinflussbar, wie sie von außen wirken. Nun gilt es, dieses Innerste zu ergründen und sich darüber klar zu werden.

Nehmen Sie sich ab und zu die Zeit, ganz alleine Ihre Ziele und Ihre Prioritäten zu formulieren und auf das Papier zu bringen. Sie können dann in regelmäßigen Abschnitten immer wieder dieses Blatt Papier anschauen und für sich selbst klären, ob Sie Ihren Zielen näher gekommen sind und die Prioritäten eingehalten haben.

Die größte Gefahr der Beziehungsorientiertheit liegt aber natürlich darin, beziehungsabhängig zu werden. So wie der Vollmond erst entsteht, wenn die Sonne auf ihn scheint, so ist auch ein Wesenszug des Typs Vollmond von der Sonne beeinflusst. Während der Neumond für sich allein gestellt gut leben kann, es ihn sogar stört, angestrahlt zu werden, da er dabei sein Wesen verlieren könnte, ist es beim Vollmond genau umgekehrt. Erst in der Beziehung scheint er in seine Kraft zu kommen. Der Übergang zu Abhängigkeit ist daher fließend. Nun gilt es für den Vollmond zwar, Beziehungen zu pflegen, sich daran zu orientieren, aber sich nicht darin zu verlieren. Es ist ein Fehler zu glauben, seine Existenz hinge von den anderen ab. Sein Glück hängt nämlich noch viel mehr von ihm selbst ab. Die zwei Faktoren, die er bei Beziehungen immer wieder überprüfen sollte, um sich treu zu bleiben, sind sein Wohlbefinden in der Beziehung sowie seine Selbständigkeit. Gibt der Vollmond die Verantwortung für die Erfüllung seiner Bedürfnisse und Wünsche in die Hände anderer, weil er es genießt, dass andere auf ihn schauen, beginnt er sich zu verlieren. Daher empfehlen wir ihm, selbstverantwortlich sein Lebensglück in den eigenen Händen zu halten, so nach dem Motto: Jeder ist seines/ihres Glückes SchmiedIn!

Die bevorzugten Gefühle

Tendenz zur Verschmelzung

Aufgrund seiner angeborenen Verbundenheit tendiert der Vollmond dazu, sehr enge Beziehungen einzugehen. Auch hier besteht die Gefahr, dass die Beziehungsfreundlichkeit zur Beziehungssucht wird. Letztere ist ein suchtartiges Bedürfnis, das zwar alle Typen befallen kann, auch aufgrund ihrer Familiengeschichte, doch Vollmonde sind durch ihr Wesen besonders anfällig dafür.

Erst in der Beziehung scheint er in seine Kraft zu kommen. Der Übergang zu Abhängigkeit ist daher fließend. Daher gilt es, selbstverantwortlich sein Lebensglück in den eigenen Händen zu halten.

Der Unterschied zwischen Verbundenheit und Beziehungssucht besteht darin, dass bei ersterem Nähewünsche und Trennungsängste in einem bestimmten Rahmen bleiben. Laut der Erzählung meiner Oma hatte sie eine starke Verbundenheit mit meinem Opa und gerade weil sie diese spürte, hatte sie keine großen Trennungsängste. Sie freute sich auf die Zweisamkeit mit Opa, aber auch wenn sie alleine war, vergällte das nicht ihren Alltag, sondern erhellte ihn.

Wenn Nähewünsche und Trennungsängste jedoch zu hoch werden, dann nehmen Sie in einer Beziehung zu viel Unangenehmes in Kauf und

Vollmonde tendieren zum Verschmelzen

das ist nicht gesund. So nach dem Motto: „Zusammen bleiben um jeden Preis!" Denn eine Beziehung sollte nicht die Löcher im Inneren stopfen, sondern eine Bereicherung sein. Dazu gehört, auch mit sich selbst etwas anfangen zu können und die Zeit alleine zu genießen.

Bei wahrer Liebe jedoch gibt es ein ausgeglichenes Verhältnis zwischen Geben und Nehmen, zwischen gemeinsam und alleine.

Zwar suchen Vollmonde die Gesellschaft, doch brauchen sie auch den Rückzug, um ihren Rhythmus leben zu können. Wenn Sie große Angst haben, alleine zu sein und sich nicht mehr vollständig ohne den anderen fühlen, dann ist die Verschmelzung zu weit gegangen.

Meist wird das vom Gegenüber auch als unangenehm einengend und klammernd empfunden und die Reaktion ist abwehrend bis schroff. Dann passiert genau das, was gerade Vollmonde am meisten verletzt: dass die Harmonie bricht und nicht mehr nett miteinander umgegangen wird. Für Sie ist es das Zeichen, dass die Gratwanderung zwischen Verbundenheit und Beziehungssucht wieder korrigiert werden muss.

Gerade Beziehungssucht wird oft als wahre Liebe empfunden, weil das Gefühl für den anderen so intensiv ist. Bei wahrer Liebe jedoch gibt es ein ausgeglichenes Verhältnis zwischen Geben und Nehmen, zwischen gemeinsam und alleine. Basis dafür ist die Ehrlichkeit und Offenheit miteinander, aber auch ein gegenseitiges Vertrauen und die Beachtung des Grundsatzes meiner Oma: „Ohne Selbstliebe gibt es keine Liebe."

Über die Liebesbeziehung hinaus gilt der Mensch als beziehungsfähig, der seine Grenzen und die des anderen respektiert und davon ausgeht, dass weder er selbst noch der andere sich groß dafür zu verändern haben.

Das Gefühl ins Gesicht geschrieben

Vollmonde können in ihrem Gesicht selten ihre Gefühlsstimmung verbergen. Diese Offenheit ist ein zweischneidiges Schwert. Während sie zum einen damit auch vieles bewirken können, wird es ihnen zum anderen auch oft zum Verhängnis. Es wird ihnen dadurch unmöglich gemacht, Gefühle vor anderen zu verbergen oder eine gesunde Grenze aufzubauen, was ihr Innenleben betrifft. In Jugendzeiten ist das besonders „uncool". Kinder, besonders Buben, die zu oft weinen, oder wegen „Kleinigkeiten" sofort beleidigt sind, werden ausgelacht und manchmal sogar ausgegrenzt. Auch unter Jugendlichen ist so eine gefühlvolle, sensible Haltung eher unbeliebt. Das macht es für die Vollmonde natürlich sehr schwierig, in ihrem Wesen zu bleiben. Schwierige Lebensumstände erledigen oft den Rest. Und verleugnet ein Vollmond seine Weichheit und damit seine feine Gefühlswelt, wird es genau zum Gegenteil: zu einem „unsensiblen Klotz". Das ist tragisch, weil gerade sie die Sensibilität in menschlichen Ansammlungen garantieren und damit für die ganze Umgebung ein kostbarer Aspekt verloren geht.

Die Schwierigkeit, Gefühle zu verbergen, macht es für die Vollmonde natürlich sehr schwierig, in ihrem Wesen zu bleiben.

Das andere Extrem, sich in diesen Gefühlen zu verlieren, ist jedoch genauso schädlich. Viele Vollmonde neigen dazu, die Schwermut und den Trübsinn in ihrer Umgebung direkt „aufzusaugen", was sie dann im wahrsten Sinne des Wortes „schwer" macht und gleichzeitig erdrückt. Solche Vollmonde sind daran zu erkennen, dass sie nicht nur geistig, sondern auch körperlich träge werden. Oft geht es nämlich gar nicht um ihre eigene Trauer, denn diese können sie meist ohne Probleme leben, sondern um die nicht gelebte Trauer ihrer Mitmenschen.

Das ist oft die Ursache für nicht enden wollende Depressionen von Vollmonden. Bei dieser ist das Weinen an der Tagesordnung und hört nicht mehr auf, doch es gibt keinen bestimmten Auslöser oder Anlass dafür. Früher wurde dieser Gefühlszustand Melancholie genannt und fand bzw. findet heute noch in der Kunst und Poesie oft seinen Ausdruck.

Schwere Träume

Das war mir eine schwere Nacht,
Das war ein Traum von langer Dauer;
Welch weiten Weg hab ich gemacht
Durch alle Schrecken, alle Schauer!
Der Traum, er führt' mich an der Hand,
Wie den Äneas die Sibylle,
Durch ein avernisch dunkles Land,
Durch aller Schreckgestalten Fülle.
Was hilft es, daß die Glocke rief
Und mich geweckt zum goldnen Tage,
Wenn ich im Innern heimlich tief
Solch eine Hölle in mir trage?

Ludwig Uhland (1787–1862)

Stellen Sie sich die Frage: „Ist das mein Gefühl? Welchen Anlass habe ich, so traurig und schwermütig zu sein? Jetzt oder in meiner Vergangenheit? Kann es sein, dass ich jemandem in meinem näheren Umfeld die Trauer abnehme?" Oft ist auf den ersten Blick niemand erkennbar, doch wenn es z.B. jemanden gibt, der einen schweren Verlust in letzter Zeit erlitten hat und dennoch guten Mutes und wohlauf ist, dann sind Sie fündig geworden!

So hatten wir ein Ehepaar in Therapie, dessen Sohn vor einigen Jahren bei einem schrecklichen Unfall verstorben war. Die Mutter war seitdem fortwährend traurig, niedergeschlagen und zu nichts mehr zu bewegen. Der Vater hingegen ging weiterhin ungetrübt seiner Arbeit nach und erfreute sich auch seiner Freizeitaktivitäten. Er ärgerte sich sogar immer wieder, dass seine Frau nie aufhörte „zu plärren" und „zu nichts mehr zu gebrauchen" war. Erst als wir den Vater darauf hinwiesen, dass auch er seinen Sohn verloren hatte, konnte er seine eigene Trauer wahrnehmen und damit seine Frau entlasten.

Handelt es sich jedoch tatsächlich um die eigene Trauer und Schwermut, so gilt: Während andere lernen müssen, ihre Trauer zu leben, kann es bei Vollmonden dienlich sein, dass sie das Trauern beenden. Wie durch einen anderen Schmerz gilt es durch die Trauer hindurchzugehen, das heißt: ihn zuzulassen und die darin enthaltene Energie abfließen zu lassen. Der Lohn ist die Lektion, die wir aus der zugrunde liegenden Erfahrung lernen können und dass Energie in Ihrem Leib wieder zu fließen beginnt und sich die Trägheit merklich verringert.

Aggression verdrängend

Genauso stark wie sie die Schwermut und die Trauer abnehmen, laufen viele Vollmonde Gefahr, die Wut nicht wahrzunehmen und an die Mitmenschen abzugeben, die besser damit umgehen können – also die Neumonde, die Sonnenfinsternisse und die Sonnen, alle drei spüren sie früher, und zwar in dieser Reihenfolge.

Vollmonde laufen Gefahr, die Wut nicht wahrzunehmen und an die Mitmenschen abzugeben.

Ein Beispiel aus unserer Praxis: Eine Vollmond-Frau wurde vor geraumer Zeit von ihrem Freund verlassen und weinte ihm nach. Als sie schon langsam den Trennungsschmerz verarbeitet hatte, stand er wieder vor ihrer Haustür und bot ihr eine offene Beziehung an. Sie wäre somit eine unter dreien. Sie spürte die Verletzung, aber nicht die Wut, die damit zusammenhing. Für ihre Umgebung war es verheerend.

Es passierte am laufenden Band, dass neben ihr Personen wegen den unmöglichsten Dingen in die Luft gingen. Die Mutter z.B. schrie den Vater zusammen, weil die Schuhe bei der Haustür nie aufgeräumt seien und sie diese Respektlosigkeit nicht mehr aushalten würde! Der Bruder schaffte plötzlich die Kurve in der Einfahrt nicht mehr und rammte aus unerklärlichem Zorn die rechte Seite seines Autos ... Was war da passiert?

Vollmonde, die ihre Wut nicht spüren, rennen mit Dynamitstangen herum und halten sie jedem und jeder hin. Wer dann diesen Zorn übernimmt, zündet die Lunte an und die Bombe explodiert vor dem nächstbesten Menschen.

Wenn der Zorn verdrängt wird

Im besten aller Fälle bekommen so manche Vollmonde im wahrsten Sinne des Wortes die Putz*wut*. Dies ist das Ausleben auf einer anderen Ebene dieser halb in das Unterbewusstsein gedrängten Zorngefühle. Obwohl dadurch schon einmal etwas entladen und somit weniger Energie an andere abgegeben wird, ist sie nicht die ideale Lösung – auch weil die Putzwütigen sich nicht immer damit zufriedengeben, dass sie die Wohnung blitzblank putzen, sondern von anderen erwarten, dass sie entweder mitmachen oder wenigstens ja nichts mehr schmutzig machen! Das sind die, die unbedingt das Bedürfnis verspüren Staub zu saugen, während die restliche Familie fernsieht, und nicht nur für BesucherInnen die Hausschuhpflicht einführen, sondern sie am besten auch noch zu bakterienfreien Schuhüberzügen – normalerweise erhältlich in der Infektionsabteilung des Krankenhauses – verdonnern. Die anderen Typen fühlen sich da schon manchmal drangsaliert. Sie bekommen zwar indirekt den Ärger ab, aber es kommt nicht zum Ausdruck, was das wirkliche Problem ist. Im schlimmsten aller Fälle ärgert das wiederum so dermaßen die Drangsalierten, dass diese wiederum den Zorn für sie ausleben. Hier wird Zornenergie unbewusst herum geschoben.

Oma sagte immer so schön: „Jede Energie im Raum möchte gelebt werden!“ Wenn Sie es nicht tun, tun es andere – das Gleichgewicht stellt sich von alleine her.

Ob jemand nun den Zorn für Sie auslebt oder die Putzwut eine erste Erleichterung verschafft, es löst nicht die Ursache des Ärgers, meist verlängern beide Verhaltensweisen nur das Leiden. Laut dem Weltbild meiner Ahninnen ist das Leben so gebaut, dass wir mit jeder Erfahrung unsere Lektion lernen. Wenn Sie jedoch die Gefühle, in diesem Fall den Ärger, nicht leben, so werden Sie Ihnen in veränderter Form immer wieder und wieder passieren. Wie dies Vollmonden problemlos bei Schmerz und Trauer einleuchtet, sollte das auch bei Ärger und Zorn geübt werden.

Alles ist eine Frage des Gleichgewichts: Wer eine so niedrige Wahrnehmungsschwelle bei der Trauer hat, muss anderswo eine hohe haben. Vollmonde haben sie bei der Wut. Schlussendlich ist alles vom Gleichen: Das Abnehmen der Trauer einerseits und das Abgeben der Wut andererseits haben ein und dieselbe Wurzel: die Aggressionsverdrängung. Da viele Vollmonde es sanft und harmonisch lieben, blenden sie Ärger und Zorn aus oder drücken sie beiseite. Doch wie Oma immer so schön sagt: „Jede Energie im Raum möchte gelebt werden!“ Wenn Sie es nicht tun, tun es andere – das Gleichgewicht stellt sich von alleine her.

Für Sie gilt, sich bewusst zu werden, dass auch sanfte Menschen Ärger und Zorn verspüren, denn diese Kräfte sind – wie wir im Kapitel des Neumondes beschreiben – durchaus nicht immer negativ. Wer die Aggression verdrängt, kann sich nämlich auch nicht schützen. Diese Wut ist es nämlich auch, die es den Vollmonden erlaubt, eine gesunde Abgrenzung gegenüber den Gefühlswelten anderer aufzubauen und sich vor Verletzungen anderer zu schützen. Dies gilt als Notwehr gegen Angriffe und deswegen wurde von Uli dafür den Begriff „Defension" geprägt.

Aggressionsverdrängung hingegen verursacht Angst, und zwar aus zwei Gründen:

Bis Vollmonde in Rage geraten, dauert es lange, und *wenn* sie wirklich zornig sind, dann explodieren sie ohne Halt. Das macht ihnen Angst. Doch diese „Megaexplosion" – wie eine Vollmond-Klientin das benannte – kommt nur zustande, *weil* sie die „rote Energie" so lange zurückhalten. Kommt sie rechtzeitig zum Zug, ist sie simple Abwehr und kann auch noch relativ sanft vonstattengehen.

Der zweite Grund ist, dass sie Angst vor der Meinung und auch dem Zorn anderer haben. Sie sind sich gar nicht bewusst, dass sie lieber schlucken, weil sie sich nicht trauen, dem anderen etwas Negatives zu sagen. Sie gehen dabei von sich selbst aus: Sie empfinden das als verletzend und in *ihren* Augen steht der- oder diejenige, die das tut, schlecht da.

Dann führt Aggressionsverdrängung aber oft zu einer – wenn auch nicht beabsichtigten – Unehrlichkeit, und zwar auf gewisse Fragen mit „Ja" zu reagieren oder einer Antwort auszuweichen, aber von vorneherein nicht vorhaben, es zu tun. Wir nennen das, den anderen „auflaufen zu lassen". In erster Linie geht es dem Vollmond dabei darum, den anderen nicht mit einem Nein zu verletzen, aber das wird von den meisten Mitmenschen missverstanden und gerade als die Verletzung empfunden, die er vermeiden wollte. Sie fühlen sich nicht ernst genommen und haben damit nicht ganz Unrecht. Der Vollmond widersetzt sich auf diese Weise auf der Handlungsebene stur den anderen. Dies wird auch „passive Aggression" genannt, so nach dem Motto: „Ich tu's einfach nicht!" Sie stehen aber nicht offen dazu und wollen die Konsequenzen ihrer Handlung nicht tragen.

Für Sie gilt es zu merken: Oft ist ein begründetes Nein besser als so ein zögerliches Ja, das nie eingehalten wird ...

Eine Übung, die unserer Erfahrung nach äußerst hilfreich ist, um ein gesundes Ausleben der Aggressionen zu lernen, ist es, in den Wald – am besten gleich neben einem Bach – schreien zu gehen. Fühlen Sie sich ein in den Frust, der in Ihnen schlummert, und schreien Sie diesen so laut wie möglich heraus! Geben Sie hierbei Ihrer Wut einen Namen: Schreien Sie hinaus, was oder wer Ihnen nicht passt! In einem ersten Moment werden Sie nach dieser Wut-Therapie erschöpft sein, in einem zweiten Moment spätestens werden Sie spüren, wie Sie eine starke Kraft von unten herauf durchflutet. Mit der Zeit werden Sie es zunehmend schaffen, sich verbal zu wehren ohne zu schreien, aber mit einem scharfen, abgrenzenden Tonfall in Ihrer Stimme!

Bis Vollmonde in Rage geraten, dauert es lange, und wenn sie wirklich zornig sind, dann explodieren sie ohne Halt.

Eine neue Streitkultur

Motto: Bei mir gibt es keine Auseinandersetzungen, sondern wir setzen uns zusammen.

Gerade die Vollmonde können eine neue Streit*kultur* entwickeln, in der auch auf die weichen Gefühle Acht gegeben wird. Gewöhnen Sie sich daran, dass Konflikte eine Normalität im menschlichen Zusammenleben sind. Es geht nicht darum, *dass* es Konflikte gibt – das sollten Sie sich genauso zu Herzen nehmen wie die Tatsache, dass auch sanfte Menschen Ärger verspüren –, sondern *wie* damit umgegangen wird. Und hier können Sie auf den Plan treten, so nach dem Motto: Bei mir gibt es keine *Auseinander*setzungen, sondern wir setzen uns *zusammen*. Natürlich sind Wahrheiten oft unbequem, aber es gibt eine mitfühlende Art, sie mitzuteilen. Natürlich muss *allen* Gefühlen Platz gegeben werden, aber wenn sie rechtzeitig und nicht aufgestaut gleich einen Raum bekommen im gegenseitigen Respekt, kann dies die Atmosphäre bereinigen und die Harmonie fördern.

Dann kommen Sie zur Überzeugung, dass Streiten etwas Positives hervorbringen kann, weil Altes, das jemanden verärgert oder verletzt, abgeschafft wird und etwas Neues an dessen Stelle tritt, mit dem alle besser leben können.

Akzeptieren Sie Ihren eigenen Ärger, aber auch den der anderen nur unter bestimmten Voraussetzungen, nämlich dass er nicht über eine bestimmte Grenze eskalieren und nicht unter der Gürtellinie ausgelebt werden darf, sonst brechen Sie ihn sofort ab. Ebenso wichtig ist es, dass alle Beteiligten das Recht einfordern dürfen, den Streit zu verschieben oder eine Pause zum Nachspüren oder –denken einlegen können. Führen Sie z.B. ein, dass jede am Konflikt beteiligte Person probieren soll, sich in den Standpunkt des anderen einzufühlen und ihn vorzubringen etc.

Damit Sie sich mit dem Streit anfreunden können, braucht es für Sie jedoch am Ende eine Einigung, nicht das „Ich habe Recht!" auf einer Seite. Und Sie können Wert darauf legen, dass eine Versöhnung gefeiert wird, in der die neu gewonnene Harmonie miteinander genossen wird!

Empfindlich und schwach

Wir haben es schon in diesem Kapitel angedeutet: Viele Vollmonde tun sich sehr schwer damit, Negatives zu sagen, weil sie Angst davor haben zu verletzen. Das kommt daher, dass sie sich auch schwer tun, Negatives zu hören. Ganz oft kommt bei ihnen bei Kritik das Gefühl der Vernichtung auf. Die Reaktion darauf ist schlicht: „Du bist böse mit mir!" Darauf ist schwer etwas zu erwidern und es bringt viele andere auch regelmäßig in die Ohnmacht.

Das Gefühl ist wahr, doch es ist nicht immer gerecht. Natürlich kommt es darauf an, *wie* jemand die Kritik sagt. Vor allem gegenüber Vollmonden ist Übung angebracht, dass trotz aller Kritik die Wertschätzung gegenüber der Person hinüber kommt, doch es ist nicht möglich in einem

Dauerzustand von Frieden und Harmonie miteinander zu leben. Der erste, der das unterbricht, indem er etwas anderes fühlt und auch von sich gibt, wird von vielen Vollmonden als „böse“ erlebt.

Nicht nur bei Vollmonden, sondern auch bei anderen Typen, bekommen die „ÜberbringerInnen der schlechten Botschaft“, wie das Zitat so schön heißt, auch die Gefühle ab, die mit dieser Botschaft zusammenhängen.

Hinter dieser Reaktion steckt ein Selbstwertproblem, das bislang vor allem Frauen zugeschrieben worden ist, aber es ist auch eine Sache der Wahrnehmung, die durch die Typen gut erklärbar ist. Kritik kann – wenn sie nur über Gefühle aufgenommen wird, was dem Vollmond eigen ist – als Angriff auf die ganze Person erlebt werden.

Falls Sie immer wieder über diese Thematik stolpern, geht es für Sie als Vollmond darum, dass Sie etwas üben, was Ihnen nicht in die Wiege gelegt wurde: das Gefühl, das Sie empfinden, zu differenzieren.

Dafür ist es notwendig, das Gefühl nur bis zu einem bestimmten Punkt hoch kommen zu lassen, aber sich dann wichtige Fragen zu stellen: Wer ist mein Gegenüber? FeindIn oder LebenspartnerIn? FeindIn oder ArbeitskollegIn, mit der ich ansonsten gut kann? Wieso erzählt diese Person mir das? Will sie mir damit helfen? Oder habe *ich* sie durch etwas verletzt und sie reagiert deswegen so?

Mit der Zeit werden Sie erkennen, dass der Hauptteil dieser Fragen in den meisten Fällen so beantwortet werden kann, dass es sich nicht um Sie als ganze Person, sondern wirklich um eine inhaltliche Kritik handelt. Das ist erleichternd für einen Vollmond und eine Sache der Übung.

Genauso quälend wie die Empfindlichkeit kann die Schutzbedürftigkeit sein, denn sie wird oft als Hilflosigkeit und Schwäche interpretiert.

Natürlich empfehlen wir Ihnen auch an Ihrem Selbstwertgefühl zu arbeiten. Hierzu gibt es auch zwei Fragen: Warum sollte mich eine Kritik, auch wenn sie noch so berechtigt ist, vom Hocker hauen? Die Antwort auf diese Frage liegt meist in der Kindheit und sollte dort bereinigt werden.

Die zweite Frage lautet: Warum sollte eine Kritik, die ich als falsch erkenne, Zweifel an meiner Person auslösen? Auch diese Frage liegt zum Teil in der Kindheit begraben, zum anderen Teil jedoch hat sie mit der Person zu tun, die die Kritik vorbringt. Was steckt bei der dahinter und nicht bei Ihnen?

Genauso quälend wie die Empfindlichkeit kann die Schutzbedürftigkeit sein, denn sie wird oft als Hilflosigkeit und Schwäche interpretiert. Der Preis ist hoch, wenn diese Ausstrahlung zu sehr ausgereizt wird.

So mancher Vollmond, der nicht in seiner Kraft ist, nutzt sie, um keine Verantwortung zu übernehmen, keine Entscheidungen fällen zu müssen und die Unschuld des Kindes bewahren zu können. Wer nämlich nichts entscheidet, den trifft auch keine Schuld. Meist ist das kein bewusster Vorgang, doch so oder so, nur die Vorteile desselben zu nutzen geht nicht.

Der Nachteil ist, dass solche Menschen nicht mehr sehr ernst genommen werden. Abgesehen davon, dass sie von allen als am wenigsten

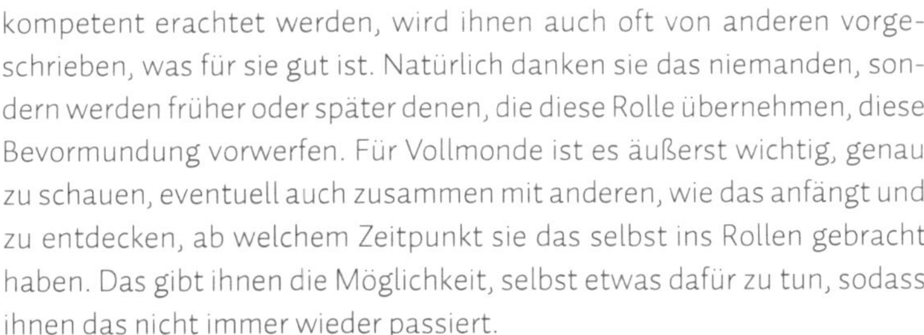

kompetent erachtet werden, wird ihnen auch oft von anderen vorgeschrieben, was für sie gut ist. Natürlich danken sie das niemanden, sondern werden früher oder später denen, die diese Rolle übernehmen, diese Bevormundung vorwerfen. Für Vollmonde ist es äußerst wichtig, genau zu schauen, eventuell auch zusammen mit anderen, wie das anfängt und zu entdecken, ab welchem Zeitpunkt sie das selbst ins Rollen gebracht haben. Das gibt ihnen die Möglichkeit, selbst etwas dafür zu tun, sodass ihnen das nicht immer wieder passiert.

Ob es sich nun um Empfindsamkeit oder Schutzbedürftigkeit handelt, grundsätzlich gilt für Sie: Sie sind viel stärker als Sie meinen!

Hier ein typisches Beispiel aus dem Familienleben: Wenn die Kinder sich nicht gut benahmen, drohte die Vollmond-Mutter ihnen immer damit: „Passt auf, wenn der Vater heimkommt!" Damit konnte sie nach wie vor die gute Mutter sein und die unangenehme Rolle demjenigen, der auch einmal ein Machtwort spricht, dem Vater überlassen. Der Nachteil ist, dass der Vater, der diese Rollenaufteilung angenommen hatte, dazu überging, alle Entscheidungen bezüglich Erziehung alleine zu treffen. Das regte sie furchtbar auf.

Erst in gemeinsamen Gesprächen kam heraus, dass eine Veränderung möglich ist, wenn sie bei den Kindern auch selbst in ihrem eigenen Namen regulierend eingreift und das nicht ausschließlich dem Vater überlässt. Der war gerne bereit, die Erziehungsfragen gemeinsam zu klären, weil sie schließlich nun auch gemeinsam getragen wurden. Zudem war er erfreut, dass er endlich auch die angenehme Rolle mitübernehmen konnte.

Ob es sich nun um Empfindsamkeit oder Schutzbedürftigkeit handelt, grundsätzlich gilt für Sie: Sie sind viel stärker als Sie meinen!

Die Antriebsenergie

Gefühle in die Tat umsetzen

Gerade bei der Antriebsenergie ist es für Vollmonde unabdingbar, dass sie sich nicht in ihrer Gefühlsintensität verlieren, sondern dass sie lernen, diese für die Erreichung ihrer Ziele und Wünsche bewusst einzusetzen.

Dazu gehört auch, den eigenen Sehnsüchten treu zu bleiben und nicht den kurzfristigen emotionalen Verlockungen und Verführungen Raum zu geben. Hier ein konkretes Beispiel: Ein Vollmond-Mann arbeitet mit anderen zusammen. Der gemeinsame Betrieb ist sein Lebensunterhalt und er wünscht sich sehnlich, dass sie zusammen Erfolg haben werden. Als der Betrieb in finanzielle Schwierigkeiten geriet, riet der Sonne-Mann im Team sofort dazu, ihn abzustoßen und mit etwas Neuem zu starten. Dabei schilderte er das Neue in den schönsten Farben und bot dem Vollmond-Mann an, doch bei seiner Idee auch in der Zukunft mitzuwirken.

Kanalisieren der Gefühle

Durch seine zuvorkommende und nette Umgangsweise mit seinem Kollegen, fühlte sich der Vollmond-Mann in Harmonie und Freude und er tendierte dazu, auf die Idee des Sonne-Mannes einzugehen. Das hieße jedoch, dass er seine ursprüngliche Sehnsucht, mit diesem Betrieb erfolgreich zu sein, hinter den Plänen seines Kollegen zurückstellen müsste.

Das unmittelbare Gefühl der Eintracht trügt, denn dieser Betrieb ist zwar in der Krise, doch bei weitem nicht gleich abzustoßen. Außerdem sind auch noch andere daran beteiligt, die nicht einfach überrollt werden sollten und schlussendlich sind trotz aller Freundlichkeit und Enthusiasmus bei diesem Kollegen die Beweggründe genauer anzuschauen. In diesem konkreten Fall handelte es sich bei diesem Sonne-Mann um eine Person, die schon zwei Mal in Konkurs gegangen war. Für den Vollmond sind längerfristige Perspektiven der Weg zum Erfolg.

Wenn gesunde Vorsicht zur Angst wird ...

Die meisten Vollmonde haben deswegen eine verringerte Antriebsenergie, weil auch weniger „rote" Lebenskraft durch sie fließt. Sie sind daher weniger aggressiv und selbstbehauptend, wodurch der Angst Tür und Tor geöffnet werden kann.

Ein wahres Sprichwort lautet: „Angst ist ein schlechter Ratgeber!" Vielmehr sollten Vollmonde ergründen, wieso sie in dieser neuen Situation mit Angst reagieren.

So manche Vollmonde, die nicht in der Kraft sind, werden durch Ängste, Enttäuschungen und Kränkungen gelähmt. Sie tun sich schließlich schwer – das haben wir bei den „bevorzugten Gefühlen" ja schon ausführlich erklärt –, bei Verletzungen zu reagieren und der Frustration mit Ärger Abhilfe zu schaffen. Ihre Antriebsenergie ist wie ein Motor, der dermaßen von vergangenen negativen Gefühlseindrücken verschmutzt ist, dass er nicht mehr gut laufen kann.

Ein wahres Sprichwort lautet: „Angst ist ein schlechter Ratgeber!" Vielmehr sollten Vollmonde ergründen, wieso sie in dieser neuen Situation mit Angst reagieren und ihre Fähigkeit des Putzens anwenden, indem sie zugrunde liegende kränkende Gefühle wieder ans Tageslicht holen. Beispiel: Ein Vollmond hat Angst vor dem Skifahren. Wenn sich in ihm alles sperrt, sich auf die Ski zu stellen, kann es durchaus sein, dass er im Skikurs in der Vergangenheit von allen ausgelacht wurde, weil er sich nicht so viel traute wie die anderen und geweint hat, als er niedergefallen ist.

Ausweg aus dieser Situation könnte sein, dass er diesen Schmerz bewusst auslebt und dann für sich klärt, unter welchen Bedingungen das Skifahren für ihn schön werden könnte. Z.B. dass beim ersten Mal immer jemand an seiner Seite ist, der es gut mit ihm meint, dass er so langsam fahren darf, wie er möchte, etc. Wenn dann die Vorstellung von diesem Erlebnis schön wird, kommt auch das richtige Gefühl für den nötigen Antrieb auf.

In einem zweiten Moment kann er dann in den gesunden Trotz gehen: „Von dieser Angst lasse ich mir die Freude am Skifahren nicht vermiesen!" Dann öffnet er wieder die Ventile seiner Lebensenergie.

Der Preis des Anschiebens

Um tolle Aktivitäten zu erleben oder schöne Projekte zu beginnen, ist es für Vollmonde durchaus empfehlenswert, von der Antriebsenergie anderer auch zu profitieren. Über einen Anfangsschubs sollte das jedoch nicht hinausgehen, weil sie dabei weder die Geschwindigkeit noch die Richtung selbst bestimmen können. Dann kann es schnell einmal passieren, dass die Verantwortung für Ihr Leben, die Erreichung Ihrer Ziele und Wünsche, plötzlich in den Händen eines anderen liegt und Ihnen die Zügel im wahrsten Sinne des Wortes entgleiten.

Da die meisten Vollmonde eine Vorliebe dafür haben, geführt zu werden, sollten Sie Vorsicht walten lassen, denn selten hat jemand genau die gleichen Ziele und Wünsche wie Sie und schiebt Sie nonstop in die für Sie richtige Richtung! Der Preis des Anlehnens ist hierbei zu hoch.

Gemütlich und bequem

Doch trotz aller Gemütlichkeit und Vorliebe für Bequemlichkeit ist für den Vollmond und seine Antriebsenergie Bewegung und Körperbewusstsein äußerst förderlich.

Vollmonde sind von Haus aus eher gemächlich und lieben es, alles ruhig angehen zu lassen. Das heißt jedoch nicht, dass sie weniger tun oder zustande bringen, sie machen es nur in einem gemütlicheren Rhythmus. Denn was hilft es einem Menschen schnell zu rennen, wenn er in die falsche Richtung läuft? Sind Sie hingegen verankert in Ihrem Gefühl und verbunden mit Ihrem Denken, dann sind Sie gerade auf diese Weise kreativ und effizient. In der modernen Gehirnforschung wird gesagt: Sie haben beide Gehirnhälften aktiviert!

Doch trotz aller Gemütlichkeit und Vorliebe für Bequemlichkeit ist für den Vollmond und seine Antriebsenergie Bewegung und Körperbewusstsein äußerst förderlich. Um den eigenen Rhythmus zu beschleunigen, wählt so mancher Vollmond den regelmäßigen Sport als Instrument, aber auch der Tanz ist für Vollmonde äußerst geeignet. Eine leibliche Auseinandersetzung mit seinem Element Wasser liegt nahe.

Aufgrund der weichen Körperstruktur lässt Bewegungsmangel so manchen Vollmond ungesund in die Breite wachsen.

Zum Leiblichen gehört auch die Tendenz der Vollmonde, nicht gelebte Gefühle oder gehemmte Antriebsenergie als körperliches Symptom auszuleben. Des Öfteren handelt es sich dabei um psychosomatische Beschwerden. Für die ist ein Vollmond anfälliger als andere. Auch hier gilt es zu ergründen, welche Situation unangenehme Gefühle ausgelöst hat und diese zuzulassen.

Die Entscheidungsfindung

Das „Nachfühlen" bei Entscheidungsfindungen wird den Vollmonden von ihrem Umfeld oft nicht gegeben. Viele Leute sind ungeduldig, verstehen überhaupt nicht, dass jemand nach Gefühl entscheidet und dann noch abwartet, bis diese Gefühle hochkommen um sich von ihnen leiten zu lassen. So erzählte uns eine Vollmond-Klientin, dass sie sich angewöhnt habe à la Sonnenfinsternis zu sagen: „Darüber muss ich zuerst einmal nachdenken." Das ist gesellschaftsfähiger, als zu sagen: „Ich muss erst nachfühlen." Für Entscheidungsfindungen wird in unserer Gesellschaft das Fühlen nicht so ernst genommen, das Denken ist vorrangig. Was dabei herauskommt, sehen wir am Zustand der Welt ...

Jedenfalls ist diese Strategie auf alle Fälle eine gute, um sich zu schützen und sich nicht unter Druck setzen zu lassen. Wir können dies nur weiterempfehlen.

Oft ist der Satz von Vollmonden zu hören: „Ich kann das nicht einordnen." Wahr ist, das Einordnen ist auch nicht ihre Sache. Wenn Sie sich bei diesem oder einem ähnlichen Satz ertappen, können Sie davon ausgehen, dass Sie sich unter Druck setzen, eine Kopfentscheidung zu treffen. Dann besinnen Sie sich auf Ihre Stärke und lassen Sie sich auch auf Ihre Gefühle wieder ein.

Wenn es den anderen zu langsam geht, dann liegt das nicht nur daran, dass Sie auf Ihre Gefühle hören. Auch Sonnenfinsternisse sind beim Nachdenken nicht viel schneller. Bis die alles abgewogen haben, brauchen die auch ihre Zeit, oftmals sogar noch länger als Sie.

Dennoch ist es wichtig, die Entscheidung selbst nicht aus den Augen zu lassen und sich nicht in Träumereien zu verlieren. Wir empfehlen Ihnen, Ihren Kopf nicht ganz außer Acht zu lassen. Es braucht *auch* das Abwägen der Vor- und Nachteile und der damit zusammenhängenden Konsequenzen. Und danach muss es noch mit Ihrem Gefühl *stimmig* sein. Ansonsten kommen manchmal recht komische Entscheidungen zustande, welche eher darauf basieren, dass es um ein angenehmes Gefühl oder sonst was geht. So kommt es schon mal vor, dass ein Vollmond lieber ein schönes als ein verbrauchsarmes Auto kauft oder eine Partei wählt, weil der Spitzenkandidat gut aussieht und ihm so sympathisch vorkommt. Langsam gefährlich wird es, wenn ein Vollmond nicht zum Arzt geht, weil er sich nachher „immer so krank" fühlt ...

Wir empfehlen Ihnen, Ihren Kopf nicht ganz außer Acht zu lassen.

Im Internet haben wir ein phantastisches Beispiel dafür gefunden, wie ein Sonnenfinsternis-Mann an dieser unterschiedlichen Wesensart verzweifelt:

„Ein Gefühlsmensch steigt einfach in die Straßenbahn ein und fährt. Ein Vernunftmensch informiert sich *vorher* genau, welchen Fahrschein man braucht, wie lange er gültig ist und wo man ihn am günstigsten bekommt. Wird der Gefühlsmensch dann kontrolliert und ohne gültigen Fahrschein erwischt, ist der Jammer groß. Von den Menschen, deren Warnungen er vorher nicht hören wollte, erwartet er nun Mitleid, Unterstützung und Verständnis." (Quelle siehe Impressum)

Wie schon in den vorigen Kapiteln erklärt, ist auch hier bei der Entscheidungsfindung ein Zusammenspiel zwischen Herz und Kopf optimal. Um dieses Zusammenführen zu erleichtern, empfehlen wir folgende Übung:

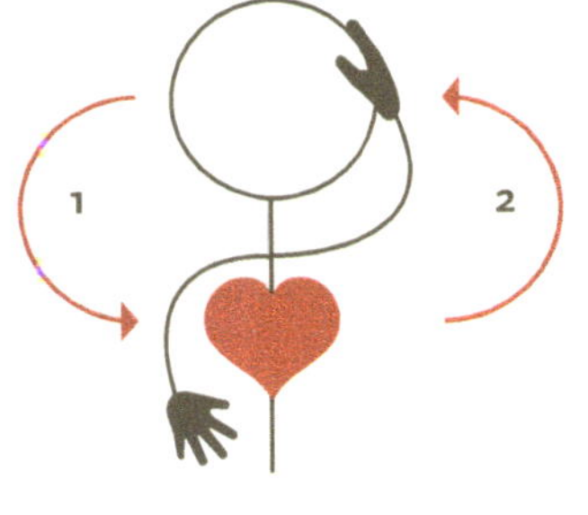

Herz-Kopf-Übung

Stellen Sie sich jeden Morgen aufrecht hin und bewegen Sie Ihre Hand vom Kopf nach links in einer Kreisbewegung zu Ihrem Herz und danach wieder rechts herauf zu Ihrem Kopf. Machen Sie diese Kreisbewegungen fließend und ineinander übergehend mindestens drei Mal und in Zeiten, in denen Sie sich in den Gefühlen verlieren, sogar mehrere Minuten lang. Es ist eine ähnliche Übung wie bei der Sonnenfinsternis, nur dass hier der Verstand aktiviert und mit dem Herz verbunden wird.

Dann wird auch zunehmend klarer, dass das Motto „Leben und leben lassen" nicht immer angebracht ist, denn manchmal gibt es Widersprüche, die nicht nebeneinander bestehen können und aufgelöst werden müssen. So hat z.B. Oma keine Schwierigkeit darin gesehen, eine gläubige Katholikin zu sein, die an den allmächtigen Gottvater glaubt und gleichzeitig die Hirtin zu sein, welche *die Quelle* als Ursprung allen Lebens verehrt. Ich persönlich hatte meine Schwierigkeiten damit und konnte es nicht zusammenbringen.

Der menschliche Umgang

Der Preis des „Zu-Nett-Seins"

Freundlichkeit ist unbestreitbar eine wunderschöne Eigenschaft, doch kann sie auch zu Nachteilen führen. Vollmonde sind oft „zu nett" und das wird ihnen nicht gedankt. Sie werden dann oft ausgenützt und verstehen meist nicht, wieso andere Typen so anders reagieren wie sie selbst. Wir wollen hier an einigen Beispielen konkret erläutern, wie es dazu kommt.

Ein anderer Typ versteht nicht, wieso er sich nicht wehrt und von vorneherein die Flinte ins Korn wirft.

Wenn andere so manchem Vollmond ins Wort fallen, dann nimmt er das oft hin und reagiert z.B. auf diese Weise: „Dieser Mensch ist so, den müssen wir halt nehmen, wie er ist. Er war schon immer so." Ein anderer Typ versteht nicht, wieso er sich nicht wehrt und von vorneherein die Flinte ins Korn wirft. Er wird sich dann auch selbst nicht groß ändern, wenn es bei ihm selbst angebracht ist – vorausgesetzt, dass ihm das auch nachgesehen wird.

Ein anderes Beispiel: Ein Vollmond geht zu einem Frisör. Der hält ihm einen Spiegel hin. Er findet die Frisur schrecklich, antwortet jedoch auf die Frage, wie es ihm gefällt: „Schön!" Für einen Vollmond gehört das zu den guten Manieren, außerdem möchte er auch nicht die Erwartungen des Frisörs verletzen.

Aus der Sicht der anderen Typen ist der Vollmond unehrlich und sie schütteln den Kopf darüber, denn *er* zahlt schließlich eine Dienstleistung und könne auch verlangen, dass sie ihm gefalle. Dass der Vollmond seine Beziehung zum Frisör nicht gefährden möchte, weil er mit ihm so gut auskommt, das können andere nicht so leicht nachvollziehen, denn für sie ist die relativ kleine Verletzung des Frisörs gegenüber dem Schaden, mit einer Frisur herumzulaufen, die einem nicht gefällt, in keinem Verhältnis. Hier wird die Beziehung über die eigene Zufriedenheit gestellt.

Ein ähnlicher Fall ist, wenn eine Vollmond-Frau von ihrer besten Freundin gefragt wird, ob sie ihr das Handy leiht. Sie weiß, dass diese Freundin nur lange Gespräche am Handy führt und erklärt, dass sie leider keine Batterien mehr hat. Auch hier kommt beim Vollmond zum Tragen, dass er auf keinen Fall den anderen verletzen möchte und auch das Motto „Leben und leben lassen".

Auch hier fällt anderen Typen in erster Linie die Unehrlichkeit auf. Während Vollmonde diese in Kauf nehmen und gegenüber der kleinsten Verletzung als geringeres Übel einschätzen, ist die Gewichtung bei so manch anderem Typ anders gelagert. Und dass hier die Freundin eigentlich die Freundschaft überbeansprucht, kommt gar nicht zur Sprache. Außerdem spürt sie sicherlich, dass das nur eine Ausrede ist und dann kommt es trotzdem zum Konflikt.

Sie sollten lernen, das Gesamtgefüge nicht über die eigenen Bedürfnisse zu stellen und auch unangenehme Gefühle, die wahr sind, zur Sprache zu bringen.

Sie sollten lernen, das Gesamtgefüge nicht über die eigenen Bedürfnisse zu stellen und auch unangenehme Gefühle, die wahr sind, zur Sprache zu bringen, und zwar in einer Weise, dass Sie mit den Situationen, die sie auslösen, umzugehen lernen. Eine Vollmond-Freundin von uns hatte das Problem, dass sie auf keinen Fall imstande war, einer Person zu sagen, dass sie verärgert sei. Woraufhin wir zusammen versucht haben, eine Wortwahl zu finden, die ihrem Gefühl am nächsten kommt ohne dabei zu hart auf das Gegenüber zu wirken und ohne einen Konflikt auszulösen, mit dem sie dann nicht leben kann.

Wir empfehlen Ihnen, mit Ihren FreundInnen ein Rollenspiel durchzuführen, in dem Sie verschiedene Möglichkeiten durchspielen. So lernen Sie, die unangenehmen Worte auszusprechen und deren Wirkung selbst zu hören und zu fühlen. Sie werden merken: So schlimm, wie Sie befürchtet haben, ist es gar nicht. Stellen Sie sich zudem vor: Wenn Sie die Wahrheit sagen, verbessert das auch Beziehungen! Es reinigt nämlich die Atmosphäre von Spannungen. Genau genommen ist Beziehung nur durch Wahrheit dauerhaft möglich.

Und Sie nähern sich damit auch anderen Typen, die grundsätzlich anders sind und Sie sonst mit Ihrer Art dauernd missverstehen. Zu diesem Missverständnis gehört, dass Sie wenig von sich preisgeben möchten, denn aus der Sicht der anderen stehen Sie nicht zu sich selbst. Was für Sie freundlich ist, wird von anderen Typen als Verschlossenheit und

Fassade erlebt. Indem Sie mehr zuhören als sprechen, sich nicht trauen, das Ihre zu sagen, lassen Sie auch wirklich – auch wenn das nicht vordergründig Ihre Absicht ist – den anderen weniger in Ihr Inneres schauen. Riskieren Sie auch einmal sich offen mitzuteilen, und zwar mit den Gefühlen, die Sie sonst eher verschweigen, z.B. Ihre Lust oder Ihren Ärger! Unsere Vollmond-Freundin kam ein paar Tage, nachdem wir zusammen geübt hatten, wie sie ihren Ärger kundtun soll, ganz stolz zu uns. Sie habe bemerkt, dass in einem lokalen Blatt ein Text von ihr ohne Namen einfach abgedruckt worden war. Sie sei gleich in die Redaktion gegangen und habe dort verkündet, dass sie das äußerst „blöd fände". Von uns bekam sie Applaus! Und sie fühlte sich richtig gut dabei.

Riskieren Sie auch einmal sich offen mitzuteilen, und zwar mit den Gefühlen, die Sie sonst eher verschweigen, z.B. Ihre Lust oder Ihren Ärger!

Wenn Sie gerade dabei sind, ein neues Gefühl auszudrücken, so möchten wir Ihnen Folgendes nahe legen: Es geht nicht darum, die beste Formulierung zu finden, sondern dem Gefühl auf irgendeine Weise Ausdruck zu verleihen. Es ist ein Erfolg, wenn Sie das Ihre gesagt haben! Wie ist nicht so wichtig. Belohnen Sie sich dafür! Und die nächste Belohnung ist, dass Sie für andere Typen greifbarer werden und diese Sie mehr respektieren, aber Sie sich ihnen auch näher fühlen.

Vollmonde tendieren dazu sich leicht zu schämen, wenn gesellschaftliche Grenzen übertreten werden, wobei diese von ihnen oft sehr eng ausgelegt werden. „Du kannst nicht so auf die Straße gehen! Da schäme ich mich für dich!", sagt die Mutter zu ihrer 13-jährigen Tochter, die mit zerrissenen Jeans und einem T-Shirt, das mehr Löcher als sonst was hat, das Haus verlässt. Diese Scham steht in erster Linie für die Angst der Mutter, vor den Leuten schlecht dazustehen; dahinter steht eigentlich Zorn und/oder Entrüstung. Sie hat aber nichts mit den Gefühlen der Tochter zu tun. Das schafft oft viele Konflikte. In diesem Fall wäre das Einfühlungsvermögen in das Lebensumfeld der Tochter sehr hilfreich ...

Anders ist es jedoch, wenn es um die eigentliche Scham geht im Sinne von Betroffenheit und Berührung. Oft geht sie mit Erröten einher. Dies zeugt davon, wie sensibel Sie gebaut sind. Obwohl Scham in unserer Gesellschaft nicht sehr modern ist, bei den Jugendlichen sogar absolut verpönt, weist die Fähigkeit sich zu schämen auf das Vorhandensein kostbarer Gefühlsanteile hin, die von anderen Typen meist versteckt werden.

Von Liebe und Verliebtheit

Vollmonde lieben die Liebe und noch einmal mehr den Zustand der Verliebtheit. Und viele von ihnen setzen alles daran, diesen Zustand zu verlängern oder immer wieder auszulösen. Dafür gehen sie auch schon mal Kompromisse ein, denn ein angenehmes Gefühl ist für sie mehr wert als alles andere.

Beispiel: Eine Vollmond-Frau möchte mit ihrem Freund einen romantischen Kinoabend erleben. Bei der Auswahl des Filmes sind sie sich

Der Unterschied zwischen Liebe und Verliebtheit

uneinig. Lieber gibt die Vollmond-Frau nach und setzt sich in seinen Film, da es ihr darum geht, ihm eine Freude zu machen. Außerdem geht es ihr ja darum, dass sie es schön miteinander haben und zwei Stunden Nähe auskosten können.

In diesem konkreten Fall kann zu viel Kompromissbereitschaft zu einem Bumerang werden, weil die Vollmond-Frau auf Dauer zu kurz kommt. Früher oder später erwartet sie sich nämlich von ihrem Freund, dass er auch auf sie eingeht.

Viele Vollmonde möchten möglichst lange im Zustand der Verliebtheit bleiben, doch die hat auch ihre Nachteile. Da Verliebtheit auch dadurch entsteht, dass die höchsten Erwartungen auf das Gegenüber übertragen werden und es idealisiert wird, schadet es diesem Zustand, den anderen genauer kennen zu lernen. Genauso werden die eigenen Schwächen eher verheimlicht und beim anderen auch nicht so gerne gesehen. Eine Weisheit besagt, dass sich erst nach Absetzen der „rosa Brille" herausstellt, ob eine Beziehung Bestand haben kann. Wahre Liebe braucht Offenheit, Ehrlichkeit, Vertrauen und gegenseitigen Respekt.

Da Verliebtheit auch dadurch entsteht, dass die höchsten Erwartungen auf das Gegenüber übertragen werden und es idealisiert wird, schadet es diesem Zustand, den anderen genauer kennen zu lernen.

Vollmonde brauchen viel Zärtlichkeit und Körperkontakt. Das kann jedoch auch manchmal zu Missverständnissen in der Paarbeziehung führen. Für viele Vollmonde heißt das nämlich noch lange nicht, dass sie auch viel Sexualität leben wollen. Hier ein Beispiel aus der Praxis: Ein Vollmond-Mann liebt es zu kuscheln und zu schmusen. Seine Neumond-Frau beklagte sich in der Paartherapie, dass sie das nicht aushalte, wenn ihr Mann ewig beim zärtlichen Vorspiel verweile. Der Vollmond war ganz erstaunt, denn für ihn war das kein Vorspiel zu irgendetwas, sondern einfach kuscheln. Das Verständnis, wie der jeweils andere Typ „gestrickt" ist, verhalf auch hier die Lage zu entspannen und brachte eine gegenseitige Annäherung.

Wenn die Verliebtheit überzogen wird, dann wird sie zu einem Drama wie auf der Bühne. Dann bekommt die Inszenierung der Gefühle mehr Bedeutung als die Gefühle selbst.

Wenn die Verliebtheit überzogen wird, wird sie – wenn auch von den Beteiligten unbeabsichtigt – zu einem Drama wie auf der Bühne. Gewollte Gefühle werden aufgebauscht, unerwünschte unterdrückt. Dann bekommt die Inszenierung der Gefühle mehr Bedeutung als die Gefühle selbst. Das schafft natürlich starke Reize und deswegen finden hier die Vollmonde gerade bei Sonnen große Unterstützung dabei. Deswegen wird oft auch eine Trennung hinausgezögert, so hatten wir eine Vollmond-Klientin, die sich schwer tat, sich von ihrem Mann zu lösen. Jedes Mal, wenn sie kurz davorstand, brach sie in Tränen aus und „feierte" mit ihrem Mann den Abschied. Natürlich kamen dabei starke Gefühle auf, die sie wieder für kurze Zeit zusammenschmiedeten. Die Beziehung wurde dadurch nicht besser, sondern eher wurde das Leiden verlängert.

Die Angst vor emotionalen Verletzungen ist oft bei Vollmonden höher als bei anderen Typen. Das ist verständlich, denn sie spüren das psychische Leiden viel stärker als andere. Daher besteht die Gefahr, dass sie vom Gegenüber mehr Vertrauen erwarten als sie bereit sind zu geben, auch mehr Offenheit und Ehrlichkeit, mehr Treue und mehr Begehren als umgekehrt. Sie verlangen eine ausschließlichere Liebe, als sie selbst bereit sind zu geben. Diese Angst, einseitig zu lieben und damit in Stich gelassen zu werden, belastet die Beziehung. Vertrauen Sie sich selbst und riskieren Sie es, Ihrem Gegenüber mehr zu zeigen. Machen Sie den ersten Schritt, denn Sie sind die MeisterIn der Gefühle!

Aus dieser Angst heraus kann auch ein zu starkes Verlangen nach Nähe entstehen. Hier gilt der weise Spruch: „Abstand schafft Nähe!" Oft wird dem Menschen erst durch die Distanz klar, dass ihm der andere fehlt und dadurch wird die Wertschätzung wieder größer. Die Sehnsucht zum einen und die Freude zum anderen, den Menschen wieder zu sehen, schafft gerade oft *die* Gefühlsintensität, die Vollmonde so gerne haben.

Falls die Beziehung – egal welcher Natur, ob Liebe oder Freundschaft – wirklich eher dem Ende zugeht, dann tendieren viele Vollmonde dazu, eher andere sie beenden zu lassen und nicht die Verantwortung dafür zu übernehmen. Der Nachteil ist, dass sie sich aber dabei noch mehr verlassen fühlen und oft auch den Trennungsschmerz zur Gänze selbst übernehmen. Das fördert auch die Angst vor neuerlicher Verletzung.

Haben Sie den Mut hinzuschauen! Wenn Sie sich nicht mehr so über das Zusammensein freuen, die andere Person Sie nicht mehr so schätzt und auch ihre Wichtigkeit bei Ihnen nachgelassen hat, wenn die Beziehung nicht mehr offen und ehrlich ist, dann sollten Sie sich eingestehen, dass das Ende da ist.

Das Ende einer Beziehung schmerzt oft sehr, ohne Frage. Oma hat mir gesagt: Wenn wir nicht zur Wahrheit stehen und die Leute nicht aus dem Herzen lassen, die eigentlich gehen sollen und wollen, wenn wir also den Platz im Herzen besetzt halten, können wir ihn nicht frei machen für die,

die eigentlich schon hereingelassen werden möchten. Die Gefahr ist groß, dass sie – des Wartens müde – weiterziehen und wir das, was für uns richtiger und schöner gewesen wäre, damit verpassen!

Sich abgrenzen lernen

Ein großes Thema bei den Vollmonden im menschlichen Umgang ist die Abgrenzung. Vollmonde nehmen nicht nur die Gefühle ihrer Mitmenschen wahr, sondern leben sie sogar für sie aus, vor allem die unangenehmen und negativen Energien wie Trauer, Schmerz, Leid, Sorge und Angst.

An dieser Stelle muss angeführt werden, dass es aus unserer Sicht gar keine „negativen" Gefühle gibt. Es gibt nur Energien, die gelebt werden wollen. Die sind entweder angenehm oder unangenehm und wir tendieren in unserem Kulturkreis dazu, die unangenehmen Gefühle beiseitezuschieben. Vollmonde und Neumonde, die diese unangenehmen Gefühle leben, werden gleich wie die unangenehmen Gefühle selbst dafür ausgegrenzt. So wird eine „dauertraurige" Frau als Belastung für die gesamte Familie erlebt. Dass sie womöglich die Trauer der gesamten Familie alleine auf ihrem Rücken trägt, weil alle anderen sie nicht fühlen wollen, darauf kommt niemand.

Begrenzung tut dem Vollmond gut

Viele Vollmonde werden wirklich *schwer*mütig, weil es ihnen in die Wiege gelegt wurde, diese Gefühle im Raum zuzulassen – genauso wie die Sonne die Freude oder der Neumond die Lust. Ungesund ist hierbei höchstens das Verhältnis. Das lässt sich ändern, wenn jedeR andere die Verantwortung für all seine Gefühle selbst übernimmt!

Ein Anfang kann dabei von Ihnen als Vollmond selbst gemacht werden, und zwar indem Sie die Abgrenzung erlernen. Denn Sie können *nicht* die Trauer anderer auflösen. Wenn Sie die Trauer der anderen immer abnehmen, können diese sie selbst nicht mehr fühlen und somit die Ursache derselben nicht erkennen. Heilung passiert erst, wenn jeder seine eigenen Gefühle selbst lebt.

Wir können das am besten an dieser Abnehmübung erläutern. Das Abnehmen der Gefühle ist im Grunde so, als ob die Person eine andere körperlich stützen würde, mit der klaren Absicht, ihr zu helfen. Doch was passiert dabei? Beim Stützen werden im Grunde auf die Dauer beide schwach. In einem ersten Moment entlastet es die schwache Person, auf Dauer jedoch stärkt es die helfende Person, weil sie sich ihre Muskeln immer mehr aufbauen. Wem geholfen wird, der wird zunehmend schwächer, da die Belastung wegfällt und die Muskeln immer schwächer werden. Das wird zu einem Teufelskreis. Wirklich helfen heißt, dem anderen kurz eine Stütze zum Verschnaufen zu sein, danach aber sofort wieder loszulassen und die schwache Person wieder in die Kraft zu führen, auch indem ihr das Vertrauen geschenkt wird, dass sie es selbständig schaffen wird!

Wenn Sie die Trauer der anderen immer abnehmen, können diese sie selbst nicht mehr fühlen und somit die Ursache derselben nicht erkennen.

In der Praxis heißt das für Vollmonde erkennen zu lernen, zu wem die ausgelöste Schwingung im Raum gehört und sie dieser Person zuzumuten. Wenn keineR im Raum abnimmt, hat die betreffende Person genügend Zeit und die Möglichkeit, das eigene Gefühl endlich wahrzunehmen.

Wenn Sie bei sich bleiben, können Sie auch Ihr eigenes Ich leichter wahrnehmen, es verschwimmen nicht mehr so leicht die Grenzen zu den anderen Menschen, und es wird Ihnen leichter fallen, Ihr Ich einzubringen.

Falls Sie das Thema „Abgrenzung" betrifft, raten wir Ihnen zu einer Übung, die Sie grundsätzlich einmal einen bestimmten Zeitraum lang morgens wie abends machen können, aber natürlich auch in Situationen, in denen Ihnen vorkommt, dass sich die Grenzen wieder verwischen.

dein ...

STOP!

mein ...

Mein-Dein-Übung

Dabei stellen oder setzen Sie sich gerade hin und halten sich Ihre linke Hand über Ihr Herz und Ihren Solarplexus und sagen: „Das ist meins." Und mit der rechten Hand schieben Sie Energie nach außen, die *nicht* zu Ihnen gehört und sagen: „Und das ist deins!" Hiermit wird Ihnen die Grenze zwischen Ihrer Seele und der des anderen Menschen bewusst.

Eine sehr effiziente Übung für Vollmonde ist auch die, die uns eine Vollmond-Bekannte geraten hat: die „Schwimmübung". Sie ist eine vorbeugende Übung, die Sie anwenden können, *bevor* Sie sich in Situationen begeben, in denen das Überschwappen der Gefühle anderer passieren könnte. Dabei stellen Sie sich bitte gerade hin und beginnen ausholende Brustschwimmübungen zu machen. Holen Sie bewusst ganz weit aus und stellen Sie sich vor, wie Sie sich dabei Raum machen. Damit schaffen Sie sich den nötigen Platz, sodass Ihnen die Gefühle anderer, die Ihnen nicht gehören, nicht zu nahekommen.

Die Trauer anstoßen

Mit der Abgrenzung haben Sie für sich etwas getan, aber natürlich hilft das noch nicht, dass Sie den anderen damit unter die Arme greifen können. Sie ist jedoch der erste notwendige Schritt, um überhaupt anderen wirklich helfen zu können.

Sie können die Trauer „anstoßen", weil Sie als begabte ErkennerInnen von nicht gelebter Trauer als erste die Verletzung spüren.

Sie können die Gefühle, die Sie zwar in sich spüren, aber als fremde erkennen, bei der Person, der sie gehören, anregen. Wir nennen es „anstoßen". So können Sie z.B. die Trauer „anstoßen", weil Sie als begabte ErkennerInnen von nicht gelebter Trauer als erste die Verletzung spüren: Die Mutter erzählt der Vollmond-Tochter ganz nebenbei und ohne Trauer, dass die nette Nachbarin gestorben ist. Der Tochter geht es sofort schlecht. Sie spürt sofort, dass etwas nicht stimmt. Mit ein wenig Übung lernt sie, dass es hier um die nicht gelebte Trauer der Mutter geht, die nicht spürt, dass sie der Tod der Nachbarin mitnimmt. Dann kann sie nämlich handeln und zu ihrer Mutter mit dem Gefühl, das sie in sich spürt, sagen: „Das ist aber traurig, Mama! Hattest du nicht einen netten

Kontakt mit ihr?" Daraufhin hat die Mutter die Möglichkeit, ihre Trauer zu spüren und kann die Tränen fließen lassen. Sie wird wahrscheinlich anfangen über die Nachbarin zu sprechen und auch über die Trauer, dass sie nicht mehr da ist.

Sollten Sie also bei Ihrem Gegenüber starke Trauer spüren, dann sprechen Sie das einfach an. Weisen Sie durch behutsame Fragen auf das Thema hin und geben Sie Ihrem Gegenüber die Möglichkeit, seiner Trauer Raum zu geben.

Sich in andere anders einfühlen

Wir haben in diesem Kapitel des Öfteren vom Einfühlungsvermögen der Vollmonde gesprochen, doch handelt es hier um eine bestimmte Art des Einfühlens: Das Wahrnehmen der Gefühle anderer und eventuell auch das Abnehmen. Gerade Letzteres führt zum Gegenteil, nämlich zur Ich-Zentriertheit. Da viele Vollmonde voll von den Gefühlen anderer sind – meist ohne es zu merken –, konzentrieren sie sich zunehmend auf ihr Inneres. Da sie die Ursachen nicht kennen, welche diese Gefühle in den anderen ausgelöst haben, bleiben diese ihnen als Schwere oder unter Umständen auch als leibliche Symptome erhalten. Das sind die Vollmonde, die ständig ein Wehwehchen haben und sich nicht auskennen.

Es ist sich selbst und anderen gegenüber fair, die eigene Position offen zu sagen.

Hier geht es nicht nur darum, Abgrenzung zu lernen, sondern sich auch auf andere Aspekte des Einfühlungsvermögens zu konzentrieren. Wie geht es den anderen? Was beschäftigt sie zurzeit? Was bräuchten sie? etc.

Als Gegenzug sollten Sie sich auch einmal fragen: Wie geht es mir? Was brauche ich zum Glücklich-Sein? Was stört mich in meinem Leben?

Vor allem Letzteres hilft Ihnen, mehr und mehr klar zu werden, was Sie sich wünschen und auch dazu stehen zu lernen. Ansonsten tendieren viele Vollmonde dazu, über indirekte Aussagen das Ihre „durchzudrücken". Mit anderen Worten: Vollmonde, die nicht in ihrer Kraft sind und sich nicht trauen zu sich zu stehen, können meisterhaft manipulieren und ein schlechtes Gewissen in anderen auslösen.

Hier passt der Ausdruck: „Stille Wasser sind tief."

Das ist die Vollmond-Mutter, die zu ihrer Tochter sagt, die einen Heiratsantrag von ihrem Traummann aus Deutschland erhalten hat: „Du wirst doch nicht nach Deutschland ziehen, oder? Wenn die ganze Familie hier lebt?" Zwischen den Zeilen signalisiert sie hiermit, dass es ihr dabei nicht gut gehen würde. Die Tochter hat den Heiratsantrag abgelehnt.

Das ist auch die Vollmond-Tante, die im Altersheim ist und ihren Neffen mit den Worten begrüßt: „Du kommst mich aber nie besuchen!"

Es ist sich selbst und anderen gegenüber fair, die eigene Position offen zu sagen. Für Vollmonde ist es sehr wichtig zu erkennen, dass andere Typen äußerst allergisch auf diese Art und Weise reagieren und sie sich eine Offenheit aneignen sollten, die ihrem Wesen entspricht. Ansonsten schafft diese Umgangsweise mit anderen Typen dauerhaft Konflikte.

In diesem Fall spielt nämlich der Vollmond eine Opferrolle, die er eigentlich gar nicht innehat. Das Opfer ist vielmehr die Person, die hier ins Netz geht. Dahinter steckt die Sehnsucht der Vollmonde, sich unschuldig zu fühlen, doch diese Unschuld hat ihren Preis. Der Nachteil der Opferrolle ist der, dass der Mensch sich freiwillig in die Rolle der Ohnmacht begibt und sich damit die Handlungsmöglichkeiten verschließt. Gerade dieses Verschließen des Spielraums führt zu der Ansicht, dass nur diese indirekten Methoden zum Ziel führen können. Das ist jedoch ein Trugschluss. Es ist für einen Vollmond viel angenehmer, in die Eigenmacht zu gehen und die eigenen Bedürfnisse selbst in die Hand zu nehmen, anstatt durch ein Hintertürchen zu erzwingen, dass andere Menschen sie befriedigen.

Den Vollmond in seinem Element stärken

Das Bild des tosenden Wassers zeugt von der Stärke des Vollmondes, der er sich oft nicht bewusst ist.

Wie wir schon im Kapitel „Die Qualitäten des Vollmondes" aufgezeigt haben, ist das Element Wasser eine nicht zu unterschätzende Kraft, die nicht nur Wachstum, sondern auch Zerstörung mit sich bringen kann. Auch hierbei sind beide Seiten der Medaille zu berücksichtigen.

Staut sich Wasser zu lange auf, regnet es zu lange oder türmt es sich zu meterhohen Wellen auf, dann wird es eine alles mitreißende und zerstörende Masse – ähnlich dem Vollmond, der seine Aggressionen zu lange verdrängt und dann auf verheerende Weise Handlungen setzt. Nicht umsonst macht dem Vollmond seine eigene Zerstörungskraft auch Angst, denn sie ist nicht zu unterschätzen. Z.B. hatten wir in unserer Praxis eine Vollmond-Frau, welche in ihrer Ehe jahrelang nicht mehr glücklich war. Von einen Tag auf den anderen – aus der Sicht ihres Mannes – ließ sie ihn stehen, zog aus dem Familienhaus aus, überließ ihm die Kinder, obwohl sie bislang Hausfrau gewesen war und auf die Kinder großteils allein geschaut hatte, und erklärte: „Ich war schon lange nicht mehr zufrieden mit meiner Lebenssituation und unserer Beziehung. Jetzt geht es einmal um mich!" Der Mann fiel aus allen Wolken, denn auf seine fast tägliche Frage, was sie gerne hätte, was sie bräuchte, um glücklich zu sein, konnte sie nie eine Antwort geben. Plötzlich sei er und das Familienleben schuld an ihrer Unzufriedenheit …

Was jedoch noch zu dem Bild des tosenden Wassers passt, das Naturkatastrophen heraufbeschwört, ist die Stärke, die Vollmonde besitzen und der sie sich oft nicht bewusst sind. Wenn diese Kraft und Beharrlichkeit jedoch nicht bewusst erlebt und eingesetzt werden, wandeln sie sich in Sturheit und Widerstände um. Mit der gleichen Intensität stellen sie sich dann gegen etwas.

Halten Sie sich diese Seelenbilder präsent und seien Sie sich Ihrer Stärke und Durchschlagskraft bewusst! Sie haben sie wirklich und können nun selbst entscheiden, wie Sie sie und wofür Sie sie einsetzen!

Eine andere Eigenheit des Vollmondes ist es, dass sie oft keine klaren Grenzen haben, z.B., wo sie aufhören und andere beginnen, was sie fühlen und was andere, was sie und nicht andere wollen. Auch hierbei können wir uns eines Bildes bedienen: Stellen Sie sich bitte einen See in freier Natur vor. So ein See kann ein klar umrissenes schönes Ufer haben – wie ein Vollmond in der Kraft, wo das Wasser in einen Sandstrand endet. Es ist hierbei klar, wo das Wasser endet und das Land beginnt.

An anderer Stelle kann der See aber in ein schlammiges, trübes Sumpfgebiet ausufern, das sich noch hunderte Meter ins Hinterland hineinzieht. Hierbei wird es unmöglich zu erkennen, wo der See aufhört und das vermeintliche Ufer beginnt. Nicht umsonst werden Sumpfgebiete zwar als sehr fruchtbar erlebt, aber von den Menschen aufgrund ihrer Gefährlichkeit gemieden, da es wahrscheinlich ist, unvorhergesehen irgendwo zu versinken. Ähnlich ist der Vollmond, der sich seiner selbst noch nicht so bewusst ist. Darunter leiden die anderen, aber auch er selbst, denn dieser Zustand ist unerträglich.

Der Weg aus diesem Sumpf ist es sich klar zu werden: „Wer bin ich? Was fühle ich? Was will ich?“ Dann wird das Wasser klar und rein und kann seine schöne Farbe entfalten.

Für die Klarheit des Wassers ist es für den Vollmond unabdinglich, die eigenen Gefühle auszuleben – begrenzt durch die Sandufer des Verstandes.

Für die Klarheit des Wassers ist es für einen Vollmond unabdinglich, dass er seine eigenen Gefühle erkennt und auslebt – begrenzt durch die Sandufer des Verstandes. Für Sie ist das Hinschauen und das bewusste In-Einklang-Bringen des Fühlens mit dem Denken der Weg zu Ihrem Glück!

Dazu gehört auch, wie meine Oma schon sagte, regelmäßig „Vollmondenergie zu tanken“. Tragen Sie dieses Gestirn im Herzen und „feiern“ Sie es auf Ihre Weise – ob sie nun an Vollmondnächten spazieren gehen, im Kerzenlicht Poesien schreiben, Bilder malen oder einfach nur dieses besondere Licht auf sich wirken lassen!

Rund um die Farbpalette der Seelenfarbe

Die Seelenfarbe Blau ist in erster Linie positiv besetzt und wir können Ihnen nur raten, sich dieses Kapitel bei den „Qualitäten des Vollmondes“ genauestens anzusehen, um an Ihrem Selbstwert zu arbeiten! Auch bei der Seelenfarbe kommt heraus, was für eine breite Palette an Fähigkeiten der Vollmond intus hat.

Natürlich hat jede Farbe ihre zwei Seiten. So ist Blau die Farbe der Ferne und der Unendlichkeit und somit auch die „kälteste“ Farbe, weil distanziert und weit weg. Wenn das jetzt auch widersprüchlich wirken kann, so kann auch der Vollmond diese Wirkung haben, und zwar wenn er sich in seine Gefühlswelten zurückzieht und nicht mehr greifbar ist.

Die Farbe Blau steht auch für das Ungefähre, Unsichere und Ungewisse. Nicht umsonst wird von der „Fahrt ins Blaue" gesprochen. Das ist ein alter Spruch, der sehr deutlich ausdrückt, dass das Ungewisse Abenteuer bereithalten kann, auf alle Fälle die Reise jedoch unvorhersehbar ist. Genauso wie die Gefühle, ist auch der Vollmond nicht vorhersehbar. So kann die abenteuerliche Reise durchaus gefährlich werden, wie das Sprichwort „sein blaues Wunder erleben" bestätigt.

So stark die Farbe für die Treue stehen kann, so ist sie auch gleichzeitig Synonym für die Verdunkelung bzw. Vernebelung der Wahrheit – „jemandem blauen Dunst vormachen" – und sogar für Lug und Betrug – „das Blaue vom Himmel versprechen oder herunterlügen". Doch bei all diesen Redensarten bleibt offen, ob derjenige, der es tut, es mit Absicht macht oder keinen großen Bezug zur Realität hat – Letzteres ist auf alle Fälle die Gefahr bei Vollmonden.

Erschöpfung und Einsamkeit sind starke Themen, mit denen sich Vollmonde früher oder später in ihrem Leben auseinandersetzen müssen.

So verwundert auch nicht die Redewendung „blauäugig", die sich auf die Naivität eines Menschen bezieht. Normalerweise gehen wir heute davon aus, dass Kinder naiv sind. Sie haben die unvoreingenommene Offenheit, Reinheit und Unschuld. Wenn Erwachsene als naiv bezeichnet werden, dann ist das oft auch beleidigend, denn ihnen wird eine geistige Beschränktheit vorgeworfen – ein Vorurteil, mit dem so manche Vollmonde zu kämpfen haben! Aber viel öfter noch wird es bei ihnen als etwas Attraktives betrachtet, dass nämlich die Unschuld noch nicht von der Unreinheit der restlichen Welt „beschmutzt" worden ist.

Eine ähnliche Bedeutung wie „blauäugig" sind die Redensarten: „durch eine rosa Brille sehen" und „die sieht die Welt nur rosa". Tatsächlich haben auch viele Vollmonde eine Vorliebe für Pastelltöne. Sie sind natürlich ideal für eine weiche, romantische Atmosphäre und es ist verständlich, dass sich gefühlsbetonte Menschen darin wohlfühlen.

In der Palette der Blautöne sind auf alle Fälle noch das dunkle und das sehr blasse Blau zu erwähnen: Das erste deutet auf Erschöpfung hin, das zweite auf Einsamkeit. Beides sind starke Themen, mit denen sich Vollmonde früher oder später in ihrem Leben auseinandersetzen müssen, denn wenn sie sich nicht von den Gefühlen anderer abgrenzen, ist die Erschöpfung unausweichlich, ansonsten wird ihnen alles zu viel und sie vereinsamen freiwillig.

Der Neumond

KAPITEL 9

Dunkel, bedrohlich und zugleich faszinierend

Die Qualitäten des Neumonds

Der erste Eindruck

„Coolness" ist ein Ausdruck, der dem Typ Neumond auf den Leib geschrieben ist. Dieser Typ ist denn auch der „coolste" im Sinne von der „kühlste" von allen vier Typen. Er vermittelt – ob er es nun tatsächlich so empfindet oder nicht – stets das Gefühl, als ob er über den Dingen stünde, sprich: darüber, was die Gesellschaft diktiert. Von der Meinung der Masse lässt sich ein Neumond normalerweise nicht beeindrucken. Natürlich macht er da vor allem in der Jugendzeit eine außerordentlich gute Figur. Der Vorteil ist, dass er damit handlungsfähig bleibt und weiterhin Neues ausprobiert. Er ist eben „cool"!

Er vermittelt – ob er es nun tatsächlich so empfindet oder nicht – stets das Gefühl, als ob er über den Dingen stünde.

Ein Neumond setzt sich problemlos über bestehende Regeln hinweg, vor allem wenn ihm diese nicht einleuchten, im Extremfall bricht er die Regeln sogar aus Freude am Widerstand, falls diese seine persönliche Freiheit einschränken. Cool ist er auch deswegen, weil er zwar oft bewundert wird, ihm meistens aber nicht viel daran liegt bzw. er es oft auch nicht bemerkt.

Dieser Typ strahlt – auch wenn er sich noch so unsicher fühlt – Selbstsicherheit, Stärke und Entschlossenheit aus. Jede seiner Bewegungen scheint bestimmt und seine Handlungen zielsicher zu sein. Er befindet sich daher oft in Führungspositionen, da er wie kein anderer Typ „den Fels in der Brandung" darstellt.

Wenn der Neumond den Raum betritt, zieht er zwar die Aufmerksamkeit auf sich, aber auf ganz andere Art und Weise als z.B. die Sonne. Diese fällt durch ihr Charisma auf, der Typ Neumond hingegen durch seine starke Präsenz und Stärke. Manchmal tritt die erst zutage, wenn er sich bewusst in den Mittelpunkt stellt. Im Gegensatz zur Sonne kann er es sich nämlich aussuchen, ob er im Mittelpunkt der Aufmerksamkeit stehen möchte oder nicht. Die Art und Weise, *wie* er auf die Leute wirkt, das kann er hingegen wenig beeinflussen.

Er kann von geheimnisvoll bis beängstigend wirken, ihn umgibt oft ein Hauch von Kälte, aber auch versteckter Leidenschaft. Ihn verraten seine glasklaren, immer wachsamen Augen, die oft den Eindruck erwecken, als entginge ihnen nichts.

Hinter dieser so genannten „harten Schale" verbirgt sich jedoch ein butterweicher Kern, der dann aufblitzt, wenn der Neumond jemanden liebt. Denn wenn er liebt, gibt er alles. Auf ihn ist hundertprozentig Verlass, er setzt sich für Gerechtigkeit und Werte ein wie kein anderer Typ. Dafür ist er bereit zu kämpfen bis aufs letzte Hemd. Er ist also viel mehr, als er auf den ersten Moment zeigt ...

Die Stärke

Sehen und erkennen

Der Neumond ist von Haus aus immer ein wenig auf Abstand bedacht, auch um sein stärkstes Instrument einzusetzen, nämlich die Dinge zu sehen.

Kein Typ hat einen so aufmerksamen und wachen Blick wie der Neumond: Er scannt sein Gegenüber und erfasst sofort die Situationen. Während andere noch dabei sind zu erkennen, was eigentlich läuft, hat er nicht nur das Gesamtbild des Geschehens erfasst, sondern weiß schon, wie er sich darin verhalten möchte.

Wir können es damit erklären, dass ein Neumond das dunkelste Gestirn repräsentiert und daher sein Sehsinn auf das Schwarze und für andere Unsichtbare eingestellt ist. Er kann die Nuancen der Schatten und Grautöne ausmachen, wo für andere alles nur unangenehm schwarz ist.

Diese besondere Sicht der Dinge erhält er aber auch deswegen, weil er meist eine bestimmte Distanz bewahrt. Er macht sich zuerst ein Bild der Situation und der daran beteiligten Personen, indem er genau beobachtet und zu erkennen versucht, was abgeht. Der Neumond ist von Haus aus immer ein wenig auf Abstand bedacht, auch um sein stärkstes Instrument einzusetzen, nämlich die Dinge zu *sehen*.

So verwundert es nicht, dass in Seminaren, die wir abhalten, zuerst einmal Uli – seines Zeichens Sonne – sofort den Kontakt mit den

TeilnehmerInnen aufbaut. Er übernimmt die Verantwortung für die Beziehung in der Gruppe, der Neumond Astrid hingegen braucht seine Zeit. Meist stellt sie sich zuerst einmal in den Hintergrund und überlässt Uli komplett „die Bühne". So stellt sie manchmal sogar Uli vor und sie konzentriert sich zuerst darauf, die Situation und die einzelnen Personen genauestens zu erfassen. Erst in einem zweiten Moment fühlt sie sich wohl und beginnt sich einzubringen, *nachdem* sie sozusagen die Lage sondiert hat.

Wir haben uns so eingespielt, denn das entspricht unserer jeweiligen Natur. So fühlt sich jeder von uns wohl und wir ergänzen uns damit. Astrid kann Uli vertrauen, dass er schnell den emotionalen Kontakt mit der Gruppe herstellt, Uli hingegen kann sich darauf verlassen, dass Astrid schon gleich zu Anfang die Gefühlszustände der einzelnen Personen und Dynamiken in der Gruppe erfasst.

Der Neumond hat die Fähigkeit, einen ganzen Raum zu überblicken und nicht nur die Details wahrzunehmen. Würden wir eine Wahrnehmungsprobe machen, bei der alle Typen bei einer Ausstellungseröffnung gebeten werden, so viel wie möglich wahrzunehmen, dann würde die Sonne viel über die Stimmung berichten, der Vollmond das Hauptgefühl des Abends erfühlen, die Sonnenfinsternis die Qualität der intellektuellen Gespräche abchecken und der Neumond würde Ihnen davon erzählen, dass einer Frau nicht besonders wohl war und sie ständig auf die Toilette ging, der eine Mann ständig Kontakt mit der anderen Frau suchte, wieder ein anderer Mann ein wenig zu viel trank, dass eine junge Frau sich meist in die eine Ecke verdrückte, weil sie sich hier nicht besonders wohlfühlte, dass das Paar, das später erst angekommen ist, wahrscheinlich im Streit lag, weil es nach wie vor noch eine angespannte Atmosphäre miteinander hatte, etc. Diese Aufmerksamkeit des Sehens und auch noch bewusst wahrzunehmen, was er hier gesehen hat, das ist dem Neumond in die Wiege gelegt!

Der Neumond hat die Fähigkeit, einen ganzen Raum zu überblicken und nicht nur die Details wahrzunehmen.

Wir erklären es uns auch damit, dass der Neumond das so genannte „Dritte Auge". sehr offen hat. Das stammt natürlich nicht von Oma, diesen Begriff haben wir aus dem Hinduismus und dem Yoga entlehnt. Es ist der Ort des 6. Chakras und zwar auf der Stirn zwischen den Augenbrauen, sogar ein wenig darüber. Es gilt als der Ort der Intuition und des „inneren Sehens". Von letzterem, dem „inneren Sehen" hingegen hat meine Oma gewusst und darauf hingewiesen, dass vor allem Neumonde damit ausgestattet sind.

Somit sieht er eigentlich nicht nur mit seinen beiden Augen, sondern sozusagen auch mit seinem „sechsten Sinn". Jeder Neumond hätte also das Potential, mehr zu sehen als das, was mit der herkömmlichen Wissenschaft erklärbar ist. Laut Oma ist es kein Wunder, dass z.B. ihre Neumondenkelin die Fähigkeit besitzt, die Seelenfarben zu sehen.

Eigenmacht

Der Neumond hat einen angeborenen Drang zur Selbständigkeit. Kein anderer Typ sagt in der Trotzphase so oft Nein wie er! Ihm ist ganz wichtig, das Eigene zu finden und zu bewahren. Astrid verwendet hierfür den Begriff Eigenmacht: Das bedeutet, dass ein Neumond es hasst, von anderen abhängig zu sein; er möchte die Fäden des eigenen Lebens möglichst selbst in den Händen halten.

Ohnmacht, das heißt: ohne Macht über sich selbst zu sein, beziehungsweise dass andere über ihn verfügen, ist ihm unerträglich. Er strebt nach Selbstbestimmung und Unabhängigkeit. Wenn ihm das gelingt, ist er schon sehr in seiner Kraft und hilft auch anderen in diesen angenehmen Zustand der Selbstbestimmtheit zu gelangen. Es ist ein wunderschönes Gefühl, selbst für die eigenen Gefühle und Zustände verantwortlich und nicht den Gegebenheiten des Lebens hilflos ausgeliefert zu sein. Neumonde sind dazu prädestiniert, MeisterInnen darin zu werden.

Schutz

Die außerordentliche Sicht und die Eigenmacht sind gepaart mit einer genauso angeborenen Achtsamkeit. Das Sprichwort: „Vorsicht ist die Mutter der Porzellankiste!" könnte ein Neumond erfunden haben.

Die Meisterschaft von Schutz und Abgrenzung

Weil er im übertragenen Sinne alle Nuancen in der Dunkelheit ausmachen kann, wittert er oft schon von ferne nahendes Unheil oder sieht die Konflikte, die sich auftun, lange bevor andere Typen noch etwas davon wahrnehmen. Er hat ein Gespür für Gefahren in den verschiedensten Situationen und sieht sie zumeist lange vor den anderen. So gesehen ist er der geborene Polizist, übernimmt ganz oft auch diese Rolle in der Gesellschaft, indem er Menschen, für die er sich verantwortlich fühlt, sicher durch den Verkehrsdschungel des Lebens führt.

Nach dieser Beschreibung dürfte es niemand mehr verwundern, dass ein Neumond vielen Menschen unverwüstlich erscheint. Ihn umgibt immer eine Aura des Unverletzbaren. Vielen erscheinen die Neumonde, als ob sie nichts umhauen könnte, sie eine so dicke Haut haben, dass sie nichts verletzen kann, so distanziert sind, dass ihnen nichts zu nahekommt. Dafür werden sie auch sehr stark von den anderen Typen bewundert. Bei aller Stärke, die sie diesbezüglich haben, sind sie natürlich bei weitem nicht so unverwüstlich, unverletzbar wie sie scheinen. Und wer genau hinsieht, kann ihre Sensibilität hinter dem Panzer erkennen.

Natürlich hat so ein Image der Unverwüstlichkeit auch seine Vorzüge und kann per se vor gewissen Situationen schützen. Nur waghalsige Menschen getrauen sich so einen Typen herauszufordern!

Wahr ist aber auch, dass der Neumond sich beispielhaft schützen kann. Nicht nur, weil er immer achtsam ist und nach allen Richtungen schaut, was auf ihn zukommt, sondern auch, weil er die Fähigkeit hat, eine energetische Schutzhülle um sich herum aufzubauen. Da kommt nur durch, was ihm gut tut, alles andere prallt ab.

Dieser Schutz ist etwas, was er anderen Typen lehren kann, womit er vielen so manche unangenehmen Ereignisse erspart.

Klarheit, Konsequenz und Mut zur Wahrheit

Kennen Sie die Aussage: „Das ist ja sonnenklar?" Bezogen auf das Wetter ist der Spruch treffend, denn bei wolkenfreiem Himmel und hellstem Sonnenschein ist die Sicht am besten, bezogen jedoch auf die Typen wäre der Spruch: „Das ist neumondklar!" auf alle Fälle passender. Hierbei ist es nützlich, sich den Himmel einer kalten, klaren Winternacht vorzustellen, in der die Sterne am hellsten funkeln und auch von keinem Vollmond in den Hintergrund gedrängt werden.

Klarheit und Geradlinigkeit

Sonnen entscheiden aus dem Bauch, Vollmonde aus dem Gefühl heraus, dabei erkennen sie oft erst später, was für Konsequenzen ihre Entscheidungen haben. Sonnenfinsternisse entscheiden aus den Schlussfolgerungen ihres Kopfes heraus, Neumonde hingegen aufgrund von dem, was sie sehen und was sie für mögliche Schlüsse für die Zukunft daraus ziehen. Da sie im Grunde Beobachtung, Intuition und Kopf zusammen einsetzen, sind sie jedoch der Sonnenfinsternis bei der Klarheit oft voraus. Beiden gemeinsam ist, die Nachteile einer Entscheidung immer auch ins Auge zu fassen. Sie sind zumeist sehr vorbereitet und werden selten von den Konsequenzen ihrer Entscheidungen überrascht.

Der Neumond ist noch dazu sehr konsequent. Hat er sich einmal für etwas entschieden, ist er bereit, die Konsequenzen seiner Handlungen – auch die, die er nicht vorausgesehen hat – zu tragen. Und er ist genauso konsequent gegenüber anderen. Was er sagt, das hält er auch. Darauf können sich alle verlassen. Diese Konsequenz macht ihn auch zu einer natürlichen Autorität, weil er damit erzieherisch sehr transparent ist. Bei ihm ist einfach klar, wie jedeR dran ist.

Konsequenz fordert er auch von anderen ein, was natürlich nicht immer so leicht ist für andere Typen, doch er kann sie meist gut vermitteln. Der Neumond liebt klare Spielregeln und somit kann er mehr Klarheit und Verlässlichkeit in seiner Umgebung aufbauen. In diesem Sinne harmoniert er mit der Sonnenfinsternis.

„Neumondklar" bezieht sich jedoch auch auf einen anderen Aspekt der Klarheit. Einem Neumond in seiner Kraft ist immer klar, was er will. Genauso wie er sofort das Gesamtgeschehen im Blick hat, genauso schnell ist er bei der Entscheidungsfindung. Er weiß zumeist sofort, was er gerne und was er nicht gerne möchte, welchen Ausflug er macht, ob er diese Ausbildung oder jene Arbeit macht, ob er sich dieses Ziel vornimmt oder fallen lässt. Zögern und Zaudern ist zumeist des Neumonds Sache nicht.

Er setzt all seine Schritte immer sehr entschlossen. Dabei stellt ein Neumond sich meist seinen Ängsten, denn als Wesen der dunkelsten Nacht versteht er intuitiv, dass das die einzige Art und Weise ist, mit Ängsten fertig zu werden.

Diese Art von Furchtlosigkeit legt der Neumond auch zutage, wenn er den Mut zur Wahrheit braucht. Neumonde sind im Grunde ihres Wesens gerechtigkeits- und wahrheitsliebend. Wenn sie Ungerechtigkeit oder Unwahrheit erkennen, ist das für sie schwerer auszuhalten als für andere, weil sie über nichts hinwegsehen können. Das ist ihnen nicht gegeben. Sie sind die geborenen Robin Hoods und Zorros, die sich auch stark genug fühlen, es gegen eine Übermacht aufzunehmen.

Kaum einem anderen Typ ist die Illusion dermaßen zuwider, die sich wie ein Schleier über die Wahrheit legt. Der Schmerz, diese Illusion zu verlieren, ist für die meisten Neumonde nicht halb so wild wie derjenige, mit einer Unwahrheit leben zu müssen. Darum sind sie auch meist so mutig, für die Wahrheit einzustehen und zerreißen oft so manche Illusion, wenn sie auch noch so bequem ist.

Phänomenales Gedächtnis

Der Neumond hat das Gedächtnis eines Elefanten, auch wenn es sich dann bei jedem Menschen individuell ganz anders zeigt. Die einen speichern Zahlen ohne Ende, die anderen haben ein extrem gutes Menschengedächtnis, manchmal sogar gepaart mit einem Namengedächtnis, einige Neumonde erzählen ihre Kindheitserinnerungen von anderthalb Jahren aufwärts, wieder andere haben ein phänomenales Gedächtnis für Gespräche.

Der Neumond hat das Gedächtnis eines Elefanten, auch wenn es sich dann bei jedem Menschen individuell ganz anders zeigt.

In unserer Umgebung gibt es einige Neumond-Frauen, die vor allem Letzteres sehr gut beherrschen. In Konfliktsituationen ist solch ein Gedächtnis vergleichbar mit einem Aufnahmegerät, das jemand während des Gesprächs immer eingeschalten hat. Eine Neumond-Frau kann fast auf das Wort genau – auch noch Monate danach – das Gespräch wiedergeben. Somit ist sie die beste Zeugin, die sich jemand nur wünschen kann. Sind sie selbst in den Konflikt involviert, kann dieses Gedächtnis die Klarheit steigern. Somit wäre im Typ des Neumonds die Konfliktlösung schon angelegt.

Orientierung

Die Schattenseiten des Lebens erkennen

Während die Sonne sich auf die Sonnenseite des Lebens konzentriert, hat der Neumond seinen Blick auf die Schattenseiten des Lebens gerichtet. Als Wesen der Nacht fällt es ihm leicht – wenn nicht sogar leichter –, zuerst einmal die unvorteilhaften und unbequemen Aspekte einer Angelegenheit zu betrachten. Beispiel: Wenn ein Neumond in ein Projekt einsteigen möchte, egal welcher Art, so wird er den Vorteilen, die damit verbunden sind, vorerst einmal wenig Aufmerksamkeit schenken. Vielmehr lotet er aus, welche Probleme und Nachteile ihm daraus entstehen könnten. Wie viel Zeit wird dieses Projekt in Anspruch nehmen? Muss er eventuell die nächste Zeit auf anderes verzichten? Steht das Geld im Verhältnis zum Aufwand? Was könnte alles schiefgehen bei diesem Projekt? Brauchen Sie in Ihrem Team jemanden, der die ganzen Risiken abcheckt, so sollten Sie sich auf alle Fälle einen Neumond suchen!

Gleich verhält es sich mit allen Entscheidungen. Wie schon vorher beschrieben, tut sich der Neumond zwar überhaupt nicht schwer, eine Entscheidung zu treffen, aber er wird versuchen sofort alle Nachteile, die damit verbunden sind, in Erwägung zu ziehen. Er sucht sie sogar, schaut, ob nicht welche unter dem Teppich gekehrt wurden oder hinter einer Ecke lauern könnten und möglicherweise nicht sofort ersichtlich sind. Das gehört zu seiner angeborenen Achtsamkeit dazu.

Der Vorteil ist, dass der Neumond die raue Realität sieht, wie sie ist, ungeschminkt und ungeschmückt. Die meisten Neumonde werden somit selten enttäuscht werden, denn auf Illusionen lassen sie sich nicht gerne ein, da ihnen ja die Wahrheit auf alle Fälle lieber ist. Das schützt sie vor so manchen unliebsamen Überraschungen.

Auch bei den Mitmenschen sieht der Neumond auf dem ersten Blick die dunklen Seiten, wenn sie sich auch noch so von ihrer positiven Seite zeigen, denn er schafft es zumeist, hinter die Fassaden zu schauen. Falls sich also ein Neumond auf Sie einlässt, dann brauchen Sie sich nicht zu fürchten, dass er Sie nur aufgrund der schönsten Seiten, die Sie ihm ganz natürlich am Anfang gezeigt haben, wertschätzt. Er hat wahrscheinlich längst schon die dunklen Seiten von Ihnen erkannt, vielleicht sogar welche gesehen, die nicht einmal Ihnen bewusst sind ... Wenn Sie bei einem Menschen das sein können, was Sie sind, dann bei einem Neumond! Er ist am schnellsten imstande, Sie zu lieben, wie Sie sind.

Schattenseiten erkennen

Auf den Spuren der Freiheit

Die meisten Neumonde hinterfragen grundsätzlich althergebrachte Gesetzmäßigkeiten. Keine Tradition hat bei einem Neumond Bestand, nur weil sie früher einmal einen Sinn hatte. Diese Überschreitung der Grenzen haben sie mit der Sonne gemeinsam, aber dahinter steckt bei einem Neumond ein komplett anderes Motiv. Ihnen geht es weniger um die Entdeckungslust und um die Neugierde, sondern schlicht und einfach um die größtmögliche Freiheit.

Wie im Dunkeln die Weite noch weiter und die Dimensionen größer erscheinen, der Himmel bei Nacht noch einmal mehr die Unendlichkeit erahnen lässt, so spürt der Neumond den Drang nach Grenzenlosigkeit in sich. Grenzen werden nur akzeptiert, wenn sie dem Neumond logisch erscheinen, sonst werden sie von ihm niedergerissen – wobei er aufgrund der Tatsache, dass er selbst Grenzen hat, die er nicht gerne überschritten haben möchte, zumeist sehr wohl die Faustregel beachtet, dass die eigenen Grenzen da enden, wo die des anderen anfangen.

Ansonsten werden viele Neumonde nicht müde, immer wieder von Neuem Altes abzureißen, wenn es nicht mehr stimmig ist und sinnlos ihre Freiheit einschränkt, um damit Raum zu schaffen für neue, an das Jetzt angepasste Regeln.

Bodenständige VisionärInnen

Neumonde strahlen nicht nur aus, dass sie mit beiden Füßen auf dem Boden stehen, sondern sie sind tatsächlich sehr bodenständig. Aufgrund ihres Wesens sind sie nur selten zu begeistern und schon gar nicht einfach mitzureißen, denn sie sehen ja die dunkelsten Ecken eines Menschen oder eines Projektes und wissen oft viel besser als andere Typen, auf was sie sich da genau einlassen. In diesem Sinne haben sie selten die „rosa Brille" auf, die am Anfang einer Beziehung oder einer Situation oft auf der Nase sitzt.

Illusionen und Träumereien liegen ihnen nicht, was aber nicht heißt, dass sie nicht die Gabe der Vision hätten. Aufgrund ihres normalerweise ausgeprägten „Dritten Auges" können sie sehr wohl ein gutes Gespür für realistische und langfristige Zukunftsprojekte entwickeln. Durch ihre Art, die negativen Aspekte sofort zu erkennen, haben ihre Ideen und Projekte zumeist immer Hand und Fuß, sind also auch nicht so schwer umsetzbar. Noch dazu besitzen sie meist die Fähigkeit, bei einem einmal eingeschlagenen Weg sehr weit vorauszusehen, sodass bei diesen Projekten eine bestimmte Beständigkeit zu erwarten ist.

Durch ihre Art, die negativen Aspekte sofort zu erkennen, haben ihre Ideen und Projekte zumeist immer Hand und Fuß.

Bevorzugte Gefühle

Lust auf … und keinen Bock

Die meisten Neumonde richten sich nach ihrer Lust: Diese Achtsamkeit auf das, worauf sie „Bock haben" und worauf nicht, ist ein Teil der Grundlage für ihre Klarheit. Die Lust bestimmt auch stark – unabhängig von allem, was sie sehen und nicht sehen – für was sie sich entscheiden.

Ein Neumond kann sehr diszipliniert sein und sich auch bei etwas dahintersetzen, aber es steht in keinem Verhältnis dazu, wenn er sich mit Lust an eine Sache macht, denn diese ist sein größter Motor.

Dieses Richten nach der Lust wird von den meisten Neumonden auch als Teil der Freiheit und Eigenmacht empfunden. Wenn sie ihr Leben danach richten können, fühlen sie sich richtig glücklich. Dann fördern sie dieses Richten nach der Lust in ihrer Umgebung auch bei den anderen Menschen. Neumonde sind die ersten, die unterschreiben, dass Lust ein Motor des Lebens ist, reine Lebenskraft, die zur Umsetzung drängt.

Diese Achtsamkeit gegenüber der Lust schließt *alle* Bereiche ein, somit auch die sexuelle Lust. Ein Neumond in seiner Kraft hat eine große erotische Ausstrahlung. Er mag, was ihm Lust beschert, auch auf der körperlichen Ebene.

Das kontrollierte „rote" Gefühl

Neumonde haben zwar ein kühles Äußeres, aber ein heißes Innenleben und fühlen sich nur dann wohl, wenn sie dieses starke Temperament auch ausleben können. In erster Linie sind es die „roten" Gefühle, und zwar die der Lust und die der Wut. Wenn die Gesellschaft nicht zu stark auf ihn abgefärbt hat, so hat der Neumond einen äußerst natürlichen und gesunden Umgang mit dem ansonsten sehr tabuisierten Gefühl der Wut. Vielen Neumonden ist intuitiv klar, dass die Wut genauso Motor wie die Lust und damit unverzichtbarer Bestandteil der Lebenslust ist. Somit haben sie es in sich angelegt, diese Wut als Umsetzungsenergie und Tatendrang zu kanalisieren. Neumonde sind Umsetzer, Umsetzer von Gedanken, Ideen und Projekten; sie können sehr gut etwas Geistiges in die Materie bringen. Motor dafür ist dieses „rote" Gefühl.

Neumonde sind Umsetzer, Umsetzer von Gedanken, Ideen und Projekten; sie können sehr gut etwas Geistiges in die Materie bringen.

Dementsprechend können Neumonde oft „explodieren", dennoch machen sie es – wenn es auch noch so widersprüchlich erscheint – auf kontrollierte Weise. Es ist ein ungehemmtes, aber kein ungezügeltes Temperament, das sie in sich tragen. Ein Neumond liebt es, diesen „roten"

Kontrollierte Lust und Wut

Gefühlen freien Lauf zu lassen, doch behält er dabei die Zügel in der Hand, denn er kann es nicht leiden, nicht zu wissen, was er gerade tut. Kontrollverlust kann er nicht ausstehen.

Wir haben selten Neumonde erlebt, die komplett ihre Kontrolle verloren haben und wenn es ihnen passiert, dann haben sie – wenn sie ganz ehrlich mit sich und den anderen sind – vorher *beschlossen*, sie zu verlieren. Wenn es jedoch so weit kommt, dann ist das schon ein sehr an der Welt verzweifelter Neumond! Denn das heißt in diesem Fall, dass es ihnen egal ist, was sie damit anrichten und welche Folgen sie zu tragen haben, denn sie sind weitsichtig genug, die Konsequenzen zu sehen und nehmen sie nie leichtfertig, aber meist ohne mit der Wimper zu zucken auf sich.

Hier ein Beispiel: Ein kleines Neumond-Mädchen ist in der Schule sehr auffällig. Sie ist bekannt für ihre Wutausbrüche, bei denen sie auf Kinder – auch größere – losgeht, und ohne Rücksicht auf Verluste mit ihnen rauft. Sie scheint entfesselt.

Wir haben selten Neumonde erlebt, die komplett ihre Kontrolle verloren haben und wenn es ihnen passiert, dann haben sie – wenn sie ganz ehrlich mit sich und den anderen sind – vorher beschlossen, sie zu verlieren.

Bei genauerem Hinsehen wird klar, dass dieses kleine Mädchen keine blinde Raserei auslebt, sondern dass es ganz bewusst auf Kinder losgeht, die sich laut ihm ungerecht verhalten. Das Mädchen hat einen ausgeprägten Gerechtigkeitssinn und sobald Kinder ein anderes vor ihm triezen, geht es wie ein Robin Hood auf sie los.

Das Neumond-Mädchen hat aufgrund seiner jungen Erfahrungen nicht mehr das Vertrauen, dass andere sehen, was vor sich geht, übernimmt mit der ihm eigenen Eigenmacht die Verantwortung dafür, ernennt sich selbst zur Polizistin und sorgt für Ordnung.

Der Kleinen ist sehr wohl bewusst, dass sie sich damit Probleme einhandelt. Sie nimmt sie in Kauf, denn ihr persönlich ist die Gerechtigkeit wichtiger. Sie erträgt die Ohnmacht nicht, die sie bei den gehänselten Kindern sieht, und geht aufgebracht auf die TäterInnen los.

In dem Moment, in dem jemand hinter der aggressiven Haltung des Mädchens diese Robin-Hood-Haltung erkennt, beruhigt es sich schon, denn das heißt, dass potentiell auch sonst noch jemand Gerechtigkeit sieht! Sobald ein Erwachsener diese Situation in die Hand nimmt, wie es das Neumond-Mädchen für notwendig erachtet, lehnt es sich zurück und überlässt ihm das Feld. Das ist zugleich ein Beispiel mehr dafür, dass Neumonde selbst bei der größten Raserei ihre Vernunft walten lassen können.

Aggression als „Defension“

Wie ein Neumond die Wut für seinen Tatendrang einsetzen kann, kanalisiert er ihn zumeist auch sehr erfolgreich für seine Abgrenzung. Uli hat dafür den Begriff „Defension“ geprägt, denn „Aggression“ hat einen ausschließlich negativen Beigeschmack und ruft in uns hervor, dass wir dieses Gefühl verneinen sollen, weil es nichts Gutes hervorbringt. Damit schneiden wir uns jedoch von der Lebenskraft ab, was vor allem für die Neumonde die schlimmsten Auswirkungen hat.

„Defension" ist in diesem Sinne ein neuer Begriff, der das Positive dieses Gefühls hervorheben soll: Während ein aggressiver Mensch andere angreift oder an ihnen seinen Frust auslässt, was wirklich nicht gutzuheißen ist, ist es legitim und ethisch einwandfrei, sich oder andere zu schützen. Dabei wird das Gefühl der Wut dahin kanalisiert, dass der Mensch darauf achtet, dass seine Grenzen nicht übertreten werden und er sich selbst erlaubt, sich zu wehren, falls ein anderer seinen Lebensraum trotz aufgestellter Warnschilder bedroht. Die Wut eingesetzt für Verteidigung und Notwehr ist äußerst gesund und dient dem Leben. Neumonden ist diese Weltanschauung mit der „Defension" gegeben, ob sie diese nun bewusst ausleben oder nicht.

„Defension" ist in diesem Sinne ein neuer Begriff, der das Positive dieses Gefühls hervorheben soll.

Außerdem hat die natürliche Art des Neumondes, die eigenen Grenzen zu schützen und auch anderen klarzumachen, dass ihre Grenzen bei den seinen beginnen, eine sehr beziehungsfördernde Wirkung auf sein Umfeld. Er erweitert meist diese Grenzwächterfunktion auf diejenigen, für die er sich verantwortlich fühlt, bringt ihnen jedoch auch diesen Respekt vor den Grenzen anderer als einer der wichtigsten Prioritäten im Zusammenleben bei.

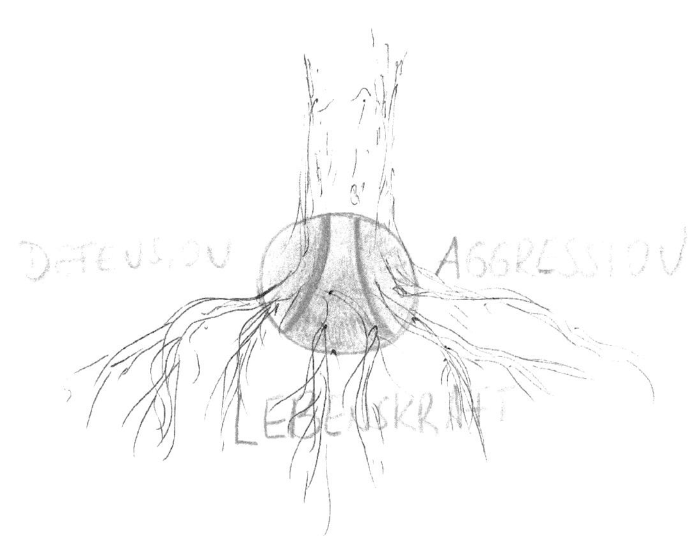

Wutenergie als Schutzfunktion: „Defension"

Die Antriebsenergie

Es ist mehr das Sinnliche als das Körperliche, das den Neumond leitet. Er entscheidet mit dieser Antriebsenergie ziemlich schnell, was ihm gefällt und was nicht, was er möchte und was er nicht leiden kann, was er liebt und was er hasst. Dieses „Ich habe Lust auf ..." ermöglicht ihm klare Entscheidungen und Positionen.

Dementsprechend ist auch die Körperhaltung des Neumondes: dynamisch, weich, geschmeidig wie die einer Katze. Über den Leib und seine Haltung verrät der Neumond damit sehr deutlich seine Sinnlichkeit und damit, dass er sich von seiner Lust leiten lässt. Auch trägt er eine körperliche Spannung in sich und hat oft eine Lauerstellung, als ob er auf der Pirsch wäre. Das hängt natürlich auch mit der angeborenen Achtsamkeit des Neumondes zusammen.

Über den Leib und seine Haltung verrät der Neumond damit sehr deutlich seine Sinnlichkeit und, dass er sich von seiner Lust leiten lässt.

Die Körperhaltung ist, genauso wie die Ausstrahlung des Neumondes, oft „cool" und „lässig". Sie erinnert stark an die ehemaligen Zigarettenwerbungen, aber auch an den Comic „Lucky Luke": Der Cowboy mit ausgeprägten, kantigen Gesichtszügen, der sich lässig an sein Pferd lehnt, egal welcher Trubel um ihn herrscht, und sich seine Zigarette dreht, die er dann locker in seinem Mundwinkel hängen lässt. Dabei lässt er nicht erkennen, dass er alles im Blick hat und schneller als andere Gefahr im Verzug erkennt. Für andere erscheint es dann wie Zauberei, wie schnell er auf Kampfhandlung umschaltet. Etwas, was die Charaktere der Helden in den Hollywood-Filmen ganz oft auszeichnet.

Was den Neumond genauso auszeichnet, ist eine herausragende Disziplin, wenn er sich einmal etwas vorgenommen hat. Dann kann er die unmöglichsten Kraftreserven mobilisieren, um sein festgesetztes Ziel zu erreichen – wobei das von Neumond zu Neumond unterschiedlich sein kann, auf welchem Gebiet das passiert, bei den einen ist es im Sport, bei den anderen im Arbeitsleben, etc.

Die Entscheidungsfindung

Beim Neumond erfolgt die Entscheidungsfindung zuerst über die Verneinung: „Was will ich nicht?"

Er steht zuerst einmal allem skeptisch gegenüber und es kommt ihm in erster Linie das „Nein" über die Lippen, vor allem wenn es etwas ist, was von anderen vorgeschlagen wird. Oft muss jedoch dieses Nein auch richtig gelesen werden. Der Neumond braucht den Rückzug, um sich ungestört von den Energien anderer darüber klarzuwerden, was er möchte und natürlich, ob er Lust darauf hat.

Die Entscheidungsfindung ist stets mit einer natürlichen Vorsicht verbunden, da ein Neumond seine Stärke des Sehens mit einbringt. Er „sieht" auch, wohin diese Entscheidung führt und kalkuliert das mit ein.

Sehr oft ist er mit einem gesunden Hausverstand gesegnet, sodass seine Entscheidungen meist vernünftig, bodenständig und wenn, dann bewusst und voraussehend „verrückt" sind, sodass die Konsequenzen einen bestimmten Rahmen nicht sprengen.

Ein Beispiel aus der Praxis: Wenn ein Neumond-Mann ein Fernsehgerät kauft, rennt er sicherlich nicht alle Geschäfte ab und kontrolliert alle Angebote. Er wird aber auch nicht den erstbesten Fernseher kaufen, auch wenn er noch so als „preiswert" und „superqualitativ" angepriesen wird.

Vielmehr wird er sich in ein oder zwei Geschäften umsehen und mit Menschen sprechen, denen er vertraut und deren Meinung er diesbezüglich schätzt. Dann kommt es darauf an, ob er diesen Ankauf für sich alleine oder für sich und seine Partnerin oder Familie macht. Dann wird vorher darüber gesprochen und ein gemeinsames Einverständnis gesucht. Denn so wie er es nie akzeptieren würde, dass ein gemeinsames Gerät ohne Absprache mit ihm einfach gekauft wird, würde er das auch niemand anderem zumuten. Ist jedoch alles abgeklärt worden und sind noch dazu alle Vor- und vor allem Nachteile abgewogen, wird er nicht mehr lange zögern, bevor er das Fernsehgerät kauft. Die Entscheidungsfindung bei größeren Angelegenheiten dauert vielleicht ein wenig, aber dann wird nicht mehr lange hin und her überlegt, sondern er bleibt dabei.

Dennoch ist bei einem Neumond immer damit zu rechnen, dass er in einem ersten Moment den Kopf schüttelt und ein Nein voranstellt. Dabei ist ihm am wichtigsten, dass er nicht überfallen und zu etwas überredet wird, was er eigentlich nicht möchte. Die zwischenmenschliche Beziehung kommt da erst an zweiter Stelle. Wenn er jemand damit vor dem Kopf stößt, dann kann er gut damit leben, denn in erster Linie muss er vor sich selbst gerade stehen können. Das können die anderen Typen meist gar nicht nachvollziehen, sie selbst tun sich auf alle Fälle schwer damit, nicht die Beziehung nach außen an erster Stelle zu setzen.

Dabei ist ihm am wichtigsten, dass er nicht überfallen und zu etwas überredet wird, was er eigentlich nicht möchte.

Einem Neumond geht es darum, dass er nicht eine übereilte Entscheidung trifft, zu der er dann nicht stehen kann, bzw. darum, Konsequenzen zu vermeiden, die er nicht bereit ist zu tragen. Damit kommt er für sich selbst nicht klar und das möchte er auch anderen nicht antun.

Der menschliche Umgang

Der unabhängigste Typ

Kein anderer Typ ist derart unabhängig von anderen Menschen wie der Neumond. Das lässt sich gut mit dem Gestirn erklären, nach dem der

Typ benannt ist: Der Neumond ist die *nicht* beschienene Seite des Mondes. Dies ist bezeichnend für die Unabhängigkeit, die der Typ Neumond in sich fühlt.

„Individualismus" ist ein Wort, das extra für den Neumond erfunden hätte sein können, denn wie kein anderer Typ braucht er seine „Privacy", seine Privatsphäre, die von nichts und niemandem angetastet werden darf. Er braucht einen Raum für sich, in den er sich zurückziehen kann, wie auch die Schriftstellerin Virginia Woolf für die Frauen 1929 in ihrem Essay „Ein Zimmer für sich allein" forderte.

Frei wie ein Adler

Auch die GrenzgängerInnen unserer Gesellschaft sind oft Neumonde, die auf diese Art und Weise ihre Freiheit ausloten und ihre Unabhängigkeit ausleben.

Ihre Prioritäten sind klar abgesteckt, nämlich die eigene Würde, die Eigenmacht und ein bestimmtes Maß an Freiheit zu bewahren. Für sie gilt: Keine Beziehung um jeden Preis. Ihre Zugeständnisse für die Beziehung sind nie so groß, als dass sie bezüglich der oben genannten Prioritäten bereit sind, Abstriche zu machen. Im Grunde ist das eine ganz gesunde Haltung, denn auch Oma bekräftigte immer wieder, dass die Liebe ohne die Selbstliebe nicht möglich sei.

Respekt als Basis für die Liebe

Eine weitere weise Haltung, die der Neumond innehat, ist, dass für ihn der Respekt vor der Liebe kommt, er ist die notwendige Basis für die Liebe, wie der fruchtbare Boden für die Blume. Auch Oma hat immer wieder betont, dass es ohne die Wahrung der eigenen Würde und ohne den Respekt vor den anderen gar keine Liebe gibt. Sie meinte immer, wenn es um Respekt geht, sollten alle immer den Maßstab des Neumondes anwenden.

Diese Haltung macht die Neumonde zu natürlichen Autoritätspersonen. Das ist die alte Lehrerin, an die sich jedeR ein ganzes Leben lang erinnert und voll von Ehrfurcht spricht: „Die war streng, aber gerecht!" Und: „Aber gelernt habe ich bei der viel!"

Das sind aber auch die Väter, die äußerst streng auf Disziplin pochen, aber in kleinen Momenten den Kindern ihre Liebe zeigen. Hier ein Beispiel aus der Praxis: Eine Klientin erzählte uns, dass sie einen äußerst strengen, aber auch sehr gerechten Vater hatte, den sie bis heute noch innig liebt. Als sie noch jung war, hatte sie eines Tages mit Vaters Auto einen wirklich dummen Auffahrunfall verursacht. Voller Angst und Bange erschien sie vor ihrem Vater, um es ihm zu beichten. Sie war äußerst zerknirscht und erzählte ihm wahrheitsgetreu, was sich ereignet hatte.

Zu ihrem großen Erstaunen begegnete ihr der Vater mit einem verständnisvollen Blick und dem Spruch: „Ach, das kann jedem mal passieren! Das war zum Glück nur ein Blechschaden!" Ihre Einsicht, durch die sie aus der Situation gelernt hatte, war ihm genug. Sie hatte sich wirklich ein Donnerwetter erwartet. Dieser Moment der Weichheit ist ihr bis heute im Gedächtnis geblieben.

Mit anderen Worten: Wer beim Neumond die Spielregeln einhält, erhält auch von ihm den Respekt. Das ist für ihn die Basis einer wahren Beziehung, an die auch er bereit ist, sein Herz zu hängen.

Kennenlernen nach Stufen

Es verwundert wohl nicht, dass ein Typ, der die Distanz braucht, um die Menschen zu „scannen", zuerst einmal prüft, was er sieht. Er hat eine angeborene Achtsamkeit und Vorsicht, und geht nur langsam in Beziehung. Der Neumond ist sich wohl kaum wie ein anderer Typ bewusst, dass eine Beziehung – gleich welcher Art – zu den größten Abenteuern gehört, die jemand eingehen kann. Dementsprechend braucht er seine Zeit dafür.

Wenige Neumonde lassen sich darauf ein, jedweden mit Küsschen links oder rechts zu begrüßen – Mode hin oder her. Sie wägen genau ab, wen sie umarmen und noch mehr, von wem sie sich umarmen lassen. Wer einem solchen Neumond zu nahe kommt, dem kann es passieren, dass dieser instinktiv ein paar Schritte zurückgeht.

So teilt z.B. Astrid die bekannten und nicht verwandten Menschen ihrer Umgebung in ein klar strukturiertes Drei-Stufen-Modell ein: Da gibt es die Bekannten, die sie grüßt und mit denen sie auch einmal ein paar Worte wechselt, ansonsten gibt sie sich jedoch nicht weiter mit ihnen ab. Das sind Leute, mit denen sie nicht etwas ausmacht oder sich trifft, denen sie höchstens mehrmals im gleichen Ambiente begegnet.

Auf der zweiten Stufe befinden sich die KollegInnen. Mit denen verbringt sie durchaus auch einmal die Freizeit, weil die Kinder im gleichen Alter sind oder ein gemeinsames Hobby gepflegt wird, doch sie fühlt sich nicht verpflichtet, sich bei diesen Menschen groß zu melden. Diese Beziehungen laufen unter dem Motto: „Alles ohne Anspruch auf Verpflichtung!"

Neumonde brauchen nicht viele Leute um sich, mit denen sie mehr zu tun haben. Bei ihnen gilt bei Beziehungen der Spruch: „Weniger ist mehr!"

Die dritte Stufe hingegen gehört den FreundInnen und da ändert sich alles. Für die gute Beziehung zu ihnen fühlt sie sich verantwortlich, denn das sind Menschen, bei denen sie offen dazu steht, dass sie sie liebt. Diese ruft sie an und für die ist sie da.

Neumonde sind für gewöhnlich sehr loyal, wenn sie sich auf eine engere Beziehung einlassen – ob nun in der Freundschaft oder in der Liebe. Dieses Drei-Stufen-Modell ist sehr bezeichnend für die Art, wie Neumonde mit menschlichen Beziehungen umgehen, wobei dieses Modell eine Pyramidenform hat: Viele Bekannte, eindeutig weniger KollegInnen und höchstens eine Handvoll FreundInnen. Neumonde brauchen nicht viele Leute um sich, mit denen sie mehr zu tun haben. Bei ihnen gilt bei Beziehungen der Spruch: „Weniger ist mehr!"

Sie fühlen sich in kleinen Runden auch wohler als in großen und ziehen die Unter-Vier-Augen-Gespräche vor, wobei sie diese in erster Linie mit denen machen, die sie ganz oben auf der Pyramide stehen haben. Bei einem Neumond können Sie sich wirklich geehrt fühlen, wenn Sie da oben stehen, denn er wird Ihnen nie das Gefühl geben, dass Sie beliebig austauschbar sind! Sie sind für ihn etwas Besonderes und stechen aus der Masse hervor, denn er hat Sie sich bewusst als FreundIn oder PartnerIn ausgesucht.

Wieso der Neumond so darauf bedacht ist, nur wenige an sich heranzulassen, hängt damit zusammen, dass er bei diesen Menschen verletzlich ist.

Wieso der Neumond so darauf bedacht ist, nur wenige an sich heranzulassen, hängt damit zusammen, dass er bei diesen Menschen verletzlich ist. Zum Neumond passt der Spruch: „Harte Schale, weicher Kern". Wer einmal die harte Schale des Neumondes überwunden hat, der ist direkt bei den Weichteilen. Darum passt der Neumond natürlich genau auf, wen er an sich ranlässt, denn sonst kann dieser Mensch bei ihm sehr viel Schaden anrichten.

Kämpferisch und beschützend

Der Neumond ist vergleichbar mit einem Samurai. Er hat eine starke Ethik und nach der richtet er sich. So ist für einen Neumond Wahrhaftigkeit und Direktheit wichtig. Die meisten Neumonde versuchen transparent zu sein und erwarten sich das auch von den anderen. Für ihre Ethik stehen sie ein und nehmen dafür auch offen Position ein – falls es notwendig ist, auch in der Öffentlichkeit.

Meist kümmern sie sich nicht um die öffentliche Meinung, trauen sich zu tun und zu sagen, was sie für richtig halten und haben auch nicht das Problem, mit ihrer Meinung auf weiter Flur alleine zu stehen, sofern sie fest davon überzeugt sind. Zu ihrer Ethik gehört es auch, dass sie Verantwortung für sich und ihre Lieben übernehmen. Für Menschen, die sie lieben, gehen sie durch das Feuer und scheuen auch keinen Konflikt. Dazu gehört zum einen, dass sie ihnen die unangenehmen Wahrheiten, die sie sehen, auch sagen. Diese Mühe machen sie sich zumeist bei Leuten, die ihnen weniger bedeuten, nicht. Zum anderen jedoch werden Neumonde immer versuchen, ihre Lieben bestmöglichst zu schützen – physisch wie psychisch. Sie haben einen natürlichen Beschützerinstinkt. So kühl sie vorne erscheinen, wer einmal sich hinter dem Rücken eines Neumondes befinden durfte, kennt die Wärme, die eigentlich in diesem Typ steckt.

Ein Neumond wirft für Beziehungen, die er eingegangen ist, einfach alles in die Waagschale, was er hat.

Loslassen können

Zwar braucht der Neumond lange, bis er sich auf jemanden einlässt, aber auch genauso lange zum Verabschieden. Wie eine Klientin aus unserer Praxis meinte: „Ich brauche lange, um meinen Ofen einzuheizen, aber genauso lange braucht er, bis er ausgekühlt ist."

Sobald sich ein Neumond auf eine Beziehung eingelassen hat, besitzt er einen langen Geduldsfaden, doch dürfen seine Prioritäten der Würde/

des Respekts, der Eigenmacht und der Freiheit nicht dauernd beschnitten werden. So kommt auch hier bei den meisten Neumonden ihre starke Konsequenz zum Tragen: Sobald sie erkennen, dass die Beziehung an einem toten Punkt angelangt ist und sie das Gefühl haben, sie sei nicht mehr zu retten, leiten sie bewusst die Trennung ein.

Bei wenigen Neumonden „verlaufen" sich die Beziehungen – entweder sie bestehen weiter oder sie sind beendet. Meist gibt es nichts dazwischen. Bei den meisten Neumonden weiß jeder Mensch, wie er dran ist.

Das Element

Das Element des Neumondes ist das Feuer, wenn auch so manche im ersten Moment auf das Element Wasser im gefrorenen Zustand, dem Eis, tippen würden. Der Begriff „feurig" verrät, was beim Neumond immer wieder aufblitzt, viele Menschen anzieht, aber zumeist hinter einer kühlen Oberfläche versteckt ist.

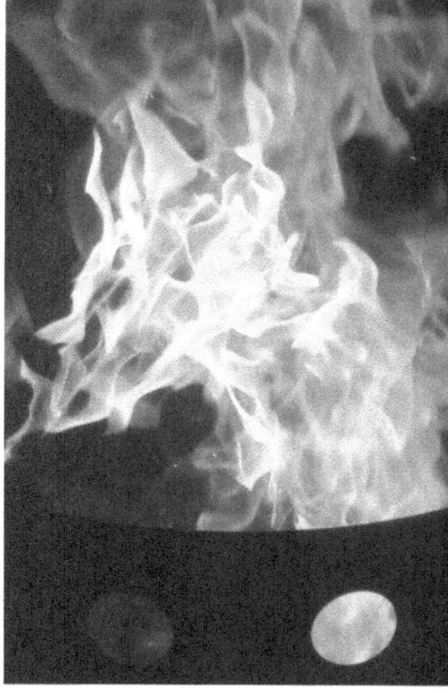

Das feurige Temperament

„Feurig" steht unter anderem auch für temperamentvoll und das ist der Neumond auf alle Fälle. Denken Sie an die Antriebsenergie der Lust des Neumondes, an seine Fähigkeit, seine Wut auszuleben, dann wird Ihnen das Feurige dieses Typs immer klarer! Der Begriff „feurig" steht auch für „ungezähmt" und „wild". Dies trifft auch auf den Typ des Neumondes zu. Sie haben den größten Freiheits- und Unabhängigkeitsdrang von allen Typen. Auch da erinnern sie wieder an Katzen, die zwar im Hause mit Menschen zusammenleben, sich aber nie richtig zähmen lassen. Sie sind nicht die typischen treu ergebenen Haustiere, die auf Befehl gehorchen, sondern sich eher an das Heim als an den Menschen binden.

Wie die Katzen brauchen sie ihren freien Auslauf und lassen Streicheleinheiten nur zu, wenn *sie* es wollen. Sie stehen nicht als Kuscheltiere zur Verfügung und zeigen auch sofort ihre Krallen, wenn ihre Grenze übertreten wird. Eine gewisse Wildheit wird die Katze immer haben, Haustier hin oder her, genauso wie sie ein Raubtier ist und bleibt, ob sie nun täglich ihr Futter bekommt oder nicht. Das hindert sie nicht daran, weiterhin Vögel und Mäuse zu fassen.

Der Neumond wünscht sich – da ist er der Sonne sehr ähnlich – intensive Erlebnisse. Das entspricht dem Feuer in ihm. Ein typisches Beispiel sind die Neumonde, die auf den Berg gehen und komplett ihre Grenzen überschreiten, so nach dem Motto: „Bis es weh tut, dann ist es super!" Viele Neumonde lieben den Kick, auch wenn sie dann individuell immer wieder etwas anderes darunter verstehen. Es ist ihre Art, sich am Leben zu spüren.

Der Begriff „feurig" steht natürlich auch für die leidenschaftliche, heißblütige und stürmische Art in der Sexualität. Da legt der Neumond seine kühle Oberfläche endgültig ab ...

Die Seelenfarbe

Rot wie Feuer, Schwarz wie Asche

Beim Neumond kann die Palette der Seelenfarbe von schwarz bis rot reichen, wie es schon das Element Feuer verrät: Rot für die Flamme, Schwarz für die Asche. In der Farbenlehre ist der Zusammenhang zwischen diesen Farben nicht leicht erklärbar, aber wer am Himmel den Regenbogen genau betrachtet, sieht, dass nach dem Rot eine dunkle Schicht folgt.

Die Hauptfarbe des Neumondes ist jedoch schwarz. Der Zusammenhang mit dem Gestirn Mond in seinem tiefsten Zyklus' ist mit dem Schwarz sehr leicht herzustellen. In den Neumondnächten ist der Mond meist als dunklere Scheibe am Himmel gerade noch auszumachen. Ein rotes Schimmern ist hingegen nur an manchen klaren Neumondnächten erkennbar. In diesem Sinne ist beim Typ der „rote" Neumond eine „sanftere" Variante des Neumondes selbst.

Wie schon mehrmals in diesem Buch erklärt, geben wir bei den Farben – so wie Oma es vermittelt hat – keine Wertung von Gut und Böse ab, weder bei Weiß noch bei Schwarz. Natürlich assoziieren viele mit dem Schwarzen das Dunkle, Gefährliche und Unbekannte, mit dem Roten Blut, Gewalt und auch Leidenschaft. Aus der Erfahrung der „Aurasichtigen" können wir nur bestätigen, dass die Sprichwörter wahr sind: „Der ist ganz schwarz geworden vor lauter Wut" oder: „die hat nur mehr rot gesehen".

Wie schon mehrmals in diesem Buch erklärt, geben wir bei den Farben – so wie Oma es vermittelt hat – keine Wertung von Gut und Böse ab, weder bei Weiß noch bei Schwarz.

So sind zwar viele nicht hellsichtig, spüren jedoch vor allem bei den Neumonden die „dunkle Aura", wobei hier das Dunkle durchaus auch als kühl bezeichnet werden kann. Neumonde sind hier tatsächlich mit den Neumondnächten zu vergleichen.

Gerade das Schwarz wurde seit Jahrhunderten sehr stark dämonisiert und verteufelt. Schwarz macht Angst und wird oft als die Farbe des Bösen angesehen. Wenn dem so wäre, dann wären alle Sonnen göttlich und alle Neumonde teuflisch. Das ist natürlich sehr einfach, aber probieren wir es mit gesundem Hausverstand: Wenn das Gute und das Böse so leicht voneinander zu trennen und somit leicht zu erkennen wären, müssten die meisten Probleme auf dieser Erde längst schon aus dem Weg geräumt worden sein, nicht wahr?

Das Weib – der dunkle Kontinent

Diese Schwarz-Weiß-Malerei hat sich in unserer Gesellschaft seit Jahrhunderten vielerorts eingebürgert, wobei es hier nicht um Sonne und Neumond geht, sondern vielmehr um Weltanschauungen und auch um die Vorherrschaft eines Geschlechts. In unserer Gesellschaft wurde die Welt in Gegensätze eingeteilt: Der Tag ist gut, die Nacht schlecht, der Mann ist aktiv, die Frau passiv, weiß ist positiv, schwarz negativ. Hier klingt an, was das Schwarz eigentlich bedeutet: Es ist die Farbe der

Weiblichkeit, die auf dieser Welt stark unterdrückt wurde. In den 70er Jahren kam ein Spruch auf, der heute noch an so manche Wände gesprüht wird: „Ich habe Gott gesehen. Sie war schwarz!" Er sagt sehr überzeugend aus, was in anderen Weltanschauungen tradiert wird, nämlich dass am Anfang die Urschwärze stand.

Das Schwarz steht aber auch für die Geborgenheit, welche Mutterenergie vermittelt. Es ist das Dunkel der Gebärmutter oder der Höhle, in der Tiere ihren Schutz suchen.

Alle Schritte zur Einweihung einer Hirtin wurden an bestimmten Nächten des Jahres ausgeführt. Die Nacht hat für unseren Glauben eine höhere Bedeutung als der Tag. Damit erklärte mir Oma ja auch, wie es gerade zu diesen vier Typen kam.

Das Unergründliche

Das ist jedoch nicht nur in diesem Zusammenhang so: Heute kann leicht am althergebrachten Brauchtum nachgewiesen werden, dass früher die Nacht die Zeit für den Glauben und die Spiritualität war. Die vorchristlichen religiösen Feste fanden durchwegs nachts statt. Sie wurden bei uns als Hexensabbat umgetauft und/oder von christlichen Festen überlagert, die eher tagsüber stattfanden, abgesehen von ein paar Ausnahmen wie z.B. der Christmette um Mitternacht des 24. Dezember.

Die Nacht wurde jedoch als gefährlich gebrandmarkt. Dementsprechend auch die freie, unabhängige Frau, die weder einen Vater noch einen Mann über sich hatte, sondern nach ihrem Willen (und ihrer Lust) ihr Leben einrichtete. Und gerade die Beschreibung einer solchen Frau würde einen typischen weiblichen Neumond darstellen. Das Ausmaß gesellschaftlicher Diktate und deren Folgen wird Ihnen für diesen Typ so langsam klar, oder?

Dabei sind die Gegensätze der Geschlechter mehr geprägt durch die Kultur als ihre wirkliche Natur. Fragen wie z.B.: „Wie viele passive Männer und wie viele aktive Frauen gibt es?" lassen keine eindeutigen Antworten zu und sprengen diese Klischees. Und beim Sprengen ist der Neumond immer dabei, wie wir wissen ...

Die Neumond-Frau

Die Wirkung

Die Coolness, die auch Neumond-Frauen ausstrahlen, wird bei ihnen bei weitem nicht so geschätzt wie beim Mann. Natürlich bestätigt die Ausnahme die Regel: Früher wurde eine Marlene Dietrich und heute wird eine Madonna oder eine Pink für ihre Art sehr bewundert, doch der Ruf von beiden ist auch irgendwie verrucht. So hat die Neumond-Frau etwas

Die Sozialisation führt oft dazu, dass Neumond-Frauen ihre Art als nicht richtig erleben und versuchen anders zu sein als sie sind.

Anrüchiges für viele, da sie so gar nicht dem Bild der sanften, umsorgenden Weiblichkeit entspricht.

Während beim Neumond-Mann diese Eigenschaften in Film und Werbung hervorgehoben werden, wird an Neumond-Frauen wenig Positives gelassen. Die Lässigkeit der Neumond-Frau wird weniger gepriesen, als vielmehr argwöhnisch betrachtet in unserer Gesellschaft. Die Selbständigkeit, die sie ausstrahlt, ihr unbändiger Freiheitsdrang, mit dem sie ihr Leben selbst bestimmt, macht den meisten Männern Angst.

Neumond-Frauen sind eben selten von Natur aus kontrollierbar und entziehen sich meist erfolgreich allen Versuchen, sich von anderen beeinflussen zu lassen. Will jemand sie in eine für ihn erwünschte Richtung drängen, so bekommt er das schon mehrfach erwähnte vehemente „Nein!“ zu hören, wenn auch von Frau zu Frau in unterschiedlicher Form.

Die Sozialisation führt oft dazu, dass Neumond-Frauen ihre Art als nicht richtig erleben und versuchen anders zu sein als sie sind. Sie passen sich oft den Vorstellungen von Weiblichkeit in der Gesellschaft an, womit sie jedoch aus ihrer Kraft gehen, weil sie ihr Wesen verleugnen.

Neumond-Frauen haben in den Märchen, in der Literatur, im Film etc. ganz oft die Rolle der Bösen, die das Glück zerstört, ob nun die keifende Hexe, die kalte Stiefmutter oder die böse Schwiegermutter. Was sie wirklich zerstören können – und das macht die Angst vor ihnen aus – sind die Illusionen. Zwar zerreißt auch der Neumond-Mann die Schleier der Täuschungen, doch von einer Frau wird das viel weniger erwartet und schwerer akzeptiert.

Oder sie wird als Männer verführender bzw. verschlingender Vamp gezeigt. Das innere Feuer der Neumond-Frauen entspricht genauso wenig dem gesellschaftlichen Eigenschaftskatalog einer Frau. Ihre angeborene Wildheit und ihr Richten nach der eigenen Lust, auch der sexuellen, werden selten positiv wahrgenommen, sondern ebenfalls als Bedrohung erlebt.

Viele Neumond-Frauen müssen damit rechnen, dass sie mit ihrer Art anecken und ihnen die „Weiblichkeit" abgesprochen wird. Genau ihre Energie ist jedoch der Prototyp einer eigenmächtigen, starken Frau.

Die Liebe

Die Neumond-Frau achtet darauf, wem sie ihr Herz öffnet. Eine Liebesbeziehung steht für sie nicht unbedingt auf der Liste ihrer Prioritäten, denn natürlich ist es für eine Frau in dieser Gesellschaft noch einmal schwerer, die eigene Freiheit und Unabhängigkeit zu bewahren, vor allem, wenn Kinder ins Spiel kommen. Die Lebensentwürfe verkomplizieren sich da vor allem für Neumond-Frauen sehr stark, denn ihrem Wesen nach braucht sie ein gewisses Maß Freiheit und Entfaltungsmöglichkeit, um sich in ihrem Leben wohlzufühlen.

Sie ordnet sich nicht gerne unter, stellt ihre Bedürfnisse auch nicht hinten an, sodass sie wirklich eine gleichberechtigte Beziehung braucht. Eine Neumond-Frau wird zu jeder anderen Beziehung früher oder später „Nein, danke!" sagen, wenn sie nicht ihr Wesen verleugnen möchte.

Sie ordnet sich nicht gerne unter, stellt ihre Bedürfnisse auch nicht hinten an, sodass sie wirklich eine gleichberechtigte Beziehung braucht.

Auch in der Liebesbeziehung hat sie natürlich ihre Schwierigkeiten mit den gesellschaftlichen Klischees. Sie ist nicht besonders anhänglich, meist nicht sehr süß, lässt den Körperkontakt nur zu, wenn sie es gerade möchte, schützt ihre Würde und läuft niemandem nach. Eine Neumond-Frau in ihrer Kraft verliebt sich selten auf Anhieb und lässt sich Zeit, jemanden an sich heranzulassen. Dennoch kann sie eine starke erotische Ausstrahlung haben, egal wie unnahbar sie scheint.

Um in ihre Nähe zu kommen, muss der Anwärter – oder die Anwärterin – schon einige Prüfungen erfolgreich bestehen.

Gerade Neumonde – egal ob Frauen oder Männer, haben am ehesten den Mut, offen zu ihren sexuellen Vorlieben zu stehen. Sie stehen auch am ehesten zu ihrer Bisexualität, wenn sie diese Neigung verspüren, da sie wenig auf die öffentliche Meinung angewiesen sind und normalerweise kein Tabu stehen lassen, wenn es ihre Freiheit einengt.

Bewusst oder unbewusst stellt die Neumond-Frau viele Hürden auf dem Weg zu ihrem Herzen auf. Wer vorher aufgibt, ist es nicht wert, ihre kostbare Innenwelt zu betreten. Es gibt viele Türen, durch die ein Anwärter schreiten muss, bis er in die Schatzkammer des Gefühlslebens einer Neumond-Frau eintreten darf.

Für sie selbst ist wichtig, das Risiko einer tiefer gehenden Beziehung einmal einzugehen und sich zu öffnen.

Es kann daher durchaus sein, dass Neumond-Frauen keine tiefer gehenden Beziehungen eingehen, um ihre Lust auszuleben. Oft sind sie nicht bereit, sich emotional einzulassen. Denn einer Neumond-Frau ist – sofern sie gesellschaftlich nicht verbogen wurde – ihre sexuelle Lust sehr wichtig und es ist ihr ein Bedürfnis, sie genauso auszuleben, wie sie auch sonst ihrer Lust folgt. Meist ziehen sie auch konsequent durch, was sie anfangen: Sie lösen Begehren aus und die damit verbundenen Versprechen auch ein. Dabei ist bei ihr durchaus möglich, dass sie in diesem Gebiet Grenzgänge probiert. Damit sie im Rahmen des Gesunden bleibt, braucht sie die Kombination mit dem Herzen.

Für sie selbst ist wichtig, das Risiko einer tiefer gehenden Beziehung einmal einzugehen und sich zu öffnen. Denn auch sie braucht emotionale Nähe und Vertrautheit, um in dieser Welt, in der sie ja sehr viel Dunkles sieht, das Gefühl zu haben, emotional getragen zu werden. Sie ist sensibel und sie hat viel zu geben, es gilt für sie, es zu wagen, diese positiven Qualitäten ihres Wesens auszuleben.

Beziehungen mit einer Neumond-Frau sind jedoch in jeder Hinsicht anspruchsvoll, denn sie hält nichts von Harmonie um des Friedens willen. Sie sorgt dafür, dass Konflikte, die im Raum sind, ausgetragen werden. Wer sich mit einer Neumond-Frau in eine tiefere Beziehung einlässt und sich nicht von ihrem anfänglichen „Nein" abschrecken lässt, wird mit aufrichtiger, tiefer Liebe, Leidenschaft, Loyalität und Hingabe belohnt.

Der Beruf

Die Neumond-Frau hat aufgrund ihres Einforderns von Respekt als Basis für jedwede Form der Beziehung natürliche Führungsqualitäten. Noch dazu kommt, dass sie Selbstwert und Selbständigkeit ausstrahlt, ob sie diese nun tatsächlich hat oder nicht. Setzt sich eine Neumond-Frau für ein Berufsziel ein, verbindet sie ihre Lust mit ihrer Disziplin, dann hat sie gute Chancen, ihr Ziel zu erreichen. Höchstens gesellschaftliche Grenzen gegenüber Frauen können sie dann noch bremsen.

Es kommt ganz darauf an, worauf die jeweilige Neumond-Frau geeicht ist. Wenn sie sich auf ein Hobby konzentriert und nicht auf den Beruf, dann macht sie diesen mit einer lockeren Distanz ohne große Anteilnahme. Für sie ist es noch einmal mehr als für den Neumond-Mann in erster Linie wichtig, dass sie mit den Anforderungen, die sie an sich selbst stellt, leben kann. Anerkennung ist für sie nur insofern wichtig, dass sie für das, was sie tut, respektiert und geschätzt wird. Ansonsten braucht sie sie äußerst wenig.

Falls sie aufgrund ihrer Sozialisation nicht in ihrem Selbstwert gebremst worden ist, ist sie sich ihres Wertes normalerweise sehr bewusst, aber natürlich noch einmal mehr ihrer Schwächen. Für Neumond-Frauen ist es wichtig, nicht bei Selbstkritik stehen zu bleiben, sondern etwas zu tun, was ihr normalerweise nicht natürlich liegt: Sich mit anderen zu vergleichen und zu sehen, wo sie steht. Sonst verliert sie oft den Maßstab und stellt zu hohe Ansprüche an sich selbst ohne zu sehen, was sie kann und was sie schon erreicht hat. Auch die Kritik der Mitmenschen ist so zu nehmen, dass sie sich von jenen, die die Balken in den Augen haben, nicht ihre Streichhölzchen vorwerfen lässt.

Neumond-Frauen sind die geborenen Freiberuflerinnen und Einzelgängerinnen im Beruf, können aber durchaus auch in der Netzwerkarbeit mit ihrer Klarheit und Struktur ein wichtiger Bestandteil der Gruppe werden. Normalerweise haben sie eine natürliche Streitkultur, wichtig ist dabei, dass sie sich jedoch bewusst sind, dass das normalerweise anderen Typen nicht gegeben ist.

Sie muss sich jederzeit bewusst sein, dass sie einen gesunden Zugang zur Wut hat, aber dass es auch ihr passieren kann, dass sie aufgrund schlechter Erfahrungen der Vergangenheit in bestimmten Situationen unverhältnismäßig heftig auftritt. Ihre Art jedoch, Konflikte anzugehen und aus dem Raum zu schaffen, ist beispielhaft und reinigt immer wieder die Arbeitsatmosphäre, sodass die Harmonie, wenn sie auftritt, auf alle Fälle echt ist.

Der Neumond-Mann

Die Wirkung

Wer aufmerksam den Neumond durchliest, der erkennt, dass viele Männer sich wie Neumonde benehmen und darin nach wie vor vom Credo der Gesellschaft des „richtigen" Mannes unterstützt werden. Während die Neumond-Frauen eher verunglimpft werden, sind die Neumond-Männer hoch im Kurs, gestern wie heute. Hier einige Beispiele aus der Filmwelt, die zugleich auch treffend die Wirkung von Neumond-Männern beschreiben.

Während die Neumond-Frauen eher verunglimpft werden, sind die Neumond-Männer hoch im Kurs, gestern wie heute.

Da ist Rhett Butler aus „Vom Winde verweht", einem Film aus dem Jahre 1939, noch Jahrzehnte später der Traummann vieler Frauen. Er ist der zynische Beobachter im Hintergrund, der – obwohl selbst ein Gentleman des Südens – sofort versteht, dass der Bürgerkrieg in den Vereinigten Staaten schlecht für die Südstaaten ausgeht. Er wird zum mutigen, allseits bewunderten und zugleich hinter vorgehaltener Hand kritisierten Blockadenbrecher auf See, der am Krieg viel Geld verdient, schert sich nicht um das Gerede der Leute und rät Scarlett O'Hara, dass sie ihr Leben genießen soll.

Während im Buch und im Film Scarlett als verwöhntes Frauchen dargestellt wird, das ihre ungezähmte Lebenslust nicht mit dem Gesellschaftskodex im Einklang bringen kann, ist Rhett Butler der geheimnisvolle, leidenschaftliche Mann, der sich im Grunde in erster Linie um sich selbst kümmert und nur wenige liebt, darunter Scarlett und später seine Kinder. In der Freundschaft ist er äußerst loyal und hilfsbereit, für seine Lieben geht er durchs Feuer.

In der Freundschaft ist er äußerst loyal und hilfsbereit, für seine Lieben geht er durchs Feuer

Scarlett ist eine Frau, die für die Erreichung ihrer Ziele skrupellos auch unliebsame Wege wählt, doch das wird ihr im Gegensatz zu Rhett in der Gesellschaft sehr übel genommen. Rhett ist zwar der liebende Ehemann, doch sobald sein „Ofen kalt wird", sprich: seine Würde zu viel getreten wurde, verabschiedet er sich.

Ein genauso viel bewunderter Neumond-Mann wird 1988 von Bruce Willis in „Stirb langsam" gespielt. Als Polizist John McClane zeigt er zum einen den Beschützerinstinkt, zum anderen den Kampfgeist von Neumonden auf, die bei Männern so bewundert werden. Auf einer Weihnachtsfeier in einem Bürohochhaus findet ein Überfall statt, alle Gäste der Feier werden als Geiseln genommen, nur McClane hat die Geistesgegenwart zu fliehen – dank seiner angeborenen Neumond-Achtsamkeit. Und als Einzelkämpfer schaltet er einen Gangster nach dem anderen aus, er weiß als einziger, was die richtige Vorgangsweise ist und macht Jagd auf die Verbrecher, weil sie ja schließlich seine Familie in der Gewalt haben. Natürlich gelingt ihm diese Heldentat, er bringt den Obergangster zur Strecke und er rettet den Großteil der Geiseln.

Wie stark die Wirkung des Neumond-Mannes heute noch zieht, zeigt der Kultfilm der letzten Jahre – „Matrix" aus dem Jahre 1999. Thomas A. Anderson alias Neo lässt es nicht in Ruhe, dass irgendetwas in seinem Leben nicht stimmt. Er sucht nach einer Untergrundbewegung, von der er sich erhofft, endlich die Wahrheit zu erfahren. Deren Anführer Morpheus stellt ihm vor die Wahl, ob er lieber die Pille der bequemen Illusionen oder die der bitteren Wahrheit schlucken möchte. Raten Sie mal, für was sich der Neumond-Mann entscheidet ... Neo befreit sich aus der Matrix, einer Computerwelt der Illusionen, in der die Menschen im Grunde Energiefutter für die Maschinen sind und entscheidet sich, für die Wahrheit und die

Befreiung der Menschheit aus der Sklaverei zu kämpfen. Der Neumond entpuppt sich seinem Typ entsprechend als herausragender Kämpfer, lässt seinen neuen Freund und Mentor Morpheus natürlich nicht im Stich und befreit ihn aus einer unmöglichen Lage, begegnet schließlich dem Oberbösen und besiegt ihn, indem er jede Grenze des Möglichen sprengt. Positiver kann kein Neumond-Mann beschrieben werden.

Auch die zurzeit in Mode gekommenen Vampirgeschichten beschreiben meist männliche Neumonde: Sie sind unergründlich, gefährlich und zugleich unheimlich sexuell attraktiv, Geschöpfe der Dunkelheit, skrupellos, aber dennoch liebesfähig. Das ist ebenfalls eine gute Beschreibung der Wirkung von Neumond-Männern.

Die Liebe

Dem Neumond-Mann fliegen viele Frauenherzen zu, wobei er selbst die Sehnsüchte nach Beziehung und Nähe meist anderen überlässt. Dadurch, dass er mit seinem Image des Unnahbaren eine gute Figur macht, öffnet er sein Herz noch einmal schwerer als die Neumond-Frau.

Der Neumond-Mann gibt gerne den Ton an und ist es in der Gesellschaft auch gewohnt, dass er das tun kann. Allerdings bräuchte er genauso die Grenzen, wie er sie gerne den anderen setzt.

Die Sozialisation führt den Neumond-Mann dazu, dass er noch mehr als es eh schon seinem Wesen entspricht, die Prioritäten außerhalb der Liebesbeziehung sucht. Arbeit, Hobbys u. a. können bei ihm sofort einen wichtigen Stellenwert einnehmen und es ist ihm zuzutrauen, dass er von seiner Partnerin erwartet, dass sie diese Priorität anerkennt. Falls sie dazu nicht bereit ist, kann die Konsequenz des Neumondes durchaus zum Beenden der Beziehung führen.

Nicht selten verlangt der Neumond-Mann im Grunde die Unterordnung seiner Partnerin, manchmal auch der ganzen Familie. Der Neumond-Mann gibt gerne den Ton an und ist es in der Gesellschaft auch gewohnt, dass er das tun kann. Allerdings bräuchte er genauso die Grenzen, wie er sie gerne den anderen setzt. Ansonsten tut er sich nämlich schwer, den Menschen vor sich zu respektieren. Denn auch für ihn gilt, dass das die Basis der Liebe ist.

Er hat gerne die Kontrolle über alles, vor allem jedoch über sich selbst. Er ist lieber alleine als in schlechter Gesellschaft – zumindest bildet er sich das ein. Einfühlungsvermögen und sanftere Gefühle zu zeigen sind etwas, was der Neumond-Mann meist erst lernen muss. Oft zeigt er seine verletzlichen Seiten ausschließlich seiner Partnerin, aber bis er beginnt zu vertrauen, dauert es sehr lange. Meist zieht er es vor, selbständig und unantastbar zu bleiben, andererseits ist er äußerst gerne bereit, die Menschen, die er liebt, zu beschützen und loyal zu ihnen zu stehen.

Neumond-Männer tun sich noch einmal schwerer sich zu verlieben als Neumond-Frauen, denn die Sozialisation stärkt ihren Unabhängigkeits- und

Freiheitsdrang. So ziehen sie es oft vor, einfach in Affären ihre sexuelle Lust auszuleben und neigen noch einmal mehr als Neumond-Frauen zu Grenzgängen in diesem Bereich.

Für tiefer gehende Beziehungen prüfen auch sie zuerst die Anwärterin oder den Anwärter auf Herz und Nieren, denn dieseR kommt schließlich hinter den Schutzwall hinein und erlebt seine Sensibilität und Verletzlichkeit. Für die damit verbundene Ohnmacht muss er das dementsprechende Vertrauen besitzen. Das ist bei ihm in erster Linie eine Frage der Zeit oder wie ein Neumond-Kollege von uns meint, „eine Frage der Statistik“: Wie oft konnte er sich bei zehn Ereignissen auf jemanden verlassen? Wenn der Prozentsatz für ihn hoch genug war, dann erst lässt er sich tiefer auf jemanden ein.

Natürlich ist es auch für einen Neumond-Mann äußerst wichtig, intensivere und ernstere Beziehungen zuzulassen. Er braucht es, sich irgendwo auch einmal fallen lassen zu können, das Gefühl zu haben, akzeptiert und geliebt zu werden, für das, was er ist, inklusive seiner Schwächen, die er natürlich sehr gut kennt.

Wenn Sie einem Neumond-Mann ein gewisses Maß von Freiheit lassen und ihn für seine Qualitäten schätzen, ihm gleichzeitig die Stirn bieten und ihm klar machen, dass seine Freiheit an Ihren Grenzen aufhört, dann haben Sie einen äußerst interessanten, von vielen beneideten, leidenschaftlichen Partner, der Sie an seinem (Gefühls-)Leben teilhaben lässt und durchaus loyal zu Ihnen steht, wenn er sich einmal für Sie entschieden hat.

Der Beruf

Der Neumond-Mann ist aufgrund seines Wesens und seines Rufes gerne der „Fels in der Brandung“ in seiner Arbeit. Da er keine Schwierigkeiten hat, Verantwortung zu übernehmen und sich nicht fürchtet, Entscheidungen zu treffen, weil er die Konsequenzen einschätzen kann und auch bereit ist, sie zu tragen, ist er natürlich die geborene Führungsperson. Da er alles unter Kontrolle hat und den Ton angibt, strebt er auch gerne diese Position an – doch genauso spielt er auch die graue Eminenz, denn ihn interessiert mehr die Eigenmacht und Macht an der Führungsposition, weniger, im Mittelpunkt der Aufmerksamkeit zu stehen. Das ist ihm nicht so wichtig, da er noch weniger als die Neumond-Frau auf Anerkennung angewiesen ist.

Da er alles unter Kontrolle hat und den Ton angibt, strebt er auch gerne diese Position an

Wir kennen einen Neumond-Mann, der zusammen mit seiner Familie eine Bar führt. Dass sie gut geht, liegt weder am richtigen Ort noch an seiner zuvorkommenden Art. Es gibt Tage, da ist er dermaßen schlecht gelaunt, dass er nicht einmal jemanden grüßt. Dann serviert er den Kaffee und hat auf der Stirn geschrieben, dass ihm heute niemand blöd kommen sollte. Und er sagt von seinem Tresen aus jedem und jeder seine eigene Wahrheit ins Gesicht, ob die Bar nun voll ist oder nicht – der einen, dass sie sich in seiner Bar falsch benommen hat und er das nicht duldet, dem anderen, dass er nicht immer glauben soll, er habe alles verstanden, nur weil er es schon öfters gemacht habe. Zwischen den Zeilen drückt er damit aus: „Der Chef hier bin ich!"

Dennoch ist er geschätzt und auf seine Art ist er im Grunde lustig, ein Original – wie eine Bar dies braucht. Stehen Sie in seiner Gunst, grüßt er Sie freundlich und behandelt Sie zuvorkommend.

Sie haben meist einen ausgeprägten Jagdinstinkt, den sie beruflich, in der Freizeit oder privat einfach ausleben müssen.

Neumond-Männer wissen meist genau, was sie für einen Berufsweg einschlagen möchten und machen sich konsequent auf dem Weg, dieses Berufsziel zu erreichen. Sie haben meist einen ausgeprägten Jagdinstinkt, den sie beruflich, in der Freizeit oder privat einfach ausleben müssen. Das Spiel Macht-Ohnmacht fasziniert sie sehr.

Mit ihrer Disziplin sind sie natürlich hartnäckig genug, dass sie weit kommen und vieles erreichen, was sie sich vorgenommen haben. Ihre Stärken werden hier unterstützt von den gesellschaftlichen Forderungen an den Mann, sie können aber durchaus auch zu weit getrimmt werden zu Skrupellosigkeit und Gefühlskälte – gegenüber der Konkurrenz, aber auch den eigenen MitarbeiterInnen gegenüber.

Neumond-Männer sollten darauf achten, dass sie nicht zu streng mit sich selbst sind und zugleich nicht einen zu hohen Maßstab an ihre Umwelt anlegen. Sie tendieren oft dazu, sich und andere zu überfordern, weil die Erreichung des Ziels oder des Ideals wichtiger wird als die Selbstliebe und die zwischenmenschliche Beziehung.

Noch einmal mehr als Neumond-Frauen sind Neumond-Männer besser in den Arbeiten, in denen sie ihr eigener Chef sind und ihre Zeit, ihre Arbeit und ihr Geld selbst einteilen können. Sie sprechen sich nicht unbedingt gerne ab und sind in diesem Sinne erst nach bewusster Arbeit an sich selbst interessante Teamplayer. Bedingt durch ihre Sozialisation ist ihre Streitkultur noch einmal ausgeprägter als bei Neumond-Frauen, wenn sie jedoch nur ihre „roten" Gefühle leben, stören sie mehr das Arbeitsklima, als dass sie es verbessern. Ein Neumond-Mann hat die diplomatische zwischenmenschliche Kommunikation nicht unbedingt in die Wiege gelegt bekommen und sollte sich diesbezüglich bewusst weiterbilden, damit seine im Grunde gesunde Konfliktbereitschaft auch eine positiv reinigende Wirkung hat.

Neumond-Männer sind im Grunde ihres Herzens Helden, kämpferisch und beschützend, grenzgängerisch, verantwortungsvoll und loyal. Diese Eigenschaften sollten sie auf alle Fälle in der Arbeit oder zumindest in einem Hobby ausleben können.

Das Neumond-Kind

Das selbständige Kind

Neumond-Kinder sind per se äußerst selbständige Wesen, egal wie klein sie sind. Zu den ersten Worten unserer Neumond-Enkelin gehörte das Wörtchen: „Alleine!" Wohlgemerkt mit Ausrufezeichen. Spätestens mit zwei Jahren forderte sie energisch ein, alles alleine machen zu dürfen oder es zumindest zu probieren. In dieser Hinsicht sind sie sehr pflegeleicht, weil sie sehr darauf erpicht sind, so schnell wie möglich selbständig und somit freier zu sein. So zog sich unsere Enkelin im gleichen Alter schon selbst die Schuhe an, die Windel aus, erwartete es nicht, alleine auf die Toilette zu gehen, und schaffte es, auch bestimmte Kleidchen alleine anzuziehen.

Egal, wie lieb sie aussehen, Neumond-Kinder unterscheiden sich von anderen Typen dahingehend, dass sie nicht dauernd geknuddelt werden möchten.

Egal, wie lieb sie aussehen, Neumond-Kinder unterscheiden sich von anderen Typen dahingehend, dass sie nicht dauernd geknuddelt werden möchten. Wie eine Katze entscheidet sich das Neumond-Kind, wann es gestreichelt und liebkost werden möchte. Wehe, diesem Kind kommt jemand zu nahe, wenn es das nicht möchte! Dann fährt es die Krallen aus. Damit kommen Eltern und Verwandte oft nicht klar, denn wenn sie nicht selbst Neumonde sind, können sie nicht nachvollziehen, dass so kleine Kinder schon genau wissen, was und wann sie es wollen, vor allem jedoch, was sie *nicht* wollen.

Respektieren Sie die Eigenart Ihres Neumond-Kindes und lassen Sie ihm diesen nötigen Freiraum, ohne sich von ihm zurückgestoßen zu fühlen. Es hat nichts mit Ihnen zu tun oder damit, dass Ihr Kind Sie nicht liebt! Vielmehr könnten Sie an ihm lernen, wie gesund es eigentlich ist, sich abzugrenzen und sich nicht anderen zuliebe zu verbiegen. Warum sollte es Streicheleinheiten akzeptieren? Nur um Ihnen einen Gefallen zu tun?

Natürlich ist es wichtig, dass sich das Neumond-Kind die Kuscheleinheiten holt, die es wie alle anderen Kinder auch braucht. Aber am liebsten hat es dafür ein sich stets zur gleichen Zeit und am gleichen (bestmöglich zurückgezogenen) Ort stattfindendes Ritual – ob nun einmal oder auch zwei Mal am Tag, das ist von Kind zu Kind verschieden. So kann abends beim zu Bett gehen und/oder morgens beim Aufstehen Kuschelzeit sein. Da kann das Neumond-Kind es annehmen, ohne das Gefühl zu haben, dass es den Freiheitsdrang zugunsten von Streicheleinheiten eindämmen muss. Denn schon von klein auf sollte die Unabhängigkeit des Kindes nicht gegen zwischenmenschliche Beziehungen ausgespielt werden, denn dann zieht sich ein Neumond-Kind automatisch zurück. Wenn hier für ihn ein Entweder-Oder entsteht, wird es sich seinem Wesen gemäß für die Freiheit und Selbständigkeit entscheiden. Sie können ihm das größte Geschenk machen, wenn Sie ihm beibringen, dass beides vereinbar ist. Lassen Sie ihm die angeborene Wildheit, die es hat und es wird es Ihnen danken, indem es Ihnen vertraut, denn kaum ein Kind braucht so sehr das Gefühl geliebt zu werden, wie es ist, wie ein Neumond-Kind.

Genauso wichtig ist es, dass das Kind Momente erkennt, in denen es eben nicht so selbständig ist und lernt, Hilfe zu suchen und auch anzunehmen, ohne dass ihm das Probleme bereitet. Bieten Sie ihm also die Hilfestellung auf eine Art und Weise an, die nicht an seiner Würde rüttelt, entweder spielerisch oder erklärend, wie toll es das schon selbst macht, Sie jedoch noch einen Trick wüssten, wie es besser ginge.

Das ganzheitliche Sehen üben

Kaum ein Kind wird in der Trotzphase so oft „Nein!" sagen wie ein Neumond-Kind. Es wird auch kein anderer Typ so schnell und so früh genau wissen, was es *nicht* will. Wichtig ist es, hier, das Kindchen behutsam darauf hinzuführen, sich darauf zu konzentrieren, was es denn nun möchte ...

Neumond-Kinder haben den Adlerblick. Sie sehen sehr scharf und alle Details.

Können Sie sich vorstellen, wie es für ein Kind ist, wenn es all die dunklen Seiten der Menschen und der Welt genau sieht? Wenn es diese Informationsflut mit einem sich langsam entwickelnden Geist zu verarbeiten versucht? Neumond-Kinder haben oft unerklärliche Ängste in der Kindheit, die nicht immer leicht nachzuvollziehen sind, am wenigsten von ihnen selbst. Hierbei gilt es, zum einen den natürlichen Schutz, den es innehat, zu aktivieren, indem dieser ihm immer wieder in Erinnerung gerufen wird, zum anderen jedoch ganz bewusst seine Aufmerksamkeit auf die schönen Dinge des Lebens zu lenken, auf die es von alleine nicht so leicht kommt.

Neumond-Kinder haben den Adlerblick. Sie sehen sehr scharf und alle Details, z.B. können sie – wenn sie darauf aufmerksam gemacht werden – gut Tiere in der Wildnis beobachten. Sie erkennen dank ihres ausgeprägten Sehvermögens Details in der Landschaft, die anderen unbemerkt bleiben. Sehen und Beobachten macht den Neumond-Kindern Spaß.

Schenken Sie Ihrem Kind eine ganzheitliche Sicht auf die Welt, sodass es sich an der Sonnenseite des Lebens orientiert und einen Optimismus in seinem Leben entwickeln kann, ohne jedoch seine Fähigkeit, die Schattenseiten des Lebens zu sehen, herabzusetzen und zu vermindern. Da würde der Schuss nach hinten losgehen! Es geht hier um ein Dazu und ein Feilen an der Stärke, sie sollen nämlich das, was sie sehen, nutzen und für ein eigenmächtiges, besseres Leben einsetzen lernen.

Das Neumond-Kind in der Familie

Zudem tendiert das Neumond-Kind in der Familie dazu, Verdrängtes auf sich zu nehmen und auszuleben

Neumond-Kinder übernehmen bei Geschwistern oft die Rolle des Älteren, des mütterlich Beschützenden, auch wenn sie durchaus nicht immer die ältesten sind. Natürlich geht oft damit einher, dass sie das Kommando und auch manchmal zu viel Verantwortung übernehmen, sodass die anderen Geschwister sich bevormundet und in ihrer freien Entwicklung gehemmt fühlen.

Es ist auch zu Gunsten des Neumond-Kindes, wenn es daran erinnert wird, dass es in diesem Gefüge das Kind ist und nicht einen Part einnimmt, der eigentlich den Erwachsenen in der Familie zusteht: für Ordnung zu sorgen, die Konflikte zu klären, Unausgesprochenes aufzuzeigen, zu schützen, Regeln aufzustellen und die Einhaltung derselben einzufordern uvm.

Zudem tendiert das Neumond-Kind in der Familie dazu, Verdrängtes auf sich zu nehmen und auszuleben, vor allem jedoch die unterdrückten unangenehmen Gefühle und Erlebnisse. Wenn ein Neumond-Kind ein auffälliges Verhalten zeigt, empfiehlt es sich nachzuschauen, was gerade im Gesamtgefüge der Familie passiert ist: Ist etwas Schlimmes vorgefallen und noch viel Wut bzw. Ohnmacht im Raum? Wird Lust auf irgendeiner Ebene unterdrückt? Das Neumond-Kind zeigt oft Signale, die aufzuschlüsseln sind.

Das Neumond-Kind ist auf der Suche nach seiner Eigenmacht und auf diesem Weg kommt es ganz natürlich mit dem Spiel Macht-Ohnmacht in Berührung. Hier braucht es die liebevolle Anleitung seiner Eltern, die es ihm erlauben, die Grenzen in diesem Bereich auszuloten, um sich der eigenen Macht anzunähern, die sich nicht auf die anderen erstreckt.

Neumond-Kinder brauchen mehr als andere Rückzugsmöglichkeiten. Sie sind nicht die Gesellschaftstiere, so gern sie ihre Familie auch haben, sie möchten nicht ununterbrochen mit den Mitgliedern zusammen sein. Wenn es geht, sollten sie ein „Zimmer für sich allein" haben, auf alle Fälle jedoch ihren eigenen Bereich, in dem sie schalten und walten können, wie sie es möchten und in den ihnen weder ein Geschwisterchen noch die Eltern dreinreden.

Die Freizeitgestaltung des Neumond-Kindes

Die Freizeitgestaltung des Neumond-Kindes sollte auf alle Fälle mit ihm abgesprochen werden, auch wenn es noch so klein ist. Nur nicht über seinen Kopf hinweg entscheiden, sonst werden bei ihm nur unnötig

Blockaden aufgebaut. Und wenn das Neumond-Kind einmal beim „Nein!" gelandet ist, können Sie sich selbst vieles ersparen, indem Sie Ihre Pläne an die Wünsche Ihres Kindes anpassen.

Auch Neumonde brauchen wie die Sonnen-Kinder Auslauf, gepaart mit Abenteuer und dem Ausloten von Grenzen, damit sie neue Erfahrungen machen und sich selbst erkunden können. Vor allem jedoch sollten Sie Ihr Kind dazu ermuntern, ein Hobby in Gemeinschaft auszuleben, damit es lernt, seinen Platz dort zu finden und dennoch sich selbst treu zu bleiben.

Die „roten" Gefühle kultivieren

Neumond-Kinder haben eine starke Energie, psychisch wie körperlich, und somit eine innere Spannkraft, die es unbedingt auch körperlich auszuleben gilt, damit sie ausgeglichener sein können und wissen, was mit ihrer Kraft zu tun ist. Am besten ist es, wenn sie in einem spielerischen Umgang ihre Gefühle der Lust und Wut angemessen ausleben lernen. Es geht darum, dass ihnen nicht verboten wird, diese starken Kräfte zu leben, sondern vielmehr sie zu kanalisieren, um sie positiv für sich selbst und ihre Umgebung einzusetzen.

Am besten ist es, wenn Neumond-Kinder in einem spielerischen Umgang ihre Gefühle der Lust und Wut angemessen ausleben lernen.

So sind z.B. Kampfsportarten geeignet, in denen im Spiel der kreative Umgang mit Verteidigung und Zorn – eingebettet in einen ganzheitlichen Hintergrund – erlernt wird. Hinzu kommt, dass bei all diesen Sportarten Disziplin und Beherrschung einerseits, Reaktionsschnelligkeit und Beobachtungsgabe andererseits Teil des Könnens sind. Somit hat das Neumond-Kind von vorneherein gute Karten, um dieses Betätigung lustvoll und erfolgreich zu erfahren.

Wie ein Neumond in seine Kraft kommt

Wie bei allen anderen Typen geht es auch beim Neumond sehr stark darum, dass er in seine Kraft kommt. Wie kann dieser Typ „den Neumond in sich aufgehen" lassen, wie Oma es so schön formuliert hatte?

Oma hatte eine große Vorliebe für Neumonde, vor allem für weibliche, nicht zuletzt weil ihre Großmutter und ich diese Typen sind, und sicherlich zu den wichtigsten Bezugspersonen in ihrem Leben gehörten, aber auch weil sie diesen Typ einfach bewunderte, der gerade die Eigenschaften hatte, die sie gern selbst ein wenig mehr gehabt hätte.

Der Neumond geht in die Kraft

Gerade beim Neumond ist es für Sie wichtig, sich mit der Dunkelheit, der Nacht und den Farben Schwarz sowie auch Rot auseinanderzusetzen, die allesamt in unserer heutigen Gesellschaft oft mehr negativ als positiv besetzt sind. Finden Sie für sich einen positiven Zugang dazu, auf welche Art auch immer!

Auch beim Neumond geht es darum, die Stärken zu fördern und die Schwächen in Stärken umzuwandeln (Einen kurzen Überblick finden Sie in Kapitel 11, S. 328–329), wobei wir in diesem Kapitel auf zwei Aspekte besonderen Wert legen:

Da dieser Typ derjenige ist, der am schwersten in dieser Gesellschaft verstanden wird, wollen so manche gar kein Neumond sein. Gehören Sie zu dieser Sorte von Neumond, dann gilt es für Sie, sich in erster Linie die Qualitäten des Neumondes wirklich vor Augen zu führen.

Der zweite Aspekt betrifft hingegen den Zug des Neumondes, viel zu streng mit sich zu sein. Gehören Sie zu dieser Sorte Neumond, dann bedenken Sie, dass jede Medaille zwei Seiten hat und schenken Sie beiden Seiten gleich viel Aufmerksamkeit, d.h. konzentrieren Sie sich auch auf das Gute Ihrer Eigenschaften und zwar mit genauso so viel Zeit und Energieaufwand wie Sie für die negativen Seiten aufwenden! Es gibt zwei Möglichkeiten der Selbstentfaltung: Die eine ist, sich auf die eigenen Schwächen zu konzentrieren und sie auszumerzen, die zweite, die eigenen Stärken in die Blüte zu bringen. Da der Neumond eher zur ersten Variante tendiert, ist es äußerst hilfreich für ihn, nicht zu vergessen, auch die Stärken ins Visier zu nehmen und zu fördern. Wir werden unsererseits in diesem Kapitel versuchen, das zu unterstreichen und viele Tipps und Übungen in diese Richtung geben.

Die Coolness

Sich der eigenen Ausstrahlung bewusst werden

Entweder sind Neumonde mit ihrer Ausstrahlung sehr zufrieden oder sie haben mit ihr zu kämpfen. Oft ist das natürlich auch geschlechtlich aufgeteilt: Männer können mit ihrem Neumond-Image recht gut, Frauen weniger, aber natürlich kommt es in erster Linie auf die eigene individuelle Geschichte an, wie der Mensch mit seinem Wesen zurechtkommt.

Zuerst einmal für all diejenigen Neumonde, die sich mit ihrer Ausstrahlung schwer tun: Sie sind „cool"!

Zuerst einmal für all diejenigen Neumonde, die sich mit ihrer Ausstrahlung schwer tun: Sie sind „cool"! Es gibt genügend Jugendliche – und nicht nur diese – auf dieser Welt, die sonst was dafür geben würden, so „cool" zu sein wie Sie! Auch wenn Sie sich selbst nicht so fühlen und Sie das laut Ihrer Meinung gar nicht so drauf haben, wie es hier beschrieben steht, Sie tragen es in sich!

Erforschen Sie doch Ihr Inneres und entdecken Sie Ihre eigene Coolness! Und machen Sie etwas Ungewöhnliches: Fragen Sie Ihre Umgebung, Menschen, die Ihnen nahe stehen, ob und was die an Ihnen „cool" finden! Ihre „Coolness" kann eine bestimmte Lässigkeit im Umgang mit dem, was sich gerade ereignet, sein, eine Selbstsicherheit, die Sie ausstrahlen, eine Gelassenheit, die Sie verströmen, eine Rebellion, die Sie leben. Es kann sein, dass Sie für andere wie der „Fels in der Brandung" erscheinen uvm. Die Spielarten der Coolness sind vielfältig!

Bei einem Seminar erzählte uns einmal eine Neumond-Klientin, dass sie auf dem Nachhauseweg mit einer Vollmond-Frau und einem Vollmond-Mann durch eine schwach beleuchtete Gasse ging. Als sie meinte, dass es hier schon ein wenig an Beleuchtung fehle, meinte der

Vollmond-Mann belustigt: „Wir haben ja dich mit, da brauchen wir uns nicht mehr zu fürchten!" Sie fühlte sich alles andere als geschmeichelt, denn sie verstand es so, dass wenn es zu einer Gefahr käme, dieser muskulöse Mann sich eher auf sie verlassen würde, als dass sie auf seinen Schutz vertrauen könne und dabei fühlte sie sich zum einen überfordert, zum anderen nicht als zu beschützende Frau beachtet.

Ihre Ausstrahlung reicht soweit, dass sich auch andere neben Ihnen sicherer fühlen, egal wie wohl Ihnen selbst ist

Erst im gemeinsamen Aufarbeiten wurden ihr auch die Vorteile der Situation klar: Wenn ein muskulöser Mann wie dieser Vollmond so eine Bemerkung machte, bedeutet das doch, dass sie eine Ausstrahlung hat, die eher verhindert, dass ihr in einer wenig beleuchteten Gasse ein Überfall zustößt und sie eine unliebsame Überraschung erlebt. Sie sieht nicht wie ein leichtes Opfer aus – zu ihrem Glück. Und ihre Ausstrahlung reicht soweit, dass sich auch andere neben ihr sicherer fühlen, egal wie wohl ihr selbst ist – das heißt noch lange nicht, dass im Notfall nur von ihr eine Intervention erwartet wird, aber dass sich die Menschen mit ihr zusammen stärker fühlen, das kann wohl nur zu ihrem Vorteil sein ...

Sobald Sie für sich erfahren haben, worin Ihre Coolness besteht, dann bitte machen Sie sich diese zunutze! Entdecken Sie, dass Sie für viele der „Fels in der Brandung" sind? Dann schauen Sie, ob Sie das auch beruflich oder in der Freizeitgestaltung nutzen können! Gehören Sie zu den Neumonden, die wenig Bestätigung von außen brauchen für Ihren Selbstwert, dann haben Sie Freiheiten, die sich andere Typen gar nicht erträumen können!

Setzen Sie sich leicht über Regeln hinweg, die für Sie nicht wirklich einen Sinn machen? Haben Sie das natürliche Gefühl der Gerechtigkeit? Oder besitzen Sie den typischen Neumond-Durchblick oder diese Eigenmacht? Das sind alles Eigenschaften, die andere äußerst bewundernswert finden und selbst gerne hätten. Es ist Zeit, dass Sie daraus etwas für sich machen, beruflich und/oder privat. Vor allem jedoch sollte Sie das mit der Welt befrieden, dass – egal wie schwer sich die Gesellschaft oft mit Ihnen tut oder Sie sich mit ihr – Sie gleich viele Vorzüge wie alle anderen Typen erhalten haben und es in Ihrer Hand liegt, aus ihnen etwas zu machen ...

Für die Neumonde, die hingegen mit ihrem Image sehr gut zurechtkommen einige Tipps: Sie können auf andere Menschen oft streng, vehement und auch gefährlich wirken, Ihr prüfender Blick durchdringend und unangenehm, das sollten Sie sich immer wieder bewusst machen. Das hat natürlich etwas Mächtiges und aufgrund Ihrer Veranlagung fasziniert Sie das Macht-Ohnmacht-Spiel, aber das sollte Sie nicht dazu verführen, zu viel damit zu spielen, denn damit halten Sie andere auf Distanz, manchmal auch solche Menschen, die Sie gar nicht so weit weg haben möchten. Das macht Sie auf Dauer einsam. Viele Neumonde tendieren dann dazu, dass sie die Not zur Tugend machen, indem sie diese Ausstrahlung noch einmal unterstreichen und meinen: „Ich will eh alle auf Distanz halten, es geht mir schon gut so!"

Die meisten Neumonde leiden allerdings wenigstens einmal in ihrem Leben darunter, dass sie solch einen Eindruck auf andere machen und sollten daraus einfach ihre Lehren ziehen. Astrid meint immer: „Da ich als Neumond sowieso Respekt erzeuge, brauche ich mich auf den auch gar nicht weiter zu konzentrieren – der entsteht von alleine. Vielmehr versuche ich, mich als Neumond von meiner schönsten Seite zu zeigen, ohne dass ich vorgebe, etwas anderes zu sein, als ich bin.

„Da ich als Neumond sowieso Respekt erzeuge, brauche ich mich auf den auch gar nicht weiter zu konzentrieren – der entsteht von alleine."

Ich gehe nicht gerne auf andere Leute zu, aber ich bemühe mich um eine offene Haltung, damit die Leute auf mich zugehen können, wenn ich Lust darauf habe. Wenn jemand meine Stärke oder meinen Selbstwert bewundert, dem danke ich dafür und wenn ich tatsächlich Freude verspüre, dass es ihm gefällt, dann zeige ich es ihm.

Wenn ich bei Kindern merke, wie sie sich hinter dem Rockzipfel ihrer Eltern verstecken, wenn ich komme, dann gehe ich nicht auf sie zu, sondern lasse ihnen Zeit. Im Grunde geht es ihnen wie mir: Sie müssen mich kennen lernen, um sich an mich zu gewöhnen. Wenn ich entdecke, dass ich von ihnen beobachtet werde, lächle ich sie an und zeige ihnen, dass auch ich vieles sehe und bemerke. Meist kommen sie dann und stellen mir Fragen. Das ist der Anfang unserer Beziehung.

All das sind Kleinigkeiten, die mich nichts kosten, die jedoch merklich meine Umwelt verändern und sie positiv auf mich einstimmen. Falls ich hingegen das Gegenteil erreichen möchte, brauche ich nur meine kühle

Neumonde machen Angst

Ausstrahlung und mein „Nein!“ wirken zu lassen und ich habe meine Ruhe. Wenn ich daran denke, dass mir das am leichtesten fällt, was für andere Typen so langwierig und schwer zu lernen ist, dann bin ich froh, dass ich bin wie ich bin, denn mir kommt vor, das was ich zu lernen habe, ist eigentlich der leichtere Part ...“

Sie brauchen nicht so viele Menschen um sich wie vielleicht andere Typen, aber Sie sind dennoch im Gegensatz zu Vollmond und Sonnenfinsternis eher der extrovertierte Typ, der auf Aktion drängt und expandiert. Daraus folgt, Sie brauchen auch Ihre Umwelt – wenn auch auf ganz andere Art und Weise als die Sonne – und sollten sich dementsprechend mit ihr auseinandersetzen.

Viele von Ihnen haben eine intensive sexuelle Ausstrahlung, vor allem wenn Sie sich stark nach dem Lustfaktor in Ihrem Leben richten. Auch hier gilt, dass Sie nicht zu sehr mit ihr spielen, da sie damit sehr schnell die Grenzen von anderen überschreiten. Hier gilt der Spruch meiner Oma: „Was du nicht willst, dass man dir tut, das füg auch keinem andern zu!“ Falls Ihnen diese erotische Ausstrahlung jedoch noch nicht aufgefallen sein sollte, dann ist das ein Zeichen dafür, dass Sie sich mehr nach Ihrer Lust richten müssen in Ihrem Alltag. So können Sie bewusst diese schöne und angenehme Seite aus sich herausholen, denn wer möchte freiwillig auf eine erotische Ausstrahlung verzichten?

Das Außen im Gleichgewicht mit dem Innen

Die meisten Neumonde werden für eine ihrer Eigenschaften, auf alle Fälle jedoch für ihre Ausstrahlung bewundert. Sind Sie sich dessen bewusst? *Sehen* Sie das auch und nützen Sie das für sich selbst?

Für die meisten Neumonde gilt es, ihr Selbstbild mit dem Fremdbild in Einklang zu bringen.

Gerade für den Neumond-Jugendlichen kann die Bewunderung wie ein Balsam sein, denn normalerweise ist die Pubertät und das Erwachsen-Werden für einen Neumond ein eher quälender Prozess, denn er hinterfragt sich so sehr wie kaum ein anderer Typ und kann es gleichzeitig nicht erwarten, sein Leben in die Hand zu nehmen und alle Entscheidungen selbst zu treffen.

Für die meisten Neumonde gilt es, ihr Selbstbild mit dem Fremdbild in Einklang zu bringen, denn da klaffen oft Abgründe dazwischen. Das krasseste Beispiel dafür lieferte uns einmal eine Neumond-Klientin, die uns Folgendes erzählte:

„Als ich in die Oberschule ging, fühlte ich mich einsam, unverstanden und einfach unglücklich. Ich hielt es bei mir zu Hause nicht mehr aus, rebellierte in der Schule, fühlte mich weit entfernt von meinem Freundeskreis und war rundum unglücklich. Ich erinnerte mich nur sehr ungern an diese Zeit und konnte nie verstehen, wie andere z.B. behaupteten, sie würden sofort wieder in ihre Jugend zurückkehren, weil sie damals so glücklich waren.“

Eines Tages begegnete sie einer alten Schulkollegin. Sie kamen ins Gespräch und natürlich erinnerten sie sich gemeinsam an ihre Schulzeit. Da erzählte die Schulkollegin auf einmal, wie sehr sie unsere Klientin damals bewundert und beneidet hatte. Sie sei immer im Mittelpunkt gewesen, hätte stets Leute um sich herum gehabt, war überall eingeladen, hatte sich bei ihren Eltern die längsten Ausgehzeiten erkämpft, durfte Sachen, die sie sich nicht einmal im Traum gewagt hätte zu fragen, war mit den tollsten Jungs unterwegs und hatte nie Selbstwertprobleme ... Unserem Neumond blieb die Spucke weg ... Alles, was die Schulkollegin gesagt hatte, stimmte, nur hatte sie es nicht so wahrgenommen. Sie steckte damals so in ihrem eigenen hausgemachten Sumpf, dass all das, was sie hatte, weder von ihr gesehen, geschweige denn von ihr bemerkt worden war, dass andere viel dafür gegeben hätten, in ihrer Situation zu sein – reden wir gar nicht davon, dass sie es genossen hätte.

Neumonden fällt das Vergleichen mit anderen oft schwer und wenn, dann sehen sie entweder, was bei den anderen nicht stimmt und oft noch viel mehr, was die haben und sie selbst nicht, was die besser können als sie etc. Eine Neumond-Freundin von uns meinte einmal scherzhaft: „Wenn ich den anderen Frauen einmal erzählen würde, wie schön ich sie im Gegensatz zu mir finde, dann würde ich wirklich den Selbstwert aller steigern. Eines Tages kam ich auf die Idee, mich mit dieser Sichtweise selbst im Spiegel anzuschauen, seitdem komme ich mit meinem Aussehen besser klar!" Die Moral von der Geschichte ist: Seien Sie nicht zu streng zu sich, egal in welchem Bereich, sondern konzentrieren Sie sich auch auf das, was Sie können, was Sie gut gemacht haben etc., kurzum: Richten Sie das Augenmerk immer öfter auch auf Ihre Stärken!

„Wenn ich den anderen Frauen einmal erzählen würde, wie schön ich sie im Gegensatz zu mir finde, dann würde ich wirklich den Selbstwert aller steigern."

Egal wie selbstsicher und unverwüstlich ein Neumond erscheint, dieser Typ hat genauso seine Unsicherheiten und Momente der Hilfsbedürftigkeit wie alle anderen auch. Seien Sie sich bewusst, dass Ihnen das nicht so leicht angesehen wird! Springen Sie über Ihren Schatten und zeigen Sie Ihre Unsicherheit oder fragen Sie offen um Hilfe. Das macht Sie für andere greifbarer und somit menschlicher sowie liebenswerter!

Die Stärke

Das eigene Wahrnehmungsinstrument schulen

Vielen Neumonden passiert es mindestens einmal im Leben, dass sie sich fragen, warum sie so viel sehen. Der Spruch: „Was ich nicht weiß, macht mich nicht heiß!" gilt für sie sehr selten, weil sie vieles wahrnehmen und erkennen, darunter Negatives bzw. auch solches, wo es nicht in ihrer Hand liegt etwas zu verändern. Wie meine Oma immer so schön formuliert hat: „Es ist eine Gabe und sie wurde dir nicht umsonst geschenkt.

Natürlich ist auch die Gabe zugleich ein Fluch, aber es liegt an dir, was du daraus machst. Rennst du vor ihr davon, ist sie ein Fluch, siehst du sie als ein Werkzeug an, dessen Umgang du perfekt erlernen kannst, ist sie eine Gabe!"

Sie können zum einen schauen, wie Sie ihre Begabung beruflich nutzen können, zum anderen aber auch lernen, Ihre Sicht zu lenken. Beobachten kann Spaß machen!

Ein Neumond-Bekannter von uns hat es seit jeher dermaßen genossen, Details in seiner Umgebung zu beobachten, dass er diese Leidenschaft zum Beruf gemacht hat: Er wurde Kameramann. Seine Kameraführung zeichnet sich dadurch aus, dass er Sinn fürs Detail hat und es durch die Linse auch für andere hervorheben kann, ob nun in der Natur oder bei den Menschen etc.

Klarer Blick in die Schattenseiten

Setzen Sie sich mit Ihrem „Röntgenblick" auseinander: Haben Sie ihn vielleicht spezialisiert und das Augenmerk besonders in eine Richtung gelegt? Nutzen Ihnen die Erkenntnisse, die Sie aus diesen Beobachtungen ziehen – und wenn Sie Ihnen Spaß machen, ist das auch schon ein Nutzen ... Können Sie aus der Tatsache, dass Sie auch das Negative erkennen, für Sie positive Folgen ableiten? Indem Sie z.B. Ihre Weitsicht für Ihre oder anderer Leute Entscheidungen nutzen? Sind Sie sich Ihres Realitätssinnes bewusst? Gerade letzterer ist jedoch immer wieder zu prüfen, denn wenn Sie sich zu sehr auf das Sehen der dunklen Seiten konzentrieren, dann fehlt es Ihnen genauso an Realitätssinn wie den unverbesserlichen OptimistInnen! Die meisten Neumonde müssen ihren Blick für das Schöne, Angenehme und Gute extra schärfen! Konzentrieren Sie sich Tag für Tag darauf, damit das Gleichgewicht stimmt. Üben Sie ganz bewusst, dass Sie z.B. beim Kennenlernen eines Menschen die dunklen Aspekte erkennen und dann bewusst darauf schauen, ob Sie auch seine hellen Aspekte erspähen und denen genauso Aufmerksamkeit zukommen lassen. Oder dass Sie z.B. in einer Situation nicht nur die Nachteile, sondern auch die Vorteile erkennen.

Viele Neumonde gehen oft zu sehr von ihrer Nase aus und erwarten sich von ihren Mitmenschen, dass sie genauso viel sehen wie sie selbst. Sie haben oft wenig Verständnis dafür, dass diese manchmal im Vergleich zu ihnen fast blind sind – was oft sogar zu Arroganz führen kann.

Sie sollten sich immer bewusst sein, dass andere Typen auch andere Stärken haben – oft genau da, wo Ihre Schwächen liegen! Vielmehr ist Ihr Sehen Ihre besondere Stärke, die Sie für sich und andere einsetzen können – während eine Sonne für Sie ihre Lebensfreude, der Vollmond seine Gefühlsstärke und die Sonnenfinsternis ihre Kombinationsgabe einsetzen kann.

Ein Neumond in seiner Kraft ist sich seiner Stärke bewusst ohne die Stärken der anderen zu schmälern. Die Menschen, die sich mit Ihrem

Röntgenblick schwer tun, weil er ihnen Angst einjagt, können so im Laufe der Zeit den Wert erkennen, so einen Typ wie Sie in ihrer Nähe zu haben, der jederzeit die Augen offen hat und jedem und jeder auch die Augen öffnen kann.

Eigenmacht und was damit zusammenhängt …

Für die meisten Neumonde ist es ein fast unbezwingbarer Drang, die Eigenmacht, sprich: Macht über sich selbst, größtmögliche Selbständigkeit und Unabhängigkeit, zu erreichen. Während andere Typen sich ohne diesen Drang oft mühsam zu diesem Ziel hinkämpfen müssen, nachdem sie zuerst oft so manche unliebsame Erfahrung gemacht haben, spürt der Neumond von Geburt an die Notwendigkeit der Eigenmacht für die Wahrung der eigenen Würde. Eigenmacht ist die Basis für Würde und Respekt und der einzige Ausweg aus dem Spiel Macht-Ohnmacht. Oma meinte immer, dass Macht und Ohnmacht ein Paar sind, das in Symbiose lebt. Es ist gut, sich von beidem zu verabschieden, denn lange kann der eine ohne den anderen nicht sein. Wer Macht hat, der fürchtet sich vor der Ohnmacht oder hat sie schon hinter sich, wer Ohnmacht hat, der leidet unter der Macht, verlernt die Eigenmacht und wenn er sie haben könnte, ist die Macht eine oft zu große Verführung, der er verfällt …

Eigenmacht ist die Basis für Würde und Respekt und der einzige Ausweg aus dem Spiel Macht-Ohnmacht.

Es ist ein Thema der Menschheit und jeder Typ hat damit zu tun, aber der Neumond trägt den Schlüssel in sich, wenn er ihn denn benutzt. Mehr als jeder andere Typ neigt er dazu, in die Macht zu gehen, wenn er zu seiner Eigenmacht nicht kommt. Das sind die strengen Patriarchen in ihren Familien oder die intrigierenden und tratschenden Frauen … Für Sie gilt, dass Sie sich bewusst werden, wie wichtig in Ihrem Leben die Eigenmacht ist und das Ziel, sie zu erreichen, äußerst ernst nehmen, damit Sie nicht in das Spiel der Macht/Ohnmacht hineinfallen. Konzentrieren Sie sich vielmehr auf Ihre Würde und Ihre Freiheit, lehren Sie Ihrer Umgebung die Wichtigkeit dieser Werte!

Eng zusammen mit der Eigenmacht hängt das Rebellieren. Die auf Ihrem Freiheitsdrang beruhende Rebellion macht vielen Menschen Angst, da sie diesen Drang nicht so stark spüren und darum auch nicht diesen Druck etwas im Leben Richtung Freiheit zu verändern. Erst dieser Druck erzeugt den nötigen Mut, um sich aufzulehnen. Darum sollten Sie sich offene Rebellionen aufsparen für wirklich wichtige Angelegenheiten in Ihrem Leben, weil Sie sonst durch die Blockaden, die die Mitmenschen bei solchen Angst auslösenden Aktionen Ihrerseits unwillkürlich aufbauen, neue Probleme schaffen, die Ihr gewünschtes Ziel, mehr Freiheit zu erlangen, wieder in die Ferne rücken … Viele Neumonde tendieren dazu, ihre Rebellion einfach auszuleben und stoisch die Konsequenzen ihres Handelns zu ertragen, dabei könnten Sie sich ganz bewusst das Leben ein bisschen leichter machen.

Andere Typen sind nicht so gebaut wie Sie, sie haben andere Prioritäten. Den meisten ist jedweder Frieden – ob auf Illusionen oder auf solider Basis aufgebaut – in einem ersten Moment lieber als das Erreichen einer größeren Freiheit mit dem Preis eines Konfliktes. Oft ist es besser, in kleineren und weniger vehementen Schritten, bei denen sich die anderen Menschen leichter daran gewöhnen können, den Weg zur Freiheit zu beschreiten. Damit werden sie nicht vor den Kopf gestoßen und können auf ihre Weise ihren Beitrag zur Erreichung dieses Ziels geben.

Freiheit und Eigenmacht sind sehr wichtige Werte, für die es sich einzusetzen lohnt, aber sie sind nicht die einzig wichtigen, die Liebe und das Mitgefühl sind es ebenso. Auch für sich selbst. Denn so manche Neumonde treiben es mit der Eigenmacht auch zu weit, indem sie um jeden Preis ihr Leben alleine organisieren möchten. Ein genauso wichtiger Wert, den die meisten Neumonde meist zuerst lernen müssen, ist Vertrauen – Vertrauen in eine höhere Instanz, die es gut mit ihnen meint, Vertrauen in die Menschen, die sie lieben – und die Hingabe, sobald das Vertrauen einmal geschaffen worden ist. Die Hingabe ist ein Loslassen von Kontrolle und da wären wir schon beim Nächsten ...

Schutz – das große Thema

Wenn Neumonde etwas für wichtig erachten und sich niemand darum kümmert, gehen sie es an, egal wie jung oder alt, wie schwach oder stark, wie einflussreich oder unbedeutend sie sind – vor allem, wenn es um Schutz geht, dafür übernehmen die meisten Neumonde automatisch die Verantwortung.

Die Fähigkeit der Abgrenzung ist für die psychische Gesundheit unabdingbar

Sie sind wie ein Haifisch, der die Gewässer reinigt und der Ruf der Haifische ist alles andere als der des Gesundheitspolizisten der Meere. Den Haifischen wird eher angerechnet, dass sie ein paar wenige Menschen pro Jahr fälschlicherweise als Beute anknabbern, nicht etwa dass sie Millionen kranker, verletzter oder toter Tiere „entsorgen", um die Meere sauber zu halten. Dieser Eindruck entsteht in erster Linie durch ihr erschreckendes Äußeres. Ähnlich geht es oft den Neumonden. Es erfordert ein Umdenken der Gesellschaft gegenüber beiden, aber im Gegensatz zum Haifisch hat der Neumond die Möglichkeit, durch ein wenig mehr Kommunikation und Vertrauen in die anderen seine Robin-Hood-Haltung besser darzulegen und somit besser verstanden zu werden. Kehren Sie ruhig das Schützen als Ihre Stärke hervor und dass Sie damit nicht nur sich, sondern auch anderen Gutes tun!

Während andere Typen es erst im Laufe ihres Lebens erlernen müssen, können sich Neumonde auf natürliche Weise abgrenzen. Diese Fähigkeit ist für die psychische Gesundheit unabdingbar und Neumonde erkennen das instinktiv, wenn sie nicht von ihrem Wesen abgebracht wurden. Für alle anderen Typen wird Abgrenzung nicht als notwendiger

Schutz angesehen, sondern vielmehr als eine negative, ablehnende Haltung, der sie wenig Gutes abgewinnen können.

Astrid erklärt sie aber meist so: „Ich tue den Menschen, die meine Grenzen bewusst oder unbewusst überschreiten, etwas Gutes, denn ich verhindere, dass sie sich an mir schuldig machen. Würde ich sie nicht daran hindern, dann könnten sie mich verletzen, mir Unrecht tun und vielleicht würden wir uns sogar in eine lange Macht-Ohnmacht-Geschichte miteinander verwickeln. Wenn ich das schon voraussehe, ist es dann nicht besser, dass ich dem einen Riegel vorschiebe? Das ist auch eine Form von Nächstenliebe an diesem Menschen: Ich bewahre ihn davor, sein Hemd mit unrechten Taten zu beschmutzen!"

Natürlich steckt nicht nur Altruismus dahinter. Neumonde spüren in ihrem Inneren die Verletzungen genauso wie alle anderen, auch wenn sie es nicht so zeigen und dazu tendieren, im stillen Kämmerlein damit fertig zu werden. Sie ziehen es aber vor in der Eigenmacht und „Herr der Lage" zu bleiben, denn wenn sie etwas nicht haben können, dann ist es Ohnmacht zu erleben.

Wahr ist, dass Verletzungen, die von Personen kommen, die dem Neumond nicht sehr nahestehen, recht gut von seiner Schutzhülle abprallen. Viele Neumonde lassen diese so gut wie kalt, weil sie so wenig auf die öffentliche Meinung geben. Verletzt können sie in erster Linie von den Menschen werden, die ihnen hingegen nahegekommen sind, und da gilt es zu lernen, diese scheinbare Unnahbarkeit niederzulegen. Gehören Sie zu dieser Sorte von Neumond, ist es für Sie angebracht, Ihren Panzer bei den Lieben abzulegen und ganz bewusst ohnmächtig – im Sinne von ohne Macht – die Hände auszustrecken und die eigene Verletzung dem

Verletzt können sie in erster Linie von den Menschen werden, die ihnen hingegen nahegekommen sind und da gilt es zu lernen, diese scheinbare Unnahbarkeit niederzulegen.

Klare Grenzen freundlich gesetzt

anderen zu zeigen. Das sind das Vertrauen und die Hingabe, von denen wir vorher gesprochen haben und die genauso die Basis einer Beziehung sind wie Respekt und Eigenmacht. Es gehört nämlich auch Stärke und Mut dazu, die eigene Verletzlichkeit zuzugeben – nicht allen gegenüber, nur denen, die Sie lieben.

Wenn Sie Ihren inneren Wachhund überwinden und Ihre angeborene Liebe zur Wahrheit auch hier anwenden, indem Sie Ihre Verletzungen ganz offen zugeben, erfahren Sie noch einmal eine neue Dimension von Eigenmacht – nämlich vor Verletzungen nicht mehr davon rennen zu müssen und den Umgang mit ihnen zu erlernen.

Es gehört nämlich auch Stärke und Mut dazu, die eigene Verletzlichkeit zuzugeben.

Auch Schutz kann nämlich übertrieben werden. Unter den Neumonden finden wir auch viele SchwarzseherInnen, die überall die Gefahr wittern und von vorneherein misstrauisch gegen alles sind. Bei diesen Neumonden geht es jedoch ganz oft um solche, die Schlimmes erlebt und nicht verarbeitet haben und nun in der Gegenwart sowie der Zukunft fürchten, dass etwas eintrifft, was eigentlich längst schon passiert ist. Hier gilt es, vergangene Erfahrungen aufzuarbeiten und die darin gefangenen Gefühle auszuleben.

Eine zu dicke Schutzhülle verhindert nämlich, dass *irgendetwas* durchkommt, somit auch das Gute, das, was jemand dringend brauchen könnte. Dadurch ist es vor allem für den Neumond sehr wichtig, dass er nicht nur den Menschen, die er liebt, sondern auch dem Leben vertraut und sich immer wieder und immer öfter hinzugeben lernt.

Wenn Sie in diesem Bereich weiter an sich arbeiten möchten, empfehlen wir Ihnen, es zu lernen, sich fallen zu lassen – ob nun nach hinten auf Ihr weiches Bett mit ausgestreckten Armen, im Winter in den Schnee oder in einer Turnhalle auf einer weichen Unterlage. Auch ein großes Trampolin, auf dem Sie hüpfen und immer wieder auch auf den Rücken fallen können, ist etwas, was Sie einmal ausprobieren könnten. Vielleicht finden Sie Lust daran?

Ein weiterer Schritt ist, mit anderen Menschen solche Vertrauens- und Hingabeübungen zu probieren: Legen Sie sich im Wasser auf den Rücken und lassen Sie sich von einem Menschen leicht heben, damit Sie auf dem Wasser schweben. Er sorgt dafür, dass Sie nicht untergehen und ganz entspannt im Wasser liegen können. Fortgeschrittenenübung ist, dass Sie sich nach hinten und in die Arme eines anderen Menschen fallen lassen. Vertrauen Sie ihm, dass er sie auffängt. So lernen Sie langsam, dass Sie nicht 24 Stunden die Kontrolle über Ihr Leben haben müssen, weil Sie gar nicht alles kontrollieren können und müssen!

Das „Ross der Gerechtigkeit"

Astrid spricht immer davon, dass bei Neumonden ab und zu das „Ross der Gerechtigkeit" durchgaloppiert. Beispiel: Eine Neumond-Freundin hat sich Sorgen um ein befreundetes Paar, einen Sonne-Mann und eine Neumond-Frau, gemacht. Ihrer Meinung nach hatten diese eine unvorsichtige Fahrt mit einem Auto vor, was sie auf alle Fälle verhindern wollte, damit ihnen ja nichts passierte! Dementsprechend kam sie aufgeregt zu ihnen und schimpfte sie in Grund und Boden. Die Neumond-Frau verstand natürlich die Sorge, die dahinterstand, und bedankte sich bei ihrer Freundin, der Sonne-Mann hingegen fühlte sich komplett überrollt und niedergemacht. Anstatt zu ihrer Sorge zu stehen, hatte sich die Neumond-Freundin in einen Zorn hineingesteigert, in dem sie wie das Höchste Gericht die Unverantwortlichkeit angeprangert hatte – und damit diejenigen, denen sie eigentlich helfen wollte, an die Wand gestellt. Mit den Worten von Astrid hat da das „Ross der Gerechtigkeit" im Eifer des Gefechts alles und alle niedergetrampelt. Oder noch einmal anders: „Operation gelungen – Patient tot" ... Hier wäre es angebrachter gewesen, dass die Neumond-Freundin bei ihrem ursprünglichen Gefühl geblieben wäre – der Sorge, und dementsprechend diese vorgetragen hätte. Dann hätte das Paar wahrscheinlich gerne auf sie gehört und sich danach auch noch bei ihr bedankt.

Ähnliches gilt für das Erreichen größtmöglicher Wahrheit. Einem Neumond tut die Illusion mehr weh als die Wahrheit. Darum macht er mit diesen Schleiern kurzen Prozess und mit dem haarscharfen Schwert der Klarheit haut er jede Scheinwelt wie ein Samurai in Stücke. Hier gilt es zu bedenken, dass für alle anderen Typen dieses Ideal nicht das Wichtigste ist. Sie haben andere Prioritäten wie z.B. ein schönes und leichtes Leben zu führen, in dem so wenig wie möglich Verletzungen passieren, der Weg genauso wichtig ist wie das Ziel uvm. Es empfiehlt sich in jeder Situation zu überprüfen wie wichtig diese Angelegenheit ist und in welcher Art sie vorgebracht wird.

JedeR hat das Recht auf Entscheidung für die Wahl des eigenen Weges, auch wenn er von außen betrachtet noch so ein Umweg ist.

Gehen Sie nicht von Ihrer eigenen Nase aus, manchen ist die Illusion lieber und falls es Sie nicht persönlich betrifft, ist es gerecht und fair, wenn Sie Ihre ungebetene Meinung für sich behalten. JedeR hat das Recht auf Entscheidung für die Wahl des eigenen Weges, auch wenn er von außen betrachtet noch so ein Umweg ist. Wer sagt, dass dieser Weg, auch wenn er noch so als großer Umweg erscheint, nicht der richtige für ihn ist?

Alle Neumonde haben eine erhöhte Sensibilität für Gerechtigkeit und den Drang, diese einzufordern. Sie erkennen Fehler und Schwächen bei jedem und jeder. Noch dazu neigen sie dazu, sie anzusprechen, schlimmstenfalls anzuprangern. Dabei kann es durchaus passieren, dass sie stets bei anderen, niemand jedoch bei ihnen sie aufdeckt. Das kann zu Selbstgerechtigkeit und Hochmut führen ...

Ein Klient erzählte uns, dass für seinen Neumond-Vater immer nur das richtig war, was ihm gerade in seinen Horizont passte – und der war manchmal klein. So war für ihn die einzig sinnvolle Art auf den Berg zu gehen, dies mit althergebrachten Bergschuhen aus Leder zu tun. Als die

Söhne die viel leichteren und bequemeren Turnschuhe dazu verwenden wollten, war das wie ein Sakrileg und wurde verboten. Erst als seine Freunde jahrelang die modernen Trekkingschuhe verwendeten, zog er sie auf einmal stillschweigend ebenfalls an – ohne bis heute zuzugeben, dass er damals seinen Söhnen Unrecht getan hatte.

Für die Offenlegung von Ungerechtigkeit braucht es zuerst das Aufräumen vor der eigenen Haustür.

Für die Offenlegung von Ungerechtigkeit, aber auch der Schwächen anderer braucht es in erster Linie das Aufräumen vor der eigenen Haustür. Wie jeder Mensch hat auch der Neumond „blinde Flecken" – wenn er auch noch so gut sieht. Das ist natürlich, denn es entstehen im Laufe des Lebens Muster aufgrund bestimmter Ereignisse, die zuerst einmal dem Überleben dienen. Diese Überlebensstrategien sind nicht immer die besten und die gesündesten, waren aber in der Zeit, in der sie gebraucht wurden, die naheliegenden. Sobald die „Gefahr" vorüber war, blieben die Muster hartnäckig bestehen und jedes Mal, wenn irgendetwas an diese Gefahr erinnert, dann schaltet das System auf Auto-Pilot und sie sind wieder im Gange. Sie zu entdecken und zu hinterfragen ist auch dem Neumond alleine nicht möglich.

Wenn er selbst immer wieder von außen einen Spiegel vorgehalten bekommt, erhält er eine Ahnung, was es bedeutet, wenn er nicht selbst auf seine Schwächen kommt. Sie selbst zu entdecken ist das Angenehmste, sie gesagt zu bekommen ist nur kombinierbar mit einem wohlwollenden Mitgefühl, etwas, was ein Neumond normalerweise erst erlernen muss. Es ist für Sie äußerst wichtig, dass Sie mindestens einen Menschen in Ihrer Umgebung auswählen, der bei Ihnen den „Durchblick" hat und bereit ist, Ihnen bei Ihren „blinden Flecken" das Hinsehen zu erleichtern.

Was noch zum phänomenalen Gedächtnis zu sagen wäre …

Wenn Sie die Stärke Ihres Gedächtnisses noch nicht in sich entdeckt haben, dann bitte machen Sie sich auf die Suche nach ihm! Es ist eine Stärke, die Sie nicht vergeuden sollten! Auf der anderen Seite sind Gedächtnislücken eines Neumondes oft auch ein gutes Zeichen, nämlich dass er es geschafft hat, ein wenig seine Kontrolle loszulassen.

Für all diejenigen, die dieses Gedächtnis haben, aufgepasst: Es kann oft zur Übermacht führen. Denn sich erinnern heißt nicht, auch immer Recht zu haben. Wir erinnern an die „blinden Flecken" vom vorigen Kapitel! Jedenfalls macht es oft die anderen ohnmächtig und da gilt es, auch ihre Stellungnahme – unabhängig von ihrer eigenen Erinnerung – ernst zu nehmen.

Neumonde tendieren oft dazu, alles genau beim Wort zu nehmen. Bis auf die Sonnenfinsternis sind die anderen Typen wenig darauf geeicht, eine präzise Wortwahl zu finden. Zum ersten können die Worte auch ohne Zutun des anderen unliebsame Erinnerungen wachrufen, die auf diese Situation übertragen werden, zum zweiten geht es oft weniger um die

Worte als um die Absicht und die Gefühle, die dahinterstehen. Die sind oft zwischen den Zeilen zu lesen, was dem Neumond oft erst mit Lebenserfahrung und dem schon mehrfach erwähnten Mitgefühl gelingt.

Die Orientierung

Mit den Schattenseiten Optimismus entwickeln

Der Neumond hat die angeborene Stärke, dass ihm die Schattenseiten – bei sich selbst und bei anderen – ins Auge stechen. Dies gibt ihm die Möglichkeit der schnellen Weiterentwicklung und würde seinem Umfeld die Chance eröffnen, sich der eigenen Schwächen bewusst zu werden und diese in Stärken umzuwandeln.

Schattenseiten zu erkennen ist eine Möglichkeit der schnellen Weiterentwicklung.

Die Gefahr bei der Betrachtung der Schattenseiten des Lebens besteht darin, nur mehr den Ernst desselben zu leben – genauso wie die Neigung, stets das „Haar in der Suppe" zu suchen. Wenn auch die Vorsicht die Mutter der Porzellankiste ist, sollte das nicht dazu führen, dass ein Neumond sich *nie* begeistert und sich so gut wie auf nichts einlässt ...

Aus dem Dunkeln in das Licht

Wer immer nur das Negative sieht, der steht auf der Beliebtheitsskala nicht ganz oben und auch wenn das den Neumonden nicht besonders wichtig ist, so ist zu bedenken, dass das allgemein Beziehungen verhindert, vor allem jedoch, dass das nicht nur für die Öffentlichkeit, sondern auch für den engen Kreis gilt.Legen Sie es darauf an, eine OptimistIn zu werden, gerade weil Sie die Realität so sehen, wie sie ist! *Sie* können die schönen Seiten des Lebens ohne Euphorie betrachten und genießen, ohne dass Sie befürchten müssen, dass Sie mit Verdrängung der Schattenseiten früher oder später auf die Nase fallen! Sie haben es in sich, den Moment zu ergreifen, um das Schöne im *Jetzt* zu erfassen. Das Gleiche gilt für die Orientierung an den angenehmen Gefühlen. Sie *wissen*, dass auch andere Gefühle jederzeit auftauchen können, gerade Sie sind spezialisiert, in einer Situation das Gefühl zu spüren, das angesagt ist, darum sollten Sie sich darauf konzentrieren, auch den Gefühlen der Freude, der Lust, der Wärme und der Verbundenheit mit anderen ihren Platz zu lassen. Der für Neumonde typische Spruch: „Man muss immer mit dem Schlimmsten rechnen" sollte von Ihnen erweitert werden zum Spruch: „Man sollte mit dem Schlimmsten rechnen, aber das Schöne im Jetzt genießen!"

Vom Spruch der Sonne „Wer wagt, gewinnt!" kann sich der Neumond ruhig ein wenig abschauen. Er braucht nicht zu träumen, aber er kann – wie schon bei den Qualitäten erwähnt – seine Fähigkeit des Visionierens schulen, indem er seinen Wünschen Raum gibt und seinen Hoffnungen innerlich freien Lauf lässt.

Viele Neumonde können sehr schwer mit Enttäuschung umgehen, weil sie es sich nicht verzeihen können, dass sie etwas nicht gesehen und erkannt haben, also getäuscht worden sind. Es ist wichtig für Sie, dass Sie davon ausgehen müssen, dass auch Sie sich getäuscht haben, egal wie viel Sie sehen. Auch Sie haben Momente der Unachtsamkeit oder Wünsche, die Ihre Sicht färben, und das ist gesünder, als nie getäuscht zu werden! Nehmen Sie's mit Gelassenheit und mit dem Spruch von Oma: „Jede Erfahrung – ob gut oder schlecht – wenn ich daraus lerne, war sie gut!"

Wenn die Freiheit zu weit geht …

Viele von Ihnen sind Freiheitsfreaks und das ist gesund. Sie ist eine wichtige Säule für das Erreichen der Eigenmacht. Normalerweise ist das auch sehr anziehend für andere, doch bedenken Sie, dass Ihre Freiheit da aufhört, wo sie bei den anderen anfängt. Sie sollte nicht auf Kosten der Gefühle von anderen gehen. Dass Sie Ihren Freiraum brauchen, gut und recht, andere brauchen ihn auch, wenn auch weniger als Sie, aber Sie sollten ihn sich so nehmen, dass sich IhrE PartnerIn oder Ihre Kinder nicht zurückgesetzt, lästig oder als zweite Wahl empfinden. Wenn die Freiheit über die Grenzen der anderen hinweg verfolgt wird, kann sie ganz schnell

Ihre Freiheit hört da auf, wo sie bei den anderen anfängt

in Flucht umschlagen. Auch hier wird die Not zur Tugend gemacht: Neumonde sind sehr sensibel und fürchten nichts mehr als verletzt zu werden, da sie auch meistens ganz schwer mit Verletzungen umgehen können. Doch sicherlich ist die Gefahr der Verletzung nicht damit gebannt, indem sie andere verletzen.

Wird die Freiheit übertrieben, endet sie in Beziehungslosigkeit und die ist auch für den noch so unabhängigen Neumond nicht gesund.

Ein oft gehörter Spruch von Neumonden lautet: „Hinter mir die Sintflut!" Dabei geht jedoch die Unabhängigkeit zu weit, denn im Grunde werden hier auch nicht alle Konsequenzen in Kauf genommen, die gewisse Aktionen auslösen. Das widerspricht eigentlich der Neumond-Ethik!

In zwischenmenschlichen Beziehungen können alle Menschen viel lernen, auch die Neumonde.

Wahr ist, dass damit eigentlich die in jedem Menschen innewohnende Bedürftigkeit und Sehnsucht nach Liebe geleugnet wird! Wir sind eingebunden in ein Ganzes, ob wir das wollen oder nicht, wir brauchen die Luft zum Atmen, die Erde nährt uns mit allem, was wir notwendig haben und wir sind ein Herdentier. All das gilt auch für die noch so freiheitsliebenden und unabhängigen Neumonde der Welt.

Für Sie aber, die Sie darum bemüht sind, an sich zu arbeiten, sind alle Übungen, die dieses Eingebundensein fördern, empfehlenswert. Ob das nun Yoga oder Meditation, Tai Chi oder Chi Gong ist, suchen Sie das, was Ihnen am meisten Freude und Lust bereitet. Und es gilt auch, dass Sie sorgsam Menschen aussuchen, mit denen Sie gerne Kontakt pflegen, denn in zwischenmenschlichen Beziehungen können die meisten Menschen viel lernen, darunter auch die Neumonde.

Die bevorzugten Gefühle

Wie wichtig die Lust ist

Ein Neumond ohne Lust ist wie ein Auto ohne Benzin. Unter „roter" Energie verstehen wir: Lebenslust, Lust auf Neues, Lust, Menschen kennen zu lernen, Bewegungslust und nicht zuletzt natürlich die sexuelle Lust. Vor allem vielen Neumond-Frauen wurde jedoch durch körper- und lustfeindliche Erziehung die Freude an der Lust vermiest, was zur Verleugnung ihres Wesens führte – zum Leidwesen für sie selbst, aber auch für andere, denn verhinderte Neumonde – egal welchen Geschlechts – sind wahrlich keine angenehmen ZeitgenossInnen.

Da die Lust den Menschen eigenmächtig, selbständig und glücklich macht, sie starren Systemen entgegenwirkt, wurde sie Jahrhunderte lang von den meisten Religionen und Gesellschaftsformen verteufelt. Wahr ist jedoch, dass die Lust eine natürliche Kraft ist, die es zu kultivieren gilt!

Lust statt Frust

Sollten Sie zu den Neumonden gehören, denen die Lust in Ihrem Leben abgeht, empfehlen wir Ihnen, genau darauf zu achten, in welchen Situationen Sie energielos, müde, niedergedrückt, sprich: lustlos, sind! Dann sollten Sie sich die Frage stellen: „Wozu hätte ich *jetzt* gerade Lust, wenn ich tun könnte, was ich möchte?" Die zweite Frage ist dann, welche Einstellungen und Vorschriften Sie in diese Situation gebracht haben, sodass Sie Ihre Lust nicht mehr ausleben.

Falls sich in Ihrem Alltag einige Situationen dieser Art häufen, wagen Sie es, diese Einstellungen zu verändern und die Statistik zu ändern, also langsam aber sicher den Tagesablauf dahingehend zu ändern, dass die lustvollen Situationen überwiegen!

„Wozu hätte ich jetzt gerade Lust, wenn ich tun könnte, was ich möchte?"

Es gibt jedoch auch die Neumonde, die sich zu viel nach ihrer Lust richten. Bei aller Liebe zur Lust sollte auch die nur so weit ausgelebt werden, dass sie nicht die Grenzen des anderen überschreitet. Diese Neumonde sollten darauf achten, der Lust nicht einen ausschließlichen Platz zu geben, denn dann besteht die Gefahr, dass sie große Kinder bleiben. Gradmesser dafür, ob das der Fall ist, sind die Rückmeldungen der Menschen ihrer näheren Umgebung.

Wenn Neumonde keine Lust verspüren, leben sie oft kompromisslos ihr „Nein!". Zum Teil verstecken sich dahinter aber auch manchmal Blockaden. So haben wir eine Neumond-Klientin, die an Übergewicht leidet und sobald es um Bewegung geht, Lustlosigkeit verspürt. Derweilen ist ihr die Bewegungslust abhanden gekommen und sie musste sich klar werden, dass sie hier diesem Gefühl der Lustlosigkeit, das sie normalerweise leitet, nicht vertrauen kann. Vielmehr ist es ein angelerntes Stillhalten und Sich-Zurückziehen, wodurch sie ihre Freude an der Bewegung verloren hat.

Für sie gilt es, sich die Lust an der Bewegung zurückzuholen – für einen Neumond alles andere als leicht, denn wenn sich Lustlosigkeit und ein „Nein!" miteinander paaren, dann kämpft er gegen meterhohe Wellen an! Hier gilt es, über den eigenen Schatten zu springen und wieder langsam und mit Disziplin auf die Bewegungslust hinzuarbeiten ... Es ist wie mit dem Trinken: Wer zu lange zu wenig trinkt, spürt den Durst nicht mehr. Erst durch das häufige, auch erzwungene Trinken kehrt das Signal des Durstes langsam zurück.

Auch für Neumonde ist der gesunde Umgang mit der Lust zu erlernen, ein Zuwenig schränkt sie zu viel ein, macht sie frustriert, entweder depressiv oder aggressiv, ein Zuviel kann schädigende Verhaltensweisen hervorrufen, sprich: Selbstzerstörung und/oder Verletzung anderer. Das gesunde Maß ist leicht zu erkennen: Strahlen Sie Kraft, Stärke und Gelassenheit aus und sind sich Ihrer Lust und Unlust bewusst, fühlen sich die Menschen in Ihrer näheren Umgebung mit Ihnen wohl und aktiviert, dann haben Sie die Lust zu Ihrem wertvollen Begleiter gemacht!

Das „rote" Gefühl kanalisieren lernen

Wut und Sexualität hängen eng zusammen. Wer das eine nicht lebt, kommt beim anderen nicht weit, beide hängen aber auch mit der Lebenslust eng zusammen. Wie wir schon bei den Qualitäten erwähnt haben, hat der Neumond es in sich, die Wut kontrolliert auszuleben. Was aber nicht heißt, dass ihm diese Energie, die er in sich trägt, egal ob er sich wütend fühlt oder nicht, stets bewusst ist. So mancher Neumond mäht mit seiner energischen Art alles nieder und merkt es nicht einmal. Oft ist er verwundert, wieso alles am Boden liegt, er habe doch nur gemeint, nur gesagt ...

Wut, Sexualität und Lebenslust hängen eng zusammen. Wer das eine nicht lebt, kommt beim anderen nicht weit.

Seien Sie sich der Stärke Ihrer „roten" Kraft stets bewusst. Sie besitzen eine Vehemenz, die äußerst günstig ist, wenn Sie etwas durchsetzen wollen, aber nicht immer angebracht ist. Hier gilt für Sie: Der Tonfall macht die Musik. Oder mit anderen Worten: Sie müssen sich vorstellen, dass Sie energetisch wie ein muskulöser, großer Mensch daher kommen. Wenn Sie dann ein zierliches Kindchen vor sich haben, werden Sie es doch vorsichtig in die Arme nehmen, um es nicht zu erdrücken, oder?

Nur weil der Neumond es in sich trägt wie kein anderer Typ, die Wut positiv zu kanalisieren und als Motor für seine Ziele einzusetzen, heißt das noch lange nicht, dass auch er zuerst lernen muss, mit dieser unbändigen Kraft umzugehen.

Wenn er nämlich nicht lernt, seine Wut am richtigen Ort und zur richtigen Zeit gemäß dem Anlass loszuwerden, dann lässt er gerne den Frust an anderen aus. Von klein auf ist darauf zu achten, dass der Neumond die ganze Gefühlspalette zulässt und nicht sofort auf die Wut umsteigt.

Genauso wichtig ist, dass er dann die Wut dort lebt, wo sie hingehört, und in dem Ausmaß, das dafür angebracht ist. Ein Beispiel: Ein Neumond-Kind, das wir kennen, kann nicht damit umgehen, wenn es selbst etwas angestellt hat und von den Eltern dafür gerügt wird. Es dauert nicht lange und er lässt seine Wut am kleineren Bruder aus, beim geringsten Anlass, den er ihm bietet. Hier gilt es, das Neumond-Kind darauf aufmerksam zu machen, dass es wohl in erster Linie mit sich selbst wütend sein müsste, nicht mit seinem kleinen Bruder und dafür zu sorgen, dass er das auslebt. Wut kann nämlich auch ein wichtiger Faktor werden, um etwas im eigenen Leben zu ändern! Es geht jedoch auch darum, dass er die anderen Gefühle lernt zu leben: die Scham, dass er etwas angestellt hat, was ihn vor seinen Eltern nicht gut dastehen lässt, die Trauer, dass sie ihn schimpfen und er nicht so brav ist, wie er gerne wäre.

Wenn ein Neumond nicht lernt, die ganze Gefühlspalette zu leben, kann er dazu tendieren, alle anderen Gefühle außer der Wut als Schwäche zu bekämpfen, was ihn hart bis hin zu skrupellos werden lässt, weil er seine anderen Gefühle auf Eis legt. Das ist weder gesund für ihn noch für alle anderen.

Es gilt, die Wut dort auszuleben, wo sie hingehört, und in dem Ausmaß, das dafür angebracht ist

Unabhängig davon ist der Impuls der Wut die Grundvoraussetzung für die Verteidigung und Abgrenzung (Defension). Die Verteidigung der eigenen Lebensqualität gehört auch dazu, um sein Leben auf Dauer glücklich und erfüllend zu gestalten, denn Kostbares gehört auch geschützt. Ein Beispiel: Eine Neumond-Mutter hatte ein Kind in der ersten Klasse, dass immer von einem Mitschüler geschlagen wurde. Die Lehrerin bekam diese Situationen nicht in den Griff. Woraufhin die Mutter sehr erzürnt war und das eigene Kind nach der Schule darin unterstützte, zu lernen, sich zu wehren. Der Lehrerin gab sie Tipps, wie sie selbst mehr Eigenmacht erlernen kann, damit sie mit diesen Situationen in ihrer Klasse besser umgeht. Auch für diese galt es, die Wut nicht länger zu verdrängen, sondern dem schlagenden Kind mit der eigenen Entrüstung die Grenzen zu setzen, indem sie sauer auf ihn wurde und ihm das auch zeigte. Ab da wurde dieses Kind von ihr aufgeklärt, dass es mit Konsequenzen zu rechnen habe, wenn es weiterhin andere SchülerInnen schlug, wie z.B. alleine sitzen, eine eigene Aufgabe zu machen oder sogar in der Pause nicht in den Schulhof zu dürfen, je nach Schwere seines Vergehens.

Wer auf Defension verzichtet, überlässt den anderen die Macht über das eigene Leben und zumeist entspricht das nicht dem, was einem selbst am besten tut. Ein Neumond, der mit seiner Wut diese Defension perfektioniert hat, kann anderen ein gutes Vorbild sein, wie das Glück des eigenen Lebens durch angemessenen Schutz lange erhalten werden kann.

Natürlich gilt auch, nicht überall den Feind zu suchen und sich und anderen die Atmosphäre zu verpesten, sondern es geht darum, sich zu wehren, wenn jemand die eigenen Grenzen überschreitet ...

Die Antriebsenergie

Lust ist eine nicht zu unterschätzende Antriebsenergie und wir haben schon im Kapitel der „bevorzugten Gefühle" darauf hingewiesen, wie Sie nicht zu viel und nicht zu wenig darauf achten sollen. In diesem Kapitel möchten wir noch ein paar Aspekte hinzufügen.

Der Spruch „Ich habe keinen Bock auf ..." sagt sehr deutlich, wie hemmend diese Energie auch sein kann.

So lustvoll dieses „Lust auf ..." erscheint, so sagt der Spruch „Ich habe keinen Bock auf ..." sehr deutlich, wie hemmend diese Energie auch sein kann, denn klare Positionen und Entscheidungen können manchmal auch vorschnell sein. Falls Sie zu dieser Sorte Neumond gehören, nehmen Sie bitte Ihren Impuls ernst, lassen Sie sich jedoch Zeit damit, eine endgültige Entscheidung zu treffen. Wie schon erwähnt, können nämlich hinter diesen Impulsen oft ganz andere Beweggründe liegen, die mit dem bevorstehenden Vorhaben und mit dem neu kennen gelernten Menschen gar nicht so viel zu tun haben. Ansonsten neigen Sie zu schnell dazu, sich von vorneherein etwas zu vergeben, oft sogar sich von etwas zu trennen, von dem es gar nicht notwendig wäre.

Zur Lust gehört auch das Eigenschaftswort „lustig", das schließlich seinen Ursprung in diesem Wort hat. Sie tragen wie alle Neumonde einen natürlichen Humor in sich und können wie kaum ein anderer Typ sich selbst und andere auf die Schippe nehmen. Natürlich gilt es auch hier, weder mit sich noch mit anderen zu zynisch zu werden, aber führen Sie in Ihrem Leben auf alle Fälle die Lachtherapie ein! Gönnen Sie sich mindestens einmal am Tag ganz bewusst das „Lustig"-Sein, ob Sie nun eine Comedy-Show anschauen oder mit KollegInnen oder FreundInnen die spaßige Seite des Lebens betrachten!

Diese Antriebsenergie hat natürlich auch Sprengkraft in sich. Die kann sich darin ausdrücken, dass ständig im Leben oder im Alltag aufgeräumt wird, oder zeigt sich in einer Ruhelosigkeit und einer stetigen Spannung. Da Sie ein reiches Innenleben haben, ist es für Sie immens wichtig, dass Sie sich Momente der Ruhe, der Stille gönnen, am besten jeden Tag um die gleiche Zeit. Hören Sie sich selbst zu, schalten Sie ihre Gedanken aus, spüren Sie Ihren Leib und lassen Sie sich zur Ruhe kommen. Dabei bleibt es Ihnen überlassen, welche Methode Sie dafür auswählen.

Wir haben die Lust ganz bewusst bei den bevorzugten Gefühlen untergebracht, obwohl uns schon klar ist, dass Lust weniger ein Gefühl als ein Körperimpuls ist. Gerade dieser Körperimpuls gibt jedoch die Möglichkeit, dass der Neumond lernt, auf seinen Leib zu achten. Wir haben schon von seiner Art, gerne an die Grenzen zu gehen, gesprochen, auch von der Disziplin, die bis zur unbarmherzigen Härte gehen kann, darum ist dieses Achten auf diesen Körperimpuls für einen Neumond äußerst wichtig, damit nicht nur sein Wille, sondern auch seine leiblichen Bedürfnisse einen Platz erhalten.

Seien Sie sich bewusst, dass Sie eine beinharte Disziplin in sich tragen, die Sie in gewissen Momenten sicherlich stark unterstützt hat, Ihre Ziele zu erreichen, aber nicht alle Tage angebracht ist. Wahr ist, Sie sind mit niemandem so hart wie mit sich selbst, aber schon die Hälfte ist Ihren Mitmenschen mehr als genug. Auch hier gilt es, den Maßstab von vorneherein viel tiefer anzulegen und sich und andere nicht an Idealen zu messen.

Die Entscheidungsfindung

Ein Neumond, der nicht von seinem Wesen abgebracht worden ist, weiß normalerweise ganz genau, was er *nicht* will. Sie können sich darum auch schon gleich vorstellen, was wir Ihnen raten: Da Sie sowieso keiner großen Anstrengung bedürfen herauszufinden, was Sie nicht wollen, konzentrieren Sie sich doch ganz bewusst darauf, was Sie eigentlich wollen! Viele Neumonde nehmen sich interessanterweise nämlich nicht die Zeit, *das* herauszufinden, was eigentlich eine freiwillige Freiheitsbeschränkung darstellt … Wenn ich nur abwehre, was ich nicht will, aber mir nicht genügend Raum und Zeit gebe herauszufinden, was ich möchte, vergebe ich mir doch freiwillig einen großen Spielraum, oder? Hier geht es wirklich um das „bodenständige Visionieren", aber auch um ein konstruktives Vorbringen von eigenen Ideen und Wünschen gleich neben dem Nein. Das macht Sie energievoller und erleichtert Ihnen den Umgang mit Ihren Mitmenschen.

Es gilt, die innewohnende Sprengkraft des „Neins!" nicht zu unterschätzen, denn manchmal werden damit Brücken eingerissen.

Desgleichen gilt für das „Nein!", wenn es angewandt wird, um sich einen Zeitraum zu schaffen, sich alleine darüber klar zu werden, wie Sie eigentlich dazu stehen. Da es sich dabei wirklich oft nur um ein „Herausschinden" von Zeit handelt, um in Ruhe nachspüren und auch analysieren zu können, was Sie gesehen haben, könnte das „Nein!" doch auch manchmal zu einem „Noch nicht!" oder „Vorerst einmal nicht!" umformuliert werden, oder?

Auch hier gilt, die innewohnende Sprengkraft des „Neins!" nicht zu unterschätzen, denn manchmal werden damit Brücken eingerissen, deren Abbruch gar nicht so endgültig sein müsste. Denn alle natürliche Vor- und Weitsicht eines Neumondes in Ehren, wenn Sie ganz ehrlich sind, kann oft dahinter auch ein fehlender Mut bestehen, sich in eine Situation zu stürzen und auch einmal die Kontrolle loszulassen. Es kann nicht alles immer im Voraus abgecheckt werden, auf der eigenen Lust ist auch nicht immer hundertprozentig Verlass, es gehört wirklich manchmal der Mut dazu, auch Fehlentscheidungen zu treffen. Da Sie jedoch sowieso zu dem Typen gehören, der mit den Konsequenzen gut umgehen kann, sollten Sie sich nicht von einer kleinen Fehlerquote abhalten lassen und vor allem in zwischenmenschlichen Beziehungen davon absehen, statistisch die „Neins!" überwiegen zu lassen.

Den eigenen Weg gehen

So hat uns eine Klientin einmal ganz traurig erzählt, dass ihre ganze Kindheit davon geprägt war, dass sie von ihrer Mutter bei allem, was sie unternehmen wollte, bei jeder Freundschaft, die sie beginnen, bei jedem Wunsch, den sie ausgesprochen hatte, ein kategorisches „Nein!" erhalten hat. Resultat war, dass sie sich von ihrer Mutter als Kind nicht geliebt und als Jugendlich vorne und hinten in ihrer Entwicklung gebremst gefühlt hatte. Auch wenn sie als Erwachsene erkannte, dass dahinter bei ihrer Mutter zum einen große Fürsorge, zum anderen einfach ihr Wesen steckte, mit einem „Nein!" zuerst einmal alles in Ruhe abzuwägen, so konnte das nicht ihr Gefühl wegwischen, dass sie nicht gesehen worden war und lange Jahre die Liebe und Fürsorge ihrer Mutter nicht als solche gespürt hatte.

Obwohl dieses Kapitel in erster Linie den Neumonden selbst gewidmet ist, um in die Kraft zu kommen, müssen wir hier ausnahmsweise etwas anführen für all diejenigen, die mit Neumonden zu tun haben: Wehe, Sie nehmen das „Nein!" eines Neumondes nicht ernst! Sagen Sie nie einem Neumond, was er sagen oder tun soll, auch wenn es noch so wahr und richtig ist, denn er wird es nur deswegen nicht tun, weil Sie es ihm gesagt haben!

Sagen Sie nie einem Neumond, was er sagen oder tun soll, denn er wird es nur deswegen nicht tun!

Auch wenn das jetzt widersprüchlich klingt: Im Grund ist das sehr gesund, denn der Neumond hat eine natürliche Abneigung gegen Grenzübertretungen und Einmischungen, die allen anderen Typen wirklich gut täte. Wollen Sie einem Neumond etwas sagen, dann bleiben Sie bei sich: Überprüfen Sie, ob der Neumond überhaupt nach Ihren Ratschlag gefragt hat, wenn es Sie jedoch persönlich betrifft, formulieren Sie Ihr Anliegen, indem Sie darlegen, wie Sie es sehen und wie Sie es tun würden. Somit lassen Sie dem Neumond die nötige Freiheit, es in Ruhe zu überdenken und eine eigene Position dazu zu finden, ohne dass er sich von Ihnen genötigt fühlt. Und eigentlich wäre das nicht nur Neumonden gegenüber angebracht ...

Für Sie als Neumond gilt, dass andere Typen eben diese natürliche Abneigung nicht haben und somit das auch nicht so klar haben wie Sie – im Gegenteil, sie müssen oft mühsam lernen, ein „Nein!" in sich zuzulassen und dazu zu stehen. Aus diesem Grunde ist es äußerst hilfreich, wenn Sie hier Ihren Lieben und denen, die mit Ihnen zu tun haben, diese Eigenart Ihres Wesens anschaulich machen und auch eine respektvolle, eben nicht Grenzen überschreitende Art und Weise, vorgeben.

Der menschliche Umgang

Unabhängigkeit versus Beziehung

Die Unabhängigkeit vieler Neumonde stößt bei anderen Typen oft auf Bewunderung. Für die meisten Neumonde ist sie dermaßen selbstverständlich, dass sie selbst sie gar nicht bemerken. Gehören Sie jedoch zu den Neumonden, die diesbezüglich nicht ihren Weg gehen konnten, können wir Sie nur dazu auffordern, diesen Drang in sich wieder zu entdecken, denn für Sie ist es – so widersprüchlich das auch klingt – der Schlüssel zu Ihrer Beziehungsfähigkeit. Nur ein Neumond, der imstande ist, sich die Eigenmacht und ein bestimmtes Maß an Freiheit in der Beziehung zu erhalten, kann eine für ihn gesunde Beziehung führen. Für Sie ganz persönlich heißt das: Haben Sie eine Betätigung, die ganz alleine Ihnen gehört, gibt es Bereiche in Ihrem Leben, die Sie eigenmächtig bestimmen, haben Sie Zeiträume, in denen Sie sich außerhalb der Beziehung bewegen können? Wenn nicht, bitte arbeiten Sie daran!

Natürlich gibt es auch hier die andere Seite der Medaille: So mancher Neumond treibt seine Unabhängigkeit zu weit. Das sind die Neumonde, die sich auf keine Beziehung einlassen wollen und auch nicht im Geringsten bereit sind aufzutauen. Oder die, die eine Familie gründen, aber nach wie vor das gleiche Leben führen wie zuvor, während der/die PartnerIn ihre Freiheit und Unabhängigkeit sozusagen alleine für die Familie opfern muss. Wenn dieseR sich dagegen auflehnt, kommt dann oft schon einmal die Antwort: „Ich habe dir gesagt, wie ich bin. Das kann und will ich nicht ändern." Das hat natürlich mit Unabhängigkeit nichts zu tun, sondern das grenzt schon eher an Egoismus.

Noch dazu kommt, dass diese Art sehr ansteckend ist. Wen der Neumond mit dieser Art verletzt, der gerät stark in Versuchung, selbst so kalt, egoistisch und abgrenzend zu werden, egal, ob er ein Neumond ist oder nicht. Wenn andere Typen den Neumond spielen, kann das noch eine Spur grausamer, auf alle Fälle jedoch unstimmiger werden, als wenn es der Neumond tut – der ist zwar auch nicht in seiner Kraft, wenn er das tut – aber es ist schlicht und einfach eine Schwäche seines Wesens, an der er zu arbeiten hat.

Aufgrund dieses ständigen Bestrebens nach Unabhängigkeit, Freiheit und Eigenmacht haben es die Mitmenschen schon recht schwer, dem Neumond zu geben, was er braucht: zum einen die Akzeptanz, dass er so angenommen wird, wie er ist, zum anderen aber auch die Grenzen, innerhalb derer der Mitmensch auf die eigenen Bedürfnisse pocht.

Im oben erwähnten Fall heißt das, dass dem Neumond klar zu machen ist, dass er genauso seinen Teil dazu beigetragen hat, diese Familie zu gründen und somit seine Konsequenzen daraus ziehen muss. Darin ist er normalerweise stark, lässt sich das auch nicht nehmen, sodass sich darauf zu berufen immer gut ist. Und wenn er dazu nicht gewillt ist, dann muss er wahrscheinlich früher oder später die Konsequenz tragen, dass er keine Familie mehr um sich hat und dennoch zumindest für die Kinder Zeit finden und für alle aufkommen muss. Dies ist ein extremes Beispiel, doch ist es für keinen anderen Typ wie den Neumond so wichtig, in diesem Bereich Aufmerksamkeit darauf zu verwenden, wie er selbst von anderen gesehen wird.

Es ist für den Neumond wichtig zu erkennen, wie er selbst von anderen gesehen wird.

Neumonde brauchen oft die harte Tour, weil sie selbst oft die harte Tour fahren, es aber dabei oft gar nicht als solche empfinden. Für sie ist es einfach, die Grenzen zu zeigen und sie von anderen zu erfahren. Falls Sie auch dazu gehören, vergessen Sie nicht, dass Sie aber auch genauso das Andere brauchen: Ein Neumond braucht von seinem engsten Kreis, dass er genau so geliebt wird, wie er ist, seine Unbezähmbarkeit und Wildheit eigentlich gefällt und sein Freiheitsdrang nur so weit gekürzt wird, dass die Freiheit anderer nicht zu kurz kommt. So nach dem Motto: „Was du nicht willst, dass man dir tut, das füg auch keinem anderen zu." Mit diesem Spruch – lauterste Gerechtigkeit – dürfte bei einem Neumond nur gepunktet werden! Bei mir jedenfalls hatte Oma damit immer durchschlagenden Erfolg …

Mit dieser Unabhängigkeit hängt natürlich zusammen, dass sie sich für ihren Selbstwert wenig von außen holen, das heißt jedoch nicht, dass sie nichts brauchen. Die Liebe, so akzeptiert zu werden, wie sie sind, ist für sie vor allem in der Kindheit und damit für eine spätere gute Entwicklung fundamental – auch wenn diese Liebe nur von einer einzigen Person auf diese Art und Weise geschenkt wird.

Das heißt jedoch, dass Neumonde sehr wenig Harmoniebedürfnisse haben, am wenigsten von allen Typen. Darum können sie ihre Werte der Wahrheit, Wahrhaftigkeit und Gerechtigkeit auch höher stellen, während andere der Harmonie zuliebe sehr schnell bereit sind, Kompromisse einzugehen. Das macht sie nicht immer umgänglich. Das führt dazu, dass Neumond-Kinder selten einen Schutzinstinkt auslösen, dass Neumond-Frauen oft als unnahbar und Neumond-Männer als zerstörerisch erlebt werden. Das macht ihr Auftreten machtvoll, wenn auch ihre Unabhängigkeit oft arrogant und eingebildet wirkt. Viele Neumonde, vor allem Kinder und Frauen, bei denen das den gesellschaftlichen Vorstellungen am wenigsten entspricht, leiden oft ernsthaft unter dieser Wirkung und wundern sich, wie sie dazu kommen, denn in ihrem Herzen sind sie ja durchaus warmherzig und liebevoll.

Wenn das für Sie zutrifft, ist es für Sie empfehlenswert, Ihre Zuneigung nicht nur durch korrekte und gute Taten zu zeigen, sondern auch die dahinter liegenden Gefühle durchscheinen zu lassen bzw. stärker zu betonen. Vor allem jedoch lernen Sie bitte, diese Bedürftigkeit, angenommen zu werden, wie Sie sind, auch nach außen zu tragen.

Respekt ist wichtig, aber nicht alles

Viele Neumonde haben eine Furcht einflößende, weil Respekt einfordernde Wirkung. Respekt ist für den Neumond eine wichtige Säule, auf der die Liebe erst aufbaut. Ein typischer Neumond-Satz heißt: „Wenn ich mich zwischen deiner Liebe und deinem Respekt mir gegenüber entscheiden muss, dann wähle ich den Respekt!" Was übersetzt heißt, ohne Respekt ist für ihn keine gesunde Liebe möglich. Auf die andere Art von Liebe verzichtet er gerne. Womit er nicht Unrecht hat … Laut meiner Oma sind Eigenmacht, Selbstliebe, Würde/Respekt und Vertrauen die vier Säulen der Liebe. Wenn eine dieser Säulen fehlt, kann kein gesundes Fundament für das Haus einer Liebesbeziehung aufgebaut werden. Der Typ Neumond trägt dieses Wissen intuitiv in sich. Er kann seinen Mitmenschen nicht ernst nehmen, wenn der nicht auf seine Würde achtet und ihm gebührenden Respekt entgegenbringt – und somit auch nicht lieben. Davon können andere nur lernen.

Respekt ist für den Neumond eine wichtige Säule, auf der die Liebe erst aufbaut.

Wir wünschen Ihnen, dass Sie diese innere Weisheit als Neumond in sich entfalten konnten. Überprüfen Sie es ruhig einmal, ob Sie in Ihrer näheren Umgebung das Gefühl haben, respektiert und wertgeschätzt zu werden. Das erkennen Sie daran, dass Ihre Liebsten Sie für das, wie Sie sind mögen, und es Ihnen zeigen.

Hören Sie hingegen nur Vorwürfe und Ratschläge, wie Sie doch besser sein sollten, dann haben Sie ein schiefes Fundament und es ist an der Zeit, dass gerade Sie, die es intus hätten, solch ein Fundament gerade zu biegen, in Aktion treten. Schauen Sie sich die folgenden Neumondqualitäten an, denn sie sind die Instrumente, mit denen Sie das Fundament ins Lot bringen: Abgrenzen, Würde zeigen, Respekt schenken und einfordern, Gerechtigkeit vertreten und Wahrheit leben.

Wie schon im Kapitel „Unabhängigkeit versus Beziehung" erwähnt, sucht der Neumond Grenzen und braucht sie auch, d.h. einen Neumond annehmen heißt auch, ihn *nicht* alles tun zu lassen, sondern auch ihn zu begrenzen und die eigene Freiheit abzugrenzen. Ein Neumond braucht das, um sich in einer Beziehung wohlzufühlen und akzeptiert es normalerweise auch, falls er in seiner Kraft ist. Dies ist zum einen wichtig für Sie selbst, um zu wissen, wie Sie gestrickt sind, aber zum anderen, um es denen, die mit Ihnen zu tun haben, auch näher zu bringen. Es heißt nämlich auch, dass in einer Beziehung mit dem Neumond Reibungsflächen ganz offen dazu gehören, denn die Auflösung derselben bedeutet eine Zunahme der Wahrhaftigkeit in der Beziehung.

Der Neumond sucht Grenzen und braucht sie auch!

Natürlich kann auch das zu weit getrieben werden, denn Liebe ist natürlich nicht *nur* Respekt und das Einfordern desselben sollte nicht um jeden Preis erfolgen. Der Respekt ist eine – und ja auch nicht die einzige – Basis für die Liebe. Sonst kann das so ausarten wie in unserem Fallbeispiel: Die Neumondfrau fühlt sich dafür verantwortlich, dass in der Kirche Ruhe herrscht. Sie geht zu den Kindern nach vorne und „zupft" sie an den Haaren, wenn sie keine Ruhe geben. Das macht den Kindern Angst. Dann ist sie die böse Frau.

Neumonde tendieren gerne dazu, die Verantwortung für Zucht und Ordnung zu übernehmen, egal wo sie sind – womit sie zum einen Angst auslösen, zum anderen jedoch auch Grenzen überschreiten. Falls Sie auch dazu tendieren, dann bitte halten Sie in diesen Situationen kurz inne, bevor Sie zur Tat schreiten und stellen Sie sich folgende Frage: „Inwieweit geht mich das etwas an? Wie kann ich mich um den Respekt für mich selbst kümmern, ohne mich in die Verantwortung anderer einzumischen, sich selbst Respekt zu verschaffen?"

Ein Neumond, der in die Kraft kommen möchte, sollte sich mit seiner Furcht einflössenden Wirkung näher beschäftigen, denn das bringt ihn in den zwischenmenschlichen Beziehungen weiter – und da lernt er am allermeisten. Viele Neumonde fühlen sich nämlich zu Unrecht mit Angst konfrontiert und meinen oft: „Ich beiße doch nicht!" Wahr ist, dass sie sehr wohl so ausschauen, als ob sie es könnten *und* es – einmal ehrlich gesagt – ab und zu auch tun, wenn auch meist ab einem bestimmten Alter nur mit Worten.

Das sollte Ihnen bewusst sein. Dementsprechend können Sie an sich arbeiten, so nach dem Motto: Wenn sie Härte und Kälte ausstrahlen, dann wirkt das bei keinem so stark Ehrfurcht gebietend wie bei Ihnen ... Folgerichtig müssen sich also Neumonde in der Kraft keine Sorgen machen, dass ihnen nicht genügend Respekt entgegengebracht wird!

Harte Schale, weicher Kern

Was heißt das konkret? Einem Neumond sollte klar sein, dass er sich mit seiner Art nicht viel leisten kann, denn ihm wird alles gleich übel genommen. Astrid nennt es das „Kassandrasyndrom": In der griechischen Mythologie hat die Wahrsagerin Kassandra vorausgesagt, dass die Stadt Troja brennen wird. Ihre Vorhersagen wurden nie ernst genommen und als es eintraf, wurde sogar gemunkelt, sie hätte die Stadt verflucht, sei sozusagen Schuld daran. „Der Verkünder der Wahrheit ist des Todes" lautet ebenfalls ein alter griechischer Spruch und beinhaltet, dass, wer die unbequeme Nachricht überbringt, den Zorn darüber einfängt. Viele Neumonde verzweifeln genau daran. Sie erkennen ganz oft die Wahrheit und bekommen all die Gefühle ab, die mit der unbequemen Wahrheit zusammenhängen.

Die gute Nachricht ist: Es liegt in Ihrer Hand, das zu ändern. Es braucht einen gesunden Umgang mit der Intensität der Wut, die die Wahrheit und die Gerechtigkeit einfordert. Hier geht es um die Dosierung: Zu viel des Guten ist auch schlecht. Auch wenn Sie im Recht sind, sollten Sie darauf achten, diese Wahrheit „in Liebe getragen" vorzubringen, indem Sie sich gleichzeitig auch einfühlen, wie diese Wahrheit den anderen schmerzt. Muten Sie den anderen die Wahrheit so sanft wie möglich zu, am besten so, wie Sie sie selbst am liebsten erfahren würden.

Für Ihr Angenommen-Sein im sozialen Umfeld ist es wichtig, nicht zu viel von der eigenen Nase auszugehen, nämlich dass die Wahrheit um jeden Preis Vorrang hat. Es sollte Ihnen vorrangig um den Menschen, den die Wahrheit betrifft, und nicht um die Wahrheit selbst gehen. Ob die Wahrheit angenommen wird oder nicht, hängt von dem Wohlwollen desjenigen ab, der sie verkündet. Wenn das „Ross der Gerechtigkeit" durchgaloppiert, bleibt nur ein zertretenes Blumenbeet übrig. Das sollte Ihnen noch einmal mehr bei den Menschen klar sein, die Ihnen nahestehen, denn die verdienen sich eine angenehmere Art der Wahrheitsverkündung und bräuchten oft vielmehr, dass Sie sie hinter Ihren Rücken stellen und somit Ihren natürlichen Beschützerinstinkt bzw. das mütterlich Umhüllende walten lassen, von dem wir schon gesprochen haben.

Die Sensibilität der Neumonde

Der Neumond hat diese Unabhängigkeit so gut verteidigen gelernt, *weil* er so sensibel und verletzlich ist. Auch hier ist er im Grunde äußerst gesund, wenn er sich nicht voreilig in Beziehungen hineinstürzt und seine Prioritäten wie Würde und Eigenmacht aus den Augen verliert. Er braucht seine Zeit, um den Menschen vor sich kennen zu lernen und für ihn ist es immens wichtig, dass er vorher abcheckt, wie weit er ihn an sich heranlassen kann. Es hängt im Grunde davon ab, wie sehr er dem anderen vertrauen kann. Denn nur, wenn dieser andere Mensch sich seiner Schattenseiten ziemlich bewusst ist, hat er es wirklich in der Hand, ihn nicht zu verletzen. Natürlich kann diese langsame Art auch übertrieben werden, aber die hängt oft damit zusammen, wie stark der Neumond schon verletzt worden ist.

Wenn ein Neumond nämlich nicht zu diesem weichen Kern steht, machen ihn die Verletzungen einfach nur noch kälter. Wurde er z.B. in seiner Kindheit nicht verstanden und angenommen, wie er war, zieht er sich am liebsten in sein Schneckenhaus der Freiheit und Unabhängigkeit zurück, aus dem er nur sehr schwer wieder herauskommt.

Manchmal lässt sich ein solcher Neumond höchstens in oberflächliche, emotional nicht tief gehende Beziehungen ein, um sich nur mehr das abzuholen, was er braucht. Ob nun der Rückzug oder diese zu dem Neumond eigentlich nicht passende Oberflächlichkeit, beide sind ein Hinweis für nicht aufgearbeitete Verletzungen. Falls Sie sich in diesen Zeilen betroffen fühlen, geht es darum, dass Sie diese Verletzungen hochkommen lassen und sie eventuell auch mit Hilfe von außen bewältigen lernen, denn auch für einen Neumond ist eine wahrhaftige, tiefe Beziehung ein Quell seiner Kraft! Er braucht zwar nicht viele Menschen, aber einige wenige und mindestens einen, der ihn liebt und mit dem sollte es umso mehr passen.

Zwar macht einem Neumond das Gerede der Leute nicht viel aus, die Meinung von Menschen, die er nicht oder nicht so gut kennt, lassen ihn auch im wahrsten Sinne des Wortes meistens kalt, aber Menschen, die er liebt, die können ihn sehr verletzen.

Er braucht zwar nicht viele Menschen, aber einige wenige und mindestens einen, der ihn liebt.

Das, was ihn von anderen Typen unterscheidet, ist, wie er damit umgeht. Seinem Wesen nach tendiert er, diese Gefühle zu „vereisen“, womit natürlich sein ganzes Wesen ein Stückchen kälter wird. Wenn diese Art des Umgangs mit Verletzungen so bleibt, wird er zum Kühlschrank. Das macht natürlich auch die Reaktion der Mitmenschen auf solche Neumonde verständlicher.

Viele Neumonde sind nämlich auch eher auf der praktischen und pragmatischen Seite. So erklärte uns eine Klientin einmal folgende Episode: Sie habe in jungen Jahren einmal ihren damaligen Verehrer damit entsetzt, dass sie zum gedeckten Tisch kam und verlangte, doch die unpraktische Dekoration vom Tisch zu nehmen und erst essen zu wollen, wenn die Blumen vom Tisch weg sind. Romantik ist nicht jedes Neumonds Sache ... Für sie ist es da sehr wichtig, dass sie nicht von ihrer eigenen Nase ausgehen ...

Wenn Neumonde nämlich nicht in ihrer Kraft sind, offenbaren sie ihre Gefühle nicht einmal den Menschen, die sie lieben, sondern ziehen die

Macht, die sie ausüben können, vor. Hierfür geben sie sich selbst die Berechtigung, in der Meinung zu wissen, was gut und böse ist. Sie spielen sich dann oft als Richter über die anderen auf, im besten Gewissen, dass das nur zu deren Besten ist. Das Um und Auf für einen Neumond, der in die Kraft kommen möchte, ist, dass er zu seinen Gefühlen stehen lernt, sich selbst und mindestens einem Menschen gegenüber. Wir haben vorher von den vier Säulen der Liebe gesprochen: Eigenmacht und Würde/ Respekt ist normalerweise dem Neumond gegeben, hingegen hat er – wie wir schon in den vorigen Kapiteln angesprochen haben – an der Selbstliebe und dem Vertrauen zu arbeiten. So gesund es ist, dass er einen großen Unterschied zwischen Fremden und Bekannten macht, genauestens weiß, in welchem Nähegrad er zur jeweiligen Person steht, so wichtig ist es auch, dass er diese Nähe nicht nur weiß, sondern auch lebt, indem er vertrauen lernt. Für Sie persönlich gilt, sich mit dem Thema Vertrauen ausgiebig auseinanderzusetzen.

Das Um und Auf für einen Neumond ist, dass er zu seinen Gefühlen stehen lernt.

Aufgrund der oben beschriebenen Kälte werden Neumonde oft als kühl und berechnend angesehen. Natürlich beobachtet und analysiert der Neumond viel, wodurch er auch viel im Kopf zu Hause ist, aber hier ist sein Ruf oft schlimmer als die Wirklichkeit. Verständlicherweise hadern viele Neumonde damit, dass sie sofort in eine negative Ecke gedrängt werden, andere wiederum machen sich einen Spaß daraus, der durchaus ins Sadistische gehen kann. Wer kennt ihn nicht, den eigenbrötlerischen, einsam lebenden Nachbar, der immer brummend zu sehen ist und wenn die Kinder ihm zu nahe kommen, sie erschreckt, um schlicht und einfach seine Ruhe und einen Grund zu haben, seine Wut ausleben zu können? Oder die notorischen Nein-SagerInnen, die sich und anderen damit im Grunde das Leben verweigern, weil sie von der Welt enttäuscht, manchmal sogar verbittert sind? Oder die temperamentvolle Kellnerin, die genau sagt, wo es in „ihrem" Gasthaus langgeht und die Gäste dazu erzieht, wie sie es gerne hätte und als das einzig richtige empfindet. Dabei wird sie nicht von allen als sympathisch empfunden, auch wenn dann zur Sperrstunde hin so manche gerade bei ihr das Herz ausschütten und sich aufgehoben fühlen. Auch hier gilt, nicht nur das Beobachtete zu analysieren, sondern es auch zu fühlen, das macht menschlicher.

Die tragende Kraft in der Familie

Die meisten Neumonde sind auch die großen Stützpfeiler in ihrer Familie: Mit ihrem starken Energiekörper und ihrer Fähigkeit, Verantwortung zu übernehmen, sind sie ihren Familienmitgliedern auf unsichtbare Weise ein großer Halt. Das ist die Schwester, die obwohl sie die jüngere ist, ihrem Bruder zur Seite steht, wenn er gefühlsmäßig in Schwierigkeiten steckt oder sich schwer tut, eine Entscheidung zu fällen; das ist die Mutter, die stillschweigend der Tochter, welche gerade von ihrem Freund

Die tragende Kraft

verlassen worden ist, emotional zur Seite steht. Sie kommt und passt auf die Kinder auf, schenkt ihrer Tochter und ihrer Freundin eine Kinokarte oder hört ihr einfach zu. Wenn das auch bei Ihnen der Fall ist, dann ist bei aller Selbstverständlichkeit, die Sie empfinden, Ihren Lieben beizustehen, wichtig, dass Sie selbst sehen, was Sie hier tun und dass früher oder später auch der andere Mensch es wahrnimmt. Dafür müssen auch Sie Sorge tragen!

Gerade der Neumond muss stark darauf achten, dass er bei denen, die er liebt, nicht zu viel tut!

Es scheint ein Widerspruch bei diesem Typ zu sein, doch gerade der Neumond muss stark darauf achten, dass er bei denen, die er liebt, nicht zu viel tut! So klar er seine Prioritäten der Eigenmacht, Abgrenzung und Gerechtigkeit außerhalb seines näheren Umfeldes hat, so schwer fällt es ihm, je näher ihm der Mensch kommt. Umso verständlicher wird es, warum er so lange braucht, jemanden an sich ranzulassen. Wir können es Ihnen am leichtesten veranschaulichen, indem Sie sich eine Burg mit hohen Schutzmauern vorstellen. Sobald jemand das Tor passiert, die Mauern überwunden hat, hat die Burg innen keine Verteidigungsanlagen mehr, um sich gegen feindliche Übergriffe zu wehren. Wer hinter die Burgmauern eines Neumondes gekommen ist, kann auf Wärme, Nahrung und bedingungslose Loyalität zählen. Er verteidigt mit seinem schneidenden Schwert alle auf dieser Burg, als wären sie sein eigen Fleisch und Blut. Gelangt jedoch eine FeindIn hinter seine Mauern, hat dieser ein Leichtes, sie zu erobern und zu übernehmen.

Falls dies auf Sie zutrifft, ist es wichtig, dass Sie – wenn wir beim Beispiel der Burg bleiben – nicht Ihre ganze Energie darauf verwenden, die Mauern hoch zu errichten und diese zu beschützen, sondern dass Sie auch innen einige Verteidigungsstrategien vorsehen, mit anderen Worten: Oft wird die ganze Abgrenzung an Fremden ausgelebt, hingegen viel zu wenig hinter den eigenen vier Wänden. Achten Sie bitte darauf, in Ihrem näheren Umfeld *nicht mehr* für andere zu tun als für sich selbst. Dies ist die vierte Säule der Liebe, an der Sie arbeiten können: nämlich die Selbstliebe.

Wie wichtig es für den Neumond ist, die Selbstliebe zu erlernen, zeigt auch die folgende Dynamik. Der Neumond tendiert dazu, oft den anderen Familienmitgliedern nicht gelebte, schwierige Gefühle abzunehmen. Wir wollen das am folgenden Beispiel erläutern: Der Vater verlässt die Mutter wegen einer jüngeren Frau. Die Mutter ist nicht imstande, diesen Frust zu leben, sondern wird eher bedrückt und antriebslos – die Neumondtochter hingegen bekommt in der Schule unkontrollierte Wutausbrüche. Sie kann diesen Zorn nicht im Zaum halten, da es in erster Linie nicht der ihre ist. Sie lebt zwar einen Zorn gegenüber ihrem Vater, der sie auch verlassen hat, aber ein beträchtlicher Teil dieses überstarken Zornes würde eigentlich der Mutter gehören. So jedoch schießt der Zorn über den Vater hinaus und belastet den Alltag des Neumond-Kindes. Ganz oft wird diesem Kind noch das Gefühl gegeben, dass es in dieser schwierigen Situation ein zusätzliches Problem darstellt. Es hat die Rolle des Sündenbocks übernommen – für den Vater, indem es selbst etwas anstellt, für die Mutter, indem sie ihre Wut auslebt und dafür noch das Gefühl erhält, ihr Probleme zu bereiten …

Vielmehr sind Neumonde als Alarmpfeife beim Schnellkochtopf zu betrachten: Wird der Druck im Familiensystem zu stark, sind sie die ersten, die ausflippen, sprich: den Druck oft unkontrolliert ablassen. Tipp: Falls ein Neumond in der Familie aggressiv auffallend wird, suchen Sie nach der Ursache im System. Wird ein Frust nicht gelebt? Ist eine Ungerechtigkeit einfach hingenommen worden? Verdrängt jemand die Wut in der Familie? Dasselbe gilt natürlich auch für die Lust, eine weiteres bevorzugtes Gefühl des Neumondes.

Die Vor- und Nachteile des Kämpferischen

Ein Neumond tendiert dazu, ein Rebell zu werden oder ein Beschützer der Schwachen und Ausgegrenzten.

Der Neumond ist natürlich eher in den dunklen Gefilden daheim, das heißt, dass er sich nicht nur oft Probleme sucht, sondern auch nicht ungern bei den Randgruppen der Gesellschaft zu finden ist. Ein Neumond kann dazu tendieren, ein Rebell zu werden oder ein Beschützer der Schwachen und Ausgegrenzten. Hier kommt sein Schutzinstinkt und seine Loyalität zum Tragen, denn – wie schon öfters erwähnt – ist er in Notsituationen der Fels in der Brandung. Das zu sein, ist jedoch für eine Beziehung manchmal auch zu wenig …

Die ihm innewohnende Achtsamkeit lässt ihn manchmal für die Umgebung unangenehm wirken, da er sich oft auf die negativen Aspekte der Mitmenschen fokussiert, sozusagen mehr auf das, was fehlt, und nicht auf das, was in Ordnung ist und gefällt. So mancher Neumond verbittert an dieser Sichtweise und bemerkt dabei nicht, dass die Welt gar nicht so schlecht ist, wie sie ihm erscheint.

Die Achtsamkeit – so gut sie auch sein kann – führt den Neumond oft dazu, einen Kampf zu riskieren. Und da ihm kämpfen liegt, kann es ihm durchaus passieren, dass er sich wie ein Kampfhund in eine Sache verbeißt. Neumonde können unbeugsam und unerbittlich sein. „Nur über meine Leiche!" könnte der Spruch eines Neumondes sein und er ist der einzige der vier Typen, der das auch bitterernst meint und fast immer durchzieht – dementsprechend ist seine Kampfenergie. Ein Spruch meiner Oma lautete: „Wer mit einem Neumond kämpft, der verliert." Also gilt die Faustregel, einen Neumond nicht zum Kampf herauszufordern und mit ihm andere Wege der Konfliktlösung zu suchen.

Neumonde können jedoch selbst streitlustig sein. Gründe dafür gibt es viele, dass sie sich selbst nicht akzeptiert fühlen, wie sie sind, dass sie resigniert haben, geliebt zu werden, dass in ihrer Umgebung diese Energien zu sehr unterdrückt werden und sie am ehesten bereit sind, diese auszuleben. Das macht sie oft auch äußerst kratzbürstig und oft wissen sie selbst nicht warum. Jedenfalls reagieren sie sofort auf die unangenehmen Stimmungen im Raum – ehrlich gesagt, sind sie weniger die Spaßverderber, als dass ihnen aufgrund nicht gelebter unangenehmer Gefühle der Spaß verdorben wird, denn während andere Scheinharmonie als durchaus angenehm erleben, sehen sie hinter die Kulisse und es vergeht ihnen die gute Stimmung.

Zu viel Kampf und Schutz isoliert

Es ist so, als wenn Neumonde mit einem Schwert auf die Welt kommen, aber wenn sie keinen guten Umgang damit lernen, dann verletzen sie sich selbst und andere damit. Ihre direkte Ausdrucksweise kann genau treffen und sehr verletzend bis sezierend sein. Dahinter steckt jedoch nicht immer der Wille zu verletzen, sondern einfach eine ganz andere Sicht der Dinge: Der Neumond weiß genau, was er will und signalisiert das auch ganz klar – oft auch mit seiner üblichen Vehemenz. Er geht dabei von seiner Nase aus und meint, dass alle das genau so tun wie er.

Das ist seine Auffassung von Demokratie: Jeder sagt offen, was er/sie möchte, und dann wird gemeinsam ein Kompromiss gesucht, mit dem alle leben können. Andere Typen sind jedoch nicht so gebaut und somit geht diese Rechnung oft nicht auf. Vielmehr wird dann ein Neumond als Tyrann erlebt, doch darum geht es den wenigsten unter ihnen. Sie selbst hingegen empfinden sich als transparent und (an-)greifbar, weil sie das, was sie möchten, klar auf den Tisch legen und empfinden die anderen als kompliziert, undurchsichtig, indirekt bis hintertückisch, weil sie nicht offen sagen, was sie denken und wollen.

Kennen Sie dieses Problem? Die Lösung ist da sehr einfach: Sie lehren die anderen, mit der Sprache rauszurücken und zu ihrem zu stehen, und Sie lernen, dass Ihre offene Art nicht nur als positiv, sondern auch als einschüchternd und überrollend betrachtet werden kann. Dann gilt es mit der jeweiligen Person, den Mittelweg zu suchen.

Ein richtiges Ende setzen

Ein Neumond in der Kraft kann anderen Typen einen gesunden Umgang mit Verletzungen lernen. Meine Oma hat mir erzählt, dass ihre Neumond-Oma ihr Folgendes beigebracht hat: Verzeihen ist nicht in jedem Fall angebracht. Um zu vergeben, braucht es vorher die Einsicht des Täters, dass er etwas Verletzendes getan hat. Er muss sich entschuldigen und zwar so, dass er die ganze Verantwortung für seine Schuld übernimmt und *danach* braucht es von seiner Seite eine entsprechende Wiedergutmachung. Wenn das nicht in dieser Weise erfolgt, kann keine Vergebung wahr sein, denn es braucht diesen Ausgleich, damit die Beziehung wieder ein Gleichgewicht bekommt, sonst würde das nämlich bedeuten, dass das Opfer erniedrigt und der Täter in der Übermacht bleibt. Wenn Macht und Ohnmacht hier nicht energetisch wieder zurechtgerückt werden, ist eine gesunde Beziehung verspielt.

Verzeihen ist nicht in jedem Fall angebracht. Um zu vergeben, braucht es vorher die Einsicht des Täters.

Neumonde haben mit ihrem ausgeprägten Gerechtigkeitssinn und ihrem natürlichen Austarieren von Macht und Ohnmacht ein gesundes Gespür für diese Art des Umgangs. Als Oma mich das lehrte, leuchtete es mir nicht nur sofort ein, sondern ich setzte es auch sehr leicht um – vor allem jedoch machte es mich stolz, ein Neumond zu sein, denn wir Neumonde verteidigen unsere Würde und wer sie nicht respektiert, hat nicht mehr länger die Ehre, unsere emotionale Nähe zu teilen!

In diesem Sinne sind Neumonde wie Elefanten: Sie vergessen nichts und sie vergeben nur, wenn dieses Nachspiel des Ausgleichs passiert. Somit sind sie eigentlich die Garanten für gesunde Beziehungen. Sie sind in diesem Sinne nicht die Unerbittlichen, als die sie oft gesehen werden, sondern einfach nur ehrlich, denn das frühzeitige Vergeben führt auf Dauer zu verstecktem Groll und zum Teil zu Rachegefühlen, die die Beziehung trüben. Neumonde sind nämlich selten rachsüchtig, sondern in erster Linie konsequent. Wenn sie den Punkt erreicht haben: „Das tue ich mir nicht an!", dann gehen sie konsequent ihrer Wege.

Auch der Spruch „Das habe ich nicht nötig!" könnte von einem Neumond erfunden worden sein. Hier geht es natürlich um seine Würde und dass er sicherlich nicht bereit ist, sich für irgendetwas oder jemanden zu erniedrigen. Wenn es nicht mit gerader Haltung und hoch erhobenen Haupt möglich ist, dann eben nicht.

Wie wir schon vorher erwähnt haben, braucht der Neumond lange, bis er jemand an sich heran lässt, genauso lange braucht er jedoch bis „sein Ofen kalt wird" – meist macht er es sogar noch mit Ampelsystem. Er kündigt an, wenn die Ampel von Grün auf Orange schaltet und bevor sie rot wird. Spätestens dann ist es angebracht, ihn ernst zu nehmen, denn wenn er jemanden aus seinem Leben hinauswirft, dann ist wieder hineinkommen fast unmöglich. Neumonde geben selten eine zweite Chance, denn sie haben eine innere Bilanz, in der alle Verrate, Enttäuschungen und Verletzungen aufgelistet sind und verglichen werden mit allem Guten, das der Mensch getan hat. Wenn die Bilanz negativ ausfällt, sieht er keinen Grund, eine Beziehung wieder aufzunehmen. Da muss schon sehr viel Wiedergutmachung ohne Erwartungen passieren!

Wie Sie gemerkt haben, haben wir in diesem letzten Teil des Kapitels über den menschlichen Umgang nicht sehr viele Tipps hineingegeben, sondern in erster Linie den Neumond erklärt. Wir haben nämlich die Erfahrung gemacht, dass Neumonden in erster Linie geholfen ist, wenn ihnen klar vor Augen geführt wird, wie sie gestrickt sind, der Rest kommt bei ihnen fast von alleine ...

Der Neumond in seinem Element

Wenn auch der Begriff „feurig" in erster Linie positiv besetzt ist, möchten wir doch die damit verbundenen Eigenschaften erwähnen, die auch problematisch sein können, so z.B. „herausfordernd". Viele Neumonde tendieren dazu, Kämpfe herauszufordern und kommen – wenn überhaupt – erst in einem zweiten Moment auf diplomatischere Lösungen, doch Sie können diese an sich auch bewundernswerte Ader auch dafür nützen, um die Herausforderungen des Lebens anzunehmen und so gut wie möglich darin zu punkten! Dahinter steckt Mut, eine eigene Position einzunehmen und dafür einzustehen.

Zu „feurig" gehört auch die Intensität. Die meisten Neumonde lieben es intensiv.

Das „Feurige" kann natürlich auch überschwappen und zu „übereifrig", „fanatisch" bzw. „besessen" werden. Das passiert dann, wenn die Gefühle ausgeblendet werden und nur mehr Ideale im Vordergrund stehen. Genauso können „getrieben" und „frenetisch" dunkle Aspekte des Feurigen darstellen. Das tritt dann ein, wenn Erfahrungen nicht mehr verdaut werden und der Neumond vor den damit verbundenen Verletzungen flüchtet. Wie Sie selbst erkennen können, ist hier das Um und Auf, dass Sie Ihrem inneren Gefühlsleben den nötigen Platz einräumen und sich bemühen, die ganze Gefühlspalette auszuleben.

Zu „feurig" gehört auch die Intensität. Die meisten Neumonde lieben es intensiv, brauchen oft auch den gewissen Kick, damit sie sich lebendig fühlen, nicht nur in der Sexualität, sondern in allen Lebensbereichen. Seien Sie sich bewusst, dass das zu Ihrer Eigenart gehört und schaffen Sie sich ganz gezielt intensive Momente in Ihrem Leben, ob das nun ein tiefes Gespräch mit jemand oder ein schöner Sprung beim Skifahren ist.

Zuletzt ist noch anzufügen, dass so manche Neumonde exzentrisch sind. Das ist bei ihrer Eigenmacht und ihrer Unabhängigkeit nicht weiter

verwunderlich, nicht wahr? Aufgrund ihrer Eigenart sind sie oft Persönlichkeiten und da sie sich oft so wenig von der öffentlichen Meinung beeinflussen lassen, sind sie GrenzgängerInnen und manchmal sogar TrendsetterInnen. Hauptsache sie verlieren nicht den Bezug zur Realität und schotten sich nicht zu viel von anderen ab, dann ist ihre Exzentrik auch einfach nur liebenswert und manchmal sogar komisch.

Rund um die Farbpalette der Seelenfarbe

Genauso unergründlich wie die Farbe Schwarz ist oft der Typ Neumond. Viele Neumonde tragen ein „Pokerface" zur Schau, ihr Mienenspiel gibt wenig preis und wenn, dann zeigt es eher eine ständige Gereiztheit oder einen zornigen Blick, selten hingegen Freude oder Begeisterung. Dies führt oft zu der Furcht einflößenden Ausstrahlung, die schließlich den ganzen Typ oft in Verruf bringt.

Nur wen sie wirklich lieben, dem offenbaren sie ihre Gefühle.

Leider nutzen so manche Neumonde dies aus, indem sie es genießen, anderen Menschen Angst zu machen. An diesen Neumonden ist leicht zu erkennen, dass sie nicht in ihrer Kraft sind und aus welchen Gründen auch immer ihre Eigenmacht nicht erlangt haben. Aber unabhängig davon, lassen sich die meisten Neumonde ungern in ihre Karten schauen. Sie tragen ganz bestimmt nicht ihr Herz auf der Zunge und ihre reiche Innenwelt bleibt den meisten Menschen verborgen. Nur wen sie wirklich lieben, dem offenbaren sie ihre Gefühle.

Dass sich Neumonde schwer tun, ihre eigenen „blinden Flecken" zu sehen, haben wir zwar schon einmal kurz erwähnt, aber nicht den Grund dafür: bei schwarz auf schwarz ist das kein Wunder. Wenn ein Neumond sich – aus welchen Gründen auch immer – betrügt, dann betrügt er sich um fünf Ecken und kommt sich schwer drauf. Gerade er, der Unabhängige, braucht dann oft jemanden, der ihn darauf hinweist.

Wieso er sich so unabhängig fühlt, hängt auch mit der Konstellation zusammen, die einen Neumond ausmacht: Er braucht niemandem zum Anstrahlen wie die Sonne, wird nicht angestrahlt wie der Vollmond und ist nicht direkt vom Zusammenspiel des Ganzen abhängig wie die Sonnenfinsternis. Dennoch gehört er dazu, denn er ist am dunklen Himmel nur deswegen auszumachen, weil die Sonne ihn von hinten anstrahlt. Er ist also nur auf einer Seite der dunkle Mond, auf der der Erde abgewandten Seite scheint die Sonne auf „seinen Rücken". Darum strahlt ein Neumond auch eher nach hinten seine Wärme aus. So ist es auch für ihn wichtig, sich eingebettet im Ganzen zu betrachten.

Die Mischtypen

KAPITEL 10

Vor- und Nachteile des Mischtyps

Wie schon zu Anfang im Buch einmal erzählt, hat sich die Anzahl der Mischtypen, seit ich klein war, drastisch verringert. Heutzutage sind die meisten Menschen einem Typ zuzuordnen. Meine Oma hingegen hat mir erzählt, dass es zu ihrer Zeit, als ich noch gar nicht auf der Welt war, nicht wenige Mischtypen gab. Sie erklärte es damit, dass sich die Welt immer schneller verändert.

Eine andere Erklärung könnte auch die sein, dass Oma mit ihrem Wissen hinter dem Berg hielt, bis ich geboren wurde und so gesehen zwischen ihrer Großmutter und mir niemanden zum Üben hatte. Vielleicht ist sie von mehr Mischtypen ausgegangen, als es tatsächlich gab. Genau werden wir es nie wissen ...

Heutzutage sind viele Menschen, denen ich begegnet bin, davon überzeugt, dass sie Mischtypen sind oder solche als Kinder haben. Davon auszugehen sollte vermieden werden, denn ganz oft sind Typen gerne etwas anderes, als sie sind, bzw. haben Verhaltensmuster angenommen, die in ihrer Familie erwünschter waren.

Von einem Mischtypen auszugehen sollte vermieden werden, denn ganz oft sind Typen gerne etwas anderes, als sie sind, bzw. haben Verhaltensmuster angenommen, die in ihrer Familie erwünschter waren.

Interessant wird es, wenn der jeweilige Typ einmal herausfindet, wer er ist. Erst dann kann im Grunde beobachtet werden, wie er sich entwickelt. Oft schält sich erst da seine Eigenheit heraus. Natürlich kann dabei aber auch zum Vorschein kommen, dass er tatsächlich ein Mischtyp ist.

Die Vorteile der Mischtypen sind die, dass sie von beiden Typen die Vorzüge in sich vereinen können. Sie haben eine größere Palette an Fähigkeiten zur Verfügung, die sie zu großartigen Leistungen bringen können. Stellen Sie sich die Begeisterungsfähigkeit der Sonne gemischt mit der Brillanz der Sonnenfinsternis vor oder die Intuition des Vollmondes gepaart mit der messerscharfen Erkenntnis eines Neumondes!

Dementsprechend sind auch die Nachteile des Mischtyps: Es können Schwächen beider Typen in einem Menschen vereint sein und es ist schwerer, diese Schwächen anzugehen. Außerdem kommt hinzu, dass die oben erwähnte doppelte Palette der Fähigkeiten auch lähmend wirken kann, weil sie oft in verschiedene Richtungen ziehen und einen innerlich zerreißen.

Der Mischtyp hat also die doppelte Arbeit, in seine Kraft zu kommen. Wenn es jedoch gelingt, so sind es außergewöhnliche Menschen.

Oma hat mir immer von zwei Mischtypen berichtet: Sonne/Sonnenfinsternis und Neumond/Vollmond, also Sonnen gemischt und Monde gemischt. Laut ihr gab es nur diese zwei Mischtypen. Ich persönlich schließe andere nicht mehr aus.

So ist mir der Verdacht gekommen, dass ein Jugendlicher, der einmal zu mir kam, eine Mischung zwischen Vollmond und Sonnenfinsternis ist. Doch um wirklich herauszufinden, ob er ein Mischtyp dieser Art ist, hätte ich ihn für einen längeren Zeitraum immer wieder beobachten müssen ... Nach der Entdeckung der einen „unmöglichen" Mischung schließen wir die anderen aber nicht mehr aus ...

Wir fassen dieses Kapitel kurz, denn es gilt für die jeweiligen Mischtypen, sich beide Kapitel des jeweiligen Typs anzuschauen und für sich abzuklären, was davon in seine Mischung einfließt. Dabei können natürlich Familie und FreundInnen helfen.

Falls Sie tatsächlich ein Mischtyp sind, empfehlen wir Ihnen nochmals das 4. Kapitel mit dem Vergleich der Typen durchzulesen, denn gerade die Wärme-Kälte-Skala, aber auch andere Vergleiche wie z.B. die Verhaltensweisen oder der Augenausdruck, können Ihnen aufzeigen, welcher Typ prozentuell stärker und welcher schwächer bei Ihnen vertreten ist.

Sonne/Sonnenfinsternis

Der Mischtyp Sonne/Sonnenfinsternis ist mir früher öfters begegnet, jedoch habe ich keinen solchen Typ besser kennen lernen dürfen. Daher kann ich nur beschreiben, was ich durch die Seelenfarbe und meinen ersten oberflächlichen Eindruck noch davon weiß.

Die Seelenfarbe dieser Mischtypen ist gelb mit einem orange-braunen Stich. Zum einen waren sie in einem ersten Moment offen wie eine Sonne, in einem zweiten Moment zogen sie sich zurück oder genau umgekehrt.

Bei diesem Mischtyp kann natürlich die Gegensätzlichkeit dieser beiden Typen ihn auch innerlich zerreißen, diese Mischung aus intro- und extrovertiert muss ihm selbst bewusst werden und es gilt für ihn sicherlich, einen für ihn gangbaren Weg zu wählen, wann und bei wem er was ausleben möchte. Genauso widersprüchlich ist die Bedächtigkeit in Kombination mit der Impulsivität. Es erfordert auch hier Arbeit an sich selbst, damit diese gegensätzlichen Fähigkeiten ihn nicht hin und her reißen, sondern dass das eine wie das andere zum richtigen Zeitpunkt sich entfalten kann. So kann in der Freizeit Raum für die Impulsivität gegeben, in der Arbeit die Bedächtigkeit vorgezogen werden, aber natürlich auch umgekehrt, je nachdem, für welche Arbeit oder Freizeitbeschäftigung sich der Mischtyp entscheidet.

Was mir in Erinnerung geblieben ist bei diesem Mischtyp, ist diese Kombination zwischen Brillanz und Begeisterungsfähigkeit, die natürlich vor allem dann zum Tragen kommt, wenn er in der Kraft ist und die gesunde Balance zwischen beiden findet.

Neumond/Vollmond

Die Seelenfarbe des Mischtyps Neumond/Vollmond ist nachtblau. Sie enthält die Dunkelheit des Neumondes und das Blau des Vollmondes.

Dieser Mischtyp ist gefühlvoll wie ein Vollmond, visioniert in seinen Träumen und vertraut seiner Intuition, kann aber beinhart abgrenzen, bei sich und klar bleiben und in Konfrontation mit anderen gehen.

Wenn der Neumond/Vollmond diese Fähigkeiten in sich zur Harmonie bringt, dann hat er automatisch auch schon die Schwächen des jeweiligen Typs besiegt, indem er z.B. mit der für den Neumond typischen Eigenmacht sein Abhängigkeitsbedürfnis als Vollmond überwindet und damit auch in schwierigen Situationen die Kraft zum Handeln behält.

Auch dieser Typ ist jedoch oft zerrissen zwischen der Weichheit und der Härte, da beide in ihm stecken und seine Aufgabe ist es, eine gesunde Balance zwischen den Eigenschaften beider zu finden. Auch hier gilt es, den richtigen Moment und die richtige Umgebung für das eine wie das andere zu finden.

Seine Aufgabe ist es, eine gesunde Balance zwischen den Eigenschaften beider zu finden. Auch hier gilt es, den richtigen Moment und die richtige Umgebung für das eine wie das andere zu finden.

Sonne/Neumond

Einen Sonne/Neumond-Typ zu erkennen ist sicherlich sehr schwer. Der Typ kann strahlen wie eine Sonne, aber gleichzeitig Abgrenzen wie der Neumond, jähzornig sein wie eine Sonne und wütend wie ein Neumond. Die Impulsivität der Sonne lebt er mit der Intensität eines Neumondes aus, zudem grenzt er jegliche Emotion und Energie von außen ab, außer er liebt jemanden, dann unterstützt er ihn, wo er kann. Dementsprechend verwirrend ist auch die Seelenfarbe. Das hängt von seiner Verfassung ab, er kann wechseln zwischen dem Gelb der Sonne und dem Schwarz des Neumondes. Seine Seelenfarbe kann durchaus gestreift wie ein Bienenkörper sein!

Ein Mischtyp, der die Gegensätze von Sonne und Neumond in sich vereint, ist eine Herausforderung für die Eltern, aber auch für sich selbst. Wenn schon Sonne/Sonnenfinsternis und Vollmond/Neumond Gegensätze in sich vereinen müssen, so scheint das noch ein leichtes Spiel zu sein gegenüber der Harmonisierung der Extreme einer Sonne und eines Neumondes in einem Leib. Aber auch hier gilt das Gleiche wie für alle anderen Mischtypen: Die Balance zu finden, allen Fähigkeiten den richtigen Ort, die richtige Zeit und die richtige Umgebung zu geben.

Ein Mischtyp, der die Gegensätze von Sonne und Neumond in sich vereint, ist eine Herausforderung für die Eltern, aber auch für sich selbst.

Sonnenfinsternis/Vollmond

Wie schon gesagt, haben wir bislang noch keinen derartigen Mischtyp kennen gelernt, höchstens den Verdacht bei einem einzigen Menschen, den wir jedoch nicht gut genug kennen. Darum können wir eigentlich nicht viel über diesen Mischtyp erzählen. Wir gehen davon aus, dass bei ihm die große Gefühlspalette des Vollmondes eine interessante Paarung mit der Sensibilität der Sonnenfinsternis abgibt, die Intelligenz des Herzens mit der des Verstandes ungeahnte Möglichkeiten eröffnen könnte ... Auch die Seelenfarbe wird eine Überraschung für uns sein. Wird er genauso die Farbe wechseln können wie der Mischtyp Sonne/Neumond? Wer weiß?

Wie ein Mischtyp in seine Kraft kommt

Der Mischtyp hat einen immensen Reichtum, aus dem er schöpfen kann, um in seine Kraft zu kommen. Hierbei muss er jedoch einen schwierigeren und mitunter längeren Weg zurücklegen.

Zuerst einmal empfehlen wir ihm, sich mit beiden Typen getrennt intensiv auseinanderzusetzen, um die jeweiligen Schwächen in Stärken umzuwandeln und die Stärken zu fördern.

Der zweite Schritt besteht darin, ein bisschen Pionierarbeit zu leisten, indem er herausfindet, wie sich genau seine beiden Typen am besten vereinbaren lassen. Das ist eine anspruchsvolle Aufgabe.

Bei seiner Selbstfindung kann es hilfreich sein, sich bei den jeweiligen Typen anzulehnen, aus denen er besteht. So kann sich eine Sonne/Sonnenfinsternis bei anderen Menschen klare Sonnen und Sonnenfinsternisse aussuchen und mit ihnen ein Stück Lebensweg ganz bewusst gemeinsam gehen.

Zwar besteht der Mischtyp nicht immer zu gleichen Teilen aus den beiden Typen, aber egal welches Mischverhältnis er aufweist, er tut gut daran, dafür zu sorgen, dass ein gutes Zusammenwirken der beiden Typen und deren Eigenschaften entsteht. Auf alle Fälle darf bei einem Mischtyp, egal wie klein der Prozentsatz des zweiten ist, dieser nicht ignoriert werden. Eine gesunde Balance zwischen beiden zu finden ist das Ziel. Der Weg dazu ist ein kreativer Prozess, der zu einer einzigartigen Persönlichkeit führt.

Zuerst einmal empfehlen wir ihm, sich mit beiden Typen getrennt intensiv auseinanderzusetzen, um die jeweiligen Schwächen in Stärken umzuwandeln und die Stärken zu fördern.

Auf einen Blick:

Wie kommen die vier Typen in ihre Kraft?

KAPITEL 11

Sonne

- Alle anstrahlen = Energie verstrahlen, um Bestätigung zu bekommen
- Energie und Freude in sich halten = Selbstliebe
- Oft sehr nach außen gerichtet
- Eigenmacht = Was will ich?
- Überstülpen = Nicht-Wahrnehmen des Dus
- Energie und Wesen des Dus kennenlernen
- Verdrängen und Idealisieren
- Unangenehme Gefühle zulassen (Trauer, Wut)
- Alle sind gleich (wichtig, lieb etc.)
- Prioritäten setzen = „Wie wichtig ist ...?"
- Zu viel geben, Tendenz, sich größer und wichtiger zu fühlen als andere
- Annehmen lernen, Bedürfnisse zeigen
- Automatisches Ja-Sagen und Lächeln
- Gleichgewicht Ja/Nein, ehrlicher Ausdruck

- Sich wahrhaft mitteilen lernen

- Erhöhter Antrieb, Ruhelosigkeit
- Sich in die Ruhe, Stille begeben
- Sich nach *innen* ausrichten
- Zuviel für andere tun
- Etwas für sich selbst tun

Neumond

- Unabhängigkeit von allem; „Nach mir die Sintflut" – „Ich brauche niemanden" – „Wem es nicht passt, der kann gehen"
- Bedürftigkeit und Sehnsucht nach Liebe, Eingebundensein zulassen
- Eigenmacht „Ich organisier mein Leben allein"
- Vertrauen in Gott und andere sowie Hingabe
- Zu viel für andere tun, die man liebt
- Auf sich selbst schauen
- Rolle „schwarzes Schaf" und „Kassandra-Syndrom"
- Position klären und Wahrheit sanft zumuten
- Automatisches Nein-Sagen und Kämpfen
- Gleichgewicht Ja/Nein, Spielraum vergrößern

- Schöne Seiten des Lebens auch anschauen

Schwierigkeiten und Schattenseiten *versus* **Herausforderungen und Lösungsorientierung**

Sonnenfinsternis

- Eigene Bedürfnisse den anderen zeigen

- Zerdenkt das Leben, verliert sich in Banalitäten, ist vom Gefühl getrennt
- Fokussierung auf Wesentliches
- Sich den Gefühlen stellen, Gefühle zulassen und mitteilen
- Eigenmachtübung (Kopf-Herz-Verbindung)
- Erkenntnis führt oft zu Lähmung
- Nicht nur denken, auch handeln, gedacht ist noch nicht getan
- Bleibt verschlossen, teilt sich wenig mit; eigenes Licht unter den Scheffel stellen
- Sich anderen mitteilen, seine Weisheit den anderen schenken
- Hat ein übersteigertes Verantwortungsgefühl
- Verantwortung überlassen, wem sie gehört

- Verminderter Antrieb, Bequemlichkeit
- Bewegung und Körperlichkeit
- In der eigenen Welt leben
- Sich nach *außen* richten
- Was denken und fühlen andere?

Vollmond

- Nimmt anderen meist unangenehme, negative Gefühle und Energien ab
- Abgrenzung (Ich ↔ Du), energetische „Schwimmübung"
- Zu viel aufnehmen und abnehmen
- Gefühle beim anderen „anstoßen"
- Ich-Zentriertheit
- Geben an das Du
- Gefühlsausuferung
- Eigene Gefühle erkennen und ausleben; Begrenzung durch Verstand, Klarheit durch Denken und Hinschauen
- Keine direkten Aussagen, Tendenz zur Manipulation und zum Durchdrücken
- Offen eigene Meinung/Position sagen

- Orientieren an den angenehmen Gefühlen

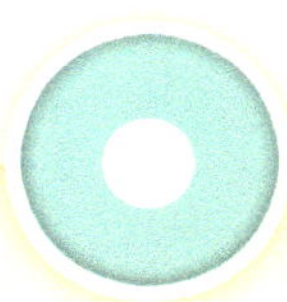

Übungen zur Vintschger Typenlehre

KAPITEL 12

Wie können Sie am besten erlernen, die Typen zu erkennen? Wie erlangen Sie die Sicherheit, dass Sie den Menschen vor sich richtig einordnen? Dafür gibt es im Grunde nur eine Antwort: Üben, üben, üben.

Oma hat mich von klein auf immer wieder bei jeder möglichen und unmöglichen Gelegenheit üben lassen. Bei Familienfeiern, auf der Straße, beim Milchholen, beim Brotkaufen, in der Kirche usw. Sie hielt mich immer wieder dazu an, es auch alleine zu versuchen, wenn ich nicht mit ihr zusammen war.

Es gibt ein paar „Spielregeln", die das Üben erleichtern:

1 Das „Schauen mit dem Herzen", wie Oma es nannte. Zwar ist die Analyse eine gute Hilfe und vor allem Sonnenfinsternisse und Neumonde werden immer wieder darauf zurückgreifen, doch im Grunde geht es um ein „inneres fühlendes Wahrnehmen oder Spüren aus der Mitte heraus." Liebe Sonnen, traut eurem Spüren der Energien, liebe Vollmonde, vertraut eurer Intuition, liebe Sonnenfinsternisse, lasst eure Sensibilität walten und liebe Neumonde: Schaltet den Scanner-Blick ein!

2 Es ist wichtig, den Menschen auf sich wirken zu lassen und nicht gleich zu „schubladisieren". Wir möchten hier nochmals betonen, dass jeder Mensch einzigartig ist, darum ist und soll es gar nicht so einfach sein, dass man fähig ist, einen Menschen sofort einem Typ zuzuordnen. Lasst euch also auf alle Fälle Zeit damit! Es geht doch vielmehr darum, dem Menschen wirklich aufmerksam und achtsam zu begegnen und zu versuchen, ihn auf allen Ebenen wahrzunehmen. Dann wird es auch gleichgültig, wie schnell oder langsam ihr beim Definieren der Typen seid, sondern es wird das wichtig, was hinter der Vintschger Typenlehre als tiefere Weisheit steckt: Sich und den anderen Menschen ganz bewusst kennen zu lernen.

3 Darum ist es auch egal, was für eine Trefferquote ihr bei der Zuordnung anderer Menschen habt. Oma hat mich gelehrt, dass ich das Üben nicht darauf aufbauen soll, ob ich „recht" habe oder nicht. Das kann ich nur weitergeben. Die Vintschger Typenlehre ist ein hilfreiches Instrument, sich in der Welt zurechtzufinden. Es ist eine Art Brille, durch die wir die Welt betrachten und besser einschätzen können. Wir gehen mit der Vintschger Typenlehre *nicht* mehr davon aus, dass alle gleich denken, fühlen und handeln wie wir selbst, sondern wir schauen uns an, wen wir vor uns haben und wie er auf uns und auf die Welt zugeht. Wenn man bedenkt, dass die Vintschger Typenlehre nicht nur bei Menschen angewendet wird, sondern auch auf Pflanzen, Tiere, Orte, Länder, dann wird das Ausmaß dieser Orientierungsmöglichkeit klar.

4 Jeder hat einen anderen Zugang zur Typenlehre. Manche tun sich leicht, den Typ am Augenausdruck zu erkennen, andere nehmen es über die Wärme-Kälte-Skala wahr, wieder andere ziehen gleich

mehrere Faktoren zu Rate. Das hängt vom Typ und seinen jeweiligen individuellen Prägungen ab. So manche haben uns erzählt, dass sie sich am leichtesten mit dem Ausschlussverfahren tun – so nach dem Motto: „Das ist sicher keine Sonne und auch kein Neumond, also kann es nur ein Vollmond oder eine Sonnenfinsternis sein!" Und wenn sie sich nur auf zwei Typen konzentrieren, wird bald klar, um welchen Typ es sich da handelt. Wieder andere haben für jeden Typ ihren „Prototypen", einen Menschen, den sie gut kennen, an dem sie dann die anderen vergleichen. Beispiel: Eine Klientin hat uns erzählt, dass ihre beste Freundin ein Neumond ist und sie vergleicht andere Menschen stets mit ihr. Aber egal wie, nur durch das Üben kommen Sie im Grunde darauf, auf welcher Ebene Sie sich leicht tun, den Menschen vor Ihnen zu erkennen.

5 Das Üben ist noch einmal schöner im Miteinander. Wir haben es die letzten Jahre sehr genossen, zusammen herauszufinden, wer wir selbst sind und wen wir da eigentlich vor uns haben. Durch unsere verschiedenen Sicht- und Zugangsweisen wurde das Bild zumeist auch viel klarer und deutlicher. Darum haben wir auch im Folgenden ein paar Übungen für Sie zusammengestellt, mit denen das „Typen-Raten" leichter gemacht wird. Wir können Ihnen nur zu gemütlichen FreundInnentreffen „einmal ganz anderer Art" raten. Gute Unterhaltung!

Übungen und Ratespiele sollen dazu dienen, die Vintschger Typenlehre spielerisch anzuwenden und die vier verschiedenen Typen leichter erkennen zu lernen. Wir empfehlen Ihnen, all dies als Wahrnehmungsspiele aufzufassen.

Die Typwahrnehmungs-Übung

In dieser Übung geht es um die Wahrnehmung auf allen Ebenen. Sie kann Ihnen auch dazu dienen, noch einmal Sicherheit darüber zu erhalten, ob Sie sich selbst richtig eingeordnet haben.

Für die Typwahrnehmungs-Übung ist eine größere Gruppe notwendig, am besten Sie laden zu einer „Vintschger-Typenlehre-Party" ein, denn die jeweiligen Typen werden zusammengruppiert und eine Typen-Gruppe nach der anderen wird „in das Scheinwerferlicht" gestellt.

Am besten ist es, wenn sich die gleichen Typen von Anfang an zusammensetzen, danach kann eine Typen-Gruppe nach der anderen von den übrigen angeschaut werden. Wer sich nicht so sicher ist, wo er eigentlich hingehört, kann ausprobieren, einmal bei der oder bei der anderen Gruppe zu sitzen. Mit Hilfe der anderen kann dann ausgelotet werden, wohin Sie eigentlich gehören.

Nun beginnt das Betrachten, Spüren, Fühlen, Analysieren der Typengruppe. Achten Sie auf die Augen, die Körperhaltung, die Bewegungen, die Gemütsverfassung und die Wärme-Kälte-Skala der Energie, aber auch darauf, wie sie damit umgehen, im Scheinwerferlicht zu stehen.

Sonnen werden zurückstrahlen, die Situation genießen oder zumindest wird es ihnen nichts ausmachen, im Rampenlicht zu stehen. Sonnenfinsternisse und Vollmonde werden beide auf ihre Art und Weise Unbehagen spüren, die einen, weil sie nicht gerne im Vordergrund stehen, die anderen, weil ihnen *diese* Art der Aufmerksamkeit nicht so zusagt. Vollmonde werden Sie wohl eher schüchtern anlächeln. Die Neumonde werden nicht zugeben, dass ihnen das nicht gefällt, und herausfordernd in die Runde blicken.

Zugleich können Sie sich selbst in der Energie Ihrer Gruppe wahrnehmen. Die Gruppe ist wie ein Verstärker Ihrer Typenmerkmale. Fühlen Sie sich zugehörig oder ist eine andere Gruppe stimmiger für Sie? Was sagen die anderen dazu? Wenn die Mehrheit Sie dieser Gruppe zuordnet, dann wissen Sie, dass Sie zwar dazugehören, aber es Ihnen noch schwerfällt, gewisse Merkmale Ihres Typs anzunehmen.

Diese Übung ist bestens geeignet, um durch die verstärkte Energie der Gruppe bestimmte Merkmale der jeweiligen Typen wahrzunehmen und sich sozusagen Beispiele zu schaffen, an denen andere Menschen gemessen werden können, z.B. kann eine Vollmond-Frau der speziellen Gruppe als Prototyp für alle Vollmonde dienen, mit dem Sie zukünftige etwaige Vollmonde vergleichen können.

Notieren Sie sich auch, bei welchen Merkmalen Sie sich am leichtesten tun, den Typ zu erkennen. Diese Notizen raten wir Ihnen auch bei allen folgenden Übungen. Dafür können Sie am besten das leere Übungsblatt benutzen, das diesem Kapitel hinzugefügt worden ist, siehe S. 336–337.

Die Typwahrnehmungs-Übung II

Diese Wahrnehmungs-Übung ist auch mit einer kleineren Gruppe möglich: Voraussetzung ist jedoch, dass alle vier Typen anwesend sind, damit Sie wirklich die ganze Palette zur Verfügung haben. Mischtypen sind natürlich immer herzlich eingeladen, denn sie erweitern das Spektrum.

In dieser Übung setzt sich ein Vollmond neben eine Sonne und Sie können die Unterschiede zwischen den beiden Typen wahrnehmen. Welche Ausstrahlung hat der eine, welche der andere, wie sind die Augen, wie die Bewegungen? Stellen Sie Unterschiede in der Körperhaltung fest? Wer ist wärmer, wer kälter?

Nachdem Sie sich ausgiebig über die Unterschiede in der Wirkung der Typen unterhalten haben, lassen Sie die Sonne aufstehen und bitten die

Sonnenfinsternis sich neben dem Vollmond nieder zusetzen und das Gleiche geht von Neuem los. Danach können Sie die Vergleiche mit Sonnenfinsternis und Neumond anstellen, Neumond mit Vollmond, Sonne und Sonnenfinsternis, Sonne und Neumond. Jeder Typ wird miteinander verglichen und auch diese Übung hilft Ihnen, unterscheiden zu lernen, wen Sie vor sich haben.

Falls die Gruppe größer ist, können Sie durchaus auch einmal eine Sonne neben eine Sonne setzen, oder einen weiblichen neben einen männlichen Vollmond. Da werden Gemeinsamkeiten, Kulturzuschreibungen *und* zugleich die Einzigartigkeit jedes einzelnen Menschen deutlich! Um sich jedoch nicht zu sehr zu verwirren, kombinieren Sie dies nur mit der Wahrnehmungs-Übung Nr. 1.

Die Nähe/Distanz-Übung

Diese Übung ist ebenfalls schon in einer kleinen Gruppe möglich. Wiederum ist die optimale Voraussetzung, dass alle vier Typen anwesend sind. Zwar wird hier auch jeder Typ mit jedem verglichen, aber dieses Mal stehen sich immer zwei verschiedene Typen gegenüber – zuerst nah, dann ganz nah, ein wenig weiter entfernt und schließlich weit entfernt. Dabei sollen sie laut sagen, wie sie sich dabei fühlen.

Sowohl für die, die zuschauen und es beobachten können, wie auch die, die mitspielen, gilt: Erinnern Sie sich, welche Distanz Sie normalerweise bei den Menschen einnehmen. Welche Beziehungsnähe haben Sie gerne? Ab wann geht es Ihnen gut, wann fühlen Sie sich unbehaglich? Lieben Sie die Nähe oder die Distanz?

Meist ist es so, dass Sonnen und Vollmonde die Nähe lieben, wobei erstere noch einmal mehr Fusionstendenzen haben als die zweiten. Sonnen brauchen die Nähe, damit sie die Menschen mit ihren Strahlen „spüren" können, Vollmonde hingegen brauchen vor allem die emotionale Nähe, um ihre Intuition walten zu lassen.

Sonnenfinsternisse und Neumonde fühlen sich normalerweise auf Distanz wohler, die Sonnenfinsternisse mindestens so weit entfernt, dass sie nicht durch die Nähe im wahrsten Sinne des Wortes den Kopf verlieren, und Neumonde, da sie auf Distanz und im Dunkeln besser sehen und den Platz für ihr eigenes Energiefeld brauchen.

Das sind die Richtlinien, an die Sie sich bei dieser Übung halten können.

Anhand dieser Übung kann auch ermessen werden, welche Missverständnisse durch diese verschiedenen Ausgangspositionen oft entstehen können und die Beziehungsdynamiken zwischen den Typen treten deutlich hervor.

Die Standardsatz-Übung

Zum besseren Verständnis der anderen Typen ist diese Übung ideal! Sie ist in einer größeren Gruppe effektvoller (es braucht mindestens zwei Personen pro Typen, noch besser ist es, wenn drei oder vier vom selben Typ eine Gruppe bilden), aber natürlich kann diese Übung auch in kleinem Maßstab gemacht werden.

Jede Typ-Gruppe denkt sich eine für sie typische Aussage aus. Beispiel: Die Sonnenfinsternis-Gruppe entscheidet sich für den Satz „Ist doch logisch!" Die Sonne-Gruppe wählt das Wort „Phantastisch!" aus.

Nachdem alle ihre typische Aussage gefunden haben, beginnt eine Gruppe damit, dass sie ihren Satz vorspricht und anschließend müssen alle anderen Typen diesen Satz im gleichen Tonfall und demselben Gefühlsausdruck nachsagen. Ob dem einzelnen das gelingt oder nicht, entscheiden alle und das letzte Wort hat die betreffende Typ-Gruppe. Ansonsten muss die Person es nochmals versuchen.

Beispiel: Alle Personen der Sonnenfinsternis-Gruppe sagen „Ist doch logisch!" Anschließend probiert diese Aussage ein Sonne-Typ. Wenn es ihm gelingt, den gleichen Tonfall, die gleiche Überzeugung hineinzubringen, probiert es der Nächste. Ob es ihm gelungen ist oder nicht, entscheiden alle MitspielerInnen, das letzte Wort hat die Sonnenfinsternis-Gruppe. Wenn er den richtigen Tonfall noch nicht gefunden hat, muss er es so lange wiederholen, bis die MitspielerInnen mit ihm zufrieden sind.

Danach kommt die nächste Gruppe dran und sagt ihre Aussage, in unserem Beispiel die Sonne-Gruppe. Wiederum müssen alle Typen diese Aussage „sonnenmäßig" wiederholen.

Diese Übung sagt sehr viel über den jeweiligen Typ aus, aber lehrt auch die einzelnen, sich in den anderen Typ hineinzufühlen, seine Energie zu spüren. Und natürlich lehrt diese Übung, mit welcher Energie Sie sich leicht und mit welcher Sie sich schwer tun. Das sagt Ihnen, bei welchem Typ Sie in die Lehre gehen müssen, denn wir können alle voneinander lernen.

Die Vintschger Typenlehre

SONNE

Gelb

SONNENFINSTERNIS

Ocker – Braun

MERKBLATT FÜR DIE ÜBUNGEN ZUR VINTSCHGER TYPENLEHRE

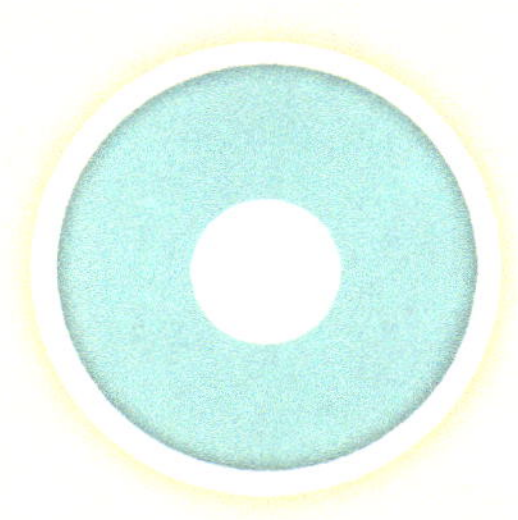	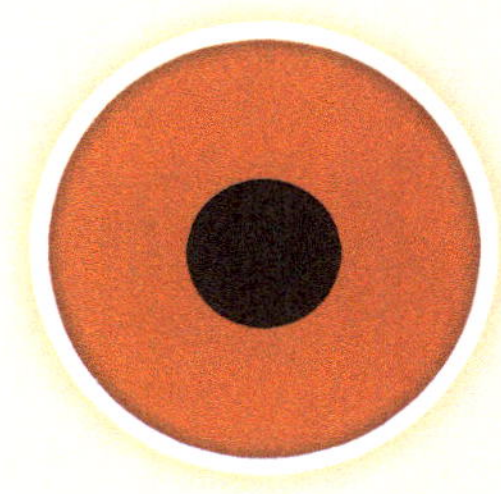
VOLLMOND	**NEUMOND**
Blau	***Schwarz*** – ***Rot***

Ratespiel: Welcher Typ ist der VIP?

Um Prototypen vor sich zu haben, mit denen die Zuordnung der Typen in Ihrem Umfeld leichter fällt, können Sie natürlich auch Berühmtheiten hernehmen. Es geht nicht darum, dass wir wirklich wissen, was das nun für ein Typ ist, sondern um die gemeinsame Diskussion, was er sein könnte. Manche sind so leicht zu erkennen und eindeutig der eine oder andere Typ, dass Sie sie innerlich in Erinnerung rufen können, um das Gegenüber damit abzugleichen.

Hier einige Beispiele:

Sonnen-VIPs:
Jackie Chan (Film), Britney Spears (Musik), Brad Pitt (Film), Julia Roberts (Film), Thomas Gottschalk (Fernsehen), Arabella Kiesbauer (Fernsehen), Heidi Klum (Mode), Cameron Diaz (Film), Hansi Hinterseer (Musik)

Sonnenfinsternis-VIPs:
Barack Obama (Politik), Matt Damon (Film), Emma Thompson (Film), Angelika Kallwass (Fernsehen), Armin Assinger (Fernsehen), Günter Jauch (Fernsehen), Angela Merkel (Politik), Harald Schmidt (Fernsehen), Nicolas Cage (Film), Norbert Rier (Musik)

Vollmond-VIPs:
James Blunt (Musik), Drew Barrymore (Film), Cat Stevens (Musik), Paul Potts (Musik), Patrick Swayze (Film), Jennifer Aniston (Film), Claudia Schiffer (Mode), Romy Schneider (Film), Rainer Maria Rilke (Poesie), Kevin James (Film)

Neumond-VIPs:
Keanu Reeves (Film), Amy Winehouse (Musik), Bruce Willis (Film), Angelina Jolie (Film), Susan Sarandon (Film), Whoopi Goldberg (Film), Tina Turner (Musik), Pink (Musik)

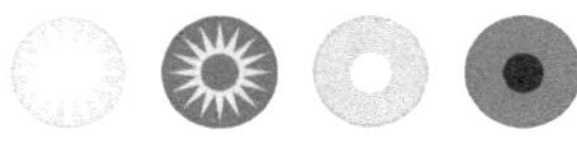

Schlusswörter und Danksagung

Es ist fertig – kaum zu glauben. Dieses Buch ist wahrlich das „längste" Kind, das ich jemals ausgetragen habe! Ich habe am eigenen Leib erfahren, wie schwierig es ist, mündliches Wissen in schriftliches umzuwandeln. Gleichzeitig hat es mich angespornt, in meinen Erinnerungen zu kramen, nachzuforschen, nachzufragen. Es hat mich wieder ein Stück weit meinen Wurzeln näher gebracht! ❧ Die Umwandlung dieses Wissens vom Mündlichen zum Schriftlichen geht auch nur zum Teil. Indem ich es zusammen mit Uli verschriftlicht habe, ist es nicht nur mehr etwas Althergebrachtes, sondern etwas Persönliches, von uns Gelebtes geworden. Wir haben es leichter „abrufbar" gemacht, unsere Erfahrungen damit in einer Form niedergelegt, sodass diese Typenlehre wahrscheinlich wie noch nie zuvor zugänglich gemacht wird und für die eigene Persönlichkeitsfindung, den besseren Umgang mit anderen und für therapeutische Zwecke genutzt werden kann. ❧ Ich selbst meinte zu einer Freundin: „Wenn andere nur halb so viel von diesem Buch haben wie ich, als wir es niedergeschrieben haben, dann ist das Ziel erreicht!" Nämlich, so wie Oma meinte, das „Wissen wieder unter die Leute zu bringen!"

Astrid Schönweger

Dieses Buch ist für uns ein wichtiger Schritt, um diese Typenlehre vielen Menschen zugänglich zu machen, damit sie dieses „nützliche Lebenswerkzeug" wiederhaben können, wenn sie es denn wollen. Selbstverständlich ist das nicht mehr ausschließlich die überlieferte Typenlehre der Oma, welche noch recht einfach und grundlegend strukturiert war. Sie wurde durch das fachlich fundierte Grundwissen der Psychologie und die Lebens- und Praxiserfahrung von uns beiden aufgearbeitet und aufgeschlüsselt. Herausgekommen ist aus diesem Prozess ein weiterentwickeltes und verfeinertes Instrumentarium zur Selbsterfahrung und zur Verbesserung aller Beziehungen. ❧ Es gibt jetzt schon Menschen, die mit der Typenlehre für sich weitergearbeitet haben. Sie fanden auch weitere Unterscheidungsmerkmale und haben sie uns mitgeteilt. Wir möchten Sie dazu einladen, sie darin nachzuahmen. ❧ Es ist lebendiges Wissen. Daher wird es nicht wie schriftlich überliefertes Wissen angelesen, sondern es wird gelebt, mit eigenen Erfahrungen bereichert und in das eigene schon vorhandene Wissen sowie in die eigenen inneren Strukturen eingeordnet. ❧ Astrid meint immer: „Das ist nicht ‚meine' Typenlehre, ich bin die ‚Hirtin' und somit die ‚Hüterin' dieses Wissens, es gehört mir aber nicht. Dennoch liegt es mir sehr am Herzen, dass dieses Wissen fachgerecht weitergegeben wird." ❧ Natürlich ist sie eine „Expertin" der Typenlehre, wenn wir das so nennen wollen, da sie von klein auf darin geübt ist und sich schon lange damit beschäftigt hat. Es von ihr gelehrt zu bekommen hat natürlich einen ganz anderen Wert. Darum bieten wir auch Seminare dazu an. Alle weitere Infos finden Sie unter: *www.vintschger-typenlehre.com* ❧ Wir sind dankbar, wenn Sie uns mit Ihren Erfahrungen daran teilhaben lassen! ❧ Schicken Sie uns interessante Anekdoten, Details zu einem Typ, Verhaltensweisen und vieles mehr! Auf der oben genannten Internetseite können Sie Kontakt mit uns aufnehmen! Wir freuen uns darauf!

Dr. Ulrich Gutweniger

Ursprünglich wollten wir dieses Buch nur Oma und den Ahninnen widmen und auf alle weiteren Nennungen verzichten, doch das wäre nicht fair gegenüber den vielen Menschen gewesen, die uns bei der Verwirklichung dieses Buches geholfen haben. ❧ So möchten wir uns bei Frau Leni Rieser bedanken, die sich bereit erklärt hat, für uns in mühevoller Kleinarbeit die Stammbaumforschung im Südtiroler Landesarchiv zu übernehmen. Sie hat uns sehr bei der Suche nach meinen Ahninnen unterstützt, obwohl es schwer bis unmöglich war, die Mutterlinie zu verfolgen. Bei Fertigstellung des Buches war sie immer noch beim Recherchieren! ❧ Unser Dank gilt auch Margot Pizzini vom Landesarchiv, die mir Frau Rieser vermittelt hat und stets gute Tipps für mich bereithielt, aber auch Raimund Rechenmacher, der mir in seiner Funktion als Chronist von Schlanders immer wieder nützliche Hinweise gegeben hat. ❧ Auf den Spuren meiner Familiengeschichte haben mir Irene Hager, Karl Gruber, Hans Wielander und Anna Wielander-Platzgummer immer wieder sehr geholfen. ❧ Wir haben jahrelang an diesem Buch gearbeitet und möchten allen danken, die uns dabei geholfen haben, dieses „Werk" endlich einmal abzuschließen. Ein herzliches Dankeschön gilt unseren KursteilnehmerInnen, insbesondere der Laatscher Frauengruppe, die uns auf ihre eigene Art und Weise viele praktische Beispiele geliefert haben. Viele TeilnehmerInnen haben uns ermuntert, dieses Buch zu veröffentlichen und auch in Momenten, in denen wirklich wenig Zeit zum Schreiben übrig war, dennoch weiter zu schreiben. ❧ Die ersten „Lektorinnen" dieses Buches waren Irene Kofler und Doris Pur, die mit ehrlichem Rat dieses Buch zu dem gemacht haben, was es heute ist. Vor allem Irene hatte mit uns eine Eselsgeduld und gab sich Seiten über Seiten dieser Typenlehre. ❧ Für das Verständnis während unserer „Klausuren", in denen wir uns dem Buch widmeten, danken wir Sissi Prader und Thea Unteregger, die im Frauenmuseum geduldig und ermunternd zugleich meine Absenz ertrugen, aber vor allem unseren Kindern, die uns täglich mit ihrer Art inspirieren! ❧ Noch ein letzter Dank gebührt Eva Simeaner, die uns zum Löwenzahn Verlag führte, und Anita Winkler, Daniela Senfter und Stefan Rasberger, die uns vorbildlich betreut haben.

Dies ist die Studienausgabe der ursprünglich vierfarbigen, fest gebundenen Ausgabe von 2011, die in 2. Auflage im Löwenzahn Verlag erschienen ist.

Erlerstraße 10, A-6020 Innsbruck
E-Mail: mail@uvw.at
Internet: www.michael-wagner-verlag.at

Grafische Gestaltung, Layout und Satz: Labsal Kommunikationsdesign (www.labsal.at) – Fotos und Zeichnungen: S. 8, 19, 31, 35, 72, 292 u. 314 Joe Fankhauser; S. 64, 159 u. 248 Astrid Schönweger, S. 45 untere Bildreihe v. r. n. l. Inuit/photocase; estel/photocase; S. 87 Noah Gutweniger; S. 151 Thomas Kraus, alle anderen: Ulrich Gutweniger – Anmerkungen zu den Fotos von Ulrich Gutweniger: Alle Fotos sind unbearbeitet und zeigen die Natur, welche sich im Moment der Aufnahme in ihrer einzigartigen Schönheit präsentierte. – Quellenverzeichnis: S. 144 http://de.movies.yahoo.com/schauspieler/c/nicolas-cage/biografie-11806.html Stand: 28.01.2011 – S. 160 http://www.teneriffa-forum.net/off-topic/3498-es-gibt-keine-probleme-es-gibt-nur-loesungen.html Stand: 18.01.2011 – S. 180 Zimbardo, Philip G.: Psychologie, Berlin u. a. 1988, 6. Aufl., S. 376. – S. 181 http://www.tom2win.ch/2010/10/27/es-gibt-keine-probleme-nur-losungen/ Stand: 18.01.2011 – S. 206 http://work.popperschule.at/projekte/wahrnehmung/daten/index.php?id=155 – S. 223 http://de.wikipedia.org/wiki/Emotionale_Intelligenz#cite_note-4 Stand: 28.01.2011 – S. 241 http://sedl.at/Vernunftmensch Stand 2.2.2011

Gedruckt auf umweltfreundlichem, chlor- und säurefrei gebleichtem Papier.

Bibliografische Information der Deutschen Nationalbibliothek
Die Deutsche Nationalbibliothek verzeichnet diese Publikation in der Deutschen Nationalbibliografie; detaillierte bibliografische Daten sind im Internet über <http://dnb.dnb.de> abrufbar.

ISBN 978-3-7107-6821-7